基于标准的
教师教育新教材

中学物理课程与教学

主　编◎陈　刚　侯新杰

华东师范大学出版社
·上海·

图书在版编目(CIP)数据

中学物理课程与教学/陈刚,侯新杰主编.—上海:华东师范大学出版社,2016.3
基于标准的教师教育新教材
ISBN 978-7-5675-4893-0

Ⅰ.①中… Ⅱ.①陈…②侯… Ⅲ.①中学物理课—教学研究—师范大学—教材 Ⅳ.①G633.72

中国版本图书馆 CIP 数据核字(2016)第 050837 号

中学物理课程与教学

主　编　陈　刚　侯新杰
策划编辑　朱建宝
项目编辑　李恒平
特约审读　赵　迪
责任校对　张　雪　时东明
装帧设计　卢晓红

出版发行　华东师范大学出版社
社　　址　上海市中山北路3663号 邮编 200062
网　　址　www.ecnupress.com.cn
电　　话　021-60821666　行政传真 021-62572105
客服电话　021-62865537　门市(邮购)电话 021-62869887
地　　址　上海市中山北路3663号华东师范大学校内先锋路口
网　　店　http://hdsdcbs.tmall.com

印刷者　常熟市大宏印刷有限公司
开　　本　787毫米×1092毫米　1/16
印　　张　22.5
字　　数　520千字
版　　次　2018年4月第1版
印　　次　2024年1月第3次
书　　号　ISBN 978-7-5675-4893-0
定　　价　59.80元

出版人　王　焰

(如发现本版图书有印订质量问题,请寄回本社客服中心调换或电话021-62865537联系)

前言

新近颁布的普通高中课程标准提出培养学生核心素养的课程目标,在物理学科领域,核心素养被分为:物理观念、科学思维、科学探究、科学态度与社会责任等四类。学习心理学研究表明,个体表现出的素质,由先天的、发展中形成的以及后天习得三部分组成。学校教育最主要的目标是个体后天习得的学习结果。教育心理学家罗伯特·加涅提出人类可以习得的学习结果有五类:智慧技能、言语信息、认知策略、动作技能和态度,认知策略也就是通常所称的解决问题的方法。

如果用完整的语言加以描述,学习者具有物理学科核心素养,表现为"能正确理解物理概念和规律基础上物理观念的意义"、"具有运用科学思维解决物理问题的意识和能力"、"具有运用科学探究研究物理问题的意识和能力"、"具有科学态度"。当个体在生活或学习过程中感受到科学学科问题的存在,面临是"去解决"还是"不去解决"的冲突时,个体内部存在影响其作出行为选择的某种倾向性,这一内在的倾向性就是个体对解决科学问题具有的态度,如果个体面临上述行为冲突时,有比较大的概率选择尝试"去解决"的行为,我们可称此个体具有一定的解决科学问题的意识,故,愿做事的"意识",本质上反映的就是个体对人、对事所具有的态度。显然,只有解决科学问题的意识,科学问题当然不会迎刃而解,还需要个体具有解决科学问题的能力,解决科学问题过程实质上就是个体在相应科学方法引导下,从认知结构中选择出适当科学知识和技能、做先后排列并加以执行的过程,所以,讨论所谓的能力,应该阐明与此能力相对应的方法以及所需的必要知识与技能。由此可见,物理观念对应的学习结果主要是智慧技能和言语信息;科学思维对应的是科学论证的方法(即认知策略)以及物理概念和规律知识(即智慧技能)有机组合;科学探究对应的是科学探究的方法以及物理概念和规律知识有机组合;科学态度与社会责任对应学习结果就是态度。

符合学习规律的教学才是有效教学,现代认知心理学关于不同学习结果学习的内部过程、内部表征方式以及外显行为的研究,可以为不同学习结果的教学实施提供可靠的方案。本书将依据学习心理学的研究成果,阐述物理核心素养的实质与教学实现等问题。

作为物理教师,我们首先需要正确理解物理课程实施目标的实质,同时也应认识物理课程实施的途径、载体、基本原则等,此为课程论需要解决的问题。同时物理教师还应掌握物理教学一般规律,并具备有效的教学实施能力,这部分就是教学论研究的领域。为了匹配上述要求,本书分为三编,分别为:物理课程理论、物理学科学习与教学理论、物理教学技能。各编讨论主题,简述如下。

第一编　物理课程理论

第一章阐述物理课程实施的价值。回答物理课程学习后,学习者会出现哪些有益变化,以及这些变化与核心素养的关系,从而帮助教师充分认识物理课程实施的价值。

第二章分析物理课程标准的内涵。物理课程标准是课程实施的纲领性文件,本部分阐述课程标准的目标、结构、实施建议等,有助于教师领会课程标准,更好地胜任教学工作。

第三章比较各套物理教材的特色。物理教材是课程标准实施的核心载体,核心素养与三维目标论本质上是一致的,本部分讨论现有各套物理教材的特色,促进教师优化教材使用。

第四章论述物理课程实施的原则。没有规矩不成方圆,本部分论述教学基本原则,保证教学实施能够沿正确的道路前行。

第二编 物理学科学习与教学理论

教学能力出色的物理教师应具备良好的教学理论素养和可靠的教学实施能力。第二编重点解决物理各类学习结果的学习机制与教学问题,实质上就是讨论核心素养的实现问题。

第五章论述认知策略的实质和教学。认知策略是教育教学领域非常核心的一个概念,通常所谓的能力,本质上就是个体在一定策略引导下,选择、组合适当技能来解决问题过程。本部分讨论认知策略的特征、类型,以及达成"策略"目标的教学方案。

第六章阐述物理概念和规律学习的机制和教学。揭示实验归纳学习途径(对应科学探究能力)以及理论分析学习途径(对应科学思维能力)经历的子环节以及各子环节问题解决需要的策略,并据此提出相应的教学实现方案。

第七章讨论系统化知识的特征和教学。阐明系统化知识的必要性和特征,描述物理系统化知识教学的方案。

第八章论述问题解决实质与教学。依据问题解决的研究,论述综合能力的实质,以及教学实现问题。

第九章解释科学态度的实质与培养。重点介绍态度的成分以及习得层次,依据学习心理学关于态度习得的机制,阐述科学态度与社会责任的培养方案。

第十章系统阐述基于学习心理学的物理教学设计模式。通过案例详细呈现教学设计的实施过程。

第三编 物理教学技能

基于学习心理学形成的教学规律,其适用条件较为清晰、执行步骤较为明确,运用时具有可操作性,表现出"技术"应用的特点。故第三编重点阐述物理教学技术,主要论述:

第十一章讨论教材分析技术。论述教材分析基本策略,助力教师合理有序地完成说课等任务。

第十二章、十三章阐述教学规划技术。论述教学首尾环节的设计、教学方法选择的技能、教学目标陈述技术以及教案的编写技术。

第十四章论述实验教学技术。分析主要实验教学类型的特征，阐述实验教学的基本技能。

第十五章阐述教学资源运用技术。介绍课程教学资源的形式和应用特点，论述各类教学资源的选择和使用。

第十六章论述学业测量技术。陈述物理学业测量的方式，以及成卷基本要求，介绍物理课程形成性评价方法。

本书编写的分工如下：第一、四、十二、十三章河南师范大学侯新杰，第二章海南师范大学李晶晶，第三章华东师范大学刘金梅，第五、六、七、八、九、十章华东师范大学陈刚，第十一章华东师范大学景培书，第十四、十六章江苏大学赵晓，第十五章齐齐哈尔师范学院刘晓华。由陈刚、侯新杰统稿并审定。

本书尝试将学习心理学理论应用于物理教学实践，我们相信依据学生学习的规律揭示物理教学有效教学的条件，是物理教学研究和改善教学实践的可行之路。由于编者学识所限，肯定存在不足之处，希望通过广大同仁的审视，不吝提出宝贵意见，以助本书的不断完善。

编　者

目录

第一编 物理课程理论

第一章 物理课程的价值 　3
　　第一节　我国物理课程的演进　　3
　　第二节　物理课程实施的价值　　12
　　第三节　物理学科核心素养　　20

第二章 物理课程标准简析　29
　　第一节　国外科学教育标准　　29
　　第二节　物理课程标准的理念及结构　　32
　　第三节　物理课程的内容与评价　　40

第三章 中学物理教材比较　48
　　第一节　中学物理教材特点分析　　48
　　第二节　中学物理教材比较　　58

第四章 中学物理教学的基本原则　65
　　第一节　物理教学过程概述　　65
　　第二节　物理教学过程特点　　67
　　第三节　物理教学的基本原则　　69

第二编 物理学科学习与教学理论

第五章 物理学科方法的学习与教学　77
　　第一节　教学设计概述　　77
　　第二节　方法的特征与学习　　83
　　第三节　物理学科实现"方法"目标的教学　　89

第六章 物理概念和规律的学习与教学　96
　　第一节　物理概念和规律的习得机制　　96
　　第二节　物理概念和规律学习的途径　　106
　　第三节　物理概念和规律意义学习的教学　　121
　　第四节　物理概念和规律的运用　　125

第七章 物理系统化知识的学习与教学　135
　　第一节　系统化知识的学习　　135
　　第二节　物理系统化知识的教学　　141

第八章　物理学科问题解决的教学　　150
　　第一节　问题及问题解决的研究　　150
　　第二节　物理复杂习题解决的教学　　158

第九章　科学态度的实质与培养　　170
　　第一节　态度的性质和学习　　170
　　第二节　科学精神的培养　　177

第十章　中学物理教学设计　　185
　　第一节　物理学科学习的分类　　185
　　第二节　物理教学任务分析　　197
　　第三节　物理概念和规律的教学设计　　204

第三编　物理教学技能

第十一章　物理教材分析技术　　217
　　第一节　物理教材分析的意义与基本方法　　217
　　第二节　物理教材分析技术在说课中的应用　　225

第十二章　物理课堂教学规划技术（一）　　237
　　第一节　物理课堂教学首尾环节的设计　　237
　　第二节　物理教学方法选择技能　　248

第十三章　物理课堂教学规划技术（二）　　261
　　第一节　物理课堂教学目标陈述技术　　261
　　第二节　物理教案编写技术　　268

第十四章　物理实验教学技术　　278
　　第一节　物理实验与中学物理教学　　278
　　第二节　物理演示实验教学技能　　282
　　第三节　物理学生实验教学组织技术　　290

第十五章　物理课程资源运用技术　　297
　　第一节　传统教学资源的运用技术　　297
　　第二节　多媒体环境下物理教学资源的应用技术　　304
　　第三节　传感器技术及其应用　　310

第十六章　物理教学目标测量与评价技术　　320
　　第一节　物理课程学习结果的测量技术　　320

第二节　物理课程考试及评价技术　323
第三节　物理各类学习结果的测量技术　329
第四节　物理课程实施中的形成性评价技术　338

第一编

物理课程理论

第一章 物理课程的价值

通过本章的学习,你能够
- 理解课程的基本含义。能陈述课程论的研究领域以及相关见解。
- 理解我国物理课程的演进。能概述我国物理课程经历的阶段和相应特征。
- 理解物理课程学习的价值。能解释物理理论对启示人类理智的重要意义、物理理论通过技术的进步推动人类物质文明发展、物理研究方法对人类认识世界的重要价值、科学精神对人类精神文明的完善作用等。
- 理解核心素养。能概述有关核心素养的不同研究,能举例说明核心素养的内容。

第一节 我国物理课程的演进

一、课程概述

课程是指学校为实现教育目标而选择的教育内容的总和及其进程安排。因所依据的知识观、学习观以及社会和哲学导向不同,课程的定义也不相同。

对课程的定义,可归纳为三种:(1)"学科"说,认为课程有广义和狭义之分,广义指所有学科的总和或学生在教师指导下所有活动的总和,狭义指一门学科;(2)"进程"说,认为课程是指一门学科有目的有计划的教学进程,不仅包括教学内容、教学时数和教学顺序,还包括规定学生必须具有的知识、能力和品德等阶段性发展要求;(3)"教学内容"说或"总和"说,将列入教学计划的所有学科和它们在教学计划中的地位、开设顺序等总称为课程。[①]

(一)课程的形成

一般地说,课程由语言、社会、自然、艺术、技术、体育等文化领域和生活、道德领域组成。正式的课程大体是在19世纪以后形成的。在此之前,严格意义上的课程是不存在的。虽然课程形成的历史比较短,但构成课程之基础的学科本身的历史却是古老的。最初的起源可以上溯到古代各国的神职学校和文士学校(读、写、算、宗教仪式、占星术)的诞生。古代罗马的修辞学校设文法、修辞、逻辑学、算术、几何、天文、音乐等学科,这就是中世纪宗教学校里长期占统治地位的"七艺"。其中文法、修辞、逻辑学三科谓之"三科",属

---
① 顾明远.教育大辞典[M].上海:上海教育出版社,1998:892.

文科课程；其余四科谓之"四目"，主要是理科课程。"七艺"最初是作为一般文化教养的内容，也是对中世纪早期古希腊和古罗马学校中所设立的一般文化课程的称呼。

进入文艺复兴时代，智育、体育、美育、德育课程的出现使中世纪以来的狭隘课程失去了特殊价值。作为智力学科仍是"三科"，而"四目"的地位依然很低。但是文艺复兴运动为自然科学和社会科学的建立开辟了道路。随着物理科学革命的第一次理论大综合，不仅科学知识有了发展，同时科学结构也经历了由笼统综合化向纵向分科化逐步演进的过程，使自然科学和社会科学先后进入分门别类的、越来越细的研究阶段。这种发展对学校课程的设置带来了影响，一些学校跳出了中世纪"七艺"的范围，增设了文学、历史、地理、力学等科目，扩大了课程内容的广度。在17、18世纪，代数、三角、植物、动物、物理和化学已成为中学的重要科目。

在我国古代，无论官学或私学，教育科目及其内容基本上是根据培养目标确定的。孔子创办私学，推行"文、行、忠、信"四大教育任务，确定科目并编写教材。孔子的弟子中通"六艺"者72贤，六艺即礼、乐、射、御、书、数，还需读《诗》、《书》、《礼》、《乐》、《易》和《春秋》六经。到了战国时期，出现了许多学派，形成了百家争鸣的局面，对当时的课程建设颇有影响。到了秦代，发生了"焚书坑儒"的政治事件，导致西汉初期思想战线形势的急转，出现了"罢黜百家、独尊儒术"的局面。此后，学校的课程均以儒家经学为核心，阻碍了古代自然科学家一系列重大研究成果的传播。例如，地震专家张衡、医学专家张仲景、地理学家郦道元、杰出的数学家祖冲之、百科全书式的科学家沈括、著名科学家徐光启和宋应星、大医学家李时珍、农学家贾思勰和王祯等，他们都对我国古代科技的发展作出了值得后人景仰的不朽贡献。早在公元1世纪就出现的《九章算术》和《黄帝内经》，是我国最早的数学和医学经典。以后陆续出现的四大发明，即造纸术、印刷术、火药、指南针，更是震惊世界，为推动历史前进作出了光辉夺目的贡献。我们从课程的设置角度来看，儒学具有多种内涵，它不仅讲君臣父子、天道人伦，也包括自然科学方面的内容。例如，《诗经》中有关于地震的记载："烨烨震电，不宁不令。百川沸腾，山冢崒崩。高岸为谷，深谷为陵。"(《诗·小雅·十月之交》)这条记载生动地表述了地震作为一种自然灾害所具有的威力，以及地震后地表所发生的变化。再如汉代马融、郑玄教书以儒家经典为主，杂以其他人的著作，还包括天文、数学等方面的知识；宋代书院，把学生读的书分几类，一类是四书五经理性大全，另一类是水利、农田、天文、历算。从中可以看出，一方面，儒家经典本身就包含着一定量的科学知识，另一方面历代不少学校为了推动儒家经典学习，都开设了一部分自然科学知识课程，这样，科技人才的产生同学校所开设课程的关系是不言而喻的。正因为如此，中国从公元2世纪到15世纪科学技术发展一直走在世界的前列。

(二) 课程近代化的过程

课程近代化过程是从变革传统的学校观——把学校视为各种知识、技能的接受机构出发的，探索并实施了新型的课程，这种课程要求同儿童的心理特征和社会要求相适应。德国的合科教学和美国的核心课程都是这种课程的代表，此外，20世纪初美国形成的"课外活动"概念，是这个时期课程改造的重要特色。进入20年代，在学科课程与课外课程相统一的基础上形成了新型的课程。以美国、德国的课程改革运动为例：在19世纪末，由全美教育协会(NEA)两个委员会分别提出了报告，建议缩短初等教育的年限。本世纪初，"全美教育研究会"(NSSE)课程设置审议委员会，讨论决定小学课程的最低标准，以节约用于教育的时间。由此,美国课程编制运动蓬勃地开展起来,重新编制课程的一个先决条件是确定教育目标。当时的美国面临中学生逐渐增加,要求从根本上改变中等学校传统的贵族主义或排他主义的课程。伴随而来的是,初中学科除了传统的语文、社会、数学、科学之外,还增设了外语、音乐、劳作、体育、商业、工业、家政等学科,结果造成了学生的学业负担过重。鉴于这一局面,美国一则采用选修制,二则设置所有学生共修的必修学科,试图同时实现专业化与统一化,并规定了中等教育的七项基本目标。这可以被看作是斯宾塞(Spencer,1820—1903)的学科论的发展。

二、课程的发展

面对新技术革命的挑战,教育在备受青睐的同时,也遭受越来越多的批评。近百年来,课程思潮的多次转换,证明没有一种模式是万能的,它往往伴随着自己的长处而带来弊端。于是,人们开始注意把各种模式的长处融合起来,寻求更多的、富有弹性的课程模式,因而基础教育的课程改革变得更加频繁,更加丰富。例如美国每10年就有一种新的课程思潮,这是世界性课程改革的一个大趋势。

(一)课程观念的更新

在新技术革命浪潮的冲击下,教育领域正在出现许多新的观念,传统的价值观、目标论、方法论等都被许多崭新的观点所替代,从而成为课程改革的先导和指南。例如,对基础学力的界定已大大扩展了,它包含:概念性知识的掌握——构成科学的主要概念、概念体系或观念;科学的理智——科学的研究方法;科学的伦理——科学所具有的价值标准,亦即科学研究中科学家的行为规范、科学态度或科学精神;理解科学与人文、科学与社会、科学与技术的关系。

随着知识和技术的发展,人类用于开发自然资源的手段越来越多,能力越来越大。教育的焦点不仅仅是培养智力和能力的问题,而且是应当更加重视人们对社会性问题的态度和解决问题的能力,即学校的课程不应单纯追求知识的传授,而应当面对各种各样的问题,寻求问题解决的办法。由于探求问题解决的办法时,需要理科、人文科学等各门学科的综合,所以对课程的设置提出了新的要求。

(二)课程目标领域的调整

按照教育要面向未来的要求,我们的课程目标应当"以加强个人适应能力为第一目标,以便使人能够很快地、很容易地适应经常出现的新生事物"。这就是要通过教育,使每一个儿童能够"学会学习",因为只有会学习的人才能适应瞬间变化的社会,具体制定时要注意以下几点:强调科学态度和科学方法的培养;强调以提高全民素质为目的;重视在普通教育中渗透职业技术教育的因素。

(三)课程内容的更新

知识的急剧增长,也使知识的折旧率日益提高。据预测,到2020年,人类知识将比现在增加3—4倍,到2050年,今天运用的知识可能只占那时所拥有知识的1%。与知识发展相适应,知识的更新是每过10年将淘汰现有知识的50%。很显然,这种"知识爆炸"的现象,对以传授昔时知识为主的课程和教学体系来说是一个严峻的挑战。要使课程适应这种趋势,就必须不断地更新课程内容和结构,特别要注重把重心从知识的传授转移到学习能力的培养上来,使学习者不断地在信息万变的社会里不断地自我学习,自我提高。

(四) 课程结构的调整

新技术革命使各学科相互渗透、交叉发展、横向延伸,综合性学科大量涌现,科学的发现与大规模应用之间的时间间隔越来越短。因此要将传统的以经典学科知识的分类作为依据,主要考虑将本学科的历史发展和纵向深入的课程结构转换为横向联系和纵向深入同时进行的课程结构。例如,基础课程的拓展和课程多元化的发展同时并举,重视课程的宏观决策和微观调节的交互作用,使课程表现出基础的严整性和内容的丰富性。

(五) 教学手段的更新

多媒体和国际互联网的应用,要求我们重新认识教育的主体,师生关系也会发生彻底改变,由于学生在网络社会加速成长,导致教师的知识会加速老化。只有教学方法的革新、教学方法和手段的多样化,才能适应各种不同类型、不同层次要求的学生。

三、我国物理课程的演进

物理学的源头可上溯远古,但真正开端和长足发展则是欧洲文艺复兴末期至19世纪末期。物理教育问题在物理学开始发展的年代并未受人重视。当时的教育思想和条件不可能使物理学成为一门独立的学科。英国牛津大学早在16世纪就传播科学新思想,但直到19世纪前物理知识仍含于哲学之中。在我国,物理课程最早是融于"格致"之内的,以后分别纳入"自然科学"、"理科"、"理化"等课程,最后才独立出来。我国早年的教育重文轻理,学校只设文科课程,直到1893年,受"西学"影响,中国创办的新型学校,如湖北自强学堂等才开始设立包含物理知识的格致课。到1896、1897年间,格致课被正式列入学校课程。到1897年南洋公学成立,分外、中、上三院,中院四年毕业,相当于中学,此乃中学教育之始。1898年京师大学堂章程中出现大学堂、中学堂、小学堂,"中学"之名便由此而得,才有"初级格致学"、"高级格致学"跻身于京师大学堂所设的20多门课程之中。

(一) 20世纪中期以前的中学物理内容

物理列入学校教育始于清朝时期的1879年,当时的物理学归入"格致"学。1866年,京师同文馆出版了美国传教士丁韪良编的《格物入门》。1883年又出版了丁韪良编的《格物测算》。同年,江南制造局出版了由英国人付兰编写,徐寿、徐建寅编译的《格物须知》。1885年,江南制造局又出版美国人赫斯赉、英国人罗亨利和瞿昂来同译的《格物小引》。

1889年出版了日本人饭盛挺编、藤田翻译、王季烈重编的《物理学》,开始有了"物理"和"物理学"的名词。这本书也是首次由国人重新编写的物理书。到1902年,我国已译入多种物理学书籍,但均以物理学专著形式出版,其逻辑体系脱离学生能力和相关学科基础及学生心理发展顺序,不适合用做教材。

1903年起,清政府施行"癸卯学制",物理学首次以法定形式系统地进入中学教学,并出版了一批新的教科书。其中有:1904年美国人何德赉著、谢洪赉译的《物理学·最新中学教科书》;1905年上海昌明公司出版社出版的陈文哲编译的《物理教科书》;1906年上海商务出版社出版的伍建光编译的《声学·最新中学教科书》;上海广智书局出版的日本人中村德二著、林国光译的《中等教育物理学》;1907年,上海商务出版社出版的王季烈译的《新式物理教学教科书》。这一时期是我国物理教育和物理教材的产生时期。

民国建立前期,物理教育有一定的发展。1912年商务印书馆出版王季烈编的《物理学》,1913年又出版严葆诚编的《物理学》。1913年王兼善编的《民国新教科书·物理学》

在七八年时间里反复出版了十七次之多。中华书局在1914年出版了黄际遇编的《中华中学教科书》和孙志道、李义均编的《中华适用物理学》。到20年代,中学物理教学中较普遍使用的有王季烈编的《共和国物理教科书》(1922年商务版),王兼善编的《民国教科书·物理学》(1925年商务版),周昌寿、高铦翻译的美国密立根(Milikon,1868—1953)著的《物理学》。1929年商务印书馆印行了由周昌寿从日本文翻译的《中等物理学讲义》。1931年大东书局出版了夏佩白编的《高中普通物理学》,比以往教材增加了力学和电磁学中有一定深度的内容,如楞次定律和电磁感应等,并形成了力学、声学、热学、电学、光学的次序排列的传统体系。1937年,由商务印书馆发行周昌寿编著的《复兴高级中学教科书》,全书所用物理名词规范,重视初高中物理知识衔接,且每章附有习题,数学应用的要求提高。这一时期,中学物理教学内容逐渐充实,要求不断提高,逐步趋向正规化且形成了长期应用的传统的物理教材体系,注重实际知识传授并开始重视实验,并配有单独的实验教材。

中华人民共和国成立以前,中、小学课本都由各私营书店请人编写,学校自由选用,国民政府只颁行各个学科的课程标准,作为编写课本和教学的依据。中华人民共和国成立前夕的中学物理课本大都是根据国民政府1941年颁行的《修正初、高级中学课程标准》,参考了欧、美、日本的课本编写的。《修正初、高级中学课程标准》规定物理教学课时数是很少的:初、高中都在三年级开设一年物理,初中每周3小时,仅占初中总教学课时数的3.2%;高中分甲、乙组,甲组每周5小时,占高中总教学课时数的5.4%,乙组每周4小时,占高中总教学课时数的4.3%。列出的初、高中的教材内容有大量重复。因此,当时根据课程标准编出的初、高中物理课本的关系是同心圆放大。例如,初中课本一般只用四五页的篇幅讲位移、速度、加速度概念和初速度为零的匀加速运动公式,高中课本一般则用十四五页篇幅,除重复初中已讲内容外,再补充位移是矢量、平均速度、瞬时速度、平均加速度、瞬时加速度、下抛运动、斜抛运动、斜面上的运动。在讲述方法上,一般课本是先给出定义、定律、公式,而后是实验验证。

(二) 20世纪中期以后的中学物理课程内容和设置

1. 中华人民共和国成立初期我国的物理课程内容和设置

中华人民共和国成立初期,我国由于来不及制定新的物理教学大纲和编写教科书,在东北老解放区,采用东北人民政府以苏联10年制中学的自然科学课本为蓝本进行编译的课本,在解放区仍用中华人民共和国成立前的老课本。1950年开始,教育部组织力量编订《中学物理课程标准(草案)》,经1951年3月教育部召开的第一次全国中等教育会议讨论,并于1952年3月印发。此《标准》使我国中学物理教学内容的特点由"同心圆放大"变为"螺旋式上升",并由人民教育出版社编写了《高中物理学》第一册。这是人民教育出版社的第一套高中物理教材。1952年12月我国颁布的中华人民共和国成立后第一个《中学物理教学大纲(草案)》是以当时苏联物理教学大纲为基础编订的。同年,人民教育出版社就以《中学物理教学大纲(草案)》为依据,以苏联课本为蓝本开始进行第二套高中物理教材的编写,于1953年秋季开始使用。1956年又参考苏联的新教学大纲,编订了《中学物理教学大纲(修订草案)》,这个修订草案一直使用到1962年。到1957年秋,初中两册、高中三册全部出齐。初中两册到1963、1964年相继被新编的课本代替,高中的三册一直用到1966年"文革"开始。

由于学习苏联,中学物理由中华人民共和国成立前的初、高中各学一年,这两年物理周课时总数为7、8,变为从初二到高三连续学习五年,这五年物理周课时总数为15(各年级每周课时数分别为初二,3/2;初三,2;高一,3;高二,3;高三,5/4)。教材内容的科学性明显提高,现代物理和联系实际的内容明显加强。课本中讲到了电磁场的物质性,而不再讲以太概念化和只限于实体才有的物质通性;中华人民共和国成立前的物性学知识,现在由于用分子学说解释,而与热学合并为热学和分子物理学部分;过去独立于电学之外的磁学,由于揭示了磁的电本质,而成为电学的一部分;对光的本性,增加了光电效应和光子说,揭示了光的二象性;关于原子模型和原子核结构,也介绍了玻尔模型和核的组成以及核能的利用。重视物理实验,强调"物理是一门以实验为基础的科学,因此,在中学物理教学过程中,必须广泛地进行教师的演示和学生实验"。1956年大纲(修订草案)中,明确列出了教学中应做的演示实验,初中为103个,高中为131个(课本中更多);大纲和课本中的学生实验,初中为15个(占初中物理总课时数的9.8%),高中为19个(占高中物理总课时数的5.3%,初、高中合计,占物理总课时数的6.7%)。

1958年提出物理课程存在"脱离政治、脱离生产和脱离中国实际"等问题,决定采用"砍、换、补"的办法在课程内容上作如下改进:一是反映现代科学成就,如洲际导弹、火箭、人造卫星、宇宙航行、半导体、无线电、天文学、电子显微镜、基本粒子等;二是联系生产实际,如交流电路、三相交流电等;三是提高程度,如转动惯量,转动定律,动量矩守恒,克拉珀龙方程,热力学第一、二定律,原子核的结合能、质能关系等。

1961年在总结过去课程设置经验的基础上,将课程内容要求调整为加强基础知识教学和基础技能培养。1963年教育部印发了《全日制中学物理教学大纲(草案)》,具体提出了全面照顾高中物理教学中完成"双重任务"的需要,加强分科之间的联系,以免学生把统一的物理知识割裂理解,加强演示和学生实验,提高对学生实验的要求,并初步提出在高中物理教学中对学生进行能力的培养。在教学内容上,大纲指出:要全面地讲授物理学的基础知识,并且突出其中最重要的,还要适当介绍最重要的现代科学技术成就。这是物理教学大纲第一次提出要介绍现代科学技术成就。在教学内容的深度和广度上,大纲指出:应当符合学生的接受能力,不能过深过多,也不能过浅过少;不适当地提高程度和增加分量,将使学生负担过重并且"消化不良",不适当地降低程度和精简教材,将使学生得不到应有的知识,都不利于提高中学物理的教学质量。对于联系实际的目的,大纲除了指出"以便学生巩固地掌握基础知识",还提到可以增进学生的能力。此外,还指出:联系实际的范围应当根据学生的年龄和教学内容而有所区别。初中可以联系简单的生产问题,也可以联系日常生活中常见的物理现象。高中除联系上述问题外,还要联系物理知识在生产技术和科学研究中的应用。总结了初高中教学内容安排的经验,大纲指出:初高中物理教学内容既要基本一贯上升,又要适当分段。因此需要避免不必要的重复,保留必要的螺旋上升,使学生能够由浅入深地顺利获得知识。大纲中第一次明确指出:物理教学应该分清主次,突出重点,抓住关键。教材中有一些最重要最基本的知识,是教材的重点,还有一些知识,对于顺利学习某一部分教材起决定性的作用,它们是这一部分教材的关键。这些重点和关键教材,应该使学生牢固掌握并且能够灵活应用。同时指出:要处理好重点、关键教材跟一般教材的关系。要突出重点,既要平均使用力量,又不能轻视一般知识,它对重点知识有巩固、扩大和加深的作用。在1963年的大纲中,学生实验进一步加强。初中实验增加到21个(占初中物理总课时数的10.3%);高中实验,必做的增加到43个,需要52课时(占高中物理总课时数的12.9%,初高中合计占物理总课时数的12.0%),此外还有6个选做的实验,需12课时,对于学生实验的要求也有所提高,从只要求掌握使用基本仪器的技能,发展为还要求学生掌握一定的实验修养——遵守安全操作规则、细心观察和读数、尊重事实、正确记录、能从测得的数据得出正确的结论,了解误差的概念,会写简要的实验报告。

2. "文革"时期的课程内容和设置

1966年"文革"开始,各级各类学校基本停课,开展"大鸣、大放、大字报、大辩论"。新中国成立十七年来教材建设的成就被彻底否定,人民教育出版社编辑出版的全国通用教材被批判为"封资修大杂烩"、"毒害学生的砒霜"。1968年"复课闹革命",各地相继成立中小学教材编写组,在批判通用教材的基础上,开始自编教材。各地编写教材的同志深入工厂、农村调查,花了大量心血编写。1969年底开始陆续出版的各地自编的第一轮教材中,物理课本不多,多数是把物理、化学合并纳入"工业基础知识"课本。少数保留物理名称的课本,也大量删减物理知识,增加大量具体的生产内容。1972年,许多地方改编课本,加强了基础知识。这批各地自编的第二轮课本从1972年底开始相继出版。不少省市取消了工业基础知识课,恢复了物理课和化学课。这批课本刚出版不久,因不被主管者认可,各地不得不赶编第三轮教材或补充教材。同第一轮教材相比,多数地区的第三轮教材中基础知识进一步削弱,"三机一泵"(拖拉机、柴油机、电动机、水泵)成了物理教材的主体,物理基础知识支离破碎。

3. 20世纪80年代的课程内容和设置

"文革"结束后的拨乱反正时期,1978年全日制十年制学校《中学物理教学大纲(试行草案)》颁发后,人民教育出版社于1979年12月出版了一套供全日制十年制学校使用的新教材(试用本),这套教材的初、高中物理均分为上、下两册。高中物理的力学部分先讲力和物体的平衡,后讲直线运动,删去了转动部分内容,加强了动量部分内容;分子物理学中热膨胀、物态变化等知识放在初中;电磁学部分增加了洛伦兹力的内容,还增加了一章电子技术;几何光学知识全部放到初中;原子物理分成原子结构和原子核两章讲述。这套教材注重物理基础知识和基本技能的训练,强调能力培养。其按照教学大纲要求,并博采国内外教材众长,是"文革"后第一套质量较高的教材。但缺乏对条件较差的一般高中能否适用的考虑,理论上要求过于严格,能力上要求过高,难以全面普及使用。

当时全国多数省市中小学是十年制。因此,教育部决定以十年制为中小学基本学制,制定了教学计划,规定中学物理课初中二、三年级,高中一、二年级连续开设四年,各年级的物理每周课时数:初二,3;初三,3;高一,5;高二,5。1978年1月教育部颁布了《全日制十年制学校中学物理教学大纲(试行草案)》,依据这个大纲编写的十年制初高中物理课本(试用本),初中两册、高中两册,从1978年开始陆续供应全国使用。

这套物理教材的突出特点是强调能力培养。除了继续注意培养实验技能及运用数学解决物理问题的能力,还明确提出培养学生的思维能力;讲解比较抽象的概念和规律时,注意培养学生的分析能力、推理能力和想象能力;在理论和实际的结合中,注意培养学生的实验、观察能力和运用所学知识来分析和解决实际问题的能力;教材的叙述要便于自学,其中浅易的内容可让学生自学,以便有助于培养学生的自学能力。用现代的科学知识充实中学物理的教学内容,并不意味着应该主要讲近代物理知识。中学物理主要还是应该讲经典物理知识,因为经典物理知识反映了物质世界在宏观、低速条件下的客观规律,在工农业生产和科学技术中有广泛的应用;经典物理又是学习近代物理和学习其他科学技术知识的基础。在主要学习经典物理的前提下,可以采取三方面措施使教材内容适应现代化的需要:首先要精选经典内容,要按照现代化建设的需要来精选;其次要适当增加介绍现代科学技术的重要成果,如人造卫星、半导体、激光、核能等;第三,要反映或渗透近代物理中的一些重要观点,如统计观点、波粒二象性等。

按照1978年大纲编写的十年制学校物理课本(试用本),要求比1963年有所提高。这套试用本使用后,扭转了十年动乱造成的中学物理教学的混乱局面,对提高教学质量起了重要作用。这套教材的指导思想"打好基础,培养能力",对推动物理教学方法的改革也起了良好的作用。但是,由于"文革"的破坏,学生程度不齐,师资水平下降,仪器设备缺乏,特别是由于片面追求升学率的影响,也由于教材本身要求有所提高,试用本在使用中反映"深、难、重",特别是高中教材,一般中学不能适应。针对这种状况,教育部从两个方面采取措施,一方面是修改学制和教学计划,另一方面是实行两种教学要求。1981年,教育部颁发了《全日制六年制重点中学教学计划(试行草案)》和《全日制五年制中学教学计划试行草案的修订意见》。这两个教学计划的初中部分相同,减少了一些学科的教学时数以促使减少内容、减轻负担。初二、初三物理的每周课时数由1978年的3、3减为2、3。五年制中学高中仍为两年,但减少了课时数,物理由1978年的5、5减为4、5;六年制中学高中延长为三年,物理每周课时数高一为4,高二为3,高三为4,即比1978年有所增加。

为了适应不同学校的情况,使不同的学生都能学有所得,1983年教育部决定高中物理(以及数学、化学、生物、外语)实行两种教学要求:一种是基本要求,比试用本的内容减少、要求降低,使多数学生经过努力能够学有所得;一种是较高要求,仍基本保持试用本的水平。这两种教学要求反映在教育部1983年10月颁发的《高中物理教学纲要(草案)》中。

根据新的教学计划和两种教学要求,人民教育出版社从1981年起着手改编初中物理课本,自1982年秋开始供应,从1983年起着手编写高中物理课本,根据基本要求编出的叫乙种本,根据较高要求编出的叫甲种本,自1984年秋开始供应。这套课本在编写中注意发扬试用本的优点,克服试用本的缺点,在试用本的基础上有所改进。强调激发学生的学习兴趣;进一步加强能力的培养;强调循序渐进的原则,避免过分追求严谨。叙述上强调思路清楚,线索鲜明,注意渗透研究物理的科学方法。增加了物理学史上的小故事、阅读材料、小实验、小制作,对例题、习题也做了些改进,以提高兴趣,扩展眼界,活跃思维,提高能力。

1986年,鉴于学制、课时、教学内容都已不同于1978年颁发的十年制学校教学计划和教学大纲,国家教委决定以当时的教学实际为根据,本着"适当降低难度,减轻学生过重的负担,教学要求明确、具体"的原则,修订1978年的大纲。修订后的《全日制中学物理教学大纲》于1987年1月颁发,从1987年秋开始施行。在教学内容和教学要求方面,1987年大纲的初中部分与1982年秋开始供应的初中物理课本相同,高中部分与1983年教育部颁发的《高中物理教学纲要(草案)》的基本要求大致相同;而教学纲要(草案)中的较高要求部分,在1987年大纲里作为附录。为了便于教学,人民教育出版社于1987年夏,根据1987年大纲的高中部分要求对1984年秋开始供应的乙种本做了修订。修订后的课本不再有乙种本字样,从1988年秋开始供应。甲种本则未修订,继续供应。

1986年12月,国家教委颁发了《全日制中学物理教学大纲》,人民教育出版社又按新大纲要求,在乙种本基础上做了调整和修改,于1987年出版了《高级中学课本物理》上、下两册,这套教材一直沿用到90年代。

4. 20世纪90年代"素质教育"中的物理课程内容和设置

物理教材编写工作经历了学习苏联、走自己的路、十年动乱、拨乱反正的过程后,20世纪90年代步入了一个新阶段——素质教育阶段。它是随着"中小学要由'应试教育'转向全面提高国民素质的轨道"的开始而开始,以制定义务教育物理教学大纲为标志。

1986年4月,全国人民代表大会通过了《中华人民共和国教育法》。同年,国家教委制定出九年义务教育小学和初中的教学计划征求意见稿,并组织人民教育出版社、北京师范大学、上海市和辽宁省的有关人员起草初中物理教学大纲。经过广泛的调查研究和反复讨论,于1987年冬完成了初稿。1988年初全国中小学教材审定委员会对初稿进行了审查并初步通过,以"初审稿"名义印发,作为编写课本的依据并广泛征求意见。在随后的两三年中,初审稿经受了编写课本和试教的检验,到1991年冬和1992年春,起草人员根据各方面意见,特别是课本编者和试教教师的意见,遵照修改定稿的教学计划,对初审稿做了修改,于1992年5月报送教材审定委员会审查,获得通过,1992年6月以《九年义务教育全日制初级中学物理教学大纲(试用)》的名义出版。

1991年底修改定稿的义务教育教学计划规定义务教育学制有两种:小学六年、初中三年的六·三制,小学五年、初中四年的五·四制。初中物理的每周课时数,六·三制是初二,2;初三,3;五·四制是初三,2;初四,3。两种学制的物理总课时数相等。

国家教委1996年5月颁布的《全日制普通高级中学物理教学大纲(供试验用)》中指出:物理学是一门基础科学,是整个自然科学和现代技术发展的基础,在知识经济中具有不可替代的作用。物理知识在现代生活、社会生产、科学技术中有广泛的应用。物理学的研究方法对于探索自然具有普遍意义。学生在高中物理课程中学到物理基础知识和实验技能,受到科学方法和科学思维的训练,受到科学态度和科学作风的熏陶,这对于他们提高科学文化素质,适应现代生活,继续学习科学技术,都是十分重要的。物理课是普通高中的一门重要课程。物理教学应该遵循"教育要面向现代化、面向世界、面向未来"的战略思想,贯彻国家的教育方针,为实现普通高中的任务和培养目标更好地作出贡献。

对物理课程大纲提供两类物理课的教学内容和要求,以适应不同学校和具有不同兴趣、特长的学生的需求。必修物理课——基本要求的物理课,是全体学生必须学习的,简称Ⅰ类物理课。必修加选修物理课——较高要求的物理课,适合于基础较好的学生学习,简称Ⅱ类物理课。

5. 21世纪后的物理课程发展

2001年7月27日颁布的《中国基础教育课程改革纲要(试行)》,提出课程改革的目标:基础教育课程改革要以邓小平同志关于"教育要面向现代化、面向世界、面向未来"和江泽民同志"三个代表"的重要思想为指导,全面贯彻党的教育方针,全面推进素质教育。新课程的培养目标应体现时代要求。要使学生具有爱国主义、集体主义精神,热爱社会主义,继承和发扬中华民族的优秀传统和革命传统;具有社会主义民主法制意识,遵守国家法律和社会公德;逐步形成正确的世界观、人生观、价值观;具有社会责任感,努力为人民服务;具有初步的创新精神、实践能力、科学和人文素养以及环境意识;具有适应终身学习的基础知识、基本技能和方法;具有健壮的体魄和良好的心理素质,养成健康的审美情趣和生活方式，成为有理想、有道德、有文化、有纪律的一代新人。

　　基础教育课程改革的具体目标：改变课程过于注重知识传授的倾向，强调形成积极主动的学习态度，使获得基础知识与基本技能的过程同时成为学会学习和形成正确价值观的过程。改变课程结构过于强调学科本位、科目过多和缺乏整合的现状，整体设置九年一贯的课程门类和课时比例，并设置综合课程，以适应不同地区和学生发展的需求，体现课程结构的均衡性、综合性和选择性。改变课程内容"难、繁、偏、旧"和过于注重书本知识的现状，加强课程内容与学生生活以及现代社会和科技发展的联系，关注学生的学习兴趣和经验，精选终身学习必备的基础知识和技能。改变课程实施过于强调接受学习、死记硬背、机械训练的现状，倡导学生主动参与、乐于探究、勤于动手，培养学生搜集和处理信息的能力、获取新知识的能力、分析和解决问题的能力以及交流与合作的能力。改变课程评价过分强调甄别与选拔的功能，发挥评价促进学生发展、教师提高和改进教学实践的功能。改变课程管理过于集中的状况，实行国家、地方、学校三级课程管理，增强课程对地方、学校及学生的适应性。

　　本轮课程改革的宗旨和实施方案以课程标准的形式呈现，本书第二章将详细介绍义务教育和高中物理课程标准。

第二节　物理课程实施的价值

　　物理科学作为自然科学的重要分支，不仅对物质文明的进步和人类对自然界认识的深化起重要的推动作用，而且对人类的思维发展也产生了不可估量的影响。同时在科学研究过程中形成的科学精神也是一种重要的文化精神，是人们应具备的一种重要的科学文化素质，弘扬科学精神对提高人们的科学文化素质具有重要意义。处于历史转折时期的青少年掌握科学精神更为必要，它可以帮助他们确立科学的人生观和价值观，破除迷信，克服愚昧，自觉抵制伪科学。

　　20世纪30年代，人们通常认为，科学是一种可证伪的知识体系，这种认识只是静态地审视科学，把科学仅仅等同于科学研究的结果——科学理论，而忽视科学研究动态过程本身，这是一种狭义的科学本质观。基于这种科学观，近代科学教育理论曾把科学教育等同于科学知识的教育，这种科学教育没有全面体现科学学习应有的价值，具有一定局限性。

　　20世纪60年代之后，人们开始从一种广义的角度理解科学：科学是一种特殊的社会文化活动，科学本身是一种探究活动，是一种特殊的社会文化活动，而作为知识系统的科学理论只是这种探究活动的结果。[1] 这种广义的科学本质观自提出后就开始逐步影响世界各国的科学教育理念，本节基于广义的科学本质观从物理研究过程和结果两个方面阐述物理研究实际价值，从而助力教师体会物理课程实施的价值。

一、物理研究过程中的方法

　　物理学是探讨物质结构和运动基本规律的学科，与其他学科相比，物理学更侧重于对物质世界普遍而基本规律的追求。就其起源来说，发源于古希腊的哲学，在很长一段时间

---

[1] 袁运开，蔡铁权.科学课程与教学论[M].杭州：浙江教育出版社，2003：6—7.

内,物理科学与哲学是不可分的,古希腊人把所有对自然界的观察和思考,笼统地包含在一门学问里,那就是自然哲学。古希腊哲学家中亚里士多德(Aristotle,公元前384—前322)是我国中学物理教学教材中最常出现的人物。

(一)亚里士多德研究的方法与特点

1. 亚里士多德认为物体下落的快慢是由它们的重量决定的,物体越重,下落得越快。亚里士多德的思想与人们直观的经验比较吻合,我们平时看到树叶从空中飘下来,雪花从空中飘下来,下落得比较慢;雨滴从空中落下,石块从空中落下,下落得比较快。通过比较归纳,人们相信,应该是重的物体下落得比轻的物体快。

2. 亚里士多德认为:必须有力作用于物体上,物体才能运动,没有力的作用,物体就要静止下来。这里,亚里士多德的思想与人们直观的经验又是比较吻合的,我们平时看到,马拉车车才能前进,马不拉车车就停止了。其他的机械也是一样,总是要有动力才能维持它的运动,没有动力的机械是不能运作的机械。通过比较归纳,人们相信,力是维持物体运动的原因。

3. 亚里士多德用四因说,尤其是"目的因"来解释自然。第一种是物质因,即形成物体的主要物质;第二种是形式因,即主要物质被赋予的设计图案和形状;第三种是动力因,即为实现这类设计而提供的机构和作用;第四种是目的因,即设计物体所要达到的目的。在他看来,自然界中物质的运动就是要奔向它的目的。

亚里士多德认为,存在截然不同的两类运动:一类是自发的运动,物体都有趋向其"自然处所"的特性,石头这样的重物体向下落,火焰这样的轻物体向上窜腾,石头越重就应当降落得越快。另一类是强迫的运动,停在马路上的车,它没有"自然处所",所以必须有马拉的力或者别的什么力作用于它,它才会运动。

例如,一块石头在台阶边晃动,如果被推过边沿,它就会掉落下去。在这种情况中,物质因就是石头本身这种物质;形式因就是总的地势,即台阶和石头所处的位置;动力因就是任何推动石头的东西;目的因就是石头尽可能寻求最低落点的"愿望"。

尽管亚里士多德的许多论断现在被证实是错误的或者是粗浅的,但如果考察其研究活动的本身,我们可以发现一些重要的特征:

(1)将客观世界作为观察对象,站在客观世界的对面审视与探究,与我国天人合一的哲学思想相异,由此确立了物理学研究的对象,以自然界为研究对象,努力探究自然界背后存在的因果联系。

(2)研究上,亚里士多德重视经验和感觉,强调解释应与经验相符。这种观点是以事实为依据的科学态度的雏形。

(3)从研究方法上,亚里士多德倡导逻辑理性的研究方法。亚里士多德认为分析学或逻辑学是一切科学的工具。他是形式逻辑学的奠基人,他力图把思维形式和存在联系起来,并按照客观实际来阐明逻辑的范畴。到了古希腊的后期,理性抽象和逻辑方法的发展及其相互结合,为寻求事物和过程背后的本质和原因提供了有力的思想武器,大大增强了自然哲学的地位和解释能力。但实际运用中由于过于强调根据大前提进行推理的演绎逻辑,并且存在轻视实际经验的倾向,因此具有哲学思辨的特征,如当柏拉图(Plato,约公元前427—前347)谈到"天文学和几何学一样,可以靠提出问题和解决问题来研究,而不去管天上的星界"的时候,实质上是说明了古希腊的哲学家们都是把当时的所谓"自然科学"

当作思辨的哲学来研究的,不关心实际问题。

这种方法由于无法保证推理的大前提的可靠性,可能导致推理的结果毫无实际效用的缺陷。

(二) 伽俐略的研究方法及特点

1. 亚里士多德在研究单摆时认为,单摆"摆幅小,需时少"。伽俐略(Galilei,1564—1642)通过观察教堂的吊灯,寻找各种东西做实验,借助自身的脉搏进行计时,最后得出结论:单摆的运动是等时的,摆动的周期与摆幅无关。

2. 伽俐略做斜面实验来研究小球的运动。用不同的倾斜度,他把一个铜球从蒙着羊皮纸的斜面上滚下来(控制小球从斜面滚下时受到的摩擦,使它尽量地小),在实验中小球都是从静止释放(控制小球的初始状态),他还控制斜面的倾角、小球起始点的高度进行研究。通过对实验数据的分析,伽俐略发现,一切金属小球,不论轻重,其降落速度与时间成比例,即物体的降落所经过的距离与时间的平方成正比,这就是匀加速运动的规律。伽俐略还得到了在相同的倾角的斜面上小球的加速度相同的结论。

从本质上来说,伽俐略的实验是人为地创造一个环境,人为地控制物体运动变化的过程,排除干扰,突出主要因素,在一个理想的环境下进行的操作。可以说,实验的精髓不在于观察,不在于动手做,实验的精髓在于"控制",伽俐略不仅进行了控制变量的实验研究,而且对实验过程进行定量的数学描述,对实验数据进行处理。伽俐略认为"自然科学书籍要用数学来写",这是伽俐略与亚里士多德的又一个重大的区别。

在相同的研究问题上,伽俐略修正了亚里士多德的错误论断,得出符合实际的正确结论。伽俐略的重大贡献与其说是对亚里士多德理论的修改,不如说更重要的是方法上的重大突破,实验研究、理想实验等方法逐渐形成并得以在研究中确立起来。

在伽俐略等物理学家研究引领以及培根(Bacon,1561—1626)、笛卡儿(Descartes,1596—1650)等哲学家的整理提升下,科学研究的方法逐渐形成,科学研究由直觉思辨的研究发展到实证的研究,伽俐略实验方法的确立使自然科学走上了独立发展的道路,并开创了近代科学。物理科学的成就得益于它的科学方法体系:在对客观世界进行研究时,采用以控制变量为主要特征的实验方法,在对事物性质进行概括时采用理想化方法,在对微观未知领域进行探索时建立模型方法,对物理规律的表述使用并发展了数学方法。各种科学方法的核心是实验,以实验为依据,又不断地用实验进行检验。一个科学的理论之所以是科学的,不仅在于它能够解释已有的大量事实,更重要的是根据该理论可推得一些尚未为人所知的、可用实验检验的论断,这些论断如果得到证实,无疑是该理论的成功,但如果新出现的事实与该理论不符,则我们必须改造甚至抛弃旧理论,建立新理论,这就是科学方法,又称为实证方法。

(三) 科学研究的基本方法

物理科学在从哲学分化出来以后的几百年里,发展迅速。从理论上看,由伽俐略开创,由牛顿完成了第一个完整的科学体系经典力学的体系;从制成第一支温度计开始到19世纪中叶,众多的科学家共同建立了包括能量守恒定律在内的热学体系;从奥斯特(Oersted,1777—1851)发现电流的磁效应到法拉第(Faraday,1791—1867)提出场的观点,并由麦克斯韦(Maxwell,1831—1879)完成了电磁场理论;爱因斯坦(Einstein,1879—1955)统一了经典力学和电磁理论,建立了相对论;普朗克(Planck,1858—1947)提出量子理论,经过一大批科学家的努力,建立起量子力学的完整的理论体系。时至今日,科学理论空前繁荣,科学研究的领域日益扩大,科学的形式也日臻完美。其中普遍适用的方法有二:其一通过归纳-猜测认识程序提出新的科学理论;二是通过假说-演绎认识程序提出新的科学理论。

1. 归纳-猜测

"归纳-猜想"认识程序,可用图1-1表示:

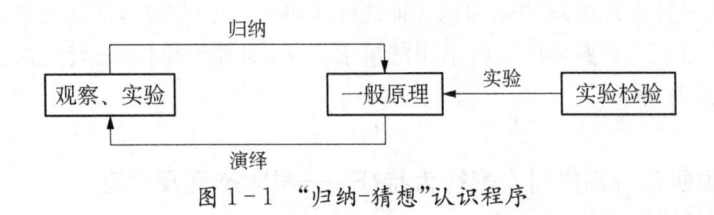

图1-1 "归纳-猜想"认识程序

"归纳-猜想"认识程序的核心思想主要可以归结为两条:一是非常强调"经验事实"在整个科学研究程序中的奠基作用,它认为要认识自然现象,必须先观察自然现象,包括在实验中观察自然现象,所以它认为观察实验是科学研究的起点。观察实验的目的,是为了获得经验事实,在经验事实的基础上才能归纳出理论。二是它非常强调"归纳"的认识作用,认为"归纳"就是科学理论发现的逻辑通道,所以它认为科学研究基于归纳的方法。著名的科学家牛顿(Newton,1643—1727)、波义耳(Boyle,1627—1691)以及当代众多的逻辑经验主义的科学家都认为他们自己的科学发现活动是符合"归纳-猜想"认识程序的。

2. 假说-演绎

"假说-演绎"认识程序是批判理性主义的科学家和哲学家提出来的。著名科学家爱因斯坦曾经总结过自己作出科学发现的认识程序。他把自己的科学发现认识过程用图1-2表示。

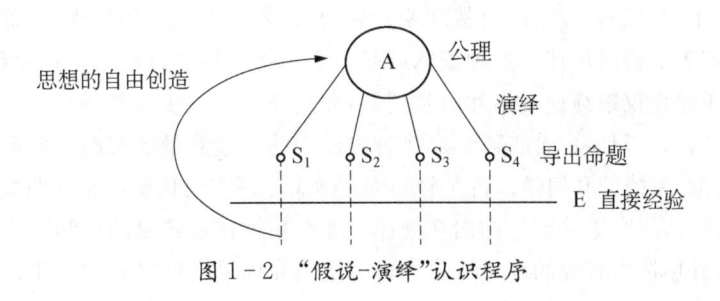

图1-2 "假说-演绎"认识程序

19世纪末,经典物理学的时空观遭到了迈克尔逊-莫雷实验事实的严重挑战,爱因斯坦为了解决经典物理学时空观中的这个问题,便进行了科学研究。1905年前后,他首先站在已有的知识背景上,通过"思维的自由创造",大胆猜想提出两条假设,即"相对性原理"和"光速不变原理",然后以此为出发点,通过形式逻辑演绎推出了如下著名的命题:① 运动物体的长度会收缩;② 运动时钟会变慢;③ 物体的质量随其运动速度的增大而增大;④ 质能公式 $E = mc^2$,其中 E 是能量,m 是质量,c 是光速。

上述两条假设和四条命题就构成了现代物理学上著名的"狭义相对论"。爱因斯坦认为,他的狭义相对论是针对迈克尔逊-莫雷问题而构建的,它当然能很好地解决该问题,但狭义相对论是否是真理尚有待实践检验。后来,运动时钟变慢的命题在 μ 子衰变实验中得到验证,质能公式在原子核裂变反应的实验中也得到验证,于是狭义相对论经实验检验是正确的科学理论。

从上面的讨论可知,物理学研究活动是科学家的一种有目标的认知活动(探究客观世界的规律),活动的结果应该与实践经验相吻合,科学方法可以提高该认知活动的效率,避免研究活动陷入一种盲目状态,并且可以保证这种认知活动的有效性,即获得结果的真实性。

此外还有在解决各具体问题时采用的科学方法,如等效替代法、转化法、对称思维方法、守恒思维方法等。

二、物理研究过程中科学家行为特征——科学态度及价值

(一) 科学精神

科学研究活动的认知主体是科学家,今天科学家的研究工作已经职业化,科学家凭借从事的科学研究活动领取薪金,这就是说,科学研究活动已经变成一种社会职业。科学研究活动像所有有组织的社会活动一样,都需要文化精神的参与。也就是说,科学研究活动不能仅仅被看作是一组技术性和理论性的操作活动的集合,而且同时还必须被看作是一种献身于既定精神价值和受伦理标准约束的社会文化活动。这种特定的、合理的精神价值和伦理标准,常常通过科学家们在科学研究活动中的某些高尚卓越的气质、风格、意志、态度和修养体现出来。人们把它们的总和称为科学精神。

(二) 科学精神的价值

科学精神虽然为科学家所体现,但是它的形成与一般人类文化精神有关。它是一般人类文化精神在科学这块沃土上特殊培育和发扬光大的结果。它对科学事业的发展具有重要作用,但是它的积极意义决不只局限于科学界。科学精神可以深化或外化为一般人类文化精神。譬如,理性精神就是如此。讲究理性最早是从哲学开始的。古希腊哲学家认为,在表面上看来纷繁复杂的自然现象背后,存在着自然秩序的法则,即能为人类理性所探明的自然界的普遍规律。这种观念就是科学理性精神的开端。根据这种精神,科学家对自然界不是仅仅单纯地观察和收集资料,而是还要进一步对其进行理论思考并推出有关的系统知识。于是,古希腊数学家将古埃及人的土地测量的实践经验归纳为具有逻辑性的、相关的、系统的几何学。古希腊的天文学家运用古巴比伦的祭司收集的星象资料从事天文学研究,探究天体运行的内在规律。理性精神在古希腊的科学研究活动中得到充分的发挥,并创造出辉煌的理论成果。这个实践和成果又反过来进一步强化了人们的理性意识。古希腊哲学家进一步强烈地认识到,当个人将自己的生活同按照理性认识所达到的客观标准协调一致时,即当理性成为人们行为稳定的指导性的信念时,人就能达到个人品德的完善。他们希望所有的人类信仰及行为都要服从于明晰的理性之光,把人的伦理道德从强权、传统、教条、迷信及神话传统中解放出来,由此铸成了古希腊的理性主义传统,并从此成为一种重要的人类文化精神。这种文化精神在近现代欧洲许多国家的现代化进程中起过积极的作用。此外,求真精神、求实务实精神、创新精神、有事业心;甘于奉献,为祖国为人民贡献一切智慧和力量;对社会、集体和他人具有责任心;勤奋、实干;知难而进;团队精神;不怕失败,具有坚忍不拔、百折不挠的意志等等亦均有类似的情况,在

此不再赘述。

科学研究活动形成的科学精神,丰富了人类精神文明的内容,对树立理性思想、摆脱愚昧思想以及伪科学的影响有着不可替代的作用。科学精神不是凭空产生的,都是由实际研究活动中的研究者体现出来的,并成为科学研究者共同认可的准则。应该结合学科知识的教学,进行科学精神的教育。

三、物理研究结果——物理理论的特征与价值

(一) 物理理论体系的特征

1. 可检验性。科学理论的可确证性和可证伪性都是指它的可检验性。可检验性是科学知识最重要的特征。

2. 真理性。科学的目的在于探究自然界客观存在的规律。通过科学特有的探究过程,人们可以获得有关自然界的真理性的知识。科学理论不是终极的绝对真理,即便被经验事实确证,也可能是近似的真理,随着科学实践的不断深入以及研究方法的不断发展,近似的真理可能被修改完善,后面的理论比前面的理论更接近真理。

3. 系统性。科学理论实际上是一些关于自然规律的命题的集合,这些命题之间是存在一定逻辑关系的,事实表明,一门成熟的科学理论可以通过公理化方法将其理性地组织在一个演绎体系中。例如,牛顿建立的经典力学理论就可以通过公理化方法表示出来。

(二) 物理理论满足人类追求安全感的基本需要

安全需要是指人类躲避危险、防御侵害、排除不安定因素等的需要,和满足个体生理需要一样,是人类最基本的需要类型。当人类无法真正认识周围世界的现象时,就会产生恐惧、不安等负面情绪,并尝试提出一些无法检验的解释(或归结于不可检验的神秘的力量,由此会形成迷信)。人类对周围世界现象的认知是满足个体安全需要的最重要的内容。物理学提供对人类生活的自然界结构层次和运动变化规律的真理性认识,帮助个体获得心理上的安全和舒适感,所以物理理论对人类最直接的价值就是满足个体对周围世界的理解的需要,满足人类的安全需要。

(三) 物理理论对物质进步的贡献

科学对社会的影响主要通过技术创新对社会经济发展的影响表现出来。也就是说物理理论通过技术应用于控制自然和人类自身能力。

1. 技术与科学的区别

有研究者对科学、技术作了如下界定:"科学是人们认识自然界的一种活动,它的成果是科学理论的发现,其途径是科学探究;而技术则是人们改造世界的一种社会实践活动,它的成果是新产品或新工艺的发明,其途径的核心部分是技术设计。"[1]这意味着,技术和科学是两种不同的人类文化形态。因此,在科学教育中,应当将科学和技术区别开来,避免将科学和技术混为一谈。

2. 技术与科学的联系

(1) 经验技术时期(远古时代—1500 年)

这个时期的技术是一种经验型的技术,这些技术所含的工艺知识是工匠师傅们实际

---

[1] 袁运开,蔡铁权.科学课程与教学论[M].杭州:浙江教育出版社,2003:38.

生产操作和传统常识的集合,人们能掌握和使用这些技术,但他们对其原理并不能作出理论的说明。因此一些技术只能意会而不能言传,即它们具有"默会"的性质。因此这个时期技术教育的方式只能是师傅带徒弟的教学形式,徒弟通过与师傅一起进行技术实践,观察、揣摩师傅的操作活动,积累经验,在"做"中学。

从事农业生产所形成的技术有锄地、灌溉、养殖以及制造工具等,为了应对长期定居生活形成的技术有大型房屋的营造技术、纺织技术、原始制陶技术等。

(2) "科学的技术"的出现(1500—1750年)

这一时期的新技术与经验技术比较起来,有一个明显的差别,即传统经验技术中所涉及的工艺知识往往只是工匠们的个人经验,而科学的技术中所涉及的工艺知识的一部分(不是全部)则是应用科学理论来解决技术难题时所得出的结论。

例如,意大利科学家伽利略为解决建筑技术中的难题,他研究了"梁的抗断裂力问题",他通过力学分析和数学计算,最后得出如下命题:任一给定的宽度超过厚度的直尺形梁或棱柱体梁侧立时要比平放时具有更大的抗断裂力,且这两个抗断裂力与宽和厚成正比;长度相等但厚度不等的棱柱体和圆柱体梁,其抗断裂力与裂面的厚度的立方成正比等等。类似的情况在英国也很普遍,17世纪英国皇家学会的科学家的科研选题百分之五十以上是有关解决技术难题的。

重大技术的经济和社会效益往往要在其被产业化后的几十年才显现出来。"科学的技术"特别是蒸汽机技术、机械化纺织技术在实现产业化之后,便导致 1750—1840 年第一次工业革命的产生,出现了纺织产业、蒸汽机和机床制造业、造船业、航运业、铁路设备制造业和铁路运输业等新的拉动经济增长的产业部门。

(3) "技术科学"的产生(1750—1840年)

"技术科学"与"科学的技术"的差别在于,在技术的工艺知识中,前者是全部科学化的,而后者则是局部科学化的。

1750 年到 1840 年,是西方第一次工业革命时期。在这个时期,工业的发展需要更大的技术进步来解决如大批量炼钢的工艺等技术问题。需要求解的问题仅靠对现存技术的修改、组合已显得力不从心。在这种情况下,只能进一步地求助于科学,靠科学为技术提供新的"技术原理",从而启发新技术的发明。也就是说,科学要以上述途径向技术活动中的工艺知识进行全面的(而不是像前面所提到的"科学的技术"那样只是部分地)渗透,这种渗透的结果便产生了一种更为科学化的技术。由于这种技术的工艺知识均科学化了,可以看作是一种独立的科学知识体系,人们称之为"技术科学"。例如,1776 年约翰·威尔金森(John Wilkinson,1729—1808)的大规模炼钢技术就是如此。他首先使用鼓风机,向熔铁炉鼓吹空气,使吹入的空气中的氧与熔铁中所含的杂质碳起化学反应生成一氧化碳或二氧化碳挥发掉,从而得到含微量碳的金属钢。威尔金森在这里实际上是依据化学反应理论为炼钢技术提出了一个新的基本原理和具体的工艺流程。电动机、发电机技术也是如此。

(4) "理论技术"的出现(1840 年—)

从 19 世纪中叶开始,科学发展进入了全盛时期,与此同时出现了企业兴办"工业研究实验室"的现象。19 世纪 70 年代,德国的染料和化学工业由于在人才方面普遍地雇佣了专业化学家,企业得到迅速发展。在这个时期,技术进步主要是与对工业的"研究与开发"

有关。

与这种发展相适应,科学与技术的相互作用发展为:科学往往以其一门科学理论或某几门科学理论渗透到一种具体的技术理论中去,形成一种新的技术,人们称之为"理论技术"。

20世纪40年代之后出现的"高技术",其实都属于理论技术,如信息技术(微电子、光电子、电子计算机和现代通信技术等)、新材料技术(高性能金属材料、新型有机高分子材料、先进的无机非金属材料和复合材料技术等)、新能源技术(核能、太阳能、风能、生物能、地热能、海洋能和氢能等技术)、航天技术、海洋工程技术和现代生物工程技术(基因工程、酶工程和发酵工程等)。

"理论技术"与"技术科学"的差别在于,前者是由一门或几门科学理论构成其工艺知识,而后者是由一门科学理论中的部分定理来表述其工艺知识。这种差别反映了技术科学化程度上的不同。实际上,它们与"科学的技术"的差别也在于此。从经验技术到科学的技术,从科学的技术再到技术科学,从技术科学进一步到理论技术,构成了技术发展科学化不断加强的趋势。

由于科学与技术之间不断地相互作用,科学研究中不断地使用新技术,而技术发展也不断地科学化,于是科学与技术的边界就变得越来越不明显。由于技术发展的科学化趋势,所以今天技术发明与科学理论发现的关系就越来越密切,应用研究和技术开发就越来越依赖于基础研究,"科学原理推演法"在新技术原理的构思活动中就用得越来越多。

3. 科学与技术对社会经济发展的影响

从发达国家经济发展经验来看,科学技术对经济发展所起的作用越来越大,并且作为生产要素的劳动力越来越受其所接受的科学技术教育质量的制约。

技术创新是企业获取利润的主要手段,通过技术创新创造出的一种新产品,它能更充分地满足现有的要求和原先已满足的要求,从而导致企业利润的形成。

技术创新是国家宏观经济较快发展的推动力。由于首创企业在经济效益上的示范作用,可带动较大范围的创新氛围,形成创新企业群,可能会产生新的高利润率的产业部门,并与利润、工资和税收之间收入分配有机融合,也就是与社会经济生活中的投资、就业、消费等相结合,导致国民生产总值稳定增长。

技术创新是产业结构优化的直接动力。20世纪经济发展研究表明,发达国家在经济增加的同时,通过技术创新,还导致产业结构不断优化。工业部门占总产值的比重以及工业劳动力比重大幅上升,农业劳动力下降,服务业所占比重上升。

根据以上讨论可知,学习者学习物理:

(1) 就意味着习得物理知识,从而能够描述解释甚至预言自然现象。

(2) 就意味着能够经历物理研究的一般过程,从而体验、进而习得其中蕴含的处理物理问题的种种方法。

(3) 就意味着能够认识到物理理论对物质文明、精神文明发展的作用,体会其中的价值及可能存在的种种不利因素,因而奠定个体参与社会问题讨论的基石。

(4) 就意味着能够认识科学家在研究工作中的行为特征,进而以符合该行为特征的行为参与自己的工作,即习得科学精神。

（5）鉴于科学、技术与社会之间形成的紧密联系，为了帮助学生更好地认识自己生存的环境，应该结合具体学科知识的教学进行STS（科学·技术·社会）教育。

也就是说，学习者通过物理课程的学习，可能会在上述方面表现出新的变化，也就是新的学习结果。各独立的学习结果综合而成，形成个体的核心素养，这就是物理课程实施的价值。

第三节　物理学科核心素养

一、核心素养概述

（一）核心素养

1999年，经济合作与发展组织（OECD）DeSeCo项目组发布研究报告《核心素养促进成功的生活和健全的社会》，报告提出，在经济、社会、技术、全球化进展等迅速变化的时代，仅关注知识与技能的教育是不够的，必须关注"核心素养"的培养问题，并构建了涉及"人与工具"、"人与自己"和"人与社会"等三个方面的核心素养框架：

1. 身体健康：儿童和青年能合适地运用身体，发展运动控制力，对于营养、运动、健身以及安全等方面具有一定的知识并能付诸行动。

2. 社会情绪：儿童和青年能发展和保持与成人和同伴的关系，懂得如何看待自己和他人。

3. 文化艺术：能创造性地表达，包括音乐、戏剧、舞蹈、文学艺术或其他创造性活动。同时，了解家庭、学校、社区及国家的文化经验。

4. 文字沟通：能在社会生活世界中运用第一语言进行交流，包括听说读写，并能听懂或读懂各种媒体的语言。

5. 学习方式与认知：学习者投入、参与学习的过程就是学习方式，认知则是指通过各种方式开展的心理过程。

6. 数字与数学：能广泛地应用数字与数量语言的科学来描述和表征在生活中观察到的现象。

7. 科学与技术：科学素养指掌握包括物理规律和一般真理在内的具体科学知识或知识体系。技术素养则是要求开发或运用技术来解决问题。

2005年11月10日，欧盟委员会向欧洲议会（European Parliament）和欧盟理事会提交了关于推荐8项核心素养的提案，2006年12月18日，欧洲议会和欧盟理事会通过了关于核心素养的建议案，向各成员国推荐8项核心素养，建议各国将其作为推进终身学习和教育与培训改革的参照框架。这标志着8项核心素养最终版本由欧盟提出，包括：母语交流、外语交流、数学素养与科技素养、数字化素养、学会学习、社交和公民素养、主动与创新意识、文化意识与表达。

欧盟核心素养表述的主体由8项核心素养构成，对于每项素养，不仅给出了其描述性定义，并从知识、技能和态度三个维度上对其进行具体描述。这样的结构突出了"素养"有别于单纯知识的复合性，也为实施和评价提出了相对清晰的要求。

如数学素养与科技素养：

| 数学素养与基本的科学技术素养 (Mathematical competence and basic competences in science and technology) | 发展和运用数学思维处理日常生活问题、使用数学模型和数学表征的能力和意愿；使用科学知识和方法体系解释自然界、发现问题和得出基于证据的结论的能力和意愿；应用相关知识和方法达到目的或满足需要；理解人类活动所带来的变化及个体公民的责任 | • 关于数、度量和结构的扎实知识；基本运算和数学表征；对数学概念和原理的理解和数学问题意识
• 自然科学基本原理、基本科学概念和方法、技术和技术产品及过程等基础知识；对科学技术对自然界的影响，以及科技的优势、局限和风险等的理解 | • 应用基本的数学原理解决日常情境中的问题，遵循和评估证据链；进行数学推理、理解数学证明及运用数学语言和适当工具
• 运用技术手段和数据达到目标或得出基于证据的决定或结论
• 认识科学研究的基本特征并对其结论和推理进行交流 | • 尊重事实真相；愿意探寻原因和评价有效性
• 有好奇心和批判精神；对伦理问题、安全和可持续发展的关注；对与自身、家庭、社区和全球问题相关的科学和技术议题的关注 |

近年来，不同国家或地区都在做类似的探索。核心素养研究也存在地域性差异，即不同国家对核心素养的侧重不同，比如发达国家都比较强调信息素养、数学与科技素养、问题解决能力、沟通能力等，美国突出强调创造力与创新能力、灵活性与适应性、社会与跨文化技能等，这与美国主导世界社会秩序的价值取向相吻合，芬兰作为北欧福利国家，更强调社会生活素养，如技术与个体、安全与交通、公民与企业家意识等。德国作为技术立国的国家，在核心素养的界定上更突出使用技术的基本知识与能力、管理金钱的能力等。从2009年起，日本国立教育政策研究所启动了为期5年的"教育课程编制基础研究"，它关注"社会变化的主要动向以及如何有效地培养学生适应今后社会生活的素质与能力，从而为将来的课程开发与编制提供参考和基础性依据"，由于日本资源贫乏，需要在全球发展经济，并且地震等自然灾害多发等，所以日本在核心素养界定上，比较重视作为"纽带"的人际关系、与他人合作等素养。

（二）我国核心素养的相关研究

在我国，最早用"核心素养"来描述教育目标的政府文件是2014年3月30日发布的《教育部关于全面深化课程改革　落实立德树人根本任务的意见》。2016年9月，发布的《中国学生发展核心素养》总体框架报告指出，学生发展核心素养指学生应具备的、能够适应终身发展和社会发展需要的必备品格和关键能力，是关于学生知识、技能、情感、态度、价值观等多方面要求的综合表现。

报告提出的中国学生发展核心素养，综合表现为人文底蕴、科学精神、学会学习、健康生活、责任担当、实践创新六大素养，具体细化为国家认同等十八个基本要点。

（一）文化基础

文化是人存在的根和魂。文化基础，重在强调能习得人文、科学等各领域的知识和技能，掌握和运用人类优秀智慧成果，涵养内在精神，追求真善美的统一，发展成为有宽厚文化基础、有更高精神追求的人。

（1）人文底蕴。主要是学生在学习、理解、运用人文领域知识和技能等方面所形成的基本能力、情感态度和价值取向。具体包括人文积淀、人文情怀和审美情趣等基本要点。

（2）科学精神。主要是学生在学习、理解、运用科学知识和技能等方面所形成的价值标准、思维方式和行为表现。具体包括理性思维、批判质疑、勇于探究等基本要点。

（二）自主发展

自主性是人作为主体的根本属性。自主发展，重在强调能有效管理自己的学习和生活，认识和发现自我价值，发掘自身潜力，有效应对复杂多变的环境，成就出彩人生，发展成为有明确人生方向、有生活品质的人。

（3）学会学习。主要是学生在学习意识形成、学习方式方法选择、学习进程评估调控等方面的综合表现。具体包括乐学善学、勤于反思、信息意识等基本要点。

（4）健康生活。主要是学生在认识自我、发展身心、规划人生等方面的综合表现。具体包括珍爱生命、健全人格、自我管理等基本要点。

（三）社会参与

社会性是人的本质属性。社会参与，重在强调能处理好自我与社会的关系，养成现代公民所必须遵守和履行的道德准则和行为规范，增强社会责任感，提升创新精神和实践能力，促进个人价值实现，推动社会发展进步，发展成为有理想信念、敢于担当的人。

（5）责任担当。主要是学生在处理与社会、国家、国际等关系方面所形成的情感态度、价值取向和行为方式。具体包括社会责任、国家认同、国际理解等基本要点。

（6）实践创新。主要是学生在日常活动、问题解决、适应挑战等方面所形成的实践能力、创新意识和行为表现。具体包括劳动意识、问题解决、技术运用等基本要点。

专栏1-1

> 六大素养可具体细化为18个要点：
> 文化基础之人文底蕴中包含三要点：人文积淀、人文情怀、审美情趣。
> 文化基础之科学精神中包含三要点：理性思维、批判质疑、勇于探究。
> 自主发展之学会学习中包含三要点：乐学善学、勤于反思、信息意识。
> 自主发展之健康生活中包含三要点：珍爱生命、健全人格、自我管理。
> 社会参与之责任担当中包含三要点：社会责任、国家认同、国际理解。
> 社会参与之实践创新中包含三要点：劳动意识、问题解决、技术运用。

各要点也确定了重点关注的内涵，比如国家认同，重点是：具有国家意识，了解国情历史，认同国民身份，能自觉捍卫国家主权、尊严和利益；具有文化自信，尊重中华民族的优秀文明成果，能传播弘扬中华优秀传统文化和社会主义先进文化；了解中国共产党的历史和光荣传统，具有热爱党、拥护党的意识和行动；理解、接受并自觉践行社会主义核心价值观，具有中国特色社会主义共同理想，有为实现中华民族伟大复兴中国梦而不懈奋斗的信念和行动。

显然，我国核心素养结构内涵的体系，是在坚持社会主义核心价值观和立德树人根本任务基础上，借鉴融汇国外核心素养研究成果而形成的，具有鲜明的本土特色。

综合"核心素养"的研究，"核心素养"有如下特点：

（1）全面性：核心素养是面向未来社会、基于全体公民应具备的素养，是个体实现自我、终身发展、融入主流社会和充分就业所必需的知识、技能和态度的集合。

（2）普遍性：核心素养是一种跨学科素养，它强调各学科都可以发展对学生最有用的东西；核心素养不是只适用于特定学科或特殊人群的特殊素养，而是适用于一切情景和所有人的普遍素养。

（3）综合性：用实用知识、技能、态度的集合来表述素养是不准确的，它是知识、技能、态度有机整合后形成的基本综合能力。

二、物理课程之核心素养

学生发展核心素养落实于课程的前提是确立各学科的学科核心素养。学科核心素养是学生发展核心素养在学科中的具体化，是学科育人价值的集中体现，是学生学习该门学科后的期望成就。各学科核心素养，应该既体现本学科能够落实的学生发展核心素养（部分或全部），也应该包括各学科独特的一些核心素养要求。

物理核心素养是学生在接受物理教育过程中逐步形成的适应个人终身发展和社会发展需要的必备品格和关键能力，是学生通过物理学习内化的带有物理学科特性的品质，是学生物理核心素养的关键成分，主要由"物理观念"、"科学思维"、"实验探究"、"科学态度与社会责任"等四个方面的要素构成。

在第二节中，我们阐述了作为探究的科学研究、作为知识系统的科学理论，概述了科学研究理论成果与技术的相互作用，以及科学家表现出普遍的人格特质—科学精神对人类精神文明的价值。从第二节中讨论，不难得出物理课程学习对学习者所具有的价值。

（1）学习者学习物理就意味着习得物理知识，从而能够描述解释甚至预言自然界中的物理现象。

科学知识的积累是物理观念得以形成的根基。科学观念主要包括物质观、运动观、相互作用观、能量观等。

案例 1-1

物质观及形成条件

● **人类早期的物质观**

从远古时代起，人们就开始寻找对自然界物质本源的认识，我国在殷周之际就有五行及八卦之说，五行说把水、火、木、金、土当作衍生万物的基本元素；古希腊时期，泰勒斯提出"万物始基是水"。德谟克里特最早提出物质世界是由原子和虚空构成的，如土原子和水原子构成土壤等。古人提出物质这个概念，是面对生活中看得见，摸得着，而且拿起来会费劲的各种物体的抽象。

● **经典物理学中的物质观**

道尔顿提出原子是化学上不可分割的最小微粒，拉瓦锡在化学实验中发现，反应物和生成物不同，质量却没有发生变化。这个结果在无数化学实验中可重复，就像积木的形状变化并不改变积木总体数量，使质量守恒这个观点像钢印一样打到每个人大脑里。物质的质量守恒成为经典力学中的运动第零定律，由于过于基本所以牛顿没有明确提出，而把它作为一个正确的假设代入相关结果中。

到了19世纪，物理学和化学已确立：原子是构成物质的最小单元，是不可分割的物质的始源。

- **近代物理学时期的物质观**

1. 不连续的物质观

1897年,J·J·汤姆生在研究气体放电实验中发现电子,打破原子不可分割的观念;1911年卢瑟福通过α粒子对金箔的散射实验,提出原子结构的核式模型;1932年查德威克发现中子,证明用(质子)—(中子)模型作为核结构的模型优于(质子)—(电子)模型;1935年,汤川秀树提出"介子论",假设质子和质子间,质子和中子间,中子和中子间,都另有一种交互吸引的作用力,在近距离时,远比电荷间的库仑作用力为强,但在稍大距离时即减弱为零,这种新作用称为核子作用或强作用。它是由于交换一种被称为介子的粒子而生的交互作用;现在研究认为,具有强相互作用的粒子,如核子、核子共振态、各种介子和超子,都有结构,由夸克以及在夸克间传递相互作用的胶子构成,称为强子,而光子和轻子没有结构,它们本身就是最基本的结构单元。

由此形成从夸克、轻子——→强子——→原子核——→原子——→分子——→各态物质的物质结构观,从而形成不连续的物质观。

2. 连续的物质观

爱因斯坦创立的狭义相对论完全去除了"以太"作为传递相互作用力的中间介质,确立了场是物质存在的另一种形态,现代物理实验完全证实了场具有物质性,只是由于它是一种连续形态,不容易被人们直接察觉而已。于是人们的物质观从不连续的观念走向连续的观念,这是人们在物质观认识上又一次新的革命。

- **现代物理学的物质观**

在量子力学中,粒子性以能量的单元形式出现,而波动性是由于粒子弥散形成的所谓几率波,那么后来人们对电磁场的波粒二象性的认识中发现另一幅物理图像:粒子实际上只不过是场体系能量的不连续性的表现,即物质的不连续性只是附加在连续介质上而出现的不连续性。

现代物理学告诉人们,物理学中的一切事物都可归结为量子化的场,按照这种认识,粒子已不是普通意义下的粒子,而是和一个具有无穷多自由度的场体系联系在一起的粒子,粒子可以产生或消灭,它们分别对应场体系的激发和跃迁。促使人们对物质的认识从连续性走向连续性和不连续性在更高层次上的统一。

- **分析**

个体物质观的形成,必定是在科学概念和原理习得基础上,并伴随着科学知识的不断深入而演化,要能够形成近代物理的物质观,需要学习者具备大学物理本科理论物理课程以上的学科知识。所以,在基础教育目标方面所提及的物质观,应该适当。

(2) 学习者学习物理就意味着学习者能够经历物理研究的一般过程,从而体验、进而习得其中蕴含的处理物理问题的种种方法。

物理知识学习的经历为科学逻辑、科学探究的能力培养提供坚实基础。

如本书第六章所述,物理概念和规律的学习有两种学习途径:实验归纳途径、理论分析途径。实验归纳途径学习过程中,学生需经历较为完整的实验研究过程,包含"提出问题、假设猜测、规划方案、设计实验、(执行实验)获得数据、获得结论、验证"等子环节,同时在各子环节的子问题解决中,还可能运用归纳法、控制变量法、转化法、等效替代法、图象法等具体方法。

理论分析途径本质上是一种论证过程,需要经历"确定问题、分析问题、确定解决问题策略、确定解决问题技能、综合解决问题技能"等环节,在具体的论证过程中,还会涉及直接证明、间接证明,在间接证明中还会涉及反证法等具体方法。

科学逻辑、实验探究能力本质上是学习者解决问题的一般能力,其能力背后是学习者习得的学科知识以及相应的解决问题的方法的有机组合,所以,物理课程确实是培养学生实验探究和科学逻辑能力的重要课程。

(3) 学习者学习物理就意味着学习者能够认识科学家在研究工作中的行为特征,进而以符合该行为特征的行为参与自己的工作,即习得"科学态度与社会责任"之科学态度。

案例 1-2

发现并提炼出镭元素以后,皮埃尔·居里不顾危险,用自己的手臂试验镭的作用。他的臂上有了伤痕,他高兴极了!他写了一篇报告交给科学院,冷静地叙述他观察所得的症状:

"有 6 公分见方的皮肤发红了,样子像烫伤,不过皮肤并无痛楚;即使觉得痛,也很轻。过些时候,红色并不扩大,只是颜色转深;到 20 天,结了痂,然后成了需用绷带包扎的伤口。到 42 天,边上表皮开始重生,渐渐长到中间去,等到受射线作用后 52 天,疮痕只剩一平方公分,颜色发灰,这表明这里的腐肉比较深。

我要附带说,居里夫人在移动一个封了口的小试管里的几厘克放射性很强的材料时,也受了同样的创伤,虽然那个小试管是存放在一个薄金属盒子里。

在这些强烈的作用之外,我们在用放射性很强的产物做试验时,手上还受了各种不同的影响;手的通常趋势是脱皮。拿了装着放射性很强的产物的胶囊封口的试管的指尖变得僵硬,有时候还很痛;我们有一个人的指尖发炎了,持续 15 天,结果是脱皮,但是痛感过了两月还没有完全消失。"

● **分析**

皮埃尔在对新元素的性质探究的行为,和避免对自己身体伤害行为之间,选择了探究的行为,表明皮埃尔对未知世界具有强烈的探究愿望,体现了皮埃尔"具有为探求规律、追求真理而学习和生活的志向,甚至具有为科学而献身的精神",即具有科学精神中的"求真精神"。

(4) 学习者学习物理就意味着学习者能够认识到物理理论对物质文明、精神文明建设的作用,体会其中的价值及可能存在的种种不利因素,特别是科学、技术与社会之间形成的紧密联系,通过物理课程学习学生能更好地认识科学与自己生存的环境间的紧密依存关系,因而奠定个体参与社会问题讨论的基石,即习得"科学态度与社会责任"之社会责任。

案例 1-3

"阿尔法狗"(AlphaGo)是一款围棋人工智能程序,由谷歌(Google)研究团队开发。其主要工作原理是"深度学习"。这个程序在 2016 年 3 月与围棋世界冠军、职业九段选手李世石进行人机大战,并以 4:1 的总比分获胜。2016 年末

> 到 2017 年初,一位注册为"大师"(Master)的神秘用户出现在网络围棋室,在 2016 年 12 月 29 日至 31 日的 3 天时间里,神秘高手连胜柯洁九段、陈耀烨九段、朴廷桓九段、芈昱廷九段、唐韦星九段等高手。又击败包括聂卫平、柯洁、朴廷桓、井山裕太在内的数十位中日韩围棋高手,在 30 秒一手的快棋对决中让他们全部落败,拿下了全胜的战绩。在众说纷纭中,谷歌于 2017 年 1 月 5 日承认,"大师"就是人工智能系统"阿尔法狗"(AlphaGo)升级版。

● **分析**

自 2016 年"阿尔法狗"击败李世石,作为人类智力领域中最高水平之一的围棋,已被人工智能突破,而人类经过千百年进化而达到的智力水准变化又比较稳定。那么人工智能进一步发展后,人与人工智能的关系如何界定?

通过物理课程的学习,学习者可以了解到技术的突飞猛进不仅给人类生活带来种种便利,也会产生一大堆需要调试的问题,如:科技借人工智能实现指数级增长,会不会造成人类的大量失业,导致不平等加剧?如果高科技被少数人垄断,"技术鸿沟"是否会更加难以跨越?更进一步想,如果无需劳作就可得到快乐,如果古典文学败给机器文学,如果深入思考的本领退化,人类存在的价值究竟为何,谁又是这个世界的真正主人?

人工智能作为技术,仍然承担着帮助人类突破局限、解放生产力的功能,人工智能终究是人类的创造,可以帮助人类重新认识自身的局限与长处,促使人类社会的发展。但同时,使用工具的人,自身也会被工具所绑定。越接近人类命运的路口,越需要提紧技术背后的那根线。为获得改造世界的强大能力,又如何尽量避免付出更多代价,这是人类需要清醒认识的问题。

所以,通过物理课程的学习,有助于学习者清醒地认识科学与技术相互作用的种种事实,从而理性地建立起"技术双刃性"的观念。

通过本节讨论不难看出,物理学发展沉淀下的丰富资源为培养学生养成课标所提物理核心素养提供可能性。那么,接下来需要回答的问题是:如何通过物理课程的学习,有效地达成培养学生核心素养的目标呢?

显然这主要是学习的问题,应该由学习心理学来做出回答。学习心理学家加涅提出个体可以习得的学习结果类型有五种,分别是:智慧技能、言语信息、认知策略、动作技能、态度。研究指出:不同的学习结果习得需要的内部条件是不同的,学习后表现出的外显行为是不同的,应遵循不同学习结果所需要的条件进行教学。

物理观念对应的学习结果是智慧技能、言语信息;科学探究、科学思维一定是在解决物理问题过程中运用的,本质上是一种引导个体解决问题思考方向的技能,属于认知策略这一类学习结果;科学态度与社会责任,对应的学习结果就是态度。本书第二编中分章揭示不同类型学习结果学习的机制,探讨个体习得不同学习结果需要的条件以及可习得的层次,阐述依据不同学习结果学习需要的内部条件规划教学活动。本书尝试将"教"的规律建立在"学"的规律基础之上,为有效教学的研究和实践提供一种可以借鉴的路径。

【本章小结】

1. 课程的概要

课程是一个发展的概念,它是为实现各级各类学校的教育目标而规定的教学科目及它的目的、内容、范围、分量和进程的总和,包括为学生个性的全面发展而营造的学校环境的全部内容。

纵观整个课程发展的历史我们可以清楚地看到,课程发展是社会发展的一部分,受一定的社会制度,特别是占据该社会统治地位的阶级或阶层的意志所制约。

2. 物理课程的进展

中华人民共和国成立以来,我国的物理课程经历了多次改革,但从根本上说,这种改革过多地体现在教学大纲或教学内容的修改调整上,而没有经历从课程的理念和课程标准的角度考虑。事实上,可以说,我们只有物理的教学大纲而没有物理课程标准。

经过课程专家和学科专家的共同努力,中华人民共和国教育部制定的《普通高中物理课程标准(实验)》已经于2003年4月由人民教育出版社出版,总体上说,《物理课程标准》是界定课程内容的,《教学大纲》是界定教学内容的;《物理课程标准》对课程的实施是开放的,《教学大纲》对课程的实施是封闭的;《物理课程标准》对物理课程的实施弹性较大,有利于真正实现一纲多本和多纲多本。

3. 物理课程实施的价值

物理课程揭示的是自然界最基本的物体运动及其规律,蕴含了从生活现象到理论抽象的发展过程。学习物理课程有助于学习者解释生活中的现象,摆脱迷信;有助于学习者运用科学方法解决问题;有助于学习者以理性、实事求是、创新的信念和行为处理相关事务。也就是有助于学习者养成一定的核心素养。

在物理课程中,知识与技能仅是基础物理教育的外显价值,而以物理知识和技能为载体的科学探索兴趣、科学研究方法、科学批判精神、科学思维习惯以及科学创新意识的培养则为基础物理教育的重要的内隐价值。因而,在整个科学教育中,物理教育在人才培养中有着特别重要的作用。

4. 核心素养

核心素养是个体实现自我、终生发展和充分就业所必需的知识、技能及态度的集合,是知识、技能、态度有机整合形成的基本综合能力。物理核心素养包括:物理观念、科学思维、科学探究、科学态度与社会责任,是个体通过物理课程学习后应具有的、与科学相关的"知识、技能与态度"的综合反映。

【拓展阅读】

1. 教育部基础教育课程教材专家工作委员会. 义务教育初中科学课程标准(2011年版)解读[M]. 北京:高等教育出版社,2012.

该书第四章第一节介绍广义科学本质观和狭义科学本质观,以及对科学教育的影响。第五章第一节对科学教育总目标——科学素养做了详细论述。

2. 美国国家研究理事会. 美国国家科学教育标准[M]. 戢守志等,译. 北京:科学技术文献出版社,1999.

  该书第一章总述课程标准制定的由来和意义,第二章介绍具有良好的科学素养必须遵循的几条重大原则,并对一些关键术语作出定义和解释。

  3. 闫金铎,郭玉英. 中学物理教学概论(第三版)[M]. 北京：高等教育出版社,2009.

  该书第一章论述科学素养的基本含义,并延伸讨论初中物理教学目标和高中物理教学目标。

  4. 袁运开,蔡铁权. 科学课程与教学论[M]. 杭州：浙江教育出版社,2003.

  该书第二章详细论述科学、技术与社会的关系,第三章论述科学素养与科学课程教学的关系。

【思考与练习】

  1. 你如何理解课程？从我国物理课程的演变过程中,可以看出课程与社会发展的关系是怎样的？

  2. 物理课程内容的变化与科学技术的发展关系如何？举例说明。

  3. 物理课程标准与物理教学大纲各有怎样的作用？

  4. 试举例说明物理研究中的科学方法、科学精神。

  5. 试举例解释科学与技术的关系、科学与社会的关系。

  6. 试举例解释物理课程中的核心素养。

第二章　物理课程标准简析

通过本章的学习,你能够
- 了解物理课程标准产生的国际背景;
- 知道课程标准是学科教学的纲领性文件,规定了学科教学的教学基本目标、教学内容及学业评价的方式和内容;
- 熟悉初高中物理课程标准的基本框架结构;
- 能根据物理课程标准要求进行教学设计和日常教学评价。

国家课程标准是国家对基础教育课程的基本规范和要求。正如《基础教育课程改革纲要(试行)》指出"课程标准是教材编写、教学、评估和考试命题的依据,是国家管理和评价课程的基础。它体现了国家对不同阶段学生在知识与技能、过程与方法、情感态度与价值观等方面的基本要求,它规定了各门课程的性质、目标、内容框架,提出课程的实施建议"。2001年7月,由中华人民共和国教育部制定的《全日制义务教育物理课程标准(实验稿)》由北京师范大学出版社出版发行;2003年4月,《普通高中物理课程标准(实验)》由人民教育出版社出版发行;在实验版的基础上,大量专家和一线优秀教师经过多年的调研和完善,对课程标准进行了修订,教育部于2011年底颁布了《义务教育物理课程标准(2011版)》,由北京师范大学出版社出版发行;《普通高中物理课程标准(修订版)》于2018年1月正式发行。

第一节　国外科学教育标准

20世纪末,世界各国兴起了一场新的科学教育改革,这次科学课程改革的特征之一是进行自上而下的改革,各国都相继制定了科学课程标准,以此为纲领,指导各自国家的科学教育改革。美国在1996年率先颁布了《国家科学教育标准》,接着日本在1999年制定了中小学理科《学习指导要领》,英国在2000年颁布了《国家科学教育课程标准》,2001年我国制定了《国家基础教育课程改革纲要(试行)》,并颁布了包括物理课程在内的九年义务教育各学科的课程标准。这场科学课程改革一直持续到了今天,各国还在不断地调整各自的相关教育标准。这场科学教育改革极大地改变了我国中小学物理课程(尤其是高中物理课程)的结构,对我国基础物理教育产生了深远的影响。

一、英国《国家科学教育课程标准》

英国在1989年颁布的《国家科学教育课程标准》的基础上,几经修订和完善,于2000年颁布了新世纪的《国家科学教育课程标准》。新版《标准》主要由四个部分组成。这四个部分分别是科学课程的概况、学习计划、教学要求和达成目标。

其中,第一部分"概况"主要说明了《标准》的总体结构并着重指出了科学课程对学生学习和发展的重要意义及其实现途径。其重要意义表现在:①促进学生精神的、道德的及社会和文化方面的发展;②发展学生的主要技能,如交流、使用数据和信息交流技术的能力;③促进学生其他方面能力的发展,如思维能力、专门技能、学习能力以及接受可持续发展教育的能力。

"学习计划"指学生必须学习的基本科学内容。它包括四个方面:科学探究、生命进程及生物、物质及其属性和物理过程,它们也是英国中小学科学教育的四个目标。"学习计划"由四个关键阶段组成。其中,前三个关键阶段是对所有学生的共同要求,最后一个关键阶段有两种学习计划——单一的科学课程和双重的科学课程,前者针对大部分学生,后者适用于有充分理由在其他学科花费更多时间的少数学生。

"教学要求"指教师进行科学课程的教学时所必须遵循的准则,其核心思想是"为所有学生提供有效的学习机会"。

"达成目标"指不同能力和成熟水平的学生在每一关键阶段结束时应拥有的知识、技能和理解力的预期标准。它由八个水平和一个突出成就组成,每个水平都有一个相对应的水平描述,指明了处于该水平的学生应典型地展现出来的成绩类型和范围。

英国课程标准在课程计划层面体现了科学的统一性和科学的本质,并提出了个性化的教学原则。①

二、美国《国家科学教育标准》

1996年美国颁布了《国家科学教育标准》,作为美国科学教育史上第一个"国家标准",它具有鲜明的特征和丰富的内涵。《标准》中制定了科学教学标准、科学教师标准、科学教育评价标准、科学教学内容标准、科学课程标准和科学教育体制标准六个分标准,都围绕着达成"提高所有学生的科学素养"这一首要目标进行。

六个分标准从教学内容到教学评价,从教师标准到教育体制,都给出了详细的阐述。其中备受大家关注的科学内容标准包括八个方面,分别是:统一概念和过程、作为探究的科学、物质科学、生命科学、地球与空间科学、科学与技术、个人和社会视角中的科学、科学的本质和历史。内容标准的第一部分"统一观念和过程"针对所有的年级,因为概念的发展贯穿学生整个受教育的过程。第二部分"作为探究的科学"把科学探究作为科学内容标准的一部分,提倡学生在探究中增长知识并发展技能。第三部分至第五部分则分别规定了科学教育的知识内容;科学和技术的标准将自然界和人工的世界连结起来;个人和社会视角的标准有助于学生了解科学对个人和社会的影响,并帮助他们发展决策技能;科学的历史和本质标准帮助学生将科学看作人类正在进行的并且不断变革的经历。

美国《国家科学教育标准》具有以下特征:①强调对所有学生进行科学教育,即教育

---

① 胡献忠.新版英国《国家科学教育课程标准》及其启示[J].全球教育展望,2001(3).

平等原则贯穿整个文件。②强调理解,即学生必须全面理解学习材料而不是仅仅记住一些事实或步骤。③建议发展有一定深度和广度的关于科学内容与科学过程的基本知识。④包括内容标准、教学标准、职业发展标准和评价标准等,即对"标准"的定义不限于学生的学习内容。⑤强调内容而不是课程,即文件并不规定教学内容的顺序、结构和组织。课程决策由各州和地方学区决定。⑥建议采用综合、集中和连贯的教学方式进行科学教育。[①]

三、美国《K-12科学教育的框架》

2011年7月,美国对1996年的《国家科学教育标准》进行了修订,由国家教育研究理事会正式发布了《K-12科学教育框架:实践交叉概念和核心概念》。"框架"建议K-12年级的科学教育标准、课程、教学指导和评价要围绕科学与工程的实践、跨领域概念和学科核心概念三个维度进行构建。

"框架"的编写者认为科学教育的连贯性与整体性对保证科学教学的实效性至关重要。为此,"框架"提出了学习进程的设计构想,提出每门学科(包括物质科学、生命科学、地球与空间科学以及工程、技术和应用科学)的教学都要聚焦于有限的核心概念,以学科核心概念的学习进程为主线,整合跨领域概念和实践,实现科学与工程的实践、跨领域概念和学科核心概念的三维整合。

与1996年发布的《国家科学教育标准》相比,教学要聚焦于核心概念是新框架为科学教学提出的新要求。所谓的核心概念不是一系列的事实,而是具有解释力的概念,可以帮助学习者认识自然界的各个重要方面。"框架"还为学科核心概念设计了以学段为节点的概念发展进程,即学生到2、5、8以及12年级末应该获得的对于核心概念的进阶性理解,使科学教育成为连贯的、逐步发展的过程,有利于学生构建良好的知识结构,提高学生的决策力和适应社会的能力等。

四、两国课程标准的相似之处

通过对比两国科学课程标准,我们发现,无论是美国还是英国,在其科学学习的标准中都有很多相似的地方:课程既面向全体学生,又充分考虑了学生的个体差异,课程标准既有共同的核心内容,又为有不同学习要求的学生制定了不同的学习计划,为提高全体公民科学素养的科学教育的成功实施提供了保证;在教学目标层面上由单纯的知识性目标转向知识性目标和过程性目标并重,重视在观察、量度、描述、预测、实验、分析和解释等科学探究过程中促进学生的发展,强调科学方法、科学态度和科学探究能力的培养;在学习内容方面都开始强调学科核心概念(大概念)的学习,关注每个学生在不同学习阶段应该达到的学习目标;在学习方法上强调科学探究和工程实践,倡导"做中学";在评价方面,都给出了学生学习后的表现期望,既有对学生总体学习的表现期望,也有对每个内容学习完成后的表现期望。这些科学教育文件的颁布对我国科学学科课程标准的内容产生了很大的影响。

[①] 魏冰.美国"国家科学教育标准"——一项富有挑战性的科学教育改革方案[J].外国教育研究,2000(6).

第二节　物理课程标准的理念及结构

一、物理课程的课程目标

物理学是科学的一个分支学科,物理学科的教育目的是发展物理学的方法论、主要观念,会用物理语言;了解物理学知识是如何发展、组织和修正的,特别是在解释物理现象时概念和数学模型的作用和角色;识别和评估基本假设的有效性和可靠性,或模型、数据和结论的局限性;识别对结果的不同解释;有效地交流研究和调查结果;了解物理学在技术上的应用等。义务教育阶段和高中阶段的物理教育都是为了这一总目标服务的。

(一) 义务教育阶段物理课程目标

《义务教育物理课程标准(2011版)》提出的义务教育阶段的总目标是让学生"学习终身发展必需的物理基础知识和方法,养成良好的思维习惯,在分析问题和解决问题时尝试运用科学知识和科学研究方法;经历科学探究过程,具有初步的科学探究能力,乐于参加与科学技术有关的活动,有运用研究方法的意识;保持探索科学的兴趣与热情,在认识自然的过程中获得成就感,能独立思考、敢于质疑、尊重事实、勇于创新;关心科学技术的发展,具有环境保护和可持续发展的意识,树立正确的世界观,有振兴中华、将科学服务于人类的使命感与责任感"。

在总目标的基础上,《义务教育物理课程标准(2011版)》分别从知识与技能、过程与方法、情感态度与价值观三个维度对课程目标进行了具体的阐述,每个维度又分别提出了5条具体目标。其中,"知识与技能"维度前三条是关于物质、运动和相互作用、能力等物理知识方面的要求,第四条是对科学史方面的要求,第五条是对物理实验技能方面的要求;"过程与方法"维度提出的目标分别是观察能力、提问能力、信息收集和处理能力、分析概括能力、信息交流能力及解决问题的能力;"情感态度与价值观"维度分别从学习兴趣与求知欲、科学探索欲望与勇气、战胜困难与享受成功、尊重事实与敢于质疑、可持续发展意识与社会使命感等方面提出了要求。这三个维度基本涵盖了科学素养的内容,对提升学生科学素养做了全面的阐述。

与2001年颁布的实验版初中物理课程标准相比,2011版课程标准的课程目标变化不大,两版课程标准在课程目标的阐述上基本上是一致的,都是培养和提高全体学生的科学素养。具体来说就是培养学生的学习兴趣,让学生掌握一定的基础知识和良好的思维习惯,经历探究并且具有初步的探究能力、尊重科学和事实,具有创新意识、关注发展,有可持续发展的意识。两版课程标准都在阐述总体目标之后又进一步将它们分解到知识与技能、过程与方法、情感态度与价值观这三个维度上。但2011版课程标准在"知识与技能"维度上增加了"安全意识"等内容;在"过程与方法"维度上增加了"有控制实验条件的意识","分析失败原因"等内容;在"情感态度与价值观"维度上增加了"团队精神"等内容,这些都是2011版课程标准人文精神的体现。

(二) 高中阶段物理课程目标

2016年2月,中国教育学会公布了《中国学生发展核心素养(征求意见稿)》,提出我国教育的基本目标是要发展学生的核心素养,并明确指出"学生发展核心素养,是指学生应具备的、能够适应终身发展和社会发展需要的必备品格和关键能力,综合表现为9大素养,具体为社会责任、国家认同、国际理解;人文底蕴、科学精神、审美情趣;身心健康、学会学习、实践创新"。根据核心素养的要求,《高中物理课程标准(修订版)》提出高中物理课程总目标是"在义务教育的基础上,进一步促进学生物理学科核心素养的养成和发展"。物理学科核心素养替代了之前的科学素养,成为高中物理课程标准的内核。

对比义务教育阶段和高中阶段的课程标准,课程目标从三维目标到核心素养的变化,体现了教育要服务于人的发展的基本思想。相对于三维目标,素养更具有内在性和终极性的意义,它是素质加教养的产物,是天性和习性的结合。教育的终极任务就是提升人的素养,素养导向的教育更能体现以人为本的思想。核心素养则是素养系统中具有根本性和统领性的成分,是人进一步成长的基础和可能,是人进一步成长的内核。而学科核心素养既是一门学科对人的核心素养发展的独特贡献和作用,又是一门学科独特教育价值在学生身上的体现和落实。学科核心素养是学科本质观和学科教育价值观的反映。通过厘清学科核心素养,清晰地界定和描述本学科对人的发展的价值和意义,体现本学科对学生成长的独特贡献,从而使学科教育真正回到服从服务于人的发展的方向和轨道上来。高中物理课程标准以提高学生物理核心素养为基本教育目标,体现了对学生人性化的关怀和对教育终极目标的追求。

二、物理课程的基本理念

《基础教育课程改革纲要(试行)》中规定,我国新一轮基础教育课程改革的基本理念是:①改变课程过于注重知识传授的倾向,强调形成积极主动的学习态度,使获得基础知识与基本技能的过程同时成为学会学习和形成正确价值观的过程。②改变课程结构过于强调学科本位、科目过多和缺乏整合的现状,整体设置九年一贯的课程门类和课时比例,并设置综合课程,以适应不同地区和学生发展的需求,体现课程结构的均衡性、综合性和选择性。③改变课程内容"难、繁、偏、旧"和过于注重书本知识的现状,加强课程内容与学生生活以及现代社会和科技发展的联系,关注学生的学习兴趣和经验,精选终身学习必备的基础知识和技能。④改变课程实施过于强调接受学习、死记硬背、机械训练的现状,倡导学生主动参与、乐于探究、勤于动手,培养学生搜集和处理信息的能力、获取新知识的能力、分析和解决问题的能力以及交流与合作的能力。⑤改变课程评价过分强调甄别与选拔的功能,发挥评价促进学生发展、教师提高和改进教学实践的功能。⑥改变课程管理过于集中的状况,实行国家、地方、学校三级课程管理,增强课程对地方、学校及学生的适应性。这些课程改革理念在物理课程标准中都有所体现。

(一) 义务教育阶段物理课程的基本理念

《义务教育物理课程标准(2011版)》对初中物理课程理念做了如下界定:

理念一:面向全体学生,提高学生科学素养

以学生终身发展为本,以提高全体学生科学素养为目标,为每个学生的学习与发展提供平等机会,关注学生的个体差异,使每个学生学习科学的潜能得到发展。

理念二:从生活走向物理,从物理走向社会

贴近学生生活,符合学生认知特点,激发并保持学生的学习兴趣,让学生通过学习和探索掌握物理学的基础知识与基本技能,并能将其运用于实践,为以后的学习、生活和工作打下基础。

理念三：注意学科渗透，关心科技发展

让学生了解自然界事物的相互联系，注意学科间的联系与渗透，关心科学技术的新进展，关注科技发展给社会进步带来的影响，逐步树立科学的世界观。

理念四：提倡教学方式多样化，注重科学探究

在教学中，根据教学目标、教学内容及教学对象灵活采用教学方式，提倡教学方式多样化。注重采用探究式的教学方法，让学生经历科学探究过程，学习科学研究方法，培养其创新精神和实践能力。鼓励在物理教学中合理运用信息技术。

理念五：注重评价改革导向，促进学生发展

在新的评价观念指导下，构建多元化、发展性的评价体系，注重形成性评价与终结性评价结合，发展性评价与甄别性评价结合，以促进学生科学素养的提高、教师专业素质的发展和物理教学的改进。

这五条理念中，第一条体现了义务教育阶段物理课程的功能；第二条侧重课程内容的选择；第三条体现了时代发展对物理课程的要求；第四条对物理课程教学方式提出了要求；第五条关于评价改革。这五条从义务教育阶段物理课程的功能到最终的评价都一一作出了规定，全面、具体，充分体现了国家基础教育课程改革的基本理念。

与《义务教育物理课程标准（实验）》稿相比，2011版物理课程标准显然更多地借鉴了国际科学教育的理念，强调义务教育阶段物理课程的定位是"提高学生的科学素养"，这是在我国物理课程标准中第一次出现"科学素养"一词。然而课程标准中并未对"科学素养"作出明确的解释。对于"科学素养"国际上有很多不同的解释。美国《提高全美公民的科学素养（2061计划）》中对科学素养的定义是："熟悉自然界，尊重自然界的统一性；懂得科学、数学和技术相互依赖的一些重要方法；了解科学的一些重大概念和原理；有科学思维的能力；认识到科学、数学和技术是人类共同的事业，并认识到它们的长处和局限性。同时，还应该能够运用科学知识和思维方法处理个人和社会问题。"国际经济合作与发展组织（OECD）也提出了对科学素养的理解，认为"科学素养是运用科学知识，确定问题和做出具有证据的结论，以便对自然世界和通过人类活动对自然世界的改变进行理解和做出决定的能力"，"包括运用科学的基本观点理解自然世界并做出相应决定的能力"和"确认科学问题、使用证据、作出科学结论并就结论与他人进行交流的能力"。我国充分借鉴了这些定义，《科学（7~9年级）课程标准》认为，科学素养包括：科学探究（过程、方法与能力）；科学知识与技能；科学态度、情感与价值观；科学、技术与社会的关系（Science, Technology and Society, STS）。尽管表述不同，但都包含了科学知识、科学方法、科学态度和科学情意等几个方面。

（二）普通高中阶段物理课程的基本理念

《高中物理课程标准（修订版）》中对物理课程的基本理念做了如下界定：

理念一：注重体现物理学科本质，培养学生物理核心素养

高中物理课程注重体现物理学科的本质，从物理观念、科学思维、科学探究、科学态度与社会责任等方面提炼学科育人价值，充分体现物理学科对提高学生核心素养的独特作用，为学生终身发展、应对现代和未来社会发展的挑战打下基础。

理念二：注重课程的基础性和选择性，满足学生终身发展的需求

高中物理课程在结构上注重为全体学生打好共同基础，精选学生终身学习必备的核

心概念和科学实践作为必修模块内容，同时针对学生的兴趣、发展潜能和今后的升学或就业需求，设计多样化的选修课程模块，促进学生自主地、富有个性地学习。

理念三：体现课程的时代性，关注科技进步和社会发展需求

高中物理课程在内容上注重与学生生活、现代社会及科技发展的联系，反映当代科学技术发展的重要成果和科学思想，同时关注物理学的技术应用带来的社会问题，培养学生的社会参与意识和社会责任感。

理念四：重视学生自主学习，提倡教学方式多样化

高中物理课程通过创设学生积极参与、乐于探究、善于实验、勤于思考的学习情境，培养和发展学生的自主学习能力。通过多样化的教学方式，利用现代信息技术，引导学生理解物理学的本质，整体认识自然界，形成科学思维习惯，增强科学探究能力和解决实际问题的能力。

理念五：注重过程评价，促进学生核心素养的发展

高中物理课程重视以评价促进学生的学习与发展，重视评价的诊断功能和激励功能，致力于创建一个目标明确、主体多元、方法多样、既重视结果亦重视过程的物理课程评价体系。提倡评价应关注学生的个体差异，帮助学生认识自我、建立自信，改进学习方式，提升核心素养。

普通高中物理课程基本理念在框架上和义务教育阶段物理课程的基本理念类似，同样对课程的功能、内容的选择、时代发展对物理课程的要求、教学方式和评价五个方面进行了规定。与《普通高中物理课程标准（实验）》相比，修订版的物理课程标准更强调高中阶段物理课程的定位是提高学生的"核心素养"，五个基本理念中有两个直接提到了"核心素养"。"核心素养"取代了"科学素养"成为修订版物理课程标准的一个重要概念。

"物理核心素养"的提出显然与近年来流行的"核心素养"教育观密切相关。2002年，欧盟发布研究报告《知识经济时代的核心素养》，首次提出了"核心素养"一词。2005年，世界经济合作与发展组织（OECD）发布了《核心素养的界定与遴选》，构建了核心素养的基本结构。核心素养强调"核心"二字，不等同于"全面素养"，是具有统领性的能力。学科核心素养是学科本质观和学科教育价值观的反映，《普通高中物理课程标准（修订版）》以物理核心素养为主线，统领物理学科课程知识选择、课程内容组织、课程难度确定、课程容量安排以及课程实施和学业质量标准的确立，在充分体现学科性质和特点的同时，将高中物理教学与学生的发展紧密结合，在学科教学中渗透对人的发展有用的知识、能力，塑造学生科学的世界观和价值观。基于此，《普通高中物理课程标准（修订版）》从"物理观念"、"科学思维"、"科学探究"、"科学态度与社会责任"等四个方面对物理学科核心素养进行了阐述。

- **物理观念**

"物理观念"是从物理学视角形成的关于物质、运动与相互作用、能量等的基本认识；是物理概念和规律等在头脑中的提炼和升华；是从物理学视角解释自然现象和解决实际问题的基础。

"物理观念"主要包括物质观念、运动观念、相互作用观念、能量观念等要素。

- **科学思维**

"科学思维"是从物理学视角对客观事物的本质属性、内在规律及相互关系的认识方

式;是基于经验事实建构理想模型的抽象概括过程;是分析综合、推理论证等方法在科学领域的具体运用;是基于事实证据和科学推理对不同观点和结论提出质疑、批判,进行检验和修正,进而提出创造性见解的能力与品质。

"科学思维"主要包括模型建构、科学推理、科学论证、质疑创新等要素。

- **科学探究**

"科学探究"是指基于观察和实验提出科学问题、形成猜想和假设、设计实验与制订方案、获取和处理信息、基于证据得出结论并作出解释,以及对科学探究过程和结果进行交流、评估、反思的能力。

"科学探究"主要包括问题、证据、解释、交流与合作等要素。

- **科学态度与社会责任**

"科学态度与社会责任"是指在认识科学本质,理解"科学·技术·社会·环境"关系的基础上,逐渐形成的探索自然的内在动力,严谨认真、实事求是和持之以恒的科学态度,以及遵守道德规范,保护环境并推动可持续发展的责任感。

"科学态度与社会责任"主要包括科学本质、科学态度、社会责任等要素。

这四个方面中,科学探究是物理学科最为重要的学习方式和终极教学目标,学生通过探究学习知识,掌握方法,形成科学思维;学生在掌握大量结构化的物理知识的基础上形成物理观念,培养科学的态度和责任,这4个方面既是高中物理学科培养的终极目标,又是课程标准的灵魂,它使物理学科教学和学生发展及评价真正融为一体。物理学科核心素养对物理学科知识的要求更高,不是仅仅学会一些零散的知识或掌握知识结构体系,而是要能够从更高的层面上领会和形成物理观念,在解决问题时有科学的视角,这对学生学科知识提出了更高的要求。值得一提的是修订版高中物理课程标准把科学思维以显性的方法提出来,改变了原来课程标准和教材中对思维一贯以潜移默化的方式进行渗透的做法,强调科学思维对学生终身发展的重要意义。在科学思维这个维度,参照了国际上对21世纪人才的要求,加入了对"科学论证"、"质疑创新"的要求,紧跟时代步伐。科学探究一直是物理课程标准中的核心概念,修订版课程标准并未进行太多的调整。科学态度与社会责任作为物理学科四大核心素养之一被提出来,强调了高中物理学习的目的不仅仅是为了掌握知识,发展思维,更是为了加强学生的科学责任感,在遇到和科学有关的社会问题时,有科学的态度和立场。

三、物理课程标准的框架结构

物理课程标准是实施物理教学的重要依据,物理课程标准的框架结构反映了物理课程的总体规划。

(一)《义务教育物理课程标准(2011版)》框架结构

《义务教育物理课程标准(2011版)》共分为四部分:第一部分是前言,主要阐述义务教育阶段初中物理课程的性质、基本理念、设计思路等;第二部分是课程目标,首先给出课程总目标,接着从知识与技能、过程与方法、情感态度与价值观三个维度进行具体阐述;第三部分是课程内容,包括科学探究和科学内容两个部分,其中科学内容又以主题的形式展开,分为三个一级主题,十四个二级主题和若干三级主题;第四部分是实施建议,主要从教学、评价、教材编写、课程资源的开发与利用等方面提出建议;课程标准的最后,还加入了

"学生必做实验说明"、"行为动词说明"和"科学探究实例"三个附录。整体框架如图2-1所示。

与实验稿相比,2011版课程标准的框架结构并无多少变化,从结构上看,课程标准的结构按照"目标——理念——内容——实施——评价"的线索进行编排,结构清晰,对中学物理教师把握课程标准的基本内涵大有帮助。

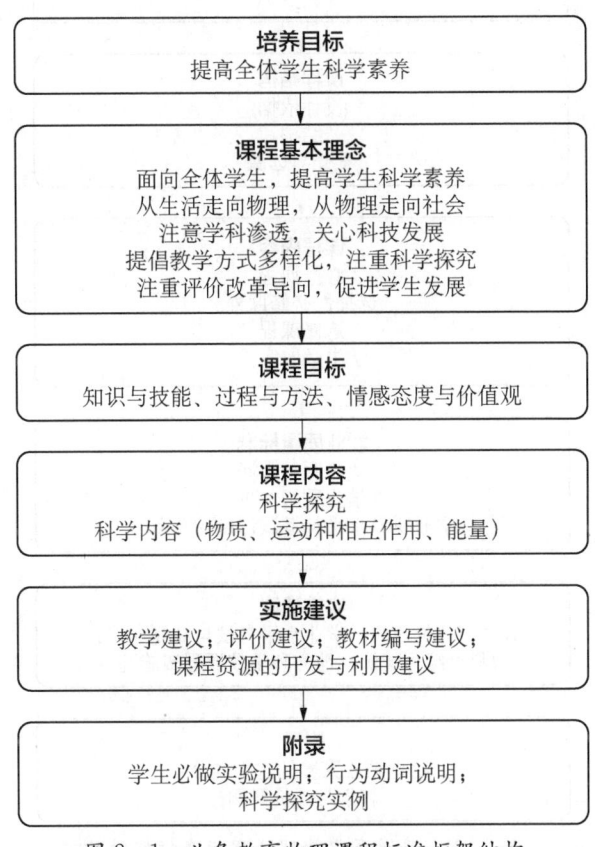

```
┌─────────────────────────────────┐
│          培养目标                │
│    提高全体学生科学素养           │
└─────────────────────────────────┘
                │
┌─────────────────────────────────┐
│         课程基本理念              │
│  面向全体学生,提高学生科学素养    │
│  从生活走向物理,从物理走向社会    │
│    注意学科渗透,关心科技发展      │
│  提倡教学方式多样化,注重科学探究  │
│   注重评价改革导向,促进学生发展   │
└─────────────────────────────────┘
                │
┌─────────────────────────────────┐
│          课程目标                │
│ 知识与技能、过程与方法、情感态度与价值观 │
└─────────────────────────────────┘
                │
┌─────────────────────────────────┐
│          课程内容                │
│          科学探究                │
│  科学内容(物质、运动和相互作用、能量) │
└─────────────────────────────────┘
                │
┌─────────────────────────────────┐
│          实施建议                │
│  教学建议;评价建议;教材编写建议; │
│     课程资源的开发与利用建议      │
└─────────────────────────────────┘
                │
┌─────────────────────────────────┐
│           附录                   │
│   学生必做实验说明;行为动词说明; │
│         科学探究实例              │
└─────────────────────────────────┘
```

图2-1 义务教育物理课程标准框架结构

(二)《普通高中物理课程标准(修订版)》框架结构

《普通高中物理课程标准(修订版)》共分为七个部分:第一部分是课程性质与基本理念,强调高中物理课程是普通高中自然科学领域的一门基础课程,旨在进一步提升学生的物理核心素养。第二部分是学科核心素养与课程目标,详细介绍了物理核心素养,提出了高中物理教学的总目标。第三部分是课程结构,分别从设计依据、结构和学分与选课三个方面进行说明。第四部分是课程内容,这一部分分别对高中物理各模块的主要教学内容进行了规定,并加入了学生必做实验。第五部分是学业质量标准。学业质量标准采用水平分层的方式对各个模块的要求进行了划分,并对整个高中阶段物理学业标准进行了整体划分。第六部分是实施建议,主要从教学、评价、教材编写、地方和学校课程实施等方面提出建议。第七部分是附件,主要有物理核心素养的水平划分、教学与评价案例2个附录。整体框架如图2-2所示。

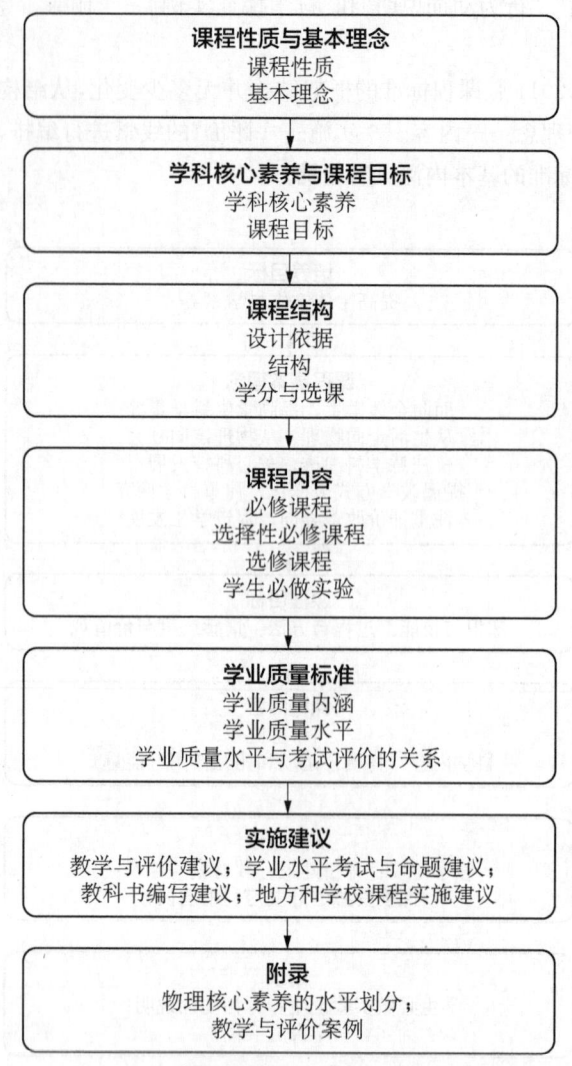

```
┌─────────────────────────┐
│   课程性质与基本理念      │
│       课程性质            │
│       基本理念            │
└───────────┬─────────────┘
            ↓
┌─────────────────────────┐
│  学科核心素养与课程目标    │
│       学科核心素养        │
│       课程目标            │
└───────────┬─────────────┘
            ↓
┌─────────────────────────┐
│       课程结构            │
│       设计依据            │
│        结构              │
│      学分与选课           │
└───────────┬─────────────┘
            ↓
┌─────────────────────────┐
│       课程内容            │
│       必修课程            │
│     选择性必修课程        │
│       选修课程            │
│     学生必做实验          │
└───────────┬─────────────┘
            ↓
┌─────────────────────────┐
│      学业质量标准         │
│      学业质量内涵         │
│      学业质量水平         │
│  学业质量水平与考试评价的关系 │
└───────────┬─────────────┘
            ↓
┌─────────────────────────────────┐
│          实施建议                │
│ 教学与评价建议；学业水平考试与命题建议； │
│  教科书编写建议；地方和学校课程实施建议  │
└───────────┬─────────────────────┘
            ↓
┌─────────────────────────┐
│         附录              │
│    物理核心素养的水平划分；  │
│       教学与评价案例       │
└─────────────────────────┘
```

图 2-2 普通高中物理课程标准框架结构

与《普通高中物理课程标准(实验)》相比,《普通高中物理课程标准(修订版)》的框架进行了较大的改动,从结构上看主要体现在由原有的五个部分扩展到了七个部分,增加了"课程结构"和"学业质量标准"两大部分,从内容上看,有两个重大调整。

其一,"必修课程+选择性必修课程+选修课程"的模块设计。在《普通高中物理课程标准(实验)》中,课程结构在"设计思路"中呈现出来,修订版高中物理课程标准为了强调课程结构的重大调整,将其作为一个完整的部分单独给出(如图 2-3 所示)。修订版高中物理课程标准没有继续沿用"必修+选修"的模式,而是加了选择性必修课程,改成了"必修+选择性必修+选修模块"的模块设计,继续实行学分制。并且在具体内容的设计上也进行了很大的调整,必修部分的内容有所增加,由原来单纯的动力学内容扩展到"动力学+电磁学",学分也由原来的 4 个学分增加到了 6 个学分,必修课程是所有学生都必须学习的课程。增加的选择性必修课程是在必修课程的基础上,让学生较全面地学习物理学的基本内容,进一步了解物理学的思想和方法,较深入地认识物理学在技术中的应用以及对经济、社会的影响。对于选择了选择性必修课程模块的学生,课程标准要求"最好按此系列的模块顺序学习,因为该系列的三个模块为分层设计,模块之间的内容有前后衔接",学生学习完后,可参加高等院校招生录取学业水平等级性考试。选择了选修课程的学生,有3个不同方向的内容可选,选修课程的内容是以物理学的核心内容为载体,侧重从文化价值、技术应用等角度展示物理学,强调物理学与社会发展、与技术的结合,着重体现物理学的应用性和实践性。

在内容安排上,"必修+选择性必修+选修"的课程设计包含了基础物理的所有核心概念,选择性必修课程在内容上是对必修课程的进一步深化,和必修课程的内容形成螺旋式上升的结构。与实验版课程标准不同的是,修订版课程标准在必修系列中加入了电磁学部分的内容,使得学生的物理学科基础更加宽厚,避免了由于选修而造成的学生物理知识体系不完善。这样的设计使得高中物理课程标准可以更好地和高校招生考试制度改革对接。明确了必修、选择性必修和选修内容与普通高中学业水平考试、高校招生考试的对应关系。基本思路是:必修指向学业水平考试的合格性考试;选择性必修指向学业水平考试的等级性考试和高考;选修由学生自主选择,学而不考或学而备考,可在高校自主招生中体现。这样的结构安排,既坚持了普通高中教育基础性和选择性的统一,也较好地实现了教与考的对接协调,方便教,方便学,方便考。

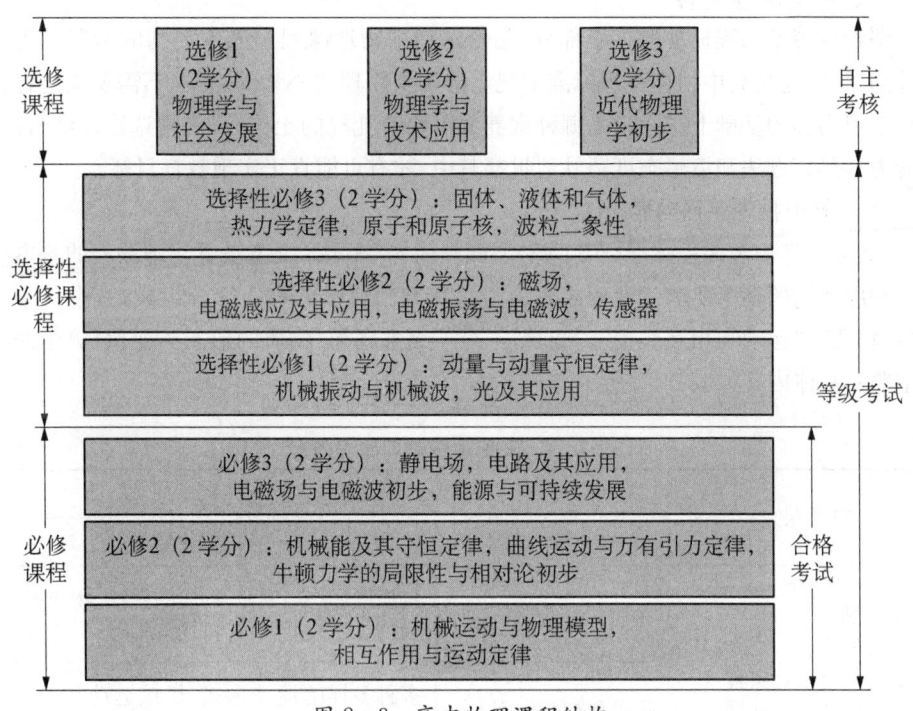

图 2-3 高中物理课程结构

其二,增加"学业质量标准"。长期以来,我们一直以教学质量指代学业质量,忽视了课程标准在评价中的导向作用。修订版高中物理课程标准特别强调了学生学业质量,明确学业质量应该是学生在进行了特定学习后的学习质量和成效,体现了课程标准对"学生学"的重视。同时,课程标准首次采取分层评价的方式,根据不同水平学业成就表现的关键特征把学生的学业标准从低到高分为5个等级,并描述了不同等级学习结果的具体表现,每个等级的表现都是从物理核心素养的四个方面进行具体阐述的。分层设计的学业质量标准有利于满足学生异质发展的需要,满足不同的监测和评价,更大限度地为社会选拔服务。

除了这两大变化,修订版高中物理课程标准延续了实验版课程标准的特点,在课程内容部分非常详细地介绍了每个模块的教学内容,并在每个模块的后面给出了教学提示,明确了教学要求,这样的处理对教师研读课程标准有很好的帮助。另外,课程标准中还给出了必修及选择性必修课程中的学生必做实验,共计21个。由于必修课程和选择性必修课程为学生参加学业等级考试所需修的课程,选修课程是学校自主开设、学生自主选择课程,为了保证高中物理学业水平课程的基本要求,同时满足学生自主发展的需要,课程标准仅仅规定了必修及选择性必修课程中的学生必做实验,对选修课程则未做要求。这样的处理既有对学校教学的基本要求,又有弹性的一面,不至于管得太死,使学校教学有更大的发挥空间。

第三节　物理课程的内容与评价

一、物理课程内容

课程内容是课程标准的核心部分,无论是初中物理课程标准中提到的培养学生科学素养的目的,还是高中物理课程标准中规定的学生物理核心素养,无一不需要建立在物理课程学习内容的基础上。无论是哪种素养都需要有扎根的土壤,只有精选物理学科内容,将能力、习惯、方法和情感态度巧妙地贯穿其中,才有可能真正实现教育目标。

(一) 初中物理课程内容

《义务教育物理课程标准(2011版)》"课程内容"规定了义务教育物理课程的基本学习内容和应达到的基本要求。课程内容由科学探究和科学内容两部分组成,其中科学内容包括"物质"、"运动和相互作用"、"能量"三个一级主题和"物质的形态与变化"等十四个二级主题。具体内容如表2-1所示。

表2-1　义务教育物理课程内容

科学探究	科学内容	
	一级主题	二级主题
提出问题 猜想与假设 制定计划与设计实验 进行实验与收集证据 分析与论证 评估 交流与合作	物质	物质的形态与变化,物质的属性,物质的结构与物体的尺度,新材料及其应用
	运动和相互作用	多种多样的运动形式,机械运动和力,声和光,电和磁
	能量	能量、能量转化与转移,机械能,内能,电磁能,能量守恒,能源和可持续发展

通过上表可以看出2011版初中物理课程标准内容设计的两个特点。

一是强调科学探究。《美国国家科学标准》中对科学探究的定义是"科学家们用以研究自然界并基于此种研究获得的证据提出种种解释的多种不同途径。在基础教育中,科学探究指的是学生们用以获取知识、领悟科学的思想观念、领悟科学家研究自然界所用的方法而进行的各种活动"。在2011版初中物理课程标准中,科学探究不仅仅是一种学习方法,更是物理课程的学习内容。通过对科学探究各个要素的详细说明,旨在将学习的重心从过分强调知识的传承和积累向知识的探究过程转化,从学生被动接受知识向主动获取知识转化,从而培养学生的科学探究能力、实事求是的科学态度和敢于创新的探索精神。

二是课程内容以主题的方式给出体现了对课程内容的统整。课程内容被提炼成三大主题,高度概括了初中物理的全部内容,体现了"大概念"、"核心概念"的思想。核心概念是指位于学科中心的概念性知识,包括了重要概念、原理、理论等的基本理解和解释,这些内容能够展现当代学科图景,是学科结构的主干部分。三大主题概念的提出可以帮助教师抓住初中物理核心知识,并由此构建出初中物理知识的框架,明确每个知识点的归属,在教学过程中把握教学方向。对于教材研制人员来说,主题式而不是分段式的课程内容结构给予了广阔的空间,有助于充分发挥教材研制人员的创造力。

(二) 高中物理课程内容

《高中物理课程标准(修订版)》规定,高中物理课程分为必修课程、选择性必修课程和选修课程。在内容选择上,必修部分基本涵盖了经典物理学的最基础内容,保证了全体高中生对经典物理学有基本、全面的认识,不至于造成知识断层。在此基础上,学生根据自己的兴趣特长作出选择,学生可以选择继续深入学习经典物理的力、热、光、电磁的内容,并加入固体物理和原子物理的初步知识,以牢固掌握经典物理学的基本内容;也可以凭借兴趣选择以物理知识为载体的其他内容,了解物理在生活、生产和科技中的应用。这样的课程内容设计体现了设计者的初衷:

一是体现"基础性"。与实验版高中物理课程标准相比,修订版课程标准在必修系列中加入了电磁学的基础知识,让学生对经典物理学有一个较全面的认识。因为高中阶段的教育依然属于基础教育,学生只有在对物理学科的大框架有一个最基本的了解之后,才有可能在此基础上作出选择。补充必修部分的内容,使其完整地呈现物理学科的基本框架是修订版课程标准的一大特色。

二是体现"选择性"。选修的两个系列侧重点各不相同,选择性必修课程是学生根据个人需求与升学考试要求选择修习的物理课程;选修课程是学生自主选择修习的物理课程。同时,这些课程模块对应的评价也不相同,学生可以在对物理学科有基本了解的基础上,根据自己的兴趣、发展潜能及今后的职业需求等作出不同的选择。

三是遵循"循序渐进"的原则。在必修课程中,纳入力和电磁中相对较基本的物理内容;在选择性必修课程中,选择力、电磁、热、光和原子物理中相对较深入的物理内容;在选修课程中重点关注物理学与其他学科的交叉融合。这样既关注了全体学生的学习需求,又照应了部分学生更高水平的学习要求。

四是重视物理核心素养的达成。无论是必修课程中的"机械运动与物理模型"、"磁场及场的观念"还是选修课程中的"液体和气体的微观结构模型",课程标准的语言表述都传递着强烈的物理观念和科学思维的思想,"能量转化与可持续发展"等表述体现了对学生科学态度与责任的希望。尤其是选修课程充分体现了物理学与人类世界的密切联系,为学生的核心素养达成提供了坚实的发展平台。

二、学业评价

学业评价是指以教学目标为依据,运用恰当的、有效的工具和途径,系统地收集学生在各门学科教学和自学的影响下认知行为上的变化信息和证据,并对学生的知识和能力水平进行价值判断的过程。物理课程的教育目标有没有得到实现最终需要通过对学生学业评价的结果进行判断,因此,如何建立"有效地进行学业评价的方法体系"是落实课程标准的关键。

(一) 初中物理学业评价

《义务教育物理课程标准(2011版)》在第四部分"实施建议"中给出了初中物理的评价建议,总体来说,学习评价的目的是促进学生在"知识与技能"、"过程与方法"和"情感态度与价值观"方面的发展。

在内容上,课程标准要求学业评价不仅仅考查学生对知识的掌握,更需要他们了解物理知识在生活中的应用。例如:判断下面哪个属于安全用电。

| 用湿布擦工作的台灯 | 发生事故时先切断电源 | 使用绝缘层破损的导线 | 在输电线上晾衣服 |

这个题目就是把生活中常见的场景呈现出来,让学生用已学的电学知识进行解释和判断。

也可以考查他们的观察能力和知识迁移能力,例如:有些微型手电筒虽然很小,也没有反光罩,但它的光却很集中。这种电筒的小灯泡与普通的小灯泡有很大的区别。观察这样的小灯泡,指出它的结构特点。这类题目学生无法直接从教材中找到答案,他们需要通过观察找到和所学知识的相似之处,调用类比思维来解决问题,很好地考查了学生能力。

相对于传统的纸笔评价方式,课程标准提倡评价方式多样化,例如:在学完"能量"一节后,让学生课后查阅资料,写一个调查小报告,估计一下自家每个月大概需要消耗哪些类型的能量,大概需要消耗多少。或者在学习完"电动机的原理"之后,自制一个简易电动机;或者在学习"牛顿第一定律"之前,让学生先预习,然后课堂上开展辩论赛;等等。

总之,要重视形成性评价与终结性评价的结合,了解学生发展中的需求,帮助学生及时客观地发现其发展中的优势和不足,促进学生在原有水平上的发展,为改进教学提供真实可靠的依据。

(二) 高中物理学业评价

《高中物理课程标准(修订版)》中规定"物理学习评价以培养学生的物理核心素养、实现物理课程目标为宗旨,围绕物理学科核心素养的具体要求,创设真实而有价值的问题情境,采用主体多元、方法多样的评价方式,客观、全面地诊断学生核心素养发展状况,及时有效地反馈评价结果,促进学生全面而富有个性地发展"。如前文所述,核心素养是修订版课程标准的内核,核心素养是需要在一生中进行发展和完善的,唯分数或划一的评价方式都不利于核心素养培养的落实。因此,修订版高中物理课程标准极其重视对学生的学业评价,不仅建立了以核心素养为基本内核的总的高中物理分层评价体系,并努力与高校招生制度改革衔接,通过改革整个高中课程结构以满足学生不同的学习需求。

表 2-2 高中物理学业质量标准汇总表

水平等级	水平描述
水平 1	(1) 初步了解所学的物理概念和规律,能将其与相关的自然现象和问题解决联系起来。 (2) 能说出一些所学的简单物理模型;知道得出结论需要科学推理;能区别观点和证据;知道质疑和创新的重要性。 (3) 具有问题意识;能在他人指导下使用所学的简单器材收集数据;能对数据进行初步整理;具有与他人交流成果、讨论问题的意识。 (4) 认识到物理学是对自然现象的描述与解释;对自然界有好奇心,知道学习物理需要实事求是,有与他人合作的意愿;认识到科学·技术·社会·环境存在相互联系。
水平 2	(1) 了解所学的物理概念和规律,能解释简单的自然现象,解决简单的实际问题。 (2) 能在熟悉的情境下应用所学的常见的物理模型;能对比较简单的物理问题进行分析和推理,获得结论;能使用简单和直接的证据表达自己的观点;具有质疑和创新的意识。 (3) 能观察物理现象,提出物理问题;能根据已有的科学探究方案,使用所学的基本的器材获得数据;能对数据进行整理,得到初步的结论;能撰写简单的报告,陈述科学探究过程和结果。 (4) 认识到物理研究是基于人类有意识的探究而形成的对自然现象的描述与解释;有学习物理的兴趣,具有实事求是的态度,能与他人合作;认识到物理研究与应用会涉及道德与规范问题,了解科学·技术·社会·环境的关系。
水平 3	(1) 了解所学的物理概念和规律及其相互关系,能解释自然现象,解决实际问题。 (2) 能在较为熟悉的情境中根据需要选用所学的恰当的模型并用以解决简单的物理问题;能对常见的物理现象进行分析,通过推理,获得结论并作出解释;能恰当使用证据表达自己的观点;能对已有观点提出质疑,从不同角度思考物理问题。 (3) 能分析观察物理现象,提出可探究的物理问题,作出初步的猜想;能在他人帮助下制订科学探究方案,使用基本的器材获得数据;能分析数据,发现特点,形成结论,尝试用已有的物理知识进行解释;能撰写实验报告,用学过的物理术语、图表等陈述科学探究过程和结果。 (4) 认识到物理研究是建立在观察和实验基础上的一项创造性的工作;有较强的学习和研究物理的兴趣,能做到实事求是,在合作中能尊重他人;认识到物理研究与应用应考虑伦理道德的要求,认识到人类在保护环境和促进可持续发展方面的责任。

(续表)

水平等级	水平描述
水平4	(1) 理解所学的物理概念和规律及其相互关系,能正确解释自然现象,综合运用所学的物理知识解决实际问题。 (2) 能根据实际问题中的对象和过程转换成所学的物理模型;能对综合性物理问题进行分析和推理,获得结论并加以解释;能恰当使用证据证明物理结论;能对已有结论提出有根据的质疑,采用不同方式分析解决物理问题。 (3) 能分析相关事实或结论,提出并准确表达可探究的物理问题,作出有依据的假设;能制订科学探究方案,选用合适的器材获得数据;能分析数据,发现其中的规律,形成合理的结论,用已有物理知识进行解释;能撰写完整的实验报告,对科学探究过程与结果进行交流和反思。 (4) 认识到物理研究是一种对自然现象进行抽象的创造性工作;有学习和研究物理的内在动机,坚持实事求是,在合作中既能坚持观点又能修正错误;能依据普遍接受的伦理道德规范认识和评价物理研究与应用,具有保护环境、节约资源、促进可持续发展的责任感。
水平5	(1) 能清晰、系统地理解重要的物理概念和规律,能正确描述和解释自然现象,综合运用所学的物理知识灵活解决实际问题。 (2) 能将较复杂的实际问题中的对象和过程转化为物理模型;能在新的情境中对综合性物理问题进行分析和推理,获得正确结论并加以解释;能考虑证据的可靠性,合理使用证据,从多个视角审视检验结论;解决物理问题具有一定的新颖性。 (3) 能面对真实情境,从不同角度提出并准确表述可探究的物理问题,作出科学假设;能制订有一定新意的科学探究方案,灵活选择合适的器材获得数据;能用多种方法分析数据,发现规律,形成合理的结论,用已有物理知识进行科学解释;能撰写完整规范的科学探究报告,交流、反思科学探究过程与结果。 (4) 认识到物理学是人类认识自然的方式之一,是不断发展的,具有相对持久性和普适性,但同时也存在局限性;有较强的学习和研究物理的内在动机,能主动与他人合作,能自觉抵制违反实事求是的行为;在交流中既能主动参与又能发挥团队作用;在进行物理研究和应用物理成果时,能自觉遵守普遍接受的伦理道德规范,养成保护环境、节约资源、促进可持续发展的良好习惯。

  从高中物理学业质量标准汇总表我们可以看出,高中物理课程标准充分借鉴了国际上通行的核心概念和学习进阶的思想,以发展学生物理核心素养为目标,从整体上建构物理概念体系,帮助学生建立概念间的关联。课程标准首次启用了"水平等级"的概念,将整个高中物理学习水平划分为5个等级,详细描绘了学习者的物理学习是如何随着时间而发展的,帮助教师更好地识别当前学生的思维,使得学生的思维可以向着更精细化的理解去发展。除此之外,修订版高中物理课程标准还在附录中给出了四大物理学科核心素养的等级水平,"物理观念""科学思维""科学探究""科学态度和社会责任"分别被划分为5个由低到高的等级,与学业水平等级相对应,从另一个层面说明学生高中物理学习的目的是为了发展四大物理学科核心素养。

  高中物理课程标准对评价活动的基本流程进行了非常详细的说明(如图2-4所示),给高中物理教师提供了非常好的示范。

  (1) 制定评价目标。评价目标的描述,要做到情境化、具体化、行为化,要说明学生在什么样的问题情境中,运用哪些物理知识与思想方法,其行为达到什么样的水平,目标描

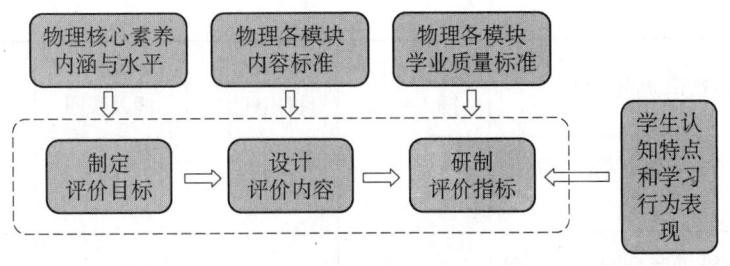

图 2-4 评价活动设计流程图

述应保持概括性。例如：选择性必修课程中"通过实验，探究影响感应电流方向的因素。理解楞次定律。理解法拉第电磁感应定律"在本模块"学业质量标准"中要求学生"能解释电磁感应定律、楞次定律的内涵，能分析解决涉及点电荷在电场中运动的问题和电磁感应的问题"，"通过法拉第电磁感应定律和楞次定律的实验探究，体会对实验现象进行归纳与推理的方法"。教学和评价两方面主要涉及的核心素养是："科学思维"中的"能正确使用物理思维方法，从定性和定量两个方面进行科学推理、找出规律、形成结论，并能解释自然现象和解决实际问题"和"实验探究"中的"具有分析论证的能力，会使用各种方法和手段分析、处理信息，描述、解释实验探究结果和变化趋势"。参照选修1—2学业质量标准中的相关表述，结合考查内容所涉及的物理知识和能力，我们可以将日常学习目标描述为：①通过实验探究得出感应电流与磁通量变化的关系，并会叙述楞次定律的内容；②通过对实验现象的直观比较，进一步明确感应电流产生的过程仍然遵循能量转化和守恒定律；③关注实验现象的个性，找出实验现象的共性，并总结出规律，培养学生抽象思维能力和创新思维能力。

（2）设计评价内容。依据各模块的内容标准和制定的评价目标，设计恰当的学习活动和评价内容。评价内容设计要突出核心素养指向，让学生在愉悦的学习氛围中开展评价，提高诊断的真实性和准确性。例如物理选择性必修课程内容标准要求"通过实验，探究影响感应电流方向的因素。理解楞次定律。理解法拉第电磁感应定律"，在"楞次定律"的学习过程中，要评价学生"科学思维"中的"能正确使用物理思维方法，从定性和定量两个方面进行科学推理、找出规律、形成结论，并能解释自然现象和解决实际问题"的发展水平，可在以下"楞次定律"实验的教学活动中，选择描述实验现象、分析讨论实验共性并形成结论三个学习活动，开展这方面核心素养发展水平的评价。

在教学活动中设计学生自主探究实验，完成实验表格。学生通过完成4个不同的实验，观察每个实验的现象，并从中寻找4个实验的共同规律。在这个过程中，学生学会从定性的方面找出规律，形成结论，并能根据结论，解释后面的实验结果和变化趋势，掌握科学归纳推理的一般方法。

条形磁铁运动的情况	N极向下插入线圈	N极向上拔出线圈	S极向下插入线圈	S极向上拔出线圈
原磁场方向(向上或向下)				
穿过线圈的磁通量变化情况(增加或减少)				

(续表)

条形磁铁运动的情况	N极向下插入线圈	N极向上拔出线圈	S极向下插入线圈	S极向上拔出线圈
感应电流的方向(流过灵敏电流计的方向)				
感应电流的磁场方向(向上或向下)				
实验结论				

（3）研制评价指标。评价指标制定的一般步骤是：①明确内容标准、学业质量标准对相关核心素养的要求；②参考"物理核心素养的内涵与水平划分"对相关核心素养的不同水平进行具体描述；③分析学生的认知特点，预测在具体学习活动中的行为表现，制定评价指标。评价指标是学生完成某一学习活动的评价依据，评价指标的描述要有科学性、针对性和可操作性，体现情境化、具体化、行为化和层次化。例如在选择性必修课程"自感现象"学习中，为评价学生实验探究核心素养中的"科学思维"中的"能正确使用物理思维方法，从定性和定量两个方面进行科学推理、找出规律、形成结论，并能解释自然现象和解决实际问题"的发展水平，在"楞次定律"的例子中，教师根据4次实验现象，引导学生对实验结果进行分析和解释，找到共同规律，并解释其他实验现象或实际问题。

	"归纳推理"内涵	学生行为表现预测	"归纳推理"的评价指标
水平1	能根据实验探究的目的关注数据的特点并获得结论	把条形磁铁的N极和S极分别插入和拔出线圈中，观察线圈中产生的电流方向，记录实验现象	能设计表格准确地描述实验现象
水平2	能根据变量关系对数据进行简单比较，发现其中的特点	发现4次实验的结论可以分为两组	能根据实验结论说明不同实验的相似之处
水平4	能使用归纳演绎等方法进行科学推理，将复杂的现象分解为若干简单的现象并进行分析和解释	N极向下插入和S极向上拔出两种情况的共同之处，找到中间变量"感应电流产生的磁场方向"，将电流方向和原磁场方向的关系转化为感应电流产生的磁场方向和原磁场变化之间的关系，得到楞次定律	① 能找到中间变量 ② 能找到中间变量与应变量之间的关系 ③ 能找到中间变量与自变量之间的关系 ④ 根据中间变量和两者的关系得到自变量和应变量之间的关系

【本章小结】

本章主要介绍了物理课程标准产生的背景及初高中物理课程标准的主要内容,包括教育目标、教育基本理念、课程内容、学业评价等几个方面的内容。

【拓展阅读】

1. 中华人民共和国教育部. 义务教育物理课程标准(实验)[M]. 北京:北京师范大学出版社,2001.

2. 中华人民共和国教育部. 普通高中物理课程标准(实验)[M]. 北京:人民教育出版社,2003.

3. 中华人民共和国教育部. 义务教育物理课程标准(修订版)[M]. 北京:北京师范大学出版社,2011.

4. 中华人民共和国教育部. 普通高中物理课程标准(修订版)[M]. 北京:人民教育出版社,2018.

5. (美)国家研究理事会. 美国国家科学教育标准[M]. 北京:科学技术文献出版社,1999.

6. 廖伯琴. 中外物理教育改革[M]. 上海:华东师范大学出版社,2001.

7. (英)温·哈伦. 科学教育的原则和大概念[M]. 韦钰,译. 北京:科学普及出版社,2011.

8. 丁念金. 课程论[M]. 福州:福建教育出版社,2006.

9. 施良方. 课程理论——课程的原理、基础与问题[M]. 北京:教育科学出版社,1996.

10. National Research Council. A Framework for K-12 Science Education:Practices, Crosscutting Concepts, and Core Ideas[M]. Washington, D. C.:THE NATIONAL ACADEMIES PRESS, 2011.

【思考与练习】

1. 重视科学探究是国际科学教育的共同趋势,我国中学物理课程标准是如何体现的?
2. 你认为应该如何在中学物理教学中突出物理核心素养?
3. 高中物理课程的选择性在课程标准中是如何体现的?
4. 你认为在日常教学评价中应如何体现出分层评价的理念?

第三章 中学物理教材比较

通过本章的学习，你能够
- 了解目前义务教育物理教材和普通高中物理教材有哪几种版本。
- 了解义务教育物理教材和普通高中物理教材的共性特点。
- 掌握高中物理教材知识内容呈现方式的特点。
- 运用新课标对物理教材编写的要求，能够具体分析教材特点。

第一节 中学物理教材特点分析

中学物理教材是连接课程与教学的桥梁，它既是课程的载体，又是教与学的重要依据。自《物理课程标准》颁布以来，"一标多本"极大地丰富了物理教材的多样性，为不同地域、不同学校选择适合学生发展的教材创造了条件。目前共有6套义务教育物理教材与5套高中物理教材供全国各地的实验区使用。全面认识和了解各版本教材对实施中学物理教学有着重要的意义。本章首先对义务教育物理教材、普通高中物理教材进行分析介绍，并概述了不同版本教材落实新课标要求的共性特点。然后对三种不同版本的高中物理教材在知识内容的选择、知识内容的组织与呈现方式上进行比较，突出了不同版本教材的组织结构、栏目设置与实验设计等特点。

一、全日制义务教育物理教材
（一）义务教育物理教材版本介绍

义务教育物理教材是根据2001年7月教育部颁布的《全日制义务教育物理课程标准（实验稿）》编写的[1]，是全日制义务教育物理课程标准的具体体现。经全国中小学教材审定委员会审查通过，六种版本义务教育物理教材进入实验区使用。2012年，各版本教材根据教育部颁布的《全日制义务教育物理课程标准（2011版）》[2]进行了修订，并相继出版发行。义务教育物理教材版本包括：由彭前程主编，人民教育出版社出版发行的《义务教育课程标准实验教科书·物理》（以下简称"人教版"物理教材）；由阎金铎主编，北京师范大

---
[1] 教育部.全日制义务教育物理课程标准（实验稿）[M].北京：北京师范大学出版社,2001.
[2] 教育部.全日制义务教育物理课程标准（2011版）[M].北京：北京师范大学出版社,2011.

学出版社出版发行的"北师大版"物理教材；由廖伯琴、何润伟主编,上海科学技术出版社出版发行的"沪科版"物理教材；由束炳如主编,上海科学技术出版社和广东教育出版社共同出版发行的"沪科粤教版"物理教材；由刘炳升、李容主编,江苏科学技术出版社出版发行的"苏科版"物理教材；由吴祖仁主编,教育科学出版社出版发行的"教科版"物理教材。

"人教版"和"北师大版"有八年级上册、八年级下册和九年级全一册共三本,"沪科版"有八年级和九年级共两本,"沪科粤教版"、"苏科版"、"教科版"有八年级上册、八年级下册、九年级上册和九年级下册共四本。各个版本教材均有与其配套的教师用书。

(二) 不同版本义务教育物理教材简介

1. "人教版"物理教材

由彭前程主编的"人教版"物理教材分为八年级上册、八年级下册与九年级全一册共三本,共22章85节内容[①]。

"人教版"教材每个章节开始都附有所研究的相关问题的背景图片,能引发学生的兴趣和对物理问题与现象的关注。而章节前言均有一段200至300字的简单文字导引,主要引起学生对一些生活中熟悉或不熟悉的问题的因果关系的思考。紧接着安排了"阅读指导"项目,以问题的形式,揭示本章节的知识重点及将要学习、解决问题的对象,它有利于学生整体把握整个章节的知识框架和布局,同时能引发学生对相关物理问题的思考,激发学生质疑探究、刨根问底的精神。每章下面分节,每一节开头均安排了许多图片,图片主要呈现物理现象或特征,或帮助阐释一些物理现象的原因,或让学生明白一些自然现象、问题内涵的物理本质。

在每节中一般会围绕一些重要的知识展开"探究"活动,探究的有关问题一般没有完整设计,需要学生进一步补充和完善,并通过探究活动得出或形成一定的探究结论。探究活动的开展十分有利于学生研究问题能力的提高,以及培养学生研究物理问题时提出假设、自主设计、验证假设、分析数据资料、得出结论的能力。一般情况下,每节中有探究栏目2至3个不等。在节中安插了"想想议议"栏目,它可以进一步要求学生对一些知识的理解,"想想议议"一般能补充一些有益的信息或相关问题以产生思考。"想想做做"则可以培养学生的动手能力。在一些节中除"探究"以外,还安排了"演示",主要由教师完成,目的是再现物理现象,激发学习兴趣,引起学生思考,或解释物理现象。

在章节中还有一些"小数据"栏目,及时补充相关数学信息。每章节另外还有"动手动脑学物理",类似于"小制作"、"小实验"、"课外实验"、"家庭小实验"。章节里还安排了"科学世界"栏目,主要对知识进行补充与扩展,能够丰富学生的知识面。此外,还有一些章节末尾设有"STS"栏目,其内容与图片紧扣物理与实际生活、科学技术的联系。在习题量方面,"人教版"的习题量很少,有些问题渗透于"探究"活动中,单纯计算类习题很少。由此看出,"人教版"教材在定量计算方面的要求开始降低,但从另一方面,也可以发现"人教版"教材在知识宽度上开始明显加强,这体现了"新课程标准"的思想。

在"物理量"的学习方面,教材开始将所有"物理量"用英文在括号内注明,这有利于学生英文水平的提高。而图片与图画方面,处理方式上较过去有了明显的技术上的改

---

① 不同版次教材章节数目稍有差异,但大的知识板块不变,以下各版本教材类同,仅供参考。

善,有的图片色彩鲜艳,与生活实际联系很紧,能反映出"科学、技术与社会"之间的密切关系;而在图画方面,能够考虑到初中生的身心特点与认知规律,注意突出形象性和直观性。

在2012年的新教材中,除了在内容方面做了一些调整外,在编排方面,重新规划探究实验,对主要探究要素及科学方法加了旁批,章后增加"学到了什么"。

2. "沪科版"物理教材

由廖伯琴、何润伟主编的"沪科版"物理教材由上海科学技术出版社出版。教材共20章79节内容。教材总体而言,图文新颖,知识面宽广,文字浅显。每章节开始都安插一幅反映章节主题的醒目图片,以引起学生的注意,突出教材的物理特性。在章节首页下方还用小正方形符号标明本章节核心知识与要点,有利于学生了解章节的知识重点。每章下面又划分为节。节内每个知识问题尽可能用图画来阐述和说明,或通过图画来反映物理问题,文字浅显,不过分依赖于文字阐述,有利于学生的理解。节内为了突出学生学习的参与性和主动性,安排了"讨论与交流"栏目,这个栏目密切联系学生生活实际,介绍和深化一些节内基本的物理概念,并且在栏目内十分注意与学生知识学习的过程融合,留有许多填充和空白,让学生去完成,有利于提高学生的学习参与性。节末还安排了"请提问"栏目,着力于学生质疑能力的培养,有利于学生学会提出问题与学会猜想。另外,节后也安排了一些作业题,主要是专门的实践性、活动类题目和定量计算型题目,题量不多,题数在1~4题不等,题目难度很小,重在实践与体验,这也有利于学生知识的巩固与强化。有些节内安排了"信息窗"栏目,可以补充许多与节内基本物理概念相关的知识,有利于拓展知识面。这些与"人教版"教材类似。另有些"信息窗"进一步阐述一些物理方法,介绍其在生活中的应用。

教材以培养学生创新精神、实践能力和科学探究能力为目标,专门设计了很多"活动"栏目,一般为2~3个。"活动"栏目类似于通常的"分组实验",突出了与生活的联系。在"活动"栏内着重多种能力的培养,既有操作技能也有估算数据的技能,以及观察能力等。有些节内安排了"迷你实验室"。习题既有实践类,又有调查类,但习题量不大,难度不高。这对于减轻学生课业负担,巩固基础知识十分必要。章节内专门编排了"科学探究"栏目,突出了对学生科学探究能力和科学素养的培养。"科学探究"活动栏目设计十分严谨,有目的地对学生进行了科学探究方法、活动程序的具体指导,还能解决和指导学生探究中遇到的一些问题。

教材在内容上注意了学习过程中与学生融合、互动,不是直接呈现所有结论,有些结论以填充形式、空白形式,把结论留给学生完成,这样有助于提高学生学习的主动性与参与性。就章节内容及反映问题看,章节知识突出了人与社会、人与自然、人与"科学、技术与社会"之间的密切关系,紧密结合生活实际。

在文字表述方面,一些物理量采用中英同注,这既有利于学生英语学习水平的提高,又有利于知识面的拓展。个别章节还安排了"加油站"栏目,其功能主要是对于个别知识和概念进行补充说明。所配插图既有色彩鲜艳的照片,又有一些图画、卡通画、漫画,这十分符合学生的年龄特征,易于激发学生的学习兴趣。图片内容主题十分注重反映物理问题,揭示自然现象,以及"科学、技术与社会"之间的联系,有利于学生科学素养与人文精神的培养。

3. "沪科粤教版"物理教材

由束炳如主编的"沪科粤教版"物理教材共18章87节内容。这套教材一改传统课本物理知识、概念和定律罗列的陈述式呆板面孔,按照物理学发展的过程线索和学生学习过程的问题系列线索、思维顺序线索、体验顺序线索,以提供学习或探究过程的形式展开教科书的内容,突出活动、探究、讨论、阅读共现,文字、照片、彩图、卡通并茂,使学生爱不释手,促进学生自主学习。

> **案例 3-1**
>
> 第一章的"动手做实验"和"尝试科学探究"为教科书以学习或探究过程形式展开内容打下了基础。第二章以"我们怎样听见声音"、"我们怎样区分声音"和"让声音为人类服务"为过程线索,展开有关声音的物理学内容。第五章从"认识分子"开始到"'解剖'原子",揭示了人类探索微观世界的认识过程;从"古人的宇宙图景"到"日心说",从"牛顿发现万有引力定律"到"飞出地球去",从太阳系、银河系到"宇宙到底有多大",展示了人类对宇宙的认识过程。第九章以"怎样描述运动"、"怎样比较运动的快慢"、"探究物体不受力时怎样运动"和"物体受力时怎样运动"为过程线索,展开对"运动与力"的探究。此外,教科书照片、彩图、卡通并茂,使学生爱不释手。例如,"双阳重叠"、"地热喷泉"、"钱塘涌潮"、"蒙眼飞行"、"神舟四号"、"隔掌吸钉"、"彗星的大尾巴"、"小泥人照镜子"、"酒杯破碎瞬间"、"电子显微镜下的血液标本"、"勾践剑和夫差矛"、"磁悬浮列车"、"巨石阵"、"蚂蚁搬运食物"、"螺旋飞车"、"飞越黄河"、"模拟碰撞实验"等等生动的照片,不仅给学生带来愉快的心情,也为他们揭示了深刻的物理道理。

教科书在以后的章节里不断提高对科学探究的要求。第三章安排了比较简单的科学探究如"探究凸透镜成像规律",第四章安排了难度稍大的内容"物体的质量与体积的关系"的探究,到第七章"简单电路"则安排了一系列必须由学生自己设计的科学探究活动。此教科书强调以观察实验为主的科学探究,同时也重视猜想、构建模型、理论分析、调查、参观、访问、上网查询等方式。在"自我评价"栏目中,要求学生评价自己参与了哪些探究活动、参与的程度如何以及在活动中有什么表现和内心体验等。据粗略统计,在八年级共9章41节教学内容中,共有各种活动146个,其中完整的探究12个,实验活动53个,观察活动27个,讨论活动6个,演算活动9个,课外活动39个。

4. "苏科版"物理教材

由刘炳升、李容主编的"苏科版"物理教材共四本。教材充分挖掘插图的功能,教材中设计了两个学生和一个学者形象的卡通画人物,十分符合学生的年龄特征和心理规律,其作用一是运用视觉形象激发学生的兴趣,二是借画中人物之口表达学生的思维方式和疑惑,三是进行必要的启发和引导。精心设计了各章导图,将本章所学物理知识的标题衬托在有人文色彩的背景中,并精心提供一段文学性蕴涵丰富、启发性强的文字,既概括了本章的主要内容,又体现了与社会生活的联系,还突出了人文色彩。如第二章"物态变化",背景标题——漫游世界的小水滴,在背景图中借小水滴之口,生动地陈述了水在自然界中的变化,从而引导学生开始新一章的学习。灵活运用多种形式的图片,传递各种信息,发挥多种功能。如,用漫画陈述历史故事并提出思考的问题,用彩照表现真实的现象和在社会生活中的应用,用图示分析物理过程与原理等。图文并茂,以图代文,使教材文字陈述更为简洁,同时,物理量均采用中英文同注,有利于学生英文学习水平的提高和相关学科知识的拓展。再如,"引言"中,观察有趣的物理现象,看一看,长蜡烛先灭,还是短蜡烛先灭;猜一猜,水和酒精都能穿越肥皂膜吗。由于改变了文字叙述过分强调系统、严密的观点,较好地解决了由于信息量增加而带来的书本太厚的矛盾,同时,也使学生更爱看书。

教材的栏目设置注意从教与学的两个层面来考虑特色栏目的设置,以提高教材的导学性、可读性。除了安排了"读一读"、"试一试"、"想一想"、"做一做"、"记一记"、"看一看"、"猜一猜"、"观察与思考"、"听一听"、"辨一辨"等小栏目以外,教材精心设置了六个特色栏目,反映了"苏科版"教材别具一格的个性色彩。六个特色栏目分别如下:"活动":特指课堂中的广义的学习活动,既包括探究、实验、观察,又包括讨论、交流与评估等。"生活·物理·社会":主要是介绍物理知识与社会生活的关系。如在"物态变化"一章中编入了"人工降雨"、"火洲里的坎儿井";在"光现象"中安排了"红外线的应用"、"光纤通信"、"角反射器"、"巨型反射式望远镜"等知识。这既密切了物理与社会生活的联系,又加强了物理与科技的关系。"信息快递":为学生的学习活动提供及时、必要的帮助。例如,在"探究声音的强弱与什么因素有关"的活动中,以信息快递的形式提供响度和振幅的概念。"技巧·方法":是对研究问题的技巧、方法进行点拨。教材中"方法"、"技巧"的出现,主要还是对学生进行方法的点拨和指导。"WWW"("是什么?为什么?怎么样?"——课外实践与练习):作为评价的一种方式,着重体现评价的激励功能,有观察性、调查性、动手制作的实践活动,还有知识理解和基本的训练内容。"知识梳理":由于教材中的主要内容多由学生在不同程度上的自主探究而获得,这对学生整体地把握知识结构和各部分的联系有一定的困难,为此,教材运用"知识梳理"栏目帮助学生总结单元的知识。随着年级的增长,对学生知识梳理的要求将有所提高。

(三)义务教育物理教材内容的特点

不同版本的义务教育物理教材在呈现方式、内容选取、探究活动安排和课外知识拓展等方面均充分体现了课程标准的要求,教材栏目设置均凸显了各自不同的特点,不仅有利于教师的教学,更有利于学生的自学。其共性特点如下:

(1)教材在呈现方式上改变了僵化、死板、生硬以及纯理论的叙述模式,代之以生动活泼、图文并茂、传递各种科学和生活信息的直观形象模式。教材的知识体系的编排着重从日常最密切的物理现象入手,包括自然现象与人工现象,使学生感到物理知识就在我们身边,物理知识与生活密切联系,增强了学生物理学习的兴趣与热情。插图在注重科学性的同时,注重人文性。

(2)教材在内容选取上,增加了开放性问题和实践性课题。开放性问题归纳起来主要有两类,一类是需要学生自己寻找所需的资料、数据,重在引导学生经历查找资料的过程,教师提供线索,但不提供现成的数据。另一类则是没有唯一正确答案或在初中阶段不要求学生学会这个问题的答案,着重在学生的思考与探究能力的培养上,教师不必提供现成的答案。"沪科版"教材的"迷你实验室"、其他版本教材的"实践探究"、"科学探究"等栏目设置都大量涉猎了开放性课题,避免长期的接受性学习对学生创造性思维的发展和实践能力培养的影响。

教材设置了实践性课题,例如人教版教材"动手动脑学物理"栏目中的"调查校园里或者你家周围有什么样的噪声。应该采取什么控制措施？与班里同学交流,看看谁的调查更详细,采取的措施更好"等。

(3) 教材在教学活动的安排上,突出了学生的探究活动。如"人教版"教材为了便于循序渐进地安排探究活动,甚至在一些小栏目中都有所体现,如"想想做做"、"动手动脑学物理"等栏目中隐含着许多的探究内容,有些内容还与学生课外学习相联系,较好地与研究性学习有机地联系在一起。另外,在不同的章节中还注重设计一些学生喜欢、有趣的活动,如"会跳的小人"、"用牙齿听声音"、"小小音乐会"等活动。

"探究活动"是"沪科版"教材的一个显著特点。其中对探究能力进行了多种方式的培养,注意学生提出问题、猜想假设、实验计划、实验方案设计、数据收集、分析与判断、实验论证及探究结果的得出。"探究活动"结束后,仍然编排了"请提问"小栏目,此栏目没有任何提示,问题大小、难易不定,有利于培养学生质疑的习惯。另外,还安排了一些作业,但作业类型主要是"探究报告"或实践活动设计或制作,这十分有利于学生综合实践能力的培养。除了"科学探究"以外,有些节设有"实践探究"栏目,其性质类似于过去的"演示实验",但编排与设计的指导思想十分突出"以学生为本,以问题为中心"的理念,有利于培养学生的探究能力。

"沪科粤教版"教材在理念上把科学探究作为学习的目标和内容。教科书在每一节内容安排时,都考虑到了知识与技能、过程与方法、情感态度与价值观三维课程目标的落实,更关注培养学生的实践能力和创新精神。为此,教科书中安排的活动和探究占了很大篇幅,在有的章节后面还安排了跟实际紧密结合的课外活动。

例如,第一章"走进物理世界",教科书安排了三节内容。首先通过一些有趣的力、热、声、光、电自然现象,向学生展示物理学特别是经典物理学的基本内容,让学生初步感受物理学的多姿多彩,使学生认识到物理学是非常有趣的;接着,根据人类社会生产发展的几个典型时期,向学生介绍物理学对社会生产力发展的促进作用,使学生知道物理学十分有用;然后,安排了学生人人动手的几个小实验,让每一个学生都感受到奇妙、有趣的物理现象就在身边,并从动手做实验的过程中学会测量长度和时间的一些基本方法;最后,教科书设计了一个"尝试科学探究"的案例,让学生初步亲身经历科学探究的完整过程,从中领悟到科学探究的几个基本要素。

(4) 教材均设置了"STS"栏目,并注重人文精神的渗透。教材的编写均重视知识的应用,注意理论联系实际。在概念和规律的实际应用中,强调引导学生运用物理知识解释物理现象,分析和解决各种实际问题。理论联系实际不仅可以加深学生对物理规律的理解,更有利于引起学生学习物理的兴趣,扩大学生的知识面。如人教版教材中编排的"科学世界"栏目,为学生介绍了一些应用性和趣味性的知识,如"眼镜的度数"、"望远镜与显微镜"、"楼道的电灯自动开关"。另外,教材十分注重人文精神的渗透,在每个章节的开头均编排了一段极具文学色彩和美感的导语,具有一定的文学性和启发性,使学生能受到文学性语言的熏陶。同时导语的内容包含了将要学习的物理现象,容易引起学生对物理现象的关注,激发学生的学习兴趣,从而使学生获得积极的情感和态度。

二、普通高中物理教材

(一) 高中物理教材版本介绍

高中物理教材是科学教材中的重要科目,2003年3月教育部颁布了《普通高中物理课程标准(实验)》[①],2004年2月课程教材研究所、物理课程教材研究开发中心等五个编写单位根据《标准》组织编写了《普通高中课程标准实验教科书·物理》,供全国各个实验区的实验学校选择使用。分别是:由张大昌总主编,人民教育出版社出版发行,简称"人教版";由束炳如、何润伟主编,上海科技教育出版社出版发行,简称"沪科教版";由廖伯琴主编,山东科学技术出版社出版发行,简称"司南版";由保宗悌主编,广东教育出版社出版发行,简称"粤教版";由陈熙谋、吴祖仁主编,教育科学出版社出版发行,简称"教科版"。物理课程包括共同必修和三个不同的选修系列共12个模块,每个模块单独以一本教材的方式呈现。

共同必修包括物理1和物理2两本教材;选修1系列包括选修1-1、1-2两本教材;选修2系列包括选修2-1、2-2和2-3三本教材;选修3系列包括选修3-1、3-2、3-3、3-4和3-5五本教材。选修1系列针对有文科倾向的学生设计,教材侧重物理学与社会科学和人文学科的融合,强调物理学对人类文明发展的影响和物理学对社会发展的促进作用;选修2系列针对有工科倾向的学生设计,侧重物理学的技术应用,强调物理学在实践中的应用和为技术进步作出的贡献;选修3系列针对有理科倾向的学生设计,教材在侧重物理学的应用和对社会促进作用的同时,较系统地介绍物理学基本知识,进一步强调物理学的研究思想和方法,为理科学生将来从事科学理论研究奠定坚实的基础。

(二) 不同版本普通高中物理教材介绍

目前,我国高中物理不同版本教材的总体设计均按照《普通高中物理课程标准》所要求的课程结构编制,共设计12个模块,其中物理1和物理2为共同必修模块,其余为选修模块。课程结构框图如图2-1所示(参见第二章)。

1. "人教版"高中物理教材

以张大昌为总主编的"人教版"高中物理教材包括共同必修和3个选修系列共12册。

(1) 共同必修教材

"人教版"教材文字使用规范,且有浓烈的专业色彩。例如,从目录到各章、节和段都以物理概念、定律和定理作为标题,知识内容一目了然。教科书的文字特色的独到之处是把物理学的背景、情节乃至编者的感情表达出来。

例如《物理2》第七章"万有引力与航天"中,在讲到万有引力理论的成就时,教科书中写道:"在实验室里测量几个铅球之间的作用力,就可以称量地球,这不能不说是一个科学奇迹。难怪一位外行人、著名文学家马克·吐温满怀激情地说:'科学真是迷人,根据零星的事实,增添一点猜想,竟能赢得那么多收获!'";又如,在分析了"从低速到高速"、"从宏观到微观"、"从弱引力到强引力"的情况下,经典力学理论将不再适用,而为相对论和量子力学取代之后,教科书写道:"对于这样的科学发展过程,英国剧作家萧伯纳曾诙谐地说:'科学总是从正确走向错误。'这种调侃倒也不失为一种幽默的表述。"

---

① 中华人民共和国教育部. 普通高中物理课程标准(实验)[M]. 北京: 人民教育出版社,2003,12.

版面结构形式新颖。例如,教科书正文的边缘留有注释和旁批的空间,用于对有些重要问题进行的解释及有些研究过程进行的注解,还留有空白位置供学生在上课或自学时能随时做好笔录,提高学习效率。又如,正文的下方还提供一些相关知识的网址,使学生能充分利用互联网信息进行自主学习。新教科书的这些形式可以起到培养学生的自学能力的作用,为学生今后进一步学习物理知识奠定基础。选用了传递大量信息的各种图片和照片。这些插图中,有照片、实物图、模型图、装置图、原理图等,发挥了图片增强科学素养、教学情景导入、物理状态的展示、过程的呈现、规律的表达和原理的解释等教学功能。

教材突出基础知识、基本概念、基本规律的学习,以及科学探究过程的学习。"教科书注重对学生今后发展有重要意义的基础知识的选取",例如《物理1》在第二章"伽俐略对自由落体运动的研究"中,历史地展示了伽俐略的批判意识、逻辑推理能力、猜想与假说的魄力和实验验证的科学作风,使学生认识到"伽俐略之前的科学踯躅于泥途荒滩,因而千年徘徊。从伽俐略开始,大师辈出,经典如云,近代科学的大门从此打开"。

教材重视学生的生活经验,联系实际和突出"STS"思想的编写理念。例如在《物理1》第一章"时间和位移"这一节中,讲到"时间"和"时刻"的区别、"路程"和"位移"的区别时,教科书中从上课、下课以及乘坐不同交通工具到同一地点这些非常生活化的例子出发,逐渐展开对这些问题的讨论。这一做法关注学生的生活经验,以唤起学生已有知识与将要学习的知识间的联系,激发学生的学习兴趣。又如《物理1》第一章"运动快慢的描述"中以百米运动员的赛跑为例来得出"速度"的概念,以飞机起跑的过程引入"加速度"等,避免用抽象的分析来阐述问题。重视历史追问与现代审视的统一。

例如,《物理2》第五章"机械能及其守恒定律"是以"追寻守恒量"开始的,再建立功的概念。改变了以往的教材先定义功,然后用"一个物体能够对外做功,我们就说这个物体具有能量"这样的描述来定义能量。其实,在物理学中能量本不是由功定义的。能量的概念是在寻求物体运动中"什么是守恒量"的认识中出现的,它的重要性正在于"守恒"。这是一种历史追问。功的概念起源于早期工业革命,当时人们需要一个比较蒸汽机效率的办法,在实践中大家逐渐同意用机器举起的"物体的重量与高度之乘积"来量度机器的输出,并称之为"功"。十九世纪初,科里奥利才明确地把"力和受力点沿力的方向的位移的乘积"叫做"运动的功"。这又是一种历史追问。

(2) 选修教材

选修1系列教材由申先甲主编,共两本。选修1-1内容组织以"场"的概念为中心,突出"电磁现象的微观本质、电场、磁场、电与磁的联系和转化、电磁场与电磁波"。选修1-2模块以"能"和"熵"概念为中心,突出"热现象的微观本质(分子运动论)、能量的守恒与转化(热力学第一定律)、自然过程的不可逆性(热力学第二定律)、核能、能源的开发与利用、能源与可持续发展"。

选修2系列教材由宣桂鑫主编,共三本。在选修2-1模块中,教材以电场、电场强度、电势和电势差、半导体等物理学核心知识为载体,充分展示了电子技术对当代社会的影响。在选修2-2中,以材料与结构、机械与传动装置、热机和制冷机为核心内容。在选修2-3中,以光导纤维、激光、放射性同位素、核反应和核能的利用为主线。

选修3系列教材由张维善主编,五个课题研究。选修3-1、3-2以电磁学知识为基本线索组织教材;选修3-3以热学为基本线索组织教材;选修3-4以振动和波为基本线索组织教材;选修3-5以动量、动量守恒和原子及其结构为基本线索组织教材。五本教材除了选修3-1、3-2存在联系外,其他板块各自独立,自成体系。

2. "沪科教版"高中物理教材

(1) 共同必修教材

"沪科教版"《物理1》和《物理2》打破了传统的编排顺序,以问题串、问题链的形式展开教科书的内容。《物理1》第四章中,以"斜拉桥"相关的问题串展开"怎样求合力和分力"活动;第五章"研究力和运动的关系"以"神舟5号载人航天飞船中宇航员的感受"为问题串展开"牛顿运动定律的应用"和"超重与失重"等内容。强调科学探究,重视过程与方法。教科书有大量的科学探究活动,以发展学生的理性思维和实际动手能力。

例如,《物理1》中有"探究牛顿第二定律"、"探究摩擦力"、"探究胡克定律"和"探究力的合成与分解"等4个完整的科学探究活动。还安排了12个"实验探究"和4个"分析论证"活动。

栏目设计多样化,体现教科书内容的层次性,为学生提供了广泛的自主学习的空间。教科书设有"多学一点"、"STS"、"家庭作业与活动"、"课外活动"和"信息浏览"等栏目,增大学习内容的弹性。

例如,在"多学一点"、"课题研究"等栏目中提供不同层次的学习内容和训练活动;采取"实验探究"、"分析论证"、"实践活动"等多种学习形式,在学习过程中允许不同的学生有不同的体验与认识;通过"课题研究"、"课题研究成果报告会"等栏目,以及介绍的网站、参考书目等,为学生提供自主活动的广阔空间。

教科书信息量大,为学生提供了丰富的知识背景,还通过开放性的实验彰显物理课程的时代性。教科书中引入大量的物理学发展史中的事件,展现科学家探究的思想与方法,使学生了解物理学对人类文明与社会发展的巨大影响,培养学生科学的价值观。例如,《物理1》第二章中"伽俐略对落体运动的研究",沿着伽俐略的探究之路展开,从"伽俐略佯谬"到"伽俐略的探究之路",展示了伽俐略对自由落体精彩的逻辑思辨和绝妙的科学探究的方法。

注意学科渗透,激发学生的学习兴趣。例如,《物理1》开篇中给出的著名画家吴作人先生所做的名画"无尽无极",反映了艺术在物理学科中的渗透。《物理1》第一章引用了唐代流传下来的一首词牌名为"摊破浣溪沙"的词并配有图画,反映了古词中对参考系的潜在意识。

(2) 选修教材

选修系列的"物理1-1"主要通过人类探索电磁世界和应用电磁规律的历史过程中形成的一系列有内在联系的问题来展示。第一章"从富兰克林到奥斯特",第二章"打开电磁联系的大门",第三章"划时代的发现",第四章"电磁波与现代通信"。第一、二章以历史为线索解决有关"电"与"磁"的本质及其联系的一系列问题,帮助学生学习电磁规律;随后章节又以学生熟悉的生活中的无线电通信、家用电器等涉及的问题展开。整个模块展示了人类生动的探究过程,使学生了解了物理学、人类文化、社会生产力的互动关系,充分体验物理学的科学和文化内涵。

选修系列的"物理2-1"主要以多用电表、示波器、发电机、变压器等技术产品为载体,来呈现有关物理学的核心内容。第一章"多用电表与直流电路",第二章"显像管与电磁力",第三章"发电、输配电与电磁感应",第四章"广播电视与电磁波",第五章"互联网与信息时代"。在第一、二、四章中,本教材首先安排了"学习使用多用电表"、"学习使用示波器"和"用分立元件或集成电路制作收音机"等动手操作的活动,通过不断探讨这些技术产品、仪器设备的工作原理和解决学生制作活动中的技术问题所形成的问题串,展开整个模块的活动,使学生既能够学习"直流电路"、"电场力"、"安培力与洛伦兹力"、"电磁波的发射、传播和接收"等内容,又能了解电磁技术在现代科技中的广泛应用。

选修系列的"物理3-1"主要通过物理学内在的逻辑联系,比较完整地、系统地展示物理学的核心内容,让学生通过实验探究和理论分析进行自主学习。

第一章根据"雷鸣电闪"的自然情境,引发出问题串:"雷电是怎样产生的?"、"电又是从哪里来的?"、"物体带电的本质原因是什么?"、"电荷具有哪些特性?"、"电荷相互作用服从什么样的规律?"、"人类怎样利用这些规律的?"等等,接着,通过实验探究和分析论证学习这一部分物理学的核心内容。

3. "司南版"高中物理教材

(1) 共同必修教材

"司南版"教材每章以精彩的"导入"为开篇,激发学生的学习兴趣。这些导入有的浅显易懂、幽默风趣,引导学生在轻松的氛围中进行物理学习;有的高度概括,从科学技术的现代应用开始,启发学生思考。例如,《物理2》第三章"抛体运动"的"导入":"更准、更远";有的则从身边的生活现象出发,指导学生从不起眼的小事思考物理学的问题。例如,《物理2》第四章"匀速圆周运动"的"导入":"身边的圆周运动";有的则从物理学史的角度将学生引入课堂。例如,《物理2》第二章"能的转化与守恒"的"导入":"从水车到核电站"。最后的"本章要求"既简明扼要地说明了教学的基本内容,又重现了《标准》的要求。

突出学科特点,注重培养实验能力。教科书开设的"迷你实验室"独具特色。这些取材容易、妙趣横生的小实验,突出了物理学是以实验为基础的学科特点,让学生结合理论知识,利用简易器材进行低成本实验成为可能。《物理1》和《物理2》中共有25个实验,数量较大,选题得当,是实践课程资源的有效途径。

开设多种栏目,倡导多样化的教学方式。教科书开设了"探究与实验"、"讨论与交流"、"方法点拨"、"信息窗"、"迷你实验室"和"拓展一步"等栏目,其中"信息窗"、"迷你实验室"和"拓展一步"等栏目的内容可以根据具体情况取舍。教科书还通过多样化的作业形式,如"实验设计"、"科普讲座"、"设计方案"、"查阅研究"等体现对学生多样化学习的要求。教科书栏目分层次设计为多样化教学方式的实施创造了条件。

强调基础知识的学习,注重物理概念的建立。教科书继承了我国物理教材的优势,强调教科书的科学性、严谨性,注重教科书知识结构的逻辑性,循序渐进,注重内容表述言简意赅、条理分明、深入浅出,充分体现了"知识与技能"的培养目标。例如,在《物理1》第二章"运动的描述"中涉及的知识有质点、位移、速度、加速度和匀变速直线运动规律。教科书中对这些知识都注重了概念发展的循序渐进与逻辑性。

教科书考虑到农村和城市学生的认知特点,合理整合城乡课程资源,为教师教学提供可选择的教学资源,为学生有个性地发展提供空间。

例如,在《物理1》第五章"力的分解"这一节,用手拉行李箱、乡村石拱桥,讨论力的合成与分解。"力的平衡"这一节,分别用城市赛车、农村伸臂桥,讨论平衡与稳度问题。《物理2》第一章"功和能"这一节用开瓶器、盘山公路、帆船、举重等事例解释功和能。

(2) 选修教材

司南版选修1系列教材主要针对有文科倾向的学生选修学习。以介绍物理学发展和对人类社会进步的影响为主线,贯穿物理学思想和学习方法的培养。教材设计了"科学人物"栏目,通过科学家生平介绍,使学生感受科学家的人格魅力和研究精神,以激发学生对物理学习的兴趣。

选修2系列教材通过电子技术对当代社会的影响、热机的发明和发展、材料工程和制冷技术在现代生活和技术中的应用,光、原子及核能技术的发展和应用,从技术应用的角度来培养学生学习物理的兴趣和动手能力,为将来从事工科学习打下基础。该系列教材突出了物理学的技术应用,其中设置了"动手动脑"、"设计与制作"等栏目和"动手做"等内容。

选修3系列教材主要针对有理科倾向的学生选用,教材在"电磁学、热学、振动和波以及动量"等知识选取上比较全面,逻辑思维严谨,注重数学应用和公式推导。力求使学生比较全面地学习物理知识与技能,进一步了解物理学的思想和方法,较为深入地认识物理学在技术上的应用。

第二节 中学物理教材比较

教材是最基本、最重要的课程资源之一。在课程改革理念和目标的实施过程中,教材的编写具有重要的作用。新课程对教材的要求主要体现在以下几个方面:教材在知识内容的选择上,要注重基础性、把握时代性、体现选择性;教材在知识内容的组织上,要体现一定的教育思想和教学理念,恰当揭示物理概念、原理和规律的实质及蕴含的物理思想;教材在知识内容的呈现方式上,要生动活泼,文字要有较强的可读性和欣赏性;教材在教学观念上,尽可能选用与内容要求相符的最新科技成果,传递多种有教育价值的信息。

根据以上要求,以基础教育课程改革的要求和《物理课程标准》的理念为依据,以人民教育出版社(简称"人教版")、山东科学技术出版社(简称"司南版")、上海科技教育出版社(简称"沪科教版")出版的高中物理教材为研究对象,针对必修模块(物理1和物理2),兼顾整套教材,对三种版本的高中物理教材在"知识内容的选择"、"知识内容的组织"与"知识内容的呈现方式"等方面进行比较,突出了不同版本教材的组织结构、栏目设置、实验设计等[1][2][3]。其目的在于使教材使用者理清不同版本教材的编写理念和思路,熟悉三种版本教材的结构和特色,促进师范生和中学一线教师提高分析教材的能力,提升实施有效教学的本领。

一、知识内容的选择

三种版本教材都能够紧扣《物理课程标准》"体现基础性、时代性、选择性"的基本理

---

[1] 戴结林.高中物理三种不同版本课程标准实验教科书的比较研究[J].合肥师范学院学报,2009.
[2] 彭前程.人教版普通高中课程标准物理教材整体设计解析[J].教育科学论坛,2007.
[3] 束炳如,何润伟.研制高中《物理》新教材(沪科教版)的实践与探索[J].物理教学,2006.

念。精选学生终身发展必备的基础知识和技能,联系学生生活实际,反映当代科学技术的新思想、新发现、新进展,关注科学、技术和社会发展的关系。具体如下:

（1）注重学生的认知特点和规律。从让学生感兴趣的生活和自然现象引入问题,通过学生自主的探究过程寻找物理规律,重视基础知识的教学。五种版本教材在"运动的描述"这个主题下,对"位移、速度、加速度"等基本概念,对"匀变速直线运动的规律"等基本规律以及伽利略对"落体运动研究"的思想方法都给予了足够的重视,用大量的篇幅予以讲解说明。

（2）注重科学思想方法的教学和实验探究内容的设计。努力将科学探究活动贯穿教材的全过程,将科学探究的主要环节分别渗透到不同的章节,对科学思想方法做了重要提示和说明。"人教版"教材不仅通过"实验"、"演示"、"做一做"等栏目加强实验的教学,而且还将一些主要的探究内容直接设为一节课,供学生自主合作探究。比如"实验:探究加速度与力、质量的关系"。"司南版"教材开设了"实验与探究"、"迷你实验实"、"动手与动脑"等栏目培养学生的探究能力。这充分体现了将科学探究作为物理学习内容的新理念。

（3）注重人文精神与自然科学的融合,强调"STS"观念的渗透。教材十分注重对学生人文精神的培养以及自然科学的融合。在教材各章节的语言描述、图片的取舍、段与节的名称选择上皆注重了感召力与趣味性。为此教材在每个章节中安排了大量的与社会生活实际密切联系的图片,引导学生关心最新科技进展,使学生对生活实际产生关注,体会到物理知识在生产实际中的应用。"人教版"教材通过"科学漫步"、"STS"等栏目展现富有时代气息的材料,这类材料有"全球卫星定位系统(GPS)"、"速度与现代社会"等;"司南版"教材的"信息窗"、"物理与社会"、"科学人物"等栏目介绍了诸如"摩擦力是怎样产生的"、"超重对宇航员的影响"等内容。

（4）考虑地域因素。我国幅员辽阔,不同地区的学生生活经验相差很大,这在客观上要求教材编写一定要考虑地域因素。五套教材都考虑到了地域因素,以"沪科教版"教材和"司南版"教材更为突出。比如"沪科教版"教材引用了"磁悬浮列车"、"斜拉桥"等富有城市气息的材料,尤适合城市和发达地区学生选用。"司南版"教材在讲述"力的分解"时选编了几位民工拉石头车的图片,在讲解"功的概念"时编排了牛犁地的情景,既是农村学生熟悉的场景,对城市学生来说也是非常新奇的内容。

二、知识内容的组织

教材作为一个系统,是由许多相互联系、相互作用又相互依赖的要素按照一定规则构成的具有一定结构和功能的有机整体。在新课标下,教材编写者结合皮亚杰(J. W. Piaget,1896—1980)的认知发展阶段论,注重学生的心理发展顺序和心理特征,重视对学生探究能力和创新精神的培养。在知识内容的组织上,主要有以下特点[1]:

（1）重视力学、电学知识之间的联系,关注学生原有实验,运用类比推理的方法,建立新旧知识之间的联系,为学生的学习提供支架。

比如在学生学习物理3-1模块之前,已经学习了两个共同必修模块,学生对于功能关系,重力势能等有关知识比较熟悉。基于学生原有的知识能力基础,三种版本的教材都

---

[1] 王较过.中学物理教材研究与教学设计[M].西安:陕西师范大学出版社,2011.2.

运用了类比的方法,通过重力做功与重力势能的改变关系,把重力势能与电场力做功相类比,引入了电势能;通过与重力势能的相对性类比,引入了电势能的相对性等等。这一思想方法在"人教版"和"司南版"教材中的应用最为显著和透彻。

(2) 注重弄清概念建立的背景和对科学知识生成过程的阐释,强调探究过程中的科学方法,将数学推理和物理思想方法相结合,对发展学生的逻辑思维,培养学生的理性精神起到了良好的作用。

比如"人教版"教材在讲解电场强度这一概念时,首先根据对万有引力是否是超距作用和万有引力和库仑力的相似性,提出电荷之间的库仑相互作用是怎么传递的问题,进而引出场的观念,介绍了电磁场和本章要研究的静电场。然后通过静电场的基本性质是对场中其他电荷有作用力入手,从研究静电力到研究静电场。适时地引入前一节做过的实验,指出电场有强弱并且电场的强弱与位置有关。接着引入了试探电荷,并且分别用同一试探电荷在电场中不同点和不同电荷在电场中同一点进行探究,最终引入了电场强度的概念。不仅如此,还在旁批中介绍了比值定义法。教材通过不断地创设情境,不断地进行思维引导,不断地进行分析综合,对概念的建立过程进行了细微而深刻的阐述。这一点在"人教版"教材中尤为突出。

(3) 对核心知识内容设置一定数量的案例,通过案例举一反三,完善学生的认知结构,培养问题解决能力。相比之下,"人教版"教材的案例紧扣教学内容,难度较小;"沪科教版"教材的案例分析数量多,分析透彻,并且在案例分析之后设置相关的思考题,促使学生反思分析过程,悟物穷理;"司南版"教材例题较少,难易适中。

表 3-1 三版本物理教材章节比较(必修 1)

人教版	沪科教版	司南版
物理学与人类文明	激动人心的万千体验	第一章 绪论
第一章 运动的描述	第一章 怎样描述物体的运动	第二章 运动的描述
第二章 匀变速直线运动的研究	第二章 研究匀变速直线运动的规律	第三章 匀变速直线运动的研究
第三章 相互作用	第三章 力与相互作用	第四章 相互作用
第四章 牛顿运动定律	第四章 怎样求合力与分力	第五章 力与平衡
	第五章 研究力和运动的关系	第六章 力与运动

表 3-2 三版本物理教材章节比较(必修 2)

人教版	沪科教版	司南版
第五章 曲线运动	第一章 怎样研究抛体运动	第一章 功和功率
第六章 万有引力与航天	第二章 研究圆周运动	第二章 能的转化与守恒
第七章 机械能守恒定律	第三章 运动的变化与机械功	第三章 抛体运动
	第四章 守恒定律与可持续性发展	第四章 匀速圆周运动

(续表)

人教版	沪科教版	司南版
	第五章 万有引力与航天	第五章 万有引力定律及其应用
	第六章 经典力学与现代物理	第六章 相对论与量子论初步

三、知识内容的呈现方式

(一) 教材结构

三套教材都采用"章—节"式结构,不同的是,"人教版"教材采用"大章小节",而"沪科教版"与"司南版"教材采用"小章大节",见表3-1、3-2。由表3-1、3-2可知,"人教版"教材的章节划分较少,故为"大章";"沪科教版"与"司南版"教材章节划分较多,故为"小章"。这样处理各有利弊,"司南版"教材主要是将"力的合成与分解"和"共点力的平衡"两个知识点内容放到了"力和平衡"一章,有助于内容的整合。在"人教版"教材中,这两个知识点内容分别放到第三章和第四章,将"共点力的平衡"看成牛顿运动定律的应用,这样降低了难度,利于学生的学习。当然,"司南版"教材中"共点力的平衡"所涉及的知识点要多,因而难度也大。

由表3-3可知,对同一知识点内容,三种版本的教材分节逐渐递减。"人教版"教材分节较多,每小节的内容较少;"司南版"教材分节较少,每一小节的内容较多。前者跨度小,知识点依次推进;后者将同一层次的内容纳入一节,整合性强。

表3-3 三种版本物理教材匀变速直线运动内容编排比较

人教版	沪科教版	司南版
1 实验:探究小车速度随时间变化的规律	1 伽俐略对落体运动的研究	1 匀变速直线运动的规律
2 匀变速直线运动的速度与时间的关系	2 自由落体运动的规律	2 匀变速直线运动的实验探究
3 匀变速直线运动的位移与时间的关系	3 匀变速直线运动的规律	3 匀变速直线运动实例——自由落体运动
4 匀变速直线运动的位移与速度的关系	4 匀变速直线运动规律的应用	
5 自由落体运动		
6 伽俐略对自由落体运动的研究		

(二) 文本编写

在文本编写上,三种版本教材都努力体现《物理课程标准》的要求,注重保护学生的求知欲,注重科学思想方法的讲解,文字阐述富于逻辑性、科学性和艺术性。具体有以下四个细微差别:

(1) 导入方式不同。在章的导入风格上,教材都注重激发学生的学习兴趣,在风格上略有差异。"人教版"教材通常引用一句名人名言,并在注释中简要介绍名人的生平和主要成就。同时,配一幅与章节知识内容相关的彩图和必要的文字说明,提纲挈领地引入该章内容。"司南版"教材则不拘一格,文字表述和图片相结合,内容有科学技术的现代应用、生活中的物理现象,也有对奇妙大自然的展示和对物理学史的回顾。

(2) 部分知识点的讲述方式不同。比如在对"匀变速直线运动位移与时间关系"的推理中,"人教版"教材详尽地讲解了"面积法",注重极限和微积分思想的渗透。"司南版"教材则直接用"公式法"推出了位移时间关系,而在"拓展一步"栏目中介绍了"面积法",供不同水平的学生选用。

(3) 知识内容的广度、深度不同。"司南版"教材的知识内容的范围广,比较深,从而难度相对较大。以"共点力的平衡"为例,"人教版"教材仅在"用牛顿运动定律解决问题"一节讲述了"共点力的平衡条件"。"司南版"教材则用"力的平衡"和"平衡条件的应用"两节内容讲述了"共点力的平衡条件"、"平衡的种类和稳度"以及"静态平衡"和"物体在某方向上的平衡"等知识点。

(4) 语言风格略有差别。"人教版"教材案例丰富,图文并茂,说理透彻,娓娓道来;"司南版"教材图文结合,言简意赅,分析到位,富于启发性。

(三) 栏目设置

三种版本教材都设置了丰富多彩的功能性栏目,为学生的学习从不同侧面、不同角度进行指导。其具体栏目设置见表 3-4 所示。

表 3-4 三版本物理教材栏目设置比较

人教版	沪科教版	司南版
说一说 做一做 思考与讨论 科学漫步 STS 演示实验 实验 课题研究 问题与练习	分析论证 实验探究 多学一点 信息浏览 STS 栏目 课题研究 家庭作业和活动	实验与探究、迷你实验室 方法点拨、信息窗 拓展一步、讨论与交流 动手与动脑、设计与制作 观察与思考、科学人物 物理与社会、主题研讨 动手做、专题探究 作业 习题

这些栏目可以分为五类:一是"实验类",旨在提高学生的科学探究和实验能力;二是"拓展类",不仅有知识内容上的拓展,更有科学思想方法的拓展;三是"科普类",为学生了解现代科技、了解物理学发展史以及科学技术与社会的关系提供了平台;四是"讨论类",为学生的自主学习、合作学习和深入思考提供了很好的论题;五是"习题类",选编一些典型习题供学生课堂学习使用。相比之下,"人教版"教材的栏目设置与教材文本内容的联系更为密切,更有利于教师施教。比如"思考与讨论"栏目,往往引导学生思考比教学内容稍微深刻的物理问题,发散学生思维。"沪科教版"教材栏目少而精,注重科学探究思想的渗透,尤其是其中的"分析论证"栏目,能够使学生经历分析、综合、应用数学工具进行推理、得出物理学规律和公式的过程,体会到高中物理理论思维的魅力。"司南版"教材的栏目多、体例新、跨度大、生动活泼,反映课改精神、体现课改理念的力度较大。

(四) 图表编排

图表是呈现科学情境的重要形式。三种版本教材均引用了大量的图表,这些图表具有激发学生学习兴趣、吸引学生注意力、直观地呈现物理现象、帮助学生分析物理过程、理解物理知识内容等功能。教材中的图表可分为三类:一是示意图,比如"力的分解示意图"等,这些示意图可以帮助学生分析物理过程,为物理问题的解决提供图示;二是资料性表格,为学生提供基本的物理常数等,比如教材都提供了"一些地区的重力加速度的值";三是图片,这些图片有卡通图和真实情景图,创设了物理问题情景,体现"从生活走向物理,从物理走向社会"的新理念。具体比较可以发现,"人教版"教材卡通图相对较多,形象、趣味性强;"沪科教版"教材选编的图片时代气息浓厚,气势恢宏,颇有新意;"司南版"教材真实情景图相对较多,让学生感受到物理就在自己身边。

(五) 实验设计

物理学是一门以实验为基础的自然科学,物理实验在物理教学中具有重要作用,是实现教学目标、培养学生操作技能、启发学生思维、理解物理概念和学习科学方法的重要手段。物理实验一般包括演示实验、学生分组实验、随堂实验和课外课题研究实验等。课程标准加强了对实验和科学探究能力的要求。三种版本教材的实验设计既有共同之处又各具特色。首先,在演示实验的表达方式上,没有直接说明可以观察到的具体现象,即没有给出结论性的内容,主要让学生自己观察实验现象,将科学探究的思想渗透到教学活动之中。其次,三种版本教材在实验内容的设置上均体现了多样性要求,除了学生分组实验和演示实验之外,均通过"迷你实验室"、"课题研究"等加强实验与科学探究能力的培养。三种版本教材在实验设计方面的差异也是较为显著的。"人教版"和"沪科教版"教材将传感器等现代信息技术引入物理教学之中,将现代技术手段和传统物理实验有效地结合起来。"司南版"教材对实验材料的选择不拘一格,用学生触手可及的材料进行实验,比如在"看谁能赢"实验中,选用气球和易拉罐瓶子作为实验器材,体现了"从生活走向物理"的课程理念。

(六) 习题特点

三种版本教材都选编了一定数量的习题,这些习题对于师生开展教学活动、巩固基础知识和反馈教学效果具有积极作用。三种版本教材在习题数量、类别和特点等方面略有差异,表3-5给出了具体结果。

表3-5 三种版本物理教材习题特点比较

	人教版	沪科教版	司南版
习题类型	填空题、计算题、作图题、分析说明题	选择题、填空题、作图题、分析说明题、实验探究题	选择题、计算题、作图题、分析说明题
习题特点	以基础题、常规题居多,习题大都创设了实际的情景,注重将生产和生活中的实际问题引入习题设计之中,培养学生抽象、概括和运用知识解决实际问题的能力	涉及的习题类型较多,以选择题和图象题居多,中等偏上水平难度,注重物理知识的实际应用,注重学生思维能力的培养,习题编制水平较高	以基础题和常规题居多,题目能够结合学生实际创设情境,紧扣教学内容,个别习题适当拓展,能够及时反馈课堂教学效果和学生学习情况

【本章小结】

　　本章通过对义务教育物理教材与普通高中物理教材进行介绍，以基础教育课程改革的要求和《物理课程标准》的理念为依据，对物理教材落实课程目标的特点进行分析。然后对三种不同版本的高中物理教材在知识内容的选择、知识内容的组织与呈现方式上进行比较，突出了不同版本教材的组织结构、栏目设置与实验设计等特点。其目的在于使教材使用者理清不同版本教材的编写理念和思路，促进教材编写者修订教材和中学一线教师提高分析教材的能力，提升实施有效教学的本领。

【拓展阅读】

　　1. 教育部. 全日制义务教育物理课程标准(实验稿)[M]. 北京：北京师范大学出版社，2001，7.

　　2. 教育部. 全日制义务教育物理课程标准(2011版)[M]. 北京：北京师范大学出版社，2011，7.

　　3. 中华人民共和国教育部. 普通高中物理课程标准(实验)[M]. 北京：人民教育出版社，2003，12.

　　4. 王较过. 中学物理教材研究与教学设计[M]. 西安：陕西师范大学出版社，2010，10.

　　5. 戴结林. 高中物理三种不同版本课程标准实验教科书的比较研究[J]. 合肥师范学院学报，2009，27(6)：116—121.

　　6. 彭前程. 人教版普通高中课程标准物理教材整体设计解析[J]. 教育科学论坛，2007，1：22—25.

　　7. 束炳如，何润伟. 研制高中《物理》新教材(沪科教版)的实践与探索[J]. 物理教学，2006.

【思考与练习】

　　1. 义务教育各版本物理教材与普通高中各版本物理教材共有哪些版本？各版本的特色有哪些？

　　2. 义务教育各版本物理教材的共性特点有哪些？你是怎样理解这些共性特点的？

　　3. 普通高中各版本物理教材的共性特点有哪些？你是怎样理解这些共性特点的？

　　4. 普通高中物理教材知识内容的呈现方式有哪些特点？你是怎样理解这些特点对课程目标的实现所起的作用的？

　　5. 结合实际谈谈你对普通高中教材普遍侧重科学探究学习的看法。

第四章　中学物理教学的基本原则

通过本章的学习,你能够
- 理解教学过程的理论意义;能解释教学过程的核心要素及其相互关系。
- 理解物理教学过程的特点;能从不同的角度解释中学物理教学过程。
- 理解中学物理教学基本原则;能依据不同的原则设计相应的教学方案。

教学过程是体现教学观念,实现教学目的或者课程目标的一种创造性过程。正确认识和理解中学物理教学过程,认识中学物理教学的特点和规律,理解和掌握中学物理教学原则,对正常而有效地开展教学工作,不断提高教学的质量,具有重要的意义。

第一节　物理教学过程概述

一、教学过程理论概述

从认识论的角度来看,教学过程在本质上是一种认识过程,不过这种认识又有其特殊性,不同于一般的认识和其他形式的认识。其特殊性在于,它是学生个体的认识,是由教师领导未成熟的主体通过学习知识去间接地认识世界。其目的主要在于:学生在教师的指导下,把社会历史经验转变为学生个体的精神财富,不仅使学生获得关于客观世界的印象即知识,也使学生个体获得发展。概括来说,这种认识具有以下三个特点:(1)直接性与间接性的统一,即在直接经验与间接经验之间搭建桥梁;(2)自主性与指导性的统一,即学生在教师的指导下进行自主的学习;(3)认识性与发展性的统一,即学生认识的过程同时也是学生科学素养得到全面发展的过程。

依据上述的基本观点,物理教学过程是依据一定的培养目标、教学目的以及学生的身心发展特点,在教师的指导下,运用各种教学手段和方法,使学生通过各种活动认识物理客体,掌握物理基础知识与基本技能,经历科学探究的过程,学习科学方法,形成正确的情感态度与价值观的过程。

二、构成中学物理教学过程的核心要素及其相互关系

一个教学过程,是由多种因素构成的,而这些因素之间又有着密切的联系。一般而言,在物理教学过程中,存在着三个最主要的、最基本的因素,即学生、教师和物理世界(有关物理内容的教材、教学设备、教学环境等),这三个因素之间存在着一个基本关系,即:学

生是认识的主体,物理世界及其规律则是认识的客体,而教师则在引导学生对客体的认识过程中起到主导的作用。这三个因素之间始终在不断地相互作用,而在它们相互作用的动态过程中,整个教学过程才得以实现。有了以上这三个方面,教学也就可以构成一个整体,进而形成一个结构,这个结构便可以发挥其教育功能了。

由于人们对这三个因素在教学过程中所处的地位和作用存在着不同的认识,从而导致了不同教学思想和教学方法的产生。

这里存在着两种极端的教学思想和教学方法,一种是忽视学生的主观能动性,否定其主体地位,而过分强调教师的作用,并认为教师的讲解是学生获取知识的唯一途径;另一种观点则是,忽视了教师的作用,否定教师的主导地位,过分地强调学生的主观能动性,认为教师不必进行讲解,可以完全放手让学生自己去发现问题并解决问题,进而获取知识。我们要认识到,这两种教学思想和教学方法都是不正确的、片面的。

对"知识"的含义有着狭义的认识,简单地认为学生认识的客体只是简单的定义、公式以及操作技能,忽视科学探究的过程、科学思维的地位和作用以及学生的个体经验等,这也是片面、不正确的。

因此,只有正确认识学生、教师、物理世界三者在整个教学过程中的地位及作用,正确处理好三者之间的相互关系,才能发挥它们各自的作用,使得各个因素之间形成最佳组合,进而发挥出教学系统的最佳整体功能。由此,必须明确如下三方面:

首先,学生作为认识的主体,需要在教师的指导之下,发挥其主观能动性,能自觉主动地去探究客体,从而完成认识客体的任务,并同时获得自身的全面发展。

其次,作为学生认识的对象(客体),既包括自然现象及过程,也包括各种间接的、系统的知识及其发现的过程,同时还包括发现过程中所采用的科学思维及方法等。学生学习的内容是根据社会及学生自身发展的需要,从人类知识的宝库中精选出的最基本且学生能够接受的材料。而教学中让学生参加一些实践性活动,或者在课堂上做一些探究性的实验,则是给学生创设一定的物理学习环境,激发他们对物理的学习兴趣,帮助他们获得更加直接的经验和思维材料,让他们经历知识产生的过程,从而加深和巩固对所学知识的理解,熟悉并掌握认识问题、解决问题的科学方法,培养其创新意识及实践能力,为其终身学习和发展打下良好基础。

再次,教师是整个教学过程的组织者及指导者。这就要求,教师首先必须认识客体,根据教学的要求,充分发挥其他媒体(教学设备、教材等)的作用,创设切合的教学环境,并深入了解学生的特点,激发其学习兴趣,引导学生经历科学探究的过程,并积极进行科学思维,这是提高教学质量的关键。此外,教师之所以要发挥主导作用,主要是因为在整个教学过程中,教师是直接担负落实教学目的,并完成教学任务的设计者和组织者。故而,学生科学素养的发展,在很大程度上取决于教师的水平和能力及教师发挥主导作用的程度。

总而言之,物理教学过程是学生在教师的指导之下,在特定的物理情境中发展自身兴趣,掌握科学知识、技能和方法,发展科学探究能力,并养成科学态度和科学精神的过程。教师要发挥其主导作用,首先必须认识物理客体,深入了解学生;在此基础之上,还要认真处理教材,灵活运用各种教学媒体及现代教育技术,并选择合适的教学手段、教学方法,创设良好的物理学习环境,以达到预期的教学效果。

第二节 物理教学过程特点

一、从系统科学的角度看中学物理教学过程

在中学物理教学中,学生、教师及物理世界(有关物理内容的教材、教学设备、教学环境等)三者组成一个系统。从系统科学的角度来看,中学物理教学过程是学生、教师和物理世界三个系统要素间相互作用的过程,而学生作为学习主体,对教师在课堂展示的客体——物理世界所蕴含的知识信息进行吸收、输出、反馈及评价。在这里,不仅存在着学习者的个体感官同大脑间的相互作用,同时,就教学过程中人与人之间的相互关系而言,还存在着个人与个人、个人与集体、集体与集体间的相互作用;此外,在参与教学过程的人与物之间的关系中,还存在着人与学习环境及教学手段之间的相互作用。这种相互作用其实就是一种信息交流,主要包括对外部信息的吸收、输出、反馈及评价。

如,在教学过程的各阶段,教师所展示的与物理知识有关的一些语言、图像、文字等信息都可能引起学生不自觉的点头、低声细语、潜心思索、轻声叹息等心理活动的表现,而这些丰富的形体语言,则是对教师教学效果非常有价值的反馈信息。教师必须积极有效地利用他们这种反馈信息,并进行适时合理的调控,只有这样才能促进教学过程朝着有利于物理学习的方向发展。

又如,有经验的物理教师总能精心设计课堂教学的每个环节,总是设法协调运用各种教学手段,并认真准备新课导入,各部分内容的过渡,何时提出新问题,何时让学生自己动手操作、动脑思考。这主要是因为该教师明白,物理教学过程是学生与教师、学生与教材及学生与学生之间的双向的互动交流,而其中各种教学手段、教学环节、各因素之间的协调与优化体现着系统科学的整体性原则,即通过优化组合、相互联系、形成整体结构,才能够发挥整体功效,并达到最佳教学效果。

再如,那些有经验的物理教师尤为注意:课堂上,演示实验要能激起学生的感知,而提问则要能启迪学生的思维。这主要是因为该教师明白,学生尤其是中学生,接受的外界刺激要有起伏,以远离平衡态,只有这样才能引起他们对学习的强烈愿望,他们才可能将自己的记忆和思维均置于一个与外界有交流的开放状态,从而使自己吸收并存储下来的信息量真正走向增加。

通过上面的分析,一方面我们认识到:中学物理教学过程不仅离不开学生个体感官与大脑间的相互作用,同时也离不开人与人、人与物、人与学习环境之间的相互作用,而相互作用的最佳效果则是教学的有序进行和整体功能的发挥。另一方面我们还认识到:中学物理教学过程是一个动态变化的过程。在这个过程里,信息的交流与转化贯穿于始终,学生的肢体语言、教师激起感知的演示实验、启迪思维的提问等都是信息的交流与转化,并且,这种交流与转化的激烈程度,在一定程度上可以反映课堂上教学过程的生动活泼程度。

二、从认知心理学的角度看中学物理教学过程

首先,从认知心理学的角度来看,中学物理教学过程是学习者进行自我调节的平衡过程。中学生在学习物理之前,对原有知识经验的储备,对物理相关知识内容的感知、理解

和应用,物理知识在中学生头脑中的组织及感知、理解以及应用物理知识的习惯方式的形成,这些与物理知识学习紧密相关的宏观心理过程本身就是一种认知。

根据皮亚杰的观点,认知图式的发展是一个不断建构的过程。如果新的外部刺激在学习者认知结构的原有图式中引起不平衡,学习者就会能动地进行"调节"、"改变"原有图式,构建新的适应自己认知结构的新图式,皮亚杰将这种学习的行为变化过程称之为个体起自我调节作用的平衡过程。认知心理学对教学过程的系列研究表明,学习者必须经历自身与外界环境相互作用时的不平衡及原有图式的组织和平衡关系受到破坏后的不平衡这样的两次心理不平衡;同时还要通过自主独立的思维活动,以克服这两次心理不平衡,实现两次自我的调节,这样的教学才算是成功的。

那些有经验的教师,在课堂教学过程中,总会适时地设置一些新的问题情境,让学生心理上首先产生不平衡感,进而给予他们适当的启发,让学生自主克服不平衡感,以实现自我调节。

其次,中学物理教学过程还应当成为培养和提高学生元认知能力的过程。学生作为学习的主体,在进行认知活动时所采取的解决问题的认知手段,通常称之为认知策略。所谓元认知就是对认知的认知,即以自身认知过程和认知结果为对象,以认知活动的调节和监控为外在表现的认知。所谓元认知策略是指控制信息的流程,监控和指导认知过程进行的策略,元认知策略是利用认知过程中获得的知识,通过确立学习目标与计划,监控学习过程和评估学习结果等手段来调节语言行为。而对某个具体信息的记忆、理解及其他方面的心理加工的本领则是认知能力;选择更加适合的心理加工技能和策略,并对这些技能及策略的运用适时地进行调节和控制,以保证认知任务顺利完成的本领则是元认知能力。

元认知的形成和发展必须以主体在大量认知活动中所积累的经验为基础,所以元认知的出现在其他认知能力之后。另外,一旦具备元认知能力,也就意味着学生在认知活动中不仅要关注认知活动所指向的客体,同时还要关注自身及其所从事的认知活动过程本身。由于学生的认知策略对他们自身学习起到定向、调控、整合及修正的作用,而认知策略的主动性及有效性也反映着其深层的认知水平,所以,中学物理教学过程应当成为培养和提高学生元认知能力的过程。

三、从课程目标的角度看中学物理教学过程

初中《物理课程标准》指出:"学生在科学探究过程中,通过经历与科学工作者进行科学探究时的相似过程,学习物理知识与技能,体验科学探究的乐趣,学习科学家的科学探究方法,领悟科学的思想和精神。"高中《物理课程标准》也指出:"让学生积极参与、乐于探究、勇于实验、勤于思考。通过多样化的教学方式,帮助学生学习物理知识与技能,培养其科学探究能力,使其逐步形成科学态度与科学精神。"由此可知,科学探究既是课程目标,同时也是中学物理教学过程中非常重要的教学方式。

物理学家们通过观察、测量、推论、预测等基本过程,以及解释结论、控制条件、建立模型、提出猜想和假说、实验验证等综合过程,从而形成物理概念和规律,并由此创建了物理学。他们的科学探究实际上是获取物理经验(即个体作用于物体,抽象出物体的特征)和数理逻辑经验(即个体作用于物体得出的动作间的关系——主体的动作经验)的过程。物

理学家们的所有经验都源于他们自主地观察、测量、推论、运算等动作,他们的思维活动是其动作内化的结果。由此可见,学生如果不经历类似于物理学家这种自主探究的过程,他们就难以获得直观经验,也就缺乏物理体验。大量物理教学理论研究实践表明:虽然中学物理已经是人类认识了的范畴,但学生学习物理学,需要一个"再生科学"的过程。而学生学习物理与物理学家探究活动的不同之处在于,教学活动是在教师指导下有组织、有目的、有计划地进行的,可以避免走弯路,且难度小、效率高。因此,在中学物理教学过程中,教师要多设置切实有效的问题情境,以尽可能多地引导学生经历物理学家的思维过程。

物理体验不仅包括物理经验,同时也包括数理逻辑经验,而后者则主要取决于学习者对"动作间关系"的直观体验,因此,在中学物理教学过程中,尤其要让学生自觉主动地参与能够亲自动手的实验,并尽可能多地去亲自体验实验设计、实验操作及数据处理的全过程。同时,教师要有意识地创设有利于物理学习的环境,即在中学物理教学过程中,通过物理事实,引导学生自己操作客体,以经历类似于物理学家的探究过程,让学生积累更多的物理体验。

从以上三方面的阐释,我们可知,首先,从系统科学的角度来看,中学物理教学过程是一个各要素间相互作用的动态变化过程。其次,从认知心理学的角度来看,中学物理教学过程既是一个学习主体起自我调节作用的平衡过程,又应是一个培养和提高学生元认知能力的过程。最后,从物理课程目标上来看,中学物理教学过程应是学生经历类似物理学家所经历的科学探究过程。

以上从不同视角阐释了中学物理教学过程的特点。而对于中学物理教学过程特点的具体描述,国内许多知名学者已有论述,如宓子宏、魏日升、张宪魁等的观点,在此不再一一赘述。

第三节 物理教学的基本原则

教学原则是教师在教学过程中必须遵守的基本要求。由于各个学科的教学除了具有共性之外,还有各自的特点,所以,在各学科教学中还应突出其中的几项原则。根据物理教学的目的和学习物理的方法,中学物理的教学原则应突出的是:科学性原则、生动的直观性原则、启发积极思维原则、理论联系实际原则、趣味性原则和循序渐进原则。

一、科学性原则

科学性是指所传授的必须是可靠的、正确的科学知识,是经实践检验的对客观世界及其规律的正确反映;必须是系统的、完整的科学体系,而不是支离破碎的、没有系统的知识堆砌;必须是符合中学生的心理发展特征的知识。科学性原则是对一个物理教师搞好教学的最起码的要求,它主要从两个方面体现出来。

(一) 教师对讲授的物理内容必须做到正确无误

对于任何一个物理概念、规律,都必须确切地理解、正确地表达,不应有科学性的错误。如初中物理中,对光的反射定律,说"入射角等于反射角",这不符合因果关系。

为了防止教学中的科学性错误,要求物理教师要有高一级的物理知识水平。只有教师对知识理解得透彻、掌握得牢固,才能在讲授时深入浅出、通俗易懂,且无科学性错误。

这里应当指出,我们所说的科学性原则,主要是指科学内容上要正确无误,并不意味着不分对象、不分学习阶段,单纯地追求严格性。要知道,严格是相对的。对某一概念或规律,从初中的定性说明,到高中的定量表述,内容的深度和严格的程度,显然是不同的,但必须都是正确的。

例如,在初中讲授功的概念时,只讨论恒力的方向跟物体位移方向一致的情况,得到 $W = Fs$,即外力对物体所做的功等于物体所受的外力与在该力方向上的位移的乘积。到高中阶段,进一步考虑恒力的方向跟物体位移的方向不一致的情况,从而涉及力的分解,得到 $W = Fs\cos\theta$,两者严格的程度虽然不同,但都没有科学性错误。再如,在初中讲"大气压是由大气层的重量产生的",虽然这不是大气压产生的实质,但这种说法是可以的。然而,如果讲"密闭容器里的气体的压强是由其重量产生的",则是不科学的。

(二) 建立物理概念和物理规律要有充分的事实依据

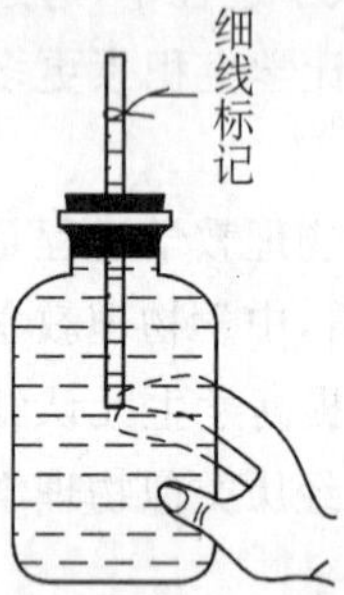

充分的事实依据包括直接观察的现象、实验事实和学生已有的感性经验。有许多物理现象是学生可以体验得到的日常生活中的现象。例如,当你直立在黑板前,水平用一力推黑板时,黑板将会把你推倒。这些事实说明两个物体间的作用是相互的,力是同时成对出现的,而且分别作用在两个不同物体上。这种结论的事实依据是充分的。

有很多物理现象是学生不能亲身感受到的,就必须通过演示实验让学生观察。例如,"弹力"这一内容涉及微小形变,但学生对微小形变并无感性经验。这时可以用一个装满水的塑料瓶,瓶口用中间插有细管的瓶塞塞上(见图 4-1)。用手按压塑料瓶,细管中的水面就上升;松开手,水面又降回原处。为说明塑料瓶受到按压时发生形变提供了充分的事实依据。

图 4-1 微小形变

二、生动的直观性原则

中学物理教学强调实验观察,使学生获得生动具体的感性认识,为引导学生进行思维加工准备丰富的感性材料。而感性认识向理性认识的飞跃,则要引导学生对物理现象进行分析综合、抽象概括或归纳演绎,以便形成概念建立规律。如果说语文教学以形象思维为主,数学教学以抽象思维为主,那么物理教学则是形象思维与抽象思维的有机结合。学习物理,首先就要对事物和物理现象进行细心的观察,包括在课堂上和在实验室里通过实验进行观察,使学生具有生动的、具体的感性知识。这是获得知识的源泉,它为思维加工提供丰富的资料。因此,在物理教学中,教师必须创造条件,使客观事物、现象形象化,便于学生观察、想象。只有这样,才有利于学生了解物理现象、发掘问题、取得数据、进行思维加工活动,从而建立概念和规律,并加以运用,这就是贯彻生动的直观性原则的目的。

例如,讲授压力概念时,同样应当让学生观察、思考:在架起的木板上放一个重物,物体把木板压弯了(见图 4-2);人走在松软的土地上,留下一连串的脚印;用力往木板上按图钉,图钉就钉进木板里(见图 4-3)。再让学生思考:这些司空见惯的现象是怎样产生的?同学们可能回答说这是由于物体和人有重量而产生的。这个回答是不对的。图钉有重量,其方向是竖直向下的,它怎能使图钉钉入木板内呢?进而引导学生仔细观察上述现象的特点:物体和木板、脚和地面、手和图钉都是相互接触,并互相挤压的(在前两个现象中,重量只是创造了挤压的条件),由挤压产生的作用力是发生上述现象的直接原因。这样,学生就很容易理解由相互挤压而产生的、垂直作用在物体表面上的力叫做压力。

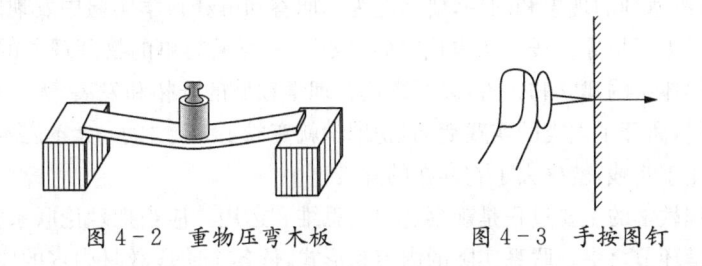

图 4-2　重物压弯木板　　　　图 4-3　手按图钉

直观教学的手段也是多样化的,如实物、模型、实验、板书、板画、多媒体,以及能唤起学生已有感性知识的生动的教学语言。总之,物理教学中必须积极地为便于学生观察、动手操作而创造条件。

三、启发积极思维原则

启发积极思维,是学生在教师指导下,亲自进行观察、实验,进行各种思维加工活动,进行分析问题、解决问题。即要使学生通过自己的动手动脑亲自来完成认识上的飞跃。教师要给学生创造条件,引导学生善于观察、善于实验、善于思考,并提供应用知识说明、解释现象,以及解决问题的课题和领域。学生的主体地位决定了所采取的任何教学方法,其灵魂必然是启发式——变教为诱、变教为导,此即主导的实质;变学为思、变学为悟,此乃主导的精要。

例如,在学习密度概念之前,教师可以引导学生观察,并提出问题请学生思考,如观察黄金和黄铜都是黄色的,铝和锌都是灰白色的。现在有金、铜、铝、锌各一块,请学生思考,用什么办法可以把它们鉴别出来。或请学生思考在不能直接用天平称量的情况下怎么知道一座已建成的花岗岩的石碑的质量。通过与学生一起讨论,促使学生明确体积相同的不同物质,它们的质量是不等的。引入"密度"概念后,由学生自己回答上述问题。

物理教学中,教师不仅要启发学生善于观察,积极思考,从实验中总结规律,而且还要启发学生运用已有知识解决问题。这里应当指出,启发学生发掘问题、思考问题和解决问题,要考虑到学生的智力水平和接受能力。这就要求教师要按照物理学知识体系和学生的已有知识结构正确地处理简和繁、易和难的关系,以便更好地调动学生的主动性和促进学生思维能力的发展。充分发掘学生的潜力,教学上要有高标准的要求,知识的难度和深度可以逐步提高,唾手可得的知识是不能更好地起到发展学生思维能力的作用的,即要正确把握学生的最近发展区。总之,调动学生积极地思维,可以使学生积极、活泼地学习,自觉主动地掌握知识,提高能力。

四、理论联系实际原则

就物理教学而言,理论与实践的统一,既是理论问题,更多地也是一个实践问题。为了正确地理解和贯彻这一原则,在物理教学中,首先应当明确,为什么必须要做到理论联系实际和如何联系实际这两个问题。

物理教学必须理论联系实际,这是由物理学本身的性质、特点、作用和任务,以及教学的目的所决定的。物理学是一门实验科学,物理概念的建立,物理规律的发现,物理学理论的形成和发展,都是在实践中进行的。掌握知识的目的,要么是为了解释和解决人类生产、生活实际中遇到的现象和问题,要么是为了回答和解释科学实验中发现的新的物理现象,一句话,是为了指导实践。从古代"钻木取火"一类最简单的物理现象的认识和应用,到经典物理学体系的建立和完善,以及现代物理学领域的开拓和发展,无一不是如此。从这个意义来讲,离开了人类的实践活动,物理学就变成了无源之水,无本之木,而物理学若不反过来应用于实践,就失去了它存在的意义。

中学物理教学的主要过程是观察、实验、思维和运用。应当把理论联系实际的原则贯彻到各个教学环节之中。联系实际的内容和形式,依各个阶段教材内容的要求而异,既不能生拉硬扯地追求"联系实际"的形式,也不能由于联系实际而忽视了基础知识的学习,更不能把物理课变成生产技术实习课。首先,直观的观察本身就是从实际出发,这不仅包括观察日常生活和生产活动中的物理现象,而且包括物理实验(演示实验、学生实验)的观察。就物理教学而言,很多的内容都要通过实验观察,以唤起学生的感性知识;或把日常生活中的各种物理现象形象化、具体化、典型化地在课堂上重现,以便在这个环节中培养学生观察实验现象、处理实验数据的能力和使用各种实验仪器的技能。其次,思维加工的过程是直观观察的继续,是从实际中抽象出概念、总结出规律、形成理论的过程。在这个环节中,贯彻理论联系实际原则就是要求学生必须把思维活动建立在真实的、可靠的观察基础上,而不能无根据地"思维",而且这种思维活动还必须联系中学生的数学知识基础和接受能力的实际。例如,对初中学生一般只要求根据实验现象,通过形象思维,总结出一些定性的物理结论,定量要求低一些。对高中学生则可以通过抽象思维、数学逻辑推理,总结出一些定量的物理规律。最后,把知识直接或间接地应用于实际,用来说明、解释一些现象,以及解决一些有关的简单问题,这更体现了理论联系实际的原则。

此外,指导学生自己设计实验,制作简单的实验仪器,解答物理思考题,完成物理计算题,以及开展课外物理小组活动,组织社会调查,用物理知识解决生活中的实际问题等,都体现了把物理知识应用于实践的原则。

五、趣味性原则

非智力因素中的兴趣、情感、意志,对学习有较大的影响,也是物理新课程所要培养的目标之一。兴趣,是人要求认识客观事物、获得知识的一种心理表现,是推动学生学习的一种最实际的内部动力。趣味性原则就是指教师乐教学生乐学而且共同创设愉快的物理学习情境。如果师生在物理教学过程中,视教与学的活动为一种崇高的使命,就会倾注深厚的感情,从而对所教所学产生心理上的"移情",并愿意在实践中付出努力,那么,他们就会从所教所学的内容中悟出一种"科学美",从而获得一种美的享受。教师要挖掘中学物理教材中充满趣味性的内容或生活中蕴含物理知识的有趣现象,适时地激发起学生的求知欲和创造热情。

在物理教学中,首先应通过各个环节,特别是对教学内容的处理和选择,使学生的心理状态由好奇转变为喜爱,激发起学生学习物理的兴趣;再通过教给学生知识、技能以及研究问题、处理问题的方法,引导学生入门,甚至使学生看到自己的学习成果,培养学生具有饱满的学习情绪,最后的目标是使学生树立起克服学习困难的意志。也就是说,在物理教学过程中,应使学生在愉快的气氛中把物理智力活动由最初发生兴趣引向热情而紧张的思考,由饱满的学习情绪引向自觉学习的意志,让非智力因素充分发挥出推动学习、提高学习效率的作用。

六、循序渐进原则

循序渐进指学习工作等要按照一定的步骤逐渐深入或提高。循序渐进是教学中的客观规律,它指教师要按照学科知识的逻辑顺序和学生认识发展的顺序进行教学,使学生系统地掌握基础知识与技能,形成系统周密的思维能力。

教学中需遵照循序渐进原则的依据是学科内在的逻辑顺序和学生认识的顺序性。首先,物理学科知识是在一定的科学体系的基础上按照一定的逻辑结构建构起来的,有其内在的逻辑系统,这就是学科知识的"序"。其次,要遵循由年龄特征形成的生理、心理发展之序。学生的认识水平总是从低级到高级逐渐发展起来的,其认识活动也是从简单到复杂,从已知到未知,从现象到本质,由具体到抽象逐步深化的,这是学生认识的"序"。因此,研究并遵循各年级学生的思维能力发展之序,对提高教学质量来说是至关重要的。

要把握好循序渐进原则,就要求教师在教学内容的组织上要遵循物理课程标准和教材之序,教师要注意教材的前后连贯、新旧知识间的衔接,区别主次、区分难易、有详有略,做到条理清晰、层次分明。此外,还要抓好教学活动的序。具体地说,有"特殊——一般"和"一般—特殊"之序,有由易到难、由简到繁、由现象到本质之序,有由已知到未知、温故知新之序等。在教学中,学生是学习主体。学习要经历由浅到深,由简单到复杂的过程。教学必须遵循这一基本进程,从现象到本质,层层深入,环环相扣,系统连贯地进行,这样才能保证学生掌握知识的系统性和完整性。

【拓展阅读】

1. 闫金铎,田世昆. 中学物理教学概论[M]. 北京:高等教育出版社,2003.

该书以《基础教育课程改革纲要(试行)》为纲,以教育部2002年正式印发的《全日制普通高级中学物理教学大纲》为依据,力图阐明现代教学理念,反映中学物理教育的改革成果,体现了理论与实践相结合。

2. 王较过,李贵安. 物理教学论[M]. 西安:陕西师范大学出版社,2009.

该书介绍了物理教学论的一些基本问题、中学物理课程、物理学习理论与学习方法等十一章内容。

3. 闫金铎,郭玉英. 中学物理新课程教学概论[M]. 北京:北京师范大学出版社,2008.

本书以新课程理念为指导,结合我国目前中学物理课程改革的实际,汲取传统教学精华,贯穿现代教育观念,渗透科学探究的思想方法,充实物理教育研究与改革的最新成果,系统论述了中学物理新课程教学的主要内容和问题。

4. 封小超,王力邦. 物理课程与教学论[M]. 北京:科学出版社,2010.

该书第五章依据教育一般原理,阐述了物理教学基本原则。

【思考与练习】

1. 你对教学过程中学生主体作用和教师主导作用是怎样理解的？如何发挥教师的主导作用？

2. 为什么要让学生在物理环境中学习物理？

3. "只有教师结合教材不断创设利于学习的物理情境（激起感知的演示，启迪思维的提问等等），学生主动在心理平衡与不平衡之间不断实现自我调节，中学物理教学过程才是成功的"，你对这句话如何理解？

4. 你对"中学物理教学过程应当是一个培养和提高学生元认知能力的过程"这一观点是怎样理解的？

5. 试就物理教学的科学性原则谈谈你的认识。你认为还有哪些需要补充？

6. 本章介绍的六条物理教学原则，你认为哪一条最重要，说说你的理由。

第二编

物理学科学习与教学理论

第五章　物理学科方法的学习与教学

通过本章的学习,你能够
- 理解教学设计的基本特征;能区分教学设计和非教学设计行为。
- 理解教学设计步骤;能解释广义和狭义教学设计的步骤,以及各步骤的主要工作。
- 理解认知策略或方法的实质。能解释认知策略的特征,能区分一个具体问题解决中运用的认知策略以及解决问题所需的必要技能。
- 运用认知策略教学的基本方法。能解释认知策略教学的两种基本方式,能执行教学方式的步骤设计物理课程方法目标的教学。

第一节　教学设计概述

一、教学设计概述

(一) 教学设计研究的取向

教学论可以分为两种研究取向:其一是基于哲学和教学实践经验总结的教学论,其二是基于科学心理学和实证研究的教学论。

基于哲学和教学实践经验总结的教学论可以追溯到夸美纽斯(Comenius,1592—1670)的《大教学论》,在 20 世纪影响深远的美国实用主义哲学家杜威主张的教学论和苏联凯洛夫(Ivan Andreerich Kairov,1893—1978)的教学论、巴班斯基(Babahdznn,1927—1987)的最优化教学也都是哲学和经验取向。

哲学取向的教学论的优点是能及时反映社会需要,能对教学工作提供原则性的指导,比如巴班斯基在《教学教育过程的最优化》一书中,概括出十条教学规律,并由此确定对应的教学原则,其中如"教学应符合学生的起点能力"、"教学应符合学生学习的速度"、"教学应体现教师'主导',学生'主体'"、"教学应激发学生学习动机"等。显然,这些教学原则或教学规律可以引领教师有方向地思考完成教学工作,但对具体内容的教学安排来说过于宽泛,比如,在一节"牛顿第二定律"课的设计中如何做到"确定学生的起点能力、确定学生学习速度、选择最佳教学形式、选择最佳教学方法"等,对教师来说又构成问题,因此基于哲学的教学论很难直接指导教师完成一节课的具体教学事件的设计,只对教学活动的安排具有指导或启示性作用。正因为基于哲学和经验教学理论存在概念未经严格定义,提出教学原则和规律适用范围不清等原因,因此,从教师完成课堂教学实践看,此类教学理论缺乏可操作性。

基于科学心理学和实证研究的教学论产生于20世纪六七十年代,源于心理学研究者将心理学原理转化为教育应用技术的持续不断的努力,早期美国行为主义心理学家桑代克(Thorndike, 1874—1949)、斯金纳(Skinner, 1904—1990)等专家作出了许多贡献,如斯金纳提出程序教学理论。伴随着心理学的发展,对个体学习内部过程、表征等方面的成果,形成了一些教学理论,如布鲁纳(Bruner, 1915—2016)的"认知-发展"理论和发现教学模式;奥苏贝尔(Ausubel, 1918—2008)的有意义学习理论和接受学习模式;维特罗克(M. C. Wittrock, 1931—)的生成学习理论与生成技术;信息加工心理学的陈述性知识与程序性知识相互作用与转化的理论以及相应的教学技术;加涅(Gagne, 1916—2002)的学习条件理论和基于学习条件理论的教学设计原理以及具体操作技术等。教学的问题本质上就是学习问题,学习机制清楚了,有效教学的标准就明确了,符合学习机制的教学就是有效教学。

在西方教育心理学家和教学设计专家看来,教学论和教学设计都是要回答"去哪里"、"如何去"和"怎样知道已到那里"这样三个教学的基本问题,即目标、过程和评价问题,所以,科学取向的教学论和教学设计并没有严格的分野。

马杰指出,教学设计最低限度需要回答如下三个问题:

1. 我们将要去哪里?(确立目标)
2. 我们怎样到那里去?(导向目标)
3. 我们如何知道我们到了那里?(评估目标)

也就是说在教学设计中始终贯穿目标为本的思想。学校教育环境中涉及的教育目标是教育活动中所要达到的目的或成果,体现了一定社会对教育质量的规格要求。根据教育活动责权的大小以及表达的抽象性水平不同,一般分为"教育方针"、"教育目的"、"教育目标"、"课程目标"和"教学目标"等五个层次,其间关系如下图所示。

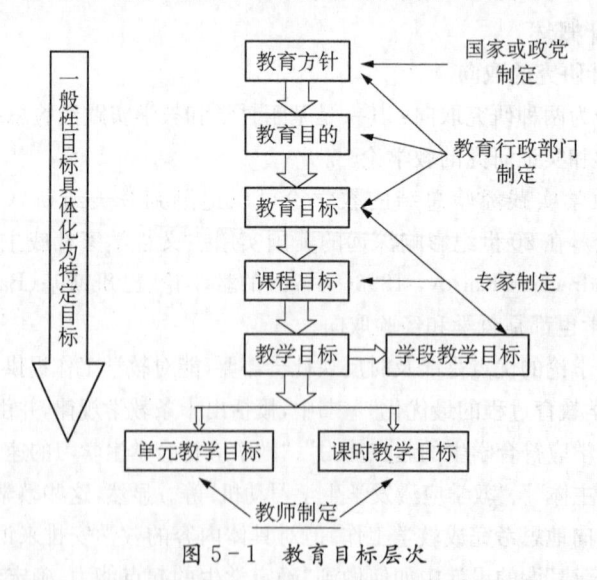

图 5-1 教育目标层次

不难看出,教学目标以上的教育目标都是对学习者综合素质的描述,越向上综合程度越高,党的十六大提出的教育方针是:教育为社会主义现代化建设服务,为人民服务,与生产劳动和社会实践相结合,培养德智体美全面发展的社会主义建设者和接班人。在新的基础教育课程改革纲要中,教育目标是:使学生"具有爱国主义、集体主义精神,热爱社会主义,遵守国家法律和社会公德,初步形成正确的世界观、人生观、价值观;具有社会责任感,努力为人民服务;具有初步的创新精神、实践能力、科学和人文素养以及环境意识;具有适应终身学习的基础知识、基本技能和方法;具有健康的体魄和良好的心理素质,养成健康的审美情趣和生活方式,成为有理想、有道德、有文化、有纪律的一代新人"。而物理学科的课程目标是:"培养学生的科学素养",并从"知识与技能"、"过程与方法"、"情感态度与价值观"三个维度提出数十项子目标。

上述目标,对学习者来说是一个相对长期学习后的结果,是一种综合素质的体现。而与教师直接相关的目标称为教学目标,分为单元教学目标和课时教学目标。实际上,即使是单元教学目标,对学习者来说也是多种类型知识学习的综合结果,比如:

初中课程标准关于机械运动部分的单元目标为:

初步认识机械运动,了解机械运动在生活生产中的应用。

实际上这一目标包含如下一些子目标:

会使用适当工具测量时间;会选用适当工具测量长度,能通过日常经验或物品估测长度。

能用速度描述物体的运动,能用速度公式进行简单计算。

了解重力、弹力和摩擦力;认识力的作用效果;能用示意图描述力。知道二力平衡条件;了解物体运动状态改变的原因。

理解物体的惯性,能表述牛顿第一定律。

会使用简单机械改变力的大小和方向等。

理解压强,能用压强公式进行简单计算。知道增大和减小压强的方法。了解测量大气压强的方法。

认识浮力;知道物体浮沉的条件;知道阿基米德原理。

了解流体的压强与流速的关系。

由教师直接完成的教学目标是课时教学目标。课时教学目标是通常在一节课时间的教学后预期的学生学习的结果,也就是说,应该通过教学后预期学生在知识、解决问题能力、态度和价值观等方面的发展变化来界定教学目标。

与教育目标对应,实现教育目标的设计活动亦可在不同层面上展开,有些侧重于课程单元目标的设计,如肯普模式、促进理解模式(UbD)、学习维度模式(DOL);多数适合课时教学设计,如迪克-凯里模式、加涅模式、有意义学习模式(SOI)等。

本部分所讨论的教学设计均指课时教学设计。

现代教学设计理论把教学过程看成是师生借助目标进行互动并用目标来调节自己行为的一个信息反馈过程。因此,教师的教学设计应从目标的制定出发,通过一系列师生活动,最后将学生学习后的行为变化与预设目标的行为相对照,以判定教学目标是否达成。如果目标未达成,应进行必要的补救教学。所以说教学目标具有"导教、导测评"的功能。

(二) 教学设计的含义和特征

当代著名教学设计理论家西尔斯在1998年出版的《教学设计决策》一书中这样认为:教学设计是通过系统化分析学习的各项条件来解决教学问题的过程。

在《教学设计原理》(2005年第五版)中,当代教学设计大师加涅将教学设计界定为"教学设计是一种有目的的活动,也就是说它是达到终点的一种方式,这些终点通常被描述为教学的目的或目标"。

当代著名教学设计理论家赖格卢特指出：教学设计是一门涉及理解与改进教学过程的学科。任何设计活动的宗旨都是提出达到预期目的的最优途径，因此，教学设计主要是提出关于最优教学方法的处方的一门学科，这些最优的教学方法能使学生的知识和技能发生预期的变化。

教学设计理论家史密斯和拉甘指出：教学设计意味着系统地同时也深思熟虑地将学与教的原理转换成教学材料、教学活动、信息资源和教学评价的计划的过程。[①]

国内有学者认为："教学设计是以获得优化的教学效果为目的，以学习理论、教学理论和传播理论为理论基础，运用系统方法分析教学问题、确定教学目标、建立解决教学问题的策略方案、试行解决方案、评价试行结果和修改方案的过程。"[②]

对上述界定加以简单概括。

1. 教学设计的理论基础：学习心理学

学习心理学是研究人和动物在后天经验或练习的影响下心理和行为变化的过程和条件的心理学分支学科，人经由学习所获得的适应性行为包括认知、态度和动作技能三个领域。现代学习理论认为：学习具有不同的类型，不同类型的学习具有不同的内部过程，需要不同的内部条件，学习后内部的表征不同外显行为也不同。学习的规律清楚了，与之对应的、有效教学的标准就明确了，凡是与特定类型学习相匹配的教学就是有效的、适合的，反之就是无效的教学。教学设计最根本的出发点是"以学习的规律制约教学的规律"，真正做到以学定教。

现代学习心理学的发展为科学取向教学论（或教学设计）打下了坚实基础。

2. 教学设计者的内部活动：解决问题

教学设计完成者是教师，在完成教学设计时，教师可能会面对如下一些子问题：

（1）如何确定学习者的已有基础？

（2）如何确定课时中的教学目标？课时中是单一知识技能目标，还是有解决问题方法学习的目标，抑或有态度培养的目标？

（3）如何从已有教学素材中，选择适合当前学生的资源？

（4）如何分析出实现教学目标学生需要的信息？

（5）如何安排信息在师生间传递的方式（教学方法）？如何选择信息的有效呈现方式（教学媒体的选择）？

（6）如何清晰化学生达成上述教学目标所应表现出的行为，并设置适当检测的项目？

解决上述问题，可以凭借自己的经验完成，教学中教师所做的一切安排和调整，都包含潜在的意图，即认为这种安排和调整可以有助于学生的学习，尽管教师在教学中的调整，比如选择一种新的实验途径、选择一种新的处理数据的方法等，通常都能取得一定的教学实效，但如果教师不能陈述这种调整对应符合学生学习机制的理由，这种过程，并不是完全意义上的教学设计。

3. 教学设计的结果：形成教学活动的方案

（1）方案的目标：帮助学生习得新的学习结果

从加涅学习分类体系，个体千差万别的学习后，学习者内部性能（cabability）变化的类

[①] 皮连生.教学设计(第2版)[M].北京：高等教育出版社,2009,8.
[②] 孙可平.现代教学设计纲要[M].西安：陕西人民教育出版社,1998,1.

型只有五种,分别为智慧技能、言语信息、认知策略、动作技能、态度,这称为学习结果。不同类型学习结果所需的内部条件和过程不同,习得机制不同,通常对于一节课时的物理教学来说,教学后(也就是学生学习后),必定习得物理学科的概念和规律以及一些事实性知识(如汤姆生确定电子等),也就是习得智慧技能和言语信息;在学习中也会经历一些科学方法运用的场合,从而为习得方法(即加涅学习分类中"认知策略"这一学习结果)提供可能;同时,在学习中学生也可能会表现出尊重实验事实、努力挖掘现象背后规律的科学精神(即加涅学习分类中的"态度"这一学习结果)。

要根据不同学习结果的学习机制进行教学设计。

本章至第九章,分别阐述不同类型学习结果的学习机制和相应的教学设计问题。

(2) 方案的特征:优化、处方式

教学设计的核心特征:为一类教学问题提供通用的解决方案。[1]

教学设计是提供最优教学方案的处方的学科,医学处方实质上就是一种解决方案,但只对特定疾病的治疗有效。面对各式各样病情的病人,医生之所以能够提供有效治疗的处方,主要是因为能够根据病情特征有效地进行病理的归类,而医学理论的发展确定了应对不同疾病的有效治疗方案。要为教学提供处方式的解决方案,就必须将教师面临的教学问题进行合理的分类,并能够对不同类型的教学问题提出有效的解决方案。现代教学设计理论坚持对教学问题依据其对应的学习规律进行分类,然后依据不同类型学习所需的条件和过程规划相应的教学方案。

(3) 方案的呈现形式

教学活动方案以书面方式呈现的就称为"教案",教案亦有不同形式。

讲稿式(也称详案)。以文字描述教学过程设计,内容详细,能较好地反映教师语言设计等内容,新教师采用较多。

纲要式。以提纲和要点描述教学内容及教学过程设计,便于反映教学内容内在联系,简明、扼要,便于教师利用教案,通常跟板书设计比较接近。

表格式。以表格形式分别说明教师活动、学生活动和教学内容等项目来描述教学过程,比讲稿式有所改进。为了使教学过程结构醒目,可以把表格按教学阶段分割,并插入适当的序号标题。

图表式。利用方框图、流程图、程序框等来描述过程的基本结构,比较形象、直观,便于考虑和表现针对各种可能情况进行的设计,但不便于表现细节。编写时注意配以必要的说明。

4. 教学设计的流程:确定目标、形成解决方案、实施方案、评价方案、修正方案等

教学设计强调运用系统方法,系统由各相关要素构成,其间有反馈调整机制。

教学设计把教学过程视为一个由诸要素构成的系统,因此,需要用系统思想和方法对参与教学过程的各个要素及其相互关系作出分析、判断和操作。这里的系统方法是指教学设计从"教什么"入手,对学习需要、学习内容、学习者进行分析;然后从"怎么教"入手,确定具体的教学目标,制定行之有效的教学策略,选用恰当的媒体,具体直观地表达教学过程各要素之间的关系,对教学绩效作出评价,根据反馈信息调控教学设计各个环节,以确保教学获得成功。

---

[1] 陈刚.物理教学设计[M].上海:华东师范大学出版社,2009,2.

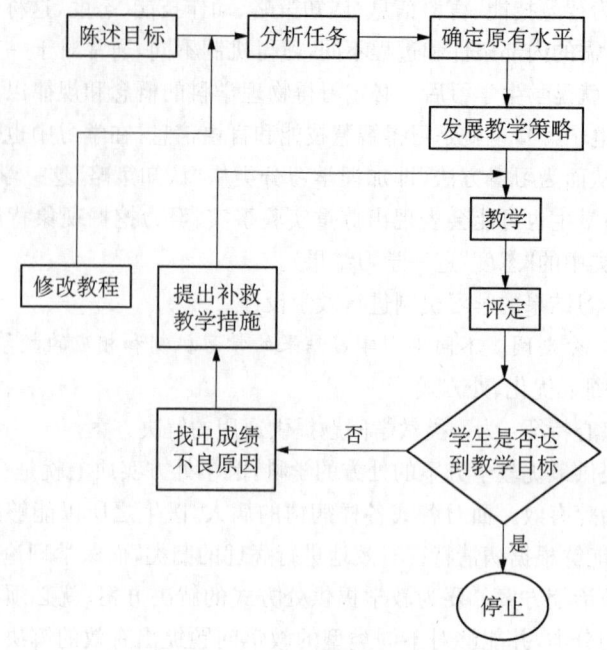

图 5-2　广义的教学过程模型

二、教学设计的主要工作

沃尔特·迪克与卢·凯里用系统观看待教学设计,认为"教学过程本身可以视为一个系统,系统的目的是引发和促进教学"。在《系统化教学设计》一书中,迪克和凯里提出教学设计模型,简明而又不失其基本规范。该模型包括以下 10 个步骤:[①]

确定教学目标、进行教学分析、确定起点行为、编写教学具体目标、设计标准参照试题、开发教学策略、开发与选择教学材料、设计与实施形成性评价、进行教学调整、设计与实施总结性评价。

如果将编写目标视为确定目标的结果;将确定起点行为视为教学任务分析的一个结果;且将教学调整和总结性评价视为其后的补充,不是课堂教学目标实现的主要环节,则我们可以将课堂教学设计活动的主要工作简化如下:

第一,确定学习内容对应的学习结果类型,陈述教学目标。要求用可观察、可测量的术语精确表达学习目标,这是教学设计的一项基本要求。

第二,教学任务分析。通过任务分析,揭示出学生习得该学习结果的内部过程及条件,这部分工作主要运用学习心理学理论完成。

第三,规划教学活动。依据分析出的过程与条件,合理规划教学事件,选择教学媒体和方法。

第四,制定测评项目。依据学习结果类型及相应学习者外显行为,制定测评项目。

课时教学设计是教师运用学习心理学等理论,有依据地选择教学素材、素材呈现方式及学习结果评价方式形成用于帮助学生有效地习得特定学习结果的方案的过程。

教学设计者必须针对具体类型的学习进行设计,因此应首先了解特定学习类型的学

[①] 皮连生.教学设计(第 2 版)[M].北京:高等教育出版社,2009:8.

习规律。一旦某一学习对应的学习类型被确定,教学设计者就可以根据该学习类型学习的内部过程和条件,合理规划教学的过程和活动,依据学习后学生出现的外显行为,对教学目标的达成与否进行检测,实现"学有定律,教有优法"。

第二节　方法的特征与学习

物理学不仅以其概念、原理和规律的科学知识揭示了自然界基本运动形式和物质结构等诸多真理,而且还以其建立这种知识体系过程中所凝练和升华的科学思维与科学方法推动科学的进步。与此同时,它的知识和思想对人类活动的一切领域都具有重大影响,尤其是它的每一次重大成就,都是人类思想和观念进步的伟大阶梯。也就是说,物理学本身就是科学知识、科学思维方法以及科学文化的和谐统一,新课程标准中三维目标就是科学本身的特征在科学教育中的反映。

一、认知策略的界定
(一) 认知策略一般定义

方法的本质及其习得也是认知心理学研究的一个重要课题,方法在心理学中被称为认知策略,由于认知策略和方法是同质的,因此在以下的论述中将不再做区分。认知策略这一术语最初由布鲁纳于1956年在研究人工概念中提出。直到20世纪70年代,加涅才在其学习结果分类中将认知策略作为一种可以习得的性能单独列出。对于认知策略有如下一些界定:

代表策略正统观的M·普莱斯利等人对策略下的定义是:"策略是由凌驾于作为执行一项任务的自然结果之上的认知活动构成的,这样的认知活动可以是单一的,也可以是一系列相互依赖的。策略达到认知目的(如理解、记忆)。而且是潜在可以意识和可控制的活动。"[1]这种定义揭示:认知策略是服务于某种认知活动的,其本身也是一种认知活动,可以显示为一种技能,是需要意识控制的。科学研究是一种探究自然界客观规律的认知活动,存在保证该认知活动效率和可靠性的技能,即科学研究的方法。

奥苏贝尔将策略界定为"通常是指选择、组合、改变或者操作背景命题的一系列规则"[2],该界定揭示策略是隐藏在解决问题需要的具体技能之后的,是对解决问题的技能选择和排列的一种技能。这是从认知策略的操作对象来说的。

加涅将应用符号或规则对外办事的技能和对内调控的技能作出区分,前者属于智慧技能,后者属于认知策略。加涅将认知策略界定为:"认知策略是个人运用一套操作步骤对自己的学习、记忆、注意以及高级的思维进行调节和控制的特殊认知技能。"[3]加涅的这一界定突出策略或者说方法对内调控这一本质特征。

从以上的定义可以看出:认知策略既有反映新颖性的一面,也有反映自动化加工的一面,都是用来提高特定认知活动效率的。

---

[1] 皮连生.智育心理学[M].北京:人民教育出版社,1996:171.
[2] 奥苏贝尔.教育心理学——认知的观点[M].佘星南等,译.北京:人民教育出版社,1994:698.
[3] 皮连生.智育心理学[M].北京:人民教育出版社,1996:98.

(二) 认知策略的相关研究

专家—新手研究是目前认知心理学研究主体解决问题能力获得的一种范型。专家是指在特定的领域中经历成千上万学习时数，并解决该领域问题表现出高效率专长的人，新手则是指刚刚进入该领域、没有多少领域问题学习的人。这类研究通过描述专门领域的专家和新手在解决同一问题上的差异来探究主体解决问题能力构成以及形成的机制。

有研究者研究一位初学高中物理力学内容的学生(此处称为新手)，和一位有多年高中物理教学经验的教师，在解决同一道习题时的表现。研究情况如下：

例：一木块沿倾角为 θ 的斜面由顶端静止下滑，斜面长度为 l，滑动摩擦因数为 μ，求木块到达斜面底部时的速度。

表 5-1 新手解题的典型思路	表 5-2 相对的专家解题的思路
为求预期的末速度 v，需找到一含有速度的原理，如 $$v = v_0 + at$$ 但这里的 a 和 t 均属未知，似不能用上，再试用 $$v^2 - v_0^2 = 2al$$ 在这一方程中 $v_0 = 0$，l 亦已知，但仍须求出 a，因此再试用 $$F = ma$$ 在这一方程中，m 为已知，仅 F 为未知，因此可用 $$F = \sum F_i$$ 在现在的情况下意味着 $$F = F''_g - f$$ 这里 F''_g 及 f 可根据下列方程算出 $$F''_g = mg\sin\theta$$ $$F = \mu N$$ $$N = mg\cos\theta$$ 经代入上式，求速度的正确表达式为 $$v = \sqrt{2(g\sin\theta - \mu g\cos\theta)l}$$	木块的运动可用受到重力来说明 $$F''_g = mg\sin\theta$$ 此力为沿木块向下的力，而摩擦力则为 $$f = \mu mg\cos\theta$$ 此力为沿木块向上的力，因此木块的加速度与这些力的合力有关，即 $$F = ma \text{ 或 } mg\sin\theta - \mu mg\cos\theta = ma$$ 知道了加速度 a 后，便可根据以下这些关系求出木块的末速度 v $$l = \frac{1}{2}at^2 \text{ 及 } v = at$$

以上物理习题的求解，首先需要解决者具有基本物理知识与技能：会运用牛顿第二定律；会运用匀变速直线运动位移、加速度和速度间的关系；会运用力的概念分析出物体受到的力；会依据力的合成与分解知识分析物体受力等。

假设个体具备上述必要技能，当个体面对该习题时，如何从自己的认知结构中挑选出上述必要技能呢？这就需要有"挑选、组织解决该问题必要技能"的技能，这种技能也就是解决此类问题的策略或方法。

不难看出，专家与新手在认知结构中选择出解决该习题需要的物理知识与技能的方式不同。换句话说，就是专家与新手在解决同一习题时采用的方法或策略不同。

新手采用的是由待求的物理量 v 入手,先找到一个含有并可求 v 的公式,但使用该公式来求 v,必须先求加速度 a,于是再找到一个含有 a 的公式。这样新手在找到足以求出问题解的一系列公式前,须连续后退,这种搜寻解题所需技能的策略是典型的逆推法,该方法在物理解题中也称为分析法。

而专家由物体受力分析,思维由上而下,一路演绎得出所求速度 v,似乎专家采用的是向前推理的方式。为什么专家可以采用这一求解方法呢?

有经验的教师不难理解,这是一道典型的运用运动学与动力学结合求解的问题。

(1) 该类问题有两种基本范式:其一是给出物体受力方面的条件,求解物体位移或速度等运动学量;其二是给出速度、位移等运动学条件,求解物体动力学量,如受力情况。

(2) 解决此类习题的方法:可以由已知条件出发,通过物理量加速度将运动学规律与动力学规律——牛顿定理等联系起来求解,如下。

```
                    第一类问题
受力情况 — 牛顿定律 — 加速度a — 运动学公式 — 运动状态
                    第二类问题
```

图 5-3　运动学与动力学相结合一类习题求解方法

有经验的教师或者经过一定同类习题训练的学生,或多或少都习得此方法,所以当有经验的教师发现由于该题最终求解的是运动学量——速度,已知条件中告知的是力方面的条件(滑动摩擦因数为 μ 等),就可以运用上述方法或思路来求解该习题了,显示出向前推理的特征。

此研究案例说明在解决问题时,个体总是采用一定方法进行的。面对自己不熟悉领域的问题,新手往往采用逆推法等方法进行。采用逆推法来解决,总比盲目地套用公式解决的行为,解题效率相对较高,即新手采用的逆推法在一定程度上提高了解决问题的效率。

专家在解决自己熟悉领域问题时采用的方法,较新手采用的方法,效率更高。该方法是专家在解决一定数量本领域问题的过程中形成的,是适用于解决本学科特定类型问题的方法。

(三) 认知策略的界定

概言之,策略或者说方法是用于提高特定问题解决效率的技能,是引导个体思考方向以选择出并排列、组合解决问题所需必要技能的技能。

二、方法的特征

(一) 方法是服务于特定问题解决,用于提高问题解决效率的技能

方法是在解决问题过程中应用的,也就是说课标目标"过程与方法"中的过程指的是与相应方法相关的解决问题过程。方法是个体可以习得的学习结果,学习者习得方法可以表现出"在解决问题时有序选择必要技能"的行为,对教学的启示:教学中教授的方法,教师应明确方法的服务对象,即要阐明该方法是针对哪类问题解决的方法。

(二) 方法的操作对象是对内的

方法是"挑选、组合、排列解决当前问题所需技能的技能",即方法的操作对象是学习者已习得的、存储在认知结构中的知识,故按加涅对认知策略的界定来说,方法"是对内操作的"技能。

(三) 对具体问题解决存在效率不同的方法

问题解决的策略一般有两种类型:算法和启发式。"算法:是一种能够保证问题得到解决的程序,其效率不一定很高,但通常总能起作用。算法总能对特定问题产生精确的解决,一般将它们称为强方法。"[1]当人们找不到适合的算法来解决问题时,将会转而采用启发式。"启发式是由以往解决问题的经验形成的一些经验规则,与算法不同,启发式不能保证得到答案。纽厄尔(A. Newell)和西蒙(H. A. Simon)研究发现人们经常运用并不局限于特定问题的通用策略,如手段—目标分析、子目标分析、逆推法等。启发式适用范围较广但是并不能保证问题的解决,一般称之为弱方法。"[2]

案例 5-1

问题:试分析如下三个解决问题的策略,哪个是强方法、哪个是弱方法。

策略一:求解物理习题的方法。

有研究者将物理习题的解决,总结如下:

(1) 审题:

① 弄懂题意,判定是属于什么范围、什么性质的问题。

② 找出已知量和待求量。有些已知量隐含在题目的文字叙述中或物理现象、物理过程中。要注意挖掘。

③ 明确研究对象,确定是何种理想模型。

(2) 分析题:

① 为了便于分析,一般要画出草图。草图有示意图、矢量图、波形图、状态变化图、电路图、光路图等。草图有形象化的特点,有助于形成清晰的物理图象。

② 借助草图分析研究对象所处的物理状态及其条件。

③ 借助草图分析研究对象所进行的物理过程。

在此基础上确定解题的思路和方法。

(3) 建立有关方程:

① 根据研究对象和物理过程的特点和条件,考虑解答计算上的方便,选用它所遵循的规律和公式。

② 列出方程(有时需要建立坐标系、规定方向或画出有关图象)。

(4) 求解:

① 先进行必要的代数运算。

② 统一单位后,代入数据进行计算,求得解答。

③ 必要时对结果进行验证。

策略二:求解静力学问题的方法。

(1) 确定研究对象:并将"对象"隔离出来。必要时应转换研究对象。这种转换,一种情况是换为另一物体,一种情况是包括原"对象"只是扩大范围,将另一物体包括进来。

---

[1] John B. Best. 认知心理学[M]. 黄希庭主译. 北京:中国轻工业出版社,2000:386.
[2] 同上。

(2) 分析"对象"受到的外力,而且分析"原始力",不要边分析边处理力。以受力图表示。

(3) 根据情况处理力,或用平行四边形法则,或用三角形法则,或用正交分解法则,提高力合成、分解的目的性,减少盲目性。

(4) 对于平衡问题,应用平衡条件 $\sum F=0, \sum M=0$,列方程求解,而后讨论。

(5) 对于平衡态变化时,各力变化问题,可采用解析法或图解法进行研究。

策略三:共点三力平衡问题的矢量三角形解法。

如果物体受三力平衡,且受力为沿绳、沿圆周半径等方向,可运用力的矢量三角形方法求解。

基本步骤为:先分析出三力,并画出力的示意图;画出力的矢量三角形;运用三角形边角关系和已知条件求解,或寻找与力的矢量三角形相似的由绳、杆、球面半径等构成几何三角形,运用相似三角形求解。

● 分析

从适用范围上看,策略一适用于所有物理习题求解,策略二适用于静力学习题的求解,策略三适用于三力静平衡且受力沿绳杆的一类习题,适用范围愈来愈小。对一道三力静平衡的物理习题,运用策略三解决,相对效率高。其原因在于强方法不仅给出解决特定问题的步骤,同时每一步都聚焦于解决问题的必要技能,学习者搜寻必要技能的范围就小,如果必要技能已能熟练运用,那么,用强方法解决问题时就可以表现出自上而下的自动化的行为,因此解决效率较高。而弱方法中每一步对学生来说都是解决问题的过程,如策略一中"分析题"画出草图,如何画出具体一道习题的草图,画什么,对学生来说又是解决问题过程,所以,弱方法的运用是不可能自动化的。

专家在解决具体问题时,总是先尝试使用有效的强方法,若没有强方法,再退而求其次采用相对强的方法,实在没有强方法可用,只有使用相对弱的方法。所以要成为一个领域的专家,必须积累大量解决本领域问题的强方法。

(四) 方法在使用时具有潜在性

定量研究电阻大小与长度有关。[①]

探究导体电阻与其影响因素的定量关系

如图5-4所示,a、b、c、d四段不同的金属导体,在长度、横截面积、材料三个因素方面,b、c、d跟a相比分别只有一个因素不同:b与a长度不同;c与a横截面积不同;d与a材料不同。

案例 5-2

[①] 人民教育出版社编写组.物理选修3-1[M].北京:人民教育出版社,2004:58.

图中四段导体是串联的,每段导体的电压与它们的电阻成正比,因此,用电压表分别测量 a、b、c、d 两端的电压,就能知道它们的电阻之比。

比较 a、b 的电阻之比与它们的长度之比;比较 a、c 的电阻之比与它们的横截面积之比;比较 a、d 的电阻是否相等。这样就可以得出长度、横截面积、材料这三个因素与电阻的关系。

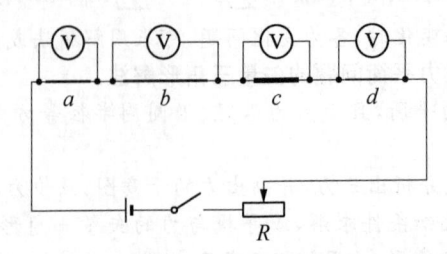

图 5-4 定量探究影响导体电阻大小的因素

改变滑动变阻器滑片的位置,可以获得多组实验数据来得出更可靠的结论。

● **分析**

此案例中,需要研究电阻与导线长度、导线横截面积等因素的关系,在解决"如何测量导线电阻"这一子问题时,并没有采用直接测量(如用万用表等),而是通过串联电路中导线两端电压之比等于其电阻之比来间接测量。

也就是在解决该子问题时,运用了转化法。

转化法:物理学研究方法。科学研究中对于一些看不见、摸不着的现象或不易直接测量的物理量,通常从一些非常直观的现象去间接认识,或用易测量的物理量间接测量,这种研究问题的方法叫转化法。

换句话说,如果物理量难以直接测量,可通过适当的物理规律,将待求量的测量转化为易测物理量测量来解决。

在这一环节教学中,如果教师引导学生通过运用欧姆定律,将测量电阻之比转化为易测的电压之比求出,学生就会拥有一次运用转化法的经历,但学生并不会自发地概括出转化法适用的条件及运用时的基本步骤,也就是说实际教学活动中,教师以及学生可能更多地关注所学的物理概念和规律是否习得,而不太会注意习得这个规律的过程以及其中所运用的方法,即方法的运用往往具有潜在、无意识特征。

再比如,前面专家—新手研究案例中解决问题时,专家也不会意识到自己运用了解决此类问题的有效方法,新手也不会意识到自己运用了逆推法。

三、方法的分类
(一) 从解决问题的效率划分

从解决问题的效率划分,方法可分为强方法和弱方法。对解决问题来说,有些策略对某种类型的问题的解决有直接有效的帮助,就是强方法,如在前面教学案例中专家采用的方法。有些策略(方法)对某种类型的问题解决有启发作用,且应用范围较广,称为弱方法,比如前面教学案例中新手采用的逆推法。

解决问题最一般的弱方法主要有:(1)手段—目标法:问题解决者分析问题的方法是观察终点——所追求的目标,然后试图缩小问题空间里的当前位置与最终目标之间的距离。(2)假设检验:问题解决者简单地构造几条可选的行动路线,不必非常系统化,然后再依次分析每条路线是否可行。(3)爬山法:也称顺向推理法。问题解决者从起点开始,并试图沿着从起点到终点的方向解决问题。

物理学科解决问题的弱方法还有如极端推理法、赋值法、排除法等方法,这些方法在解决一些物理习题时可用,在解决一些化学、生物的习题时也可用,但不能保证问题的最终求解。

此外认知策略(方法)可以根据不同的标准对学习策略进行分类。

(二) 依据学习的信息加工模型划分

有研究者依据学习的信息加工模型将学习策略做如下划分:[①]

(1)促进选择性注意的策略:如自我提问、做读书笔记、记听课笔记等;

(2)促进短时记忆的策略:如复述、笔记、将输入的信息形成组块(chunking)等;

(3)促进新信息内在联系的策略:如分析学习材料的内在逻辑结构和组织结构,多问几个为什么等;

(4)促进新旧知识联系的策略:如列表比较新旧知识的异同,把新知识应用于解释新的例子等;

(5)促进新知识长期保存的策略:如记忆术、双重编码、提高加工水平等。

(三) 从学习活动的类型角度进行划分

认知策略也可以从学习活动的类型来划分为:

(1)促进概念和原理意义习得的策略:归纳法中的求同、差异、共变、求同求异策略;演绎策略;类比策略等。

(2)促进知识结构化系统化的策略:列表、画树形图和依据知识间逻辑关系形成联系。

(3)促进问题解决的策略:解决问题的强方法和弱方法等。

目前个体的反省认知(元认知)的构成和机制是心理学中研究的热点,由于反省认知被认为直接关系到学生个体内在潜能的充分发掘,主体精神的深入体现,因而在强调学生掌握学习方法、学会主动学习的现代教学中,也引起研究者的广泛关注,元认知学习逐渐成为面向21世纪教育的一个带有前瞻性的教学课题。对于教师的教学能力的提升,有研究认为可以通过教师的反思而成长,反思即反省认知。

第三节 物理学科实现"方法"目标的教学

一、方法的习得层次

方法有适用的对象(特定的问题解决),有需要的条件,也有基本的步骤。例如前例中方法三,可表述为:如果物体受三力平衡,可考虑运用力的矢量三角形方法求解。

[①] 皮连生.智育心理学[M].北京:人民教育出版社,1996:218.

基本步骤为：先分析出三力，并画出力的示意图；画出力的矢量三角形；运用三角形边角关系和已知条件求解。

方法的学习与物理概念和规律学习一样，有三个层次：

第一，学生能够按原呈现方式相同的方式陈述内容，达到"方法"学习的"识记"层次；

第二，学生能够用自己的语言陈述方法的适用条件、步骤，并举例说明，达到"方法"学习的"理解"层次；

第三，学生能够在有提示的场合，遵循方法的引导解决特定问题，达到"方法"学习的"运用"层次。

二、方法的教学

由于方法运用具有潜在性，因此，若以方法为直接教学目标，需要有一个将方法的适用条件、步骤等概括出来的"显性化的教学过程"。

教学实践表明，教授"方法"有两种基本的方式：

(一) 传授式教学方式

(1) 教师选择一个运用所要教授认知策略解决的问题，实际引导学生解决该问题，然后教师剖析问题解决过程中运用的认知策略，将认知策略的条件和步骤呈现给学生。

(2) 提供一些使用该认知策略解决的问题，让学生遵循认知策略的步骤解决问题，掌握认知策略。

(二) 启发式教学方式

(1) 选择数个问题解决的实例，这些问题解决中需要运用所要教授的认知策略，教师实际组织教学，完成问题的解决。

(2) 教师引导学生反省问题解决的过程。目的在于从中发现所要教授的认知策略的形式及运用条件。

(3) 让学生举出生活和学习中运用这种认知策略解决问题的实例，目的是让学生练习，进一步熟悉所教策略的使用场合以及条件。

下面，我们通过案例来介绍认知策略教学的形式。

三、认知策略教学的实例

案例 5-3

"科学理论验证方法"的教学

- 教学内容　"阿基米德原理"的教学。
- 教学目标

目标1：理解阿基米德原理。能用自己的语言陈述定律的内容及学习过程。

该部分学习可以实现课程标准中"知识与技能"目标。

目标2：理解进行科学理论验证的最基本方法。能用自己的语言陈述所学验证方法的运用条件以及基本结构；在提示可以运用的场合正确运用。

该部分学习可以实现课程标准中"过程与方法"目标。

以下重点介绍方法的教学。

● 教学任务分析

验证是科学理论得以确立的重要环节。中学物理教学中,在物理规律建立后,也往往对其正确性做出检验。验证环节也需要特定的验证方法,一般来说新理论的正确性可以通过解释旧理论不能解释的现象来检验,也可以通过依据新理论推理获得一些预言,由实验进行验证的方式检验。本教学案例针对后一种验证方法。

本教学案例采用"方法"教学方式二,各环节的作用如下:

环节一 进行学科知识阿基米德原理的学习,学习过程中学生已经无意识地经历或运用了科学理论检验的一种方法;

环节二 教师引导学生举出课堂教学中运用此种验证方式的其他案例,并引导学生反思认知活动过程,从中识别出该验证方式的适用条件和基本步骤,由教师总结概括清晰化;

环节三 要求学生找寻运用此验证方法的实例,实质是学生练习此方法的环节。

● 教学过程

环节一 阿基米德原理的学习

一位教师的教学过程为:

(1) 引导学生根据浮力等于物体上下表面所受压力差,计算出图5-5中正方体物块所受的浮力 $F_{浮} = \rho_{水} \, gV_{物}$。

物体在水中所占有的体积,原先都是水占有的,物体有多少体积在水中,就有多少体积的水被排开。

由此猜测物体所受浮力可能与物体所排开的液体重量有关。

(2) 实验证明,不规则铁块完全浸没水中时,所受浮力等于所排开水的重量。

规则石块完全浸没酒精中时,所受浮力等于所排开酒精的重量。

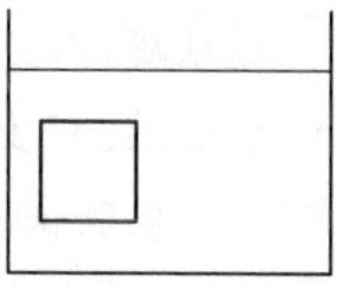

图5-5 物块所受浮力

由实验研究的结果归纳得到阿基米德原理。

(3) 根据阿基米德原理,$F_{浮} = G_{排液} = \rho_{液} \, gV_{排液}$,可引导学生推知

① 当物体完全浸没在液体中时,物体所受浮力不变。

新的事实:当一个悬挂在弹簧秤下端的重物,完全浸没在水中不同深度时,弹簧秤的示数将保持不变。

② 同一物体完全浸没在不同液体中,液体密度大,则该物体所受浮力也大。

新的事实:当一个悬挂在弹簧秤下端的重物,分别浸没在水和酒精中,在水中时的弹簧秤示数较小。

并引导学生通过实验进行验证。

在此教学环节中,教师引导学生对获得的结论进行了初步验证,学生无意识间运用了"验证方法"。

环节二 验证方法意义的学习

在"阿基米德定律"学习后,转入对"验证方法"学习的环节。

师：请同学们回忆学习阿基米德原理的过程,在通过实验获得物体受到的浮力等于其排开液体的重量后,我们接下去做了什么工作?

生：我们根据浮力等于排开液体的重量这一结论,推出另外两个论断,并进行实验验证。

师：请同学们思考一下,我们在以前的学习中,有没有进行过类似的工作?

生：有的,比如在帕斯卡定律学习后我们也做过验证。

师：请一位同学陈述一下,当时这步工作是如何进行的。

生：在学习帕斯卡定律后,根据密闭液体将等大地传递压强,而不是等大地传递压力这一前提,我们推出密闭液体的容器,与液体接触面积不同,则受到的压力大小不同。

为此设计出一种实验装置,如图5-6所示。这一装置由100 ml针筒2个、5 ml针筒、玻璃三通、胶管3根、200 g砝码2个、木架构成,保持连接时针筒、胶管、三通中的空气应尽量排尽,接头处也不能漏气；实验时在针筒B、C的活塞上各压上一个200 g的砝码,用手慢慢将A针筒的活塞向下压。

根据上面推论可知,如果在A处对密闭液体施加压力,由于液体传递的是压强,B与液体的接触面大,根据$F=pS$,所以当在A处对密闭液体缓慢施加压力时,则B针筒活塞受到的液体的压力较大,所以B针筒的活塞将会先顶起砝码,而此时C针筒活塞没有动,两者不会同时被顶起,尽管B、C上是等重的砝码。

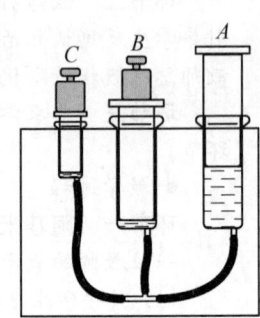

图5-6 验证帕斯卡定律

实验证实了这一论断。

(学生陈述时,教师应及时补充、梳理。)

师：同学们回答得很好。以上工作是科学研究中的一个重要环节,称为验证。

请同学们思考,前面讨论的验证工作是如何进行的。

生甲：要进行实验验证；

生乙：要根据学习的规律提出一些事实论断；

生丙：这种事实论断应该是新的、以前没有见过的。

师：刚才同学们从不同的侧面对验证方法进行了分析。在新的物理规律建立时,其正确性也必须经过有效的检验。前面学习中,我们在得到新的物理规律后,也进行了比较初步的检验,其基本思路是如何呢?

生：回答。(教师对学生的回答作出较为系统的总结。)

(1) 根据新的物理规律,合理地推演出一些论断,这些论断预言出未曾观察到的、可以实验检验的现象；

(2) 设计出能够显现上述现象的实验；

(3) 进行实验,对现象是否真实出现作出检验。

> **环节三 验证方法的练习**
> 师:以上是理论检验的一种方式,实际上在化学、生物等课程学习中,也会运用上述方法对建立的规律进行检验。希望同学们课后收集一些反映这种验证思想的实例,可以来自科学史料或其他学科,也可以是生活中的实例,我们下节课给大家一些时间交流。在呈现实例时,希望依据如下结构进行:
> (1) 新的规律为何?
> (2) 由新的规律可以推演出何种论断,这些论断可以观察和测量的属性或特征为何?
> (3) 能显现该特征的实验或生活情景为何?
> (4) 待测属性是否真实出现?
> 师:新理论的正确性可以通过解释旧理论不能解释的现象来检验,也可以通过依据新理论推理一些预言,由实验进行验证的方式检验。本节课主要采用的是后一种方式检验。
> 科学理论的验证是一项长期、多角度进行的工作,科学研究只有坚持实践是检验真理唯一标准的思想,才有可能避免非科学因素的影响,确保物理学的不断发展,人类对自然界的认识才能不断深入。

四、两种教学方式比较分析

显然上述"验证法"的教学亦可采用传授式教学方式,即在阿基米德原理教学目标实现后,教师自己回顾在获得阿基米德原理后,运用验证方法的经历,并自己举出以前学习中同样运用转化法解决的问题,然后自己概括验证法运用的条件和步骤。

比较这两种策略(方法)的教学方式:

(1) 方法是对内调控的技能,它涉及的概念规则反映人类自身的认识活动规律,这些概念和规则可以通过反省认知的运用来把握。

相比方式一,方式二要求教师引导学生反省认知活动来发现其中的认知策略,也就是说在方式二中,学生既学习了认知策略,又增加了反省认知的体验。

(2) 各种策略在学生的学习活动以及生活中经常运用,即学生有运用策略的经历。从自己的实际经历的认知活动中发现所使用的认知策略,一方面可以使学生更清晰地理解这种方法,同时也有利于增强学生主动使用该方法的意识。

(3) 对于特殊领域的认知策略(强方法),其适用条件以及执行时的步骤往往较明确,因而对这样的策略采用方式一或方式二来进行教学都是可以的。

对于一般领域的认知策略(弱方法),其适用条件比较模糊,或者行动步骤不明确,所以对于这些策略,不宜采用方式一教学。

分析可知对于认知策略的教学,采用方式二较为合适。

方式二中,策略的教学分为两个阶段:阶段一,即教学中的第(1)步,在此阶段学生运用了所要学习的特定策略,但学生处于无意识状态,所以这一阶段称为策略教学的隐性化阶段。阶段二,即教学中的第(2)、(3)步,在这一阶段引导学生发现该策略的形式及相应运用条件,并结合自己的实际运用经历,增强对该策略的理解,所以这一阶段可以称为策略教学的显性化阶段。

【本章小结】

1. 教学设计特征

本书讨论的教学设计指的是实现课时教学目标的教学设计。教学设计是由教师完成的、本质上也是解决问题的活动，其目的是帮助学生习得特定的学习结果。基于科学心理学的教学设计指出，要完成这些任务，教师应理解学生习得这一学习结果所经历的内部过程和条件，并根据学生内部过程和条件规划教学活动。

教师可以依据自己的体会和经验完成教学的规划，如果教师并不能说明教学安排所对应的学习者内部过程，这种活动并不是严格意义上的教学设计。

本书讨论的教学设计主要是依据不同类型学习的内部过程和条件（包括信息加工的必要信息、信息组织的流程等），挑选适当的教学素材（如教学实验）、选择素材的呈现方式（如教学媒体）、选择信息在师生间传递的方式（教学方法），形成能促进学习者习得特定学习结果的教学方案。

2. 教学设计步骤

教学设计的步骤为：第一，陈述教学目标；第二，教学任务分析；第三，规划教学活动；第四，制定测评项目。

其中任务分析是保证教学设计可靠性的最基本核心，其目的是揭示特定学习结果习得所需的内部条件和内部加工过程，分析的起点是学习者的起点能力，揭示的内部过程可以明确学习者在何处可能存在的障碍（也就是教学难点）以及突破难点的方式。本单元将分别阐述物理概念和规律、物理学科中的方法、问题解决、态度等不同类型学习结果对应的学习机制（实际上就是如何完成不同类型学习的任务分析）及相应的教学规划。

3. 认知策略和方法

认知策略是一类学习结果，其作用是提高解决问题的效率，认知策略有适用的问题领域、有选择必要技能的步骤，外在表现为做事的途径，像原则、途径、策略、思路、窍门等都是有助于提高特定问题解决的效率的，因此都属于认知策略。

4. 强方法、弱方法

强方法适用解决问题领域窄，已聚焦到解决特定问题所需的必要技能，因此使用起来解决问题的效率高，平常交流中所称的方法一般就是指强方法。弱方法因为适用解决问题领域宽泛，没有直接指向问题解决所需的必要技能，只是引导个体思维方向向解决问题必要技能靠近，不能保证问题的最终解决，所以解决的效率低。

个体解决具体问题时，如果有强方法，必然会用强方法解决，若不具备强方法，则会退而求其次，运用与本领域问题解决相关的弱方法，实在无法解决，就只能使用适用范围最广、最一般的弱方法，如逆推法、手段—目标法、尝试错误法等。

5. 方法的教学

教师应明确在特定物理学科知识学习中的方法，能用自己的方式陈述方法的适用条件、基本步骤和运用实例。

若以"方法"为目标，在教学中就应包含一个显性化的教学环节，用以呈现方法的适用领域、运用时的基本步骤，并提供学生练习的情境和场合。

【拓展阅读】

1. 皮连生.两种取向的教学论与有效教学研究[J].教育研究,2012,5:25—30.

该文对哲学经验取向和科学心理学取向教学理论的特征做出清晰地分析,并指出两种教学理论在指导教学能够产生作用的条件。

2. 皮连生.教学设计(第2版)[M].北京:高等教育出版社,2009.

该书是国内科学取向教学设计的第一本理论著作,分为教学设计概论与理论基础、教学目标与教学分析、教学策略、教学评价等四部分,其中教学策略部分按事实性知识、概念性知识、程序性知识、问题解决和情感领域等分类论述。

3. 盛群力.教学设计[M].北京:高等教育出版社,2005.

该书系统全面地介绍了国际上一流学者倡导和实践的教学设计理论,这些理论多是20世纪80年代开始成形和发展的。

4. 加涅.学习的条件与教学论[M].皮连生等,译.上海:华东师范大学出版社,1999.

该书第七章论述了认知策略的分类、学习过程、学习条件以及教学含义。

5. 庞维国.自主学习:学与教的原理和策略[M].上海:华东师范大学出版社,2003.

该书较为系统地介绍了我国自主学习的研究,其中第五章介绍认知策略、元认知策略和学习资源利用策略。

6. 邢红军.论原始物理问题的教育价值及其启示[J].课程教材教法,2007,5:56—61.

该文提出将原始物理问题教学作为整个物理教育思想和教育方法改革的突破口。论述了科学方法与科学知识的联系和区别。

7. 张宪魁.物理学方法论[M].杭州:浙江教育出版社,2007.

该书分章依次介绍了物理学研究的一般方法,如实验方法、比较与分类方法、分析与综合方法、归纳与演绎方法、理想化方法、类比方法等,阐述结合中学物理教学的案例讨论。

【思考与练习】

1. 有学者认为教学设计的内容包括:教学内容分析、教学对象分析、教学目标分析、教学策略选择、教学媒体选择、教学过程设计和教学评价设计,试比较其与科学取向教学论所提教学设计间的联系与区别。

2. 科学研究方法,如转化法、等效替代法、理想实验等,属于强方法还是弱方法?试分析之。

3. 在"电动势"一节教学中,一位教师在分析电源中带电粒子受力特点时,教学如下:

实例一	实例二
小球在一个有高低差的闭合轨道中运动	正电荷在闭合电路中运动
小球在重力作用下,从高到低处	正电荷在电场力作用下,从高电位处到低电位处
要将小球从低处移动到高处,需对其施加推力、拉力等	要将正电荷从低电位处移动到高电位处,也需对它施加力的作用
该力与重力性质不同	推理:该力与电场力性质不同

此教学环节中,得出"电源中带电粒子受力为非静电力"这一结论时,采用的方法为何种方法?并设计该方法的教学。

第六章　物理概念和规律的学习与教学

通过本章的学习,你能够
- 理解物理概念和规律意义学习的基本机制。能举例解释具体物理概念和规律学习的各子过程、各子过程解决问题需要的策略等;能阐述"科学探究"素养、"科学思维"素养的实质,即与物理学习途径的对应关系。
- 掌握物理概念和规律意义学习教学设计的核心思路。能解释物理概念和规律教学设计工作的主要内容,能遵循设计步骤完成设计工作。
- 掌握启发式教学和传授式教学。能区分两种教学方法中学习者内部学习机制的不同,能执行两种教学方法的步骤,安排师生间的活动过程。
- 掌握物理概念和规律"运用"的教学设计。能解释物理概念和规律"运用"对应的内部过程和学习者"运用"可能的障碍,能执行"运用"教学设计的步骤有针对性地设计物理概念和规律"运用"教学。

《普通高中课程标准(2017版)》提出培养学生的核心素养,包括物理观念、科学思维、科学探究、科学态度与社会责任,核心素养要在课堂教学中落实,物理观念(其根基就是物理概念和规律)显然是抓手,在学习物理概念和规律的过程中,帮助学习者运用科学思维、科学探究解决问题,从而锻炼学习者这两方面素养;帮助学习者在学习中感受以及表现出符合理性、实事求是的行为,从而养成学习者科学态度和责任的素养。无论从哪个方面看,课堂教学都是落实学科核心素养的主要场所。本章重点阐述物理概念和规律学习的结果、途径,以及相应的教学问题。

第一节　物理概念和规律的习得机制

一、物理概念和规律
(一) 物理概念分类与界定
　　物理概念是客观事物的物理共同属性和本质特征在人们头脑中的反映,是物理事物的抽象。
　　1. 分类
　　许多物理概念所反映的客观事物的本质属性具有明显定量的性质,也就是说概念可以用一个可以测量的量来表示,如速度、加速度、电场强度、电阻等,这类概念称为物理量。

物理量按照它反映的客观属性,可分为状态量和过程量。

像速度、加速度、气体体积和压强等,这些物理量是用来描述状态的物理量,当研究对象状态一定,它就有确定的量值;

像功、热量、冲量等物理量,是描述过程的物理量,一般来说,不同的过程,具有不同的量值。

物理量也可以划分为性质量和作用量,性质量是描述物质或物体的某种性质的量,如密度、比热容、电阻、电场强度等;作用量是描述物体间相互作用的量,如力、力矩、功等。

正是由于组成物理学基石的物理概念大多具有定量的性质,因而研究物理学,就必然离不开数学和实验测量。

2. 物理概念的界定

物理概念都是通过下定义方式,通过与其他概念间的关系来界定的;

例如,在相等时间内,速度变化量相等的直线运动,叫做匀变速直线运动。

可见,匀变速直线运动这一概念是通过直线运动、速度、时间、变化量等概念间的关系来界定的。

又如,力对物体所做的功,等于力的大小、位移大小、力和位移方向夹角的余弦三者的乘积。

可见功这一概念是通过力、位移(大小方向)、夹角、乘积等概念间的关系来界定的。

(二) 物理规律的界定与特征

物理规律是物理现象、过程在一定条件下发生、发展和变化的必然趋势及其本质联系的反映。[①] 物理规律通常分为物理定律、物理定理、物理原理等。

物理现象和过程存在各种联系,在这些联系中,有的是本质的、必然的联系;有的是非本质的、偶然的联系。

例如,一个物体只要受到一个不为零的合外力的作用,它就具有加速度,这就是物体有无加速度和合外力间存在的本质联系,但是从现象看来,一个物体是否具有不为零的加速度(指有无而不讨论大小),却又与这个物体的大小、轻重、质料、形状、所在地点及环境、单个外力的大小等等都有联系,实际上这些因素对一个物体是否具有不为零的加速度来说,只是分别起着片面的、不稳定的或者偶然的作用,因此统统是非本质的联系。

(三) 物理概念与规律的联系

物理规律反映有关物理概念之间的必然联系,例如牛顿第二定律就是由质点、力、质量、加速度等概念组成的。它表明研究对象(质点)的加速度与研究对象的质量和所受的合外力之间的定量的因果联系。动能定理将功(过程量)与动能(状态量)联系起来;动量定理将冲量(过程量)与动量(状态量)联系起来;热力学第一定律把热量(过程量)、功(过程量)与内能(状态量)联系起来等。

二、物理概念和规律习得的机制

物理规律反映有关物理概念之间的必然联系,物理概念绝大多数是通过下定义方式

[①] 许国梁.中学物理教学法[M].北京:高等教育出版社,1981:52.

清晰界定的,实际也是通过与其他物理概念间的关系来界定的。那么,学生学习物理概念和规律的意义,就是通过学生自己的思维活动形成这些概念间的本质或因果联系,主要表现为定性关系、定量关系,在学习中往往还需要排除相关物理对象间不存在因果联系。在物理学科的学习中,学生都是通过运用特定的推理方式来建立概念间的联系,以及排除相关物理对象间因果联系的。

(一) 定性关系建立的逻辑机制

建立概念间定性关系的方法主要有探究因果联系的归纳法、类比法以及演绎法等。

1. 求同法

求同法是通过考察被研究现象出现的若干场合确定在各个场合先行情况中是否只有另外一个情况是共同的,如果是,那么这个共同情况与被研究的现象之间有因果联系。

其结构可以如下表所示:

场合	先行情况	被研究现象
1	A、B、C	a
2	A、D、E	a
3	A、F、G	a
	所以,A 与 a 有关	

案例 6-1

"弹力"概念学习中,教材呈现出如下一组实例[①]

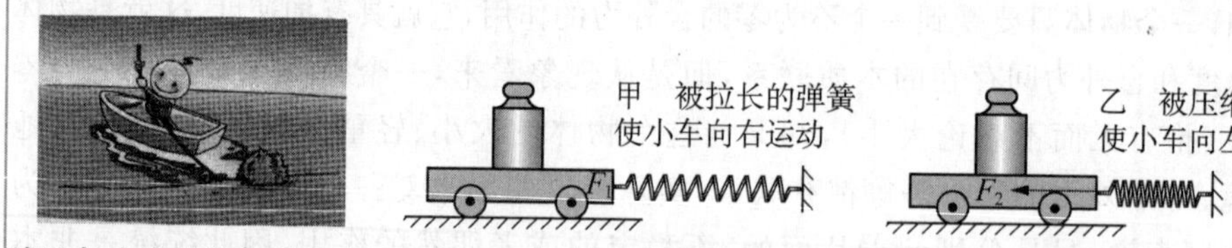

图 6-1 求同法示例

● 分析

第一,获得的结论命题:产生形变的物体要恢复原状,对与它接触的物体产生的力。
第二,教材获得该结论命题的推理方法——求同法。

求同法案例如下表所示:

---

① 人民教育出版社编写组. 普通高中课程标准实验教科书 物理 必修1[M]. 北京:人民教育出版社,2004.

场合	结　果	条　件
1	船(及人、竹竿)构成整体由静止离岸⇒受到岸对竹竿力(弹力)	竹竿变弯(形变),逐渐恢复原状,竹竿和船为一整体
2	小车向右运动⇒受 F_1 力(弹力)	弹簧伸长(形变),要收缩恢复原状,弹簧与车接触
3	小车向左运动⇒受 F_2 力(弹力)	弹簧压缩(形变),要伸长恢复原状,弹簧与车接触
	所以,"弹力(的产生)"与"弹性物体发生形变"、"和受力物体接触"有关	

2. 差异法

差异法是通过考察被研究的现象出现和不出现的两个场合,确定在这两个场合中是否只有另外一个情况不同,如果是,那么这个不同情况与被研究现象之间有因果联系。

其结构可以如下表所示:

场合	先行情况	被研究现象
1	A、B、C、D	a
2	B、C、D	
所以,A 与 a 有关		

案例 6-2

二力平衡的条件是什么?

在一张长方形轻质硬纸板的对角位置上打两个小孔 A 和 B,并在 A、B 间画一直线(见图 6-2)。

将硬纸板按图 6-3 所示那样装置好,在两边盘中添加砝码,并使纸板相对于桌面保持静止。先观察两盘中砝码的质量是否相等,若质量相等,作用在纸板上两边的拉力是否相等。再观察 AB 连线与连接砝码盘的两根细线 AC 与 BD 是否在一条直线上。

扭转图板到图中虚线位置后放手,观察纸板最后平衡(静止)的位置。

实验表明,二力平衡的条件是:

> 作用在同一个物体上的两个力,必须大小_____,方向_____,并作用在_____上。

图 6-2 对角打孔的硬纸板

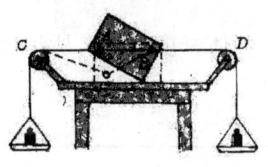

图 6-3 验证二力平衡的条件

● 分析

第一,获得的物理结论:二力平衡需要二力同线。

第二,获得该结论的推理方法——差异法。

场合	先行条件	结果
实验一	两个力满足等大、反向、同物、同线	初始位置,硬纸片静止——二力平衡
实验二	两个力满足等大、反向、同物	虚线位置,硬纸片转动——二力不平衡
所以,"二力平衡"与"二力同线"有关		

3. 共变法

共变法是通过考察被研究现象发生变化的若干场合中,确定是否只有一个情况发生相应变化,如果是,那么这个发生了相应变化的情况与被研究现象之间存在联系。

其结构可以如下表所示:

场合	先行情况	被研究现象
1	A_1、B、C	a_1
2	A_2、B、C	a_2
3	A_3、B、C	a_3
所以,A 与 a 有关		

案例 6-3

> 如下所示是研究"浮力大小影响因素"一节的教材内容:
>
> "3. 浮力的大小是否跟液体的密度有关?
>
> 准备好不同密度的液体(如清水和盐水等),把这些液体按密度大小的顺序排列。再把悬挂在测力计下的同一物体先后浸没在这些液体中,看看浮力的大小是否跟液体的密度有关。若有关,有怎样的定性关系?"

教材中通过实验安排,获得结论"物体所受浮力大小与液体密度有关",所运用的逻辑方法即为共变法。

场合	结果	变化条件	不变条件
1	浮力最小	浸入液体密度最小	同一实验条件,同物、浸入液体中体积等
2	浮力较大	浸入液体密度较小	
3	浮力最大	浸入液体密度最大	
所以,"浮力(大小)"与"物体浸入液体的密度"有关			

4. 求同求异法

求同求异并用法：考察两组事例，一组是由被研究现象出现的若干场合组成的，称为正事例组；一组是由被研究现象不出现的若干场合组成的，称为负事例组。如果在正事例组的各场合中只有一个共同的情况并且它在负事例组的各场合中又都不存在，那么，这个情况就是被研究现象的原因。其结构如下表所示：

场合	先行情况	被研究现象
1(正事例)	A、B、C、F	a
2(正事例)	A、D、E、G	a
3(负事例)	B、C、G	—a
4(负事例)	D、E、F	—a
	所以，A 与 a 有关	

案例 6-4

在初中物理"液体内部压强"一节教学中，为了获得"在同种液体的同一深度，液体内部压强相等"这一结论，教师要求学生完成以下实验：

第一组：探头开口向上，分别放在水面下 5 厘米、12 厘米测量压强计两管液面高度差。

第二组：探头开口向下，分别放在水面下 5 厘米、12 厘米测量压强计两管液面高度差。

第三组：探头开口向左，分别放在水面下 5 厘米、12 厘米测量压强计两管液面高度差。

第四组：探头开口向右，分别放在水面下 5 厘米、12 厘米测量压强计两管液面高度差。

第五组：由一～四组中，深度为 5 厘米的 4 个实验组成。

第六组：由一～四组中，深度为 12 厘米的 4 个实验组成。

由第一～四组构成负事例组、第五组和第六组构成正事例组，可以运用求同求异法获得上述结论。

5. 类比法

类比推理是根据两个或两类对象有部分属性相同，从而推出它们的其他属性也相同的方法。简称类推、类比。它是以关于两个事物某些属性相同的判断为前提，推出两个事物的其他属性相同的结论的推理。

逻辑结构

A 对象	B 对象	A 对象	B 对象
a'	a'	c'	c'
b'	b'	d'	推测：B 可能也有 d'的属性

案例 6-5

在习得电场力做功特点以及引入电势能的定义后,学习电势能的相关性质。

	重力场	静电场
物理意义	描述了物体在重力场中,凭借其位置所具有的能量	描述了物体在静电场中,凭借其位置所具有的能量
做功的特点	重力做功与路径无关	静电力做功与路径无关
系统组成	地球与物体	电荷与电场
	重力做正功,重力势能减少;重力做负功,重力势能增加;重力做多少功,重力势能改变多少	类比猜想出性质: 静电力做正功,电势能减少;静电力做负功,电势能增加;静电力做多少功,电势能改变多少

6. 演绎推理

演绎推理是由反映一般性知识的前提得出有关特殊性知识的结论的一种推理,其最基本的形式是三段论,由三个命题构成,这三个命题分别称为大前提、小前提、结论。由于自然学科教学中所涉及概念、定律(理)、规则均可用假言命题给出,因而在自然学科教学中所遇到的演绎推理大多数为假言推理。根据假言推理大前提中前件和后件的关系,假言推理又可分为充分条件假言推理、必要条件假言推理和充要条件假言推理。

对于大前提是一个充分条件的假言命题,正确运用充分条件的假言推理,其形式一般有肯定前件式、否定后件式。肯定前件式结构如下:

$$\frac{p \to q}{p}$$
则 q

实例如:

如果物体静止,则物体受力平衡
某物体静止
———————————
某物体受力平衡

> **案例 6-6**
>
> 在"单摆"一节学习中,已经分析获得"单摆振动回复力 $F=-(mg/l)x$",由这一结论得出结论"单摆的振动是简谐振动",推理过程为演绎推理,如下所示:
>
> 如果振子受到的回复力满足 $F=-kx$,则振子做简谐振动
> 单摆振动回复力 $F=-(mg/l)x$,对特定单摆,(mg/l)可用常数 k 表示
> ——————————————————————————
> 所以,单摆的振动(小角度)是简谐振动

(二) 排除物理量间因果关系的逻辑方法

自然规律反映了事物之间的因果关系,所谓因果关系,就是在一定条件下会出现的一定现象。要构成一个稳定的因果关系,最重要的是有两条:

其一,可重复性;其二,可预见性。

以上两条性质要求"相同的原因必定产生相同的结果",但宏观世界的事物没有绝对相同的,如果把条件放宽一些,用"等价"一词代替"相同",把因果关系归结为:

等价的原因→等价的结果

由此,可以获得两种前提:

前提一:如果本质原因存在,则结果也应存在。

前提二:如果本质原因改变,则结果也应变化。

以此为前提,可有两种排除物理量因果联系的演绎推理方式:

① 推理形式一

如果 A 与 B 有因果联系,则 B 变化,A 亦变化
B′变化,而 A′未变
——————————————————————
B′与 A′无必然关系

> **案例 6-7**
>
> 在"单摆"一节学习中,通过实验获得数据:质量改变的条件下(其他条件未变),单摆振动周期未变。
>
> 由此建立结论:单摆振动周期与单摆质量无关。所用推理如下:
>
> 如果 A 与 B 有因果联系,则 B 变化,A 亦变化
> 单摆质量变化,而单摆振动周期未变
> ——————————————————————
> 单摆振动周期与单摆质量无关

② 推理形式二

如果 A 与 B 有关,则 B 不变化,A 亦不变化
B′不变化,而 A′变化
——————————————————————
B′与 A′无必然关系

案例 6-8

在"超重失重"一节教学中,首先观察了电梯上升阶段超重失重现象(见下表):

		速度方向	秤的示数变化
电梯上升	加速上升	向上↑	示数变大(超重)
	匀速	向上↑	示数不变
	减速上升	向上↑	示数变小(失重)

分析可得结论:超重失重与物体速度无关。
获得的逻辑过程如下:

如果 A 与 B 有关,则 B 不变化,A 亦不变化
物体运动速度方向不变,有时超重、有时却失重
_____
所以,超重失重与物体运动速度方向无关

● 备注:著名认知心理学家斯腾伯格(R. J. Sternberg)通过实验证实个体确实可以根据可能原因和可能结果同时出现(求同)、可能原因与结果同时消失(差异或共变)现象来确认某一事件是原因事件[①]。

研究表明,人们可以根据原因事件和结果同时出现、可能的原因事件与结果同时消失来确认某一事件是原因事件。

人们可以根据可能的原因出现了但结果没有出现、或者可能的原因没出现但结果却发生了,推断某一先行事件。

因果推论	推论的基础	解 释
肯定	可能的原因事件和结果事件同时出现	如果一个事件和一个结果经常一同出现,人们可能会认为这个事件导致这个结果
肯定	可能的原因事件和结果事件都没有出现	如果在可能的原因事件没发生时某一结果也没有出现,那么人们很可能认为是这一事件导致了结果
否定	可能的原因出现,但是结果没有出现	如果在可能的原因事件发生时某一结果却没有出现,那么这一事件不会(不太可能)导致该结果
否定	可能的原因没出现,但是结果却出现了	如果可能的原因事件没有发生,但结果却出现了,那么这一事件不会(或不太可能)导致该结果的可能性较小

实际上在物理概念和规律意义的学习中,通常需要将多种逻辑推理结合运用,构成逻辑链。

_____
① R. J. Sternberg.认知心理学(第三版)[M].杨炳钧等,译.北京:中国轻工业出版社,2006:349.

> 在"流体压强与流体速度之间关系"一节中,安排实验如图6-4所示[①]。
>
> 用两手平拿一张纸,让大半张纸自由下垂,在纸的上方沿水平方向吹一口气,如图所示,这张纸将怎样运动呢?记录所观察到的现象,并思考为什么会出现你所观察到的现象?
>
> 图6-4 流体压强与流速关系实验示例

案例 6-9

- **分析**

实验现象:沿纸张上表面吹气,原先下垂的纸张向上飘起。

获得结论:气体压强与气体流速有关,流速大,则气体压强小。

由实验现象到获得结论需要经过一系列的逻辑过程,所需各子结论及相关逻辑加工如下所示:

① 吹气前,纸张上表面和下表面处压强均等于大气压;

② 吹气时,纸张向上飘起,说明此时纸张向上压强(下表面处)大于向下压强(上表面处),演绎推理如下(纸张上下表面积相等,故此处所指压强大小也即压力大小):

$$\frac{\text{如果物体受到压强不相等,则沿压强大的方向运动(大前提)}}{\text{吹气时,纸张向上飘动(小前提)}}$$

则吹气时,纸张(下表面)向上压强大于(上表面)向下压强(结论)

③ 吹气和不吹气时,纸张下表面各项条件未变,两次实验中纸张所受向上压强(下表面)未变,等于大气压;演绎推理如下:

$$\frac{\text{如果条件没有变化,则结果亦不变}}{\text{两次实验中,下表面各种条件没有变化}}$$

$$\frac{\text{则(吹气、未吹气时)纸张下表面所受压强没有改变}}{\text{未吹气时纸张下表面压强等于大气压}}$$

则吹气时纸张下表面压强等于大气压

④ 吹气时,上表面压强小于大气压;演绎推理如下:

$$\frac{\text{吹气时,纸张上表面压强小于下表面压强}}{\text{吹气时,纸张下表面压强等于大气压}}$$

则吹气时,上表面压强小于大气压

[①] 人民教育出版社编写组.普通物理课程标准实验教科书 物理 选修3-4[M].北京:人民教育出版社,2005:15.

⑤ 吹气前,上表面气体压强等于大气压,吹气时,上表面压强小于大气压,由此得出结论:气体压强与气体流速有关,流速快,气压小。逻辑过程为归纳推理中的共变法。

场合	结果	条件	不变条件
1	气体压强等于大气压	气流速度小——未吹气	纸张上表面
2	气体压强小于大气压	气流较大——吹气	

所以,气体压强与气流速度有关。流速大,压强小。

第二节 物理概念和规律学习的途径

前一节的分析,主要讨论物理相关概念间联系的形成方式,而用于形成联系的相关性质,物理学习中一般通过两种学习途径获得:

其一,实验归纳途径:此类研究首先从对某些现象的观察开始,通过观察,人们获得大量有关自然现象的经验事实,在事实基础上猜测本研究现象产生的因素,并在人为控制的实验条件下,概括出具有一般性的科学原理,最后根据这些科学原理去解释自然现象中人们未曾解释的现象。像古希腊哲学家亚里士多德、著名的科学家牛顿、伽利略、拉瓦锡等人的科学发现活动是符合这一认识途径的。

其二,理论分析途径:由已确证的公理或者通过思想自由创造形成假设公理,经过严密的逻辑演绎,获得新的一般原理。原理的正确性由其匹配人们经验事实的可靠性来检验。爱因斯坦创立狭义相对论的理论体系即遵循这一研究途径。

不同学习途径经历的子环节不同,各环节需要解决的子问题不同,以下分别对两种学习途径的过程以及各子环节解决问题所需的策略进行分析。

一、理论分析途径的过程与所需策略

在物理学习中,通过理论分析途径形成新的联系,本质上就是证明的过程。与数学证明的不同在于,其推出的论断必须得到实践检验,而非仅靠逻辑性检验。物理学研究中,始终坚持实践是检验真理的唯一标准,也就是说检验一个物理性质真实性关键是与生活实际或实验事实相符。

1. 证明

在一门科学理论中,根据某个或某些判断的真实性来断定另一判断的真实性的思维过程,叫做逻辑证明,简称证明。

从证明命题本身或证明命题的等价命题看,分为直接证明和间接证明,间接证明有反证法。

(1)直接证明。这是一种从命题的条件出发,根据已知条件以及已知的公理、概念和规律,直接推断结论真实性的方法。

(2)间接证明。有些命题用直接证明比较困难,可以通过间接证明原命题的等价命题的真伪来间接证明原命题。

反证法也是间接证明的一种形式,其基本结构为:

若证明命题"若 p 则 q",其一般步骤为:

第一,反设。将结论的反面做出假设,即做出与结论 q 相矛盾的假设。
第二,归谬。将"反设"和"原设"作为条件,应用正确的推理方法,推出矛盾的结果。
第三,结论。说明反设不成立,从而肯定原结论是正确的。
第二步中所说的矛盾结果,一般指的是推出的结果与已知条件、与已知的概念、规律相矛盾以及自相矛盾等各种情况。

根据反设的情况不同,反证法又可分为"归谬法"和"穷举法"。反设只有一种情况的反证法叫归谬法。反设有多种情况的反证法叫"穷举法"。

案例 6-10

直接证明

学习内容:平面镜成像与物体等大;平面镜成像到镜面的距离等于物体到镜面的距离。

求解(证明):

1. 选择简画的箭头成像。画出简画的箭头以及平面镜位置。

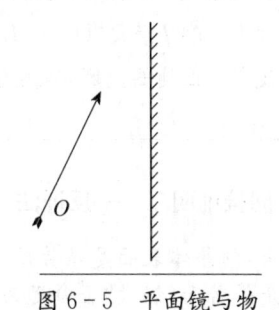

图 6-5 平面镜与物

2. 选择箭头 P 为物点。
3. 选择 P 点照射到平面镜上任意两条光线。
4. 作出以上两条光线经平面镜的反射光线。
5. 沿反射光线的反向延长交点 P',为箭头 P 像点。
6. 选择箭尾 O,同法作出其像点 O',如下图所示。

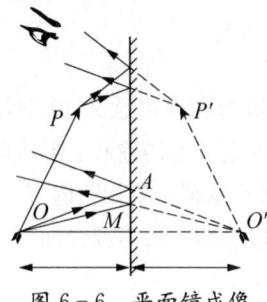

图 6-6 平面镜成像

7. 连接 $O'P'$,画出物体的像。
8. 将所作图形以平面镜为轴对折,物与像重合。
9. 可得:像点到镜面的距离等于物点到镜面的距离(P' 相对 P;O' 相对 O 点),物与像的大小相等。

分析可知,对平面镜成像规律的论证采用直接证明。

案例 6-11

间接证明一

在闭合电路欧姆定律学习中,通过演示实验,学生猜测"内电压和外电压的和可能为定值",接下来的问题是:如何研究该猜测是否真实呢(即规划方案环节)?

一种解决的方案是:

假设"内电压和外电压的和为定值"成立。即 $U_内 + U_外 = K$。 (1)

由于 $U_外 = IR, U_内 = Ir$; (2)

所以,有 $Ir + U_外 = E \Rightarrow U_外 = E - Ir$。 (3)

● **分析**

(3)是由(1)以及其他已知定律推出的,如果(3)成立,即可推知原假设成立。

此种通过证实闭合电路中满足 $U_外$ 和 I 满足 "$U_外 = E - Ir$" 即线性规律,从而做出"闭合电流中内电压和外电压的和为定值"正确的论断,就是用了间接证明方法。

案例 6-12

间接证明二——反证法

论题:如果导体静电平衡,则导体表面是等势面。

论证:假设导体表面不是等势面(假设"否命题为真");

如导体表面 P、Q 两点间存在电势差,$U_P > U_Q$;

根据静电场电势与电场的关系,应存在由 Q 指向 P 的电场;

那么,处于该电场中金属表面的电子,就应该移动。

该状态为不平衡状态。(逻辑演绎,推出结论)

与题设金属已处于静电平衡状态矛盾。(结论与题设矛盾)

故,"导体表面不是等势面"不正确。即导体表面是等势面。

2. 理论分析途径的学习机制

通过理论演绎途径习得物理概念和规律意义,其学习过程相当于结构良好的物理习题的解决。认知心理学提出解决问题要经历途径:形成问题空间、选择解决问题的策略、执行算子、评价实施效果。详见第八章第一节相关内容。

由此,通过理论分析研究物理问题,一般需要经历如下过程:

1. 确定待解决的问题;
2. 确定解决问题的物理对象或情景;
3. 确定所选情境中问题解决需要的策略;
4. 遵循策略的引导选择解决问题所需技能。

在步骤2,可遵循研究情景的科学性、可行性原则,运用模型法完成。

● 在研究情景的选择上,要满足科学性要求,即真实情景下符合物理研究特征的抽象。满足可行性要求,即要能够用学习者已有知识解决。

抽象出待研究的情景,应突出主要研究属性,尽可能减少无关属性,即模型的方法。

在步骤 3,由于物理概念和规律学习中需要解决的问题相对比较明确,解决问题所需的必要技能不多,对于所要学习的内容,学生都是第一次遇到,因此只能用弱方法解决,主要是向前推理、向后推理、手段目标法等,即可挑选出解决该问题所需的技能。

案例 6-13

理论分析学习途径——采用逆推法解决案例

如前案例 6-10 所示,在学习"平面镜成像规律"时,采用直接证明。作为教师,需要了解:当学生面临此问题时,可以遵循何种方法来选择出解决问题的必要技能呢?分析可知,主要用逆推、手段目标等弱方法来完成。简单描述如下:

问题:(平面镜所成)像与物体之间的关系。

可能经历的解决过程

(1) 确定待研究问题情景

可遵循研究情景的科学性、可行性原则,运用模型法完成。

生活中平面镜成像的场合很多,比如人在穿衣镜前整装、姑娘照镜化妆、湖边或湖中物体在平静湖面的倒影等,从中抽象出情景应突出物体的成像,而减少形状等变化,同时学习者已有知识可解决的情景。由此:

确定本例中研究对象:一支箭在平面镜中所成像(成像物体尽可能简单,箭头箭尾又可区分物体不同位置)。

(2) 选定情景中的问题解决

通常采用最一般的弱方法,如手段目标法、逆推法等。

本例求解策略:主要是逆推法(执果索因)。

● 待求的是:一支箭在平面镜中所成像、与物、平面镜间的距离关系。

应该首先确定像是如何形成的;

● 物体及像的形成(如何被观察到)。

发光体或经物体反射后的光线通过人眼成像系统成像,所以,要有光线通过人眼系统;

● 物体(被观察到)。

物体发出的光或反射的光,经人眼系统,被人眼观察到;

● 物体经平面镜后的像被观察到的成因。

物体发出的光经平面镜后,通过人眼被观察到;

● 物体发出光线经平面镜后应满足什么规律?

光的反射;

● 确定物体经平面镜后所成像位置需要什么条件?

一条光线不能确定一个物(或像)点,需要两条以上光线,所以应画出两条经平面镜反射的光线;

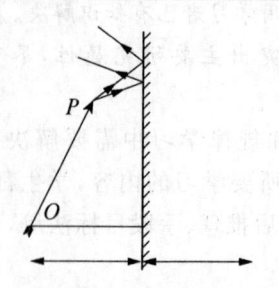

图 6-7 箭头发出两条光线的反射光线

● 物体某点经平面镜后像的位置在哪里？

两条经平面镜反射的光线不交汇，不能成一个实际的光点，但人眼迎着两条光线，仿佛有一个光线的发出点，即虚像位置；

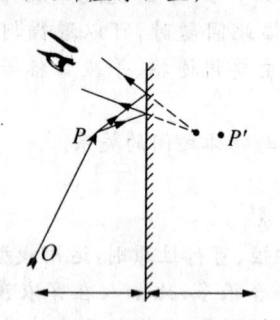

图 6-8 反射光线的反向延长线相交

● 怎样确定物体所成像？

可选择首尾两个点经平面镜后所成像；

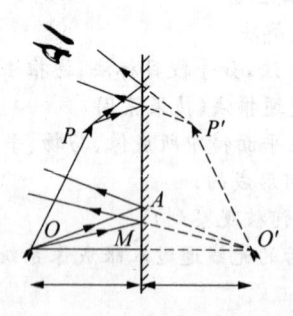

图 6-9 箭 OP 在平面镜中成像 $O'P'$

● 物体经平面镜所成像的规律。

与镜面对称；将其沿镜面对折后，像与物重合，可得：

（1）像的大小与物的大小相等；

（2）像到镜面的距离等于物到镜面的距离。

由以上分析可知，在理论分析学习途径中，学习者可以遵循科学性、可行性的原则选择出适合研究的情景与对象；可以运用逆推法选择出解决问题所需的必要技能。实际学习过程中，学习者还可以运用手段目标、向前推理等弱方法选择解决问题所需的必要技能。

案例 6-14

理论分析学习途径——向前推理方法解决问题样例

学习内容：处于静电场中导体的电荷分布不随时间变化的状态，静电平衡。

已知：导体处于静电场中，金属中有相对固定的晶格结构，有可以自由运动的电子。

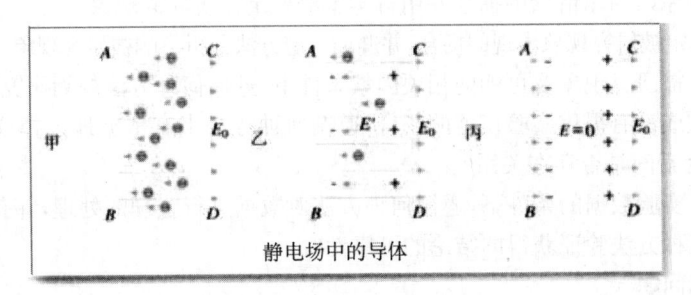

静电场中的导体

待求：（静电场作用下）电荷在导体中的分布。

当学习者面对这一问题时，如何选择解决问题所需的必要技能？一种可行的方法是采用向前推理方法，即根据已知，逐步接近待求。

求解：

因为金属有晶格结构和自由移动的电子

↓

而电子在静电场中受力，要迎向电场线运动

↓

于是（导致）负电荷在AB面聚集（正电荷聚集于CD面）；

↓

AB、CD面电荷的分布，在导体内部产生附加电场，方向与原静电场方向相反

↓

导体中电子受两个电场的力的作用，方向相反

↓

随着AB、CD面上电荷聚集，附加电场也随之增加，电子受的力也增大，而原先静电场的力不变

↓

导体中电子受两个电场的力。附加电场增大到等于原静电场，电子将不再移动，电荷分布稳定

从已知到待求

二、实验归纳途径的过程与所需策略

实验事实归纳中,一般经历提出问题、猜想和假设、规划实验方案、设计实验、执行实验获取数据、处理数据获得结论、验证等环节。

就一个具体的研究课题来说,由于学生缺乏直接解决经验,所以在每一要素的实现时,都可能会遭遇障碍,即需要经历解决问题。比如:

1. 如何从原始问题情景中抽象并用科学术语界定被研究的现象?
2. 如何确定被研究现象出现的场合,并遵循一定方法分析影响被研究现象的可能因素?
3. 在已知被研究现象及可能的相关因素条件下,遵循何种方法规划研究方案?
4. 在提供或没有提供实验仪器的场合,遵循何种方法来有依据地选择仪器并加以组合,用以研究因素间是否存在关系?
5. 在已有实验数据的条件下,遵循何种方法对数据进行合理的处理,并获得结论?
6. 遵循何种方法验证获得的结论的可靠性?

(一)提出问题

本环节目的是帮助学生明确要研究的问题。

通常可通过包含研究问题的物理情景,运用模型法(忽略次要因素、突出主要因素),抽象出要研究的问题。

● 模型法:通常用在提出问题环节。在从具体情境中抽象出待研究的对象或问题时,常采用模型法,其基本步骤为:

(1) 从具体情境中初步确定待研究对象;
(2) 确定待研究对象以及属性;
(3) 分析待研究属性出现的必要条件;
(4) 分析影响待研究属性的次要因素;
(5) 概括待研究现象的物理模型。

中学物理课程学习的每一节内容都已是清楚具体的,有时只看节标题已基本知道本节要学习(或研究)的内容,所以中学物理教学中对这一环节的处理,通常的做法是呈现可以抽象出问题的情景(如果学生有经验,引导学生回忆呈现,如果学生没有经验,就由教师举例呈现)。

(二)假设与猜测

本环节目的是帮助学生猜测出研究对象的影响因素。猜测不是瞎猜,通常学习者需要基于生活经验、实验经验或理论分析形成研究对象的相关影响因素。

个体通常可以通过如下方法形成假设:

(1) 运用归纳法形成假设:主要有生活经验归纳、演示实验归纳两种形式。
(2) 运用演绎法(或理论分析途径)形成假设。
(3) 运用类比法形成假设。

案例 6-15

生活经验归纳、演绎法作出猜测

猜测"浮力大小的相关影响因素"时:

1. 根据人在泳池里的经验,越向泳池深处走,感受到的浮力越大,学生比较容易得出猜测:物体所受浮力大小与物体在液体中的深度有关。(生活经验归纳——共变法)

2. 根据浮力产生的原因 $F_{浮} = F_{向上} - F_{向下}$，而液体对物体的压力与液体密度有关，猜测物体所受浮力可能与密度有关。（依据已有理论，演绎出相关因素）

3. 猜测可能与不同物质的密度有关。木头漂浮在水面，铁块沉入水底。（类似共变法）

案例 6-16

演示实验归纳作出猜测

猜测"感应电流的影响因素"时，在未学习概念前，生活中并没有感应电流方向的情景，所以，不能通过对生活情境中有关因素进行识别。因此本环节教学中，可由教师提供一些实验情境，由学生从实验事实中识别出必要信息，引导学生通过形成因果联系的归纳法，如共变法等形成联系。

在获得"感应电流方向可能与磁通量变化方式有关"这一结论时，完成实验。

图 6-11 楞次定律实验

演示实验：将条形磁铁 N 极插入、拔出闭合回路（接有电流表）；

N 极插入时电流表指针左偏，N 极拔出时电流表指针右偏。

学习者从以上实验中猜测"感应电流大小（可能）与磁通量变化方式有关"，运用的就是共变法，如下表所示：

场合		不变条件	变化条件	结果
1	N 极插入	原磁场方向方向向下	原磁通量增加	感应电流左偏
2	N 极拔出		原磁通量减少	感应电流右偏
故，感应电流方向与磁通量变化方式有关				

案例 6-17

通过理论分析作出猜测

本例中，学生具有浮力有大有小的体会，但没有将浮力大小与排开液体重量联系起来的情景，因此，不可能呈现两者相关的情景，引导学生猜测出"浮力大小与排开液体重量有关"。

在前一节学习中，已学习浮力产生的原因是液体对物体上下表面压力差。

故本例可通过理论分析途径作出猜测："物体所受浮力大小与物体排开液体的重量有关。"简述如下：

问题：计算出如图长方体所受浮力大小。

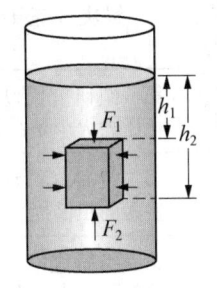

图 6-12 水对长方体上、下表面的压力不同

> 已知：$F_浮 = F_{下表面} - F_{上表面}$，长方块上下底面积为 S，棱长为 l，液体密度为 $\rho_液$。
> 求解：根据 $F_浮 = F_{下表面} - F_{上表面}$ 计算。
> $F_{下表面} = \rho_液 g(l+h) \cdot S$，方向向上；
> $F_{上表面} = \rho_液 gh \cdot S$，方向向下；
> $F_浮 = F_{下表面} - F_{上表面} = \rho_液 gl \cdot S$，方向向上。
> $l \cdot S$ 是在液体中物体的体积，这部分体积原先是液体占有的，是被物体排开了；
> $F_浮 = \rho_液 gl \cdot S = \rho_液 g V_{排液}$，$\rho_液 g V_{排液}$ 是排开液体的重量。
> 由此作出猜测：物体所受浮力与排开液体重量有关。
> 显然，本例中猜测"物体所受浮力大小与物体排开液体的重量有关"，是通过理论分析途径实现的。

(三) 规划方案

经过假设和猜测环节，学习者已确定了可研究问题以及可能的影响因素，接下来的任务是规划研究的方案。

问题：如何安排研究过程，有效率地进行研究。

规划方案的方法主要有控制变量法、归纳法（求同、差异等）、演绎法（或理论分析法）。

1. 控制变量法规划方案

● 控制变量法：在实验归纳学习途径中的规划方案环节，经过"猜测"环节已猜测出被研究现象多个可能的影响因素，且因素间满足一一对应关系，在安排实验研究方案时，可运用控制变量法，其基本步骤为：

1. 确定被研究现象 A，以及 A 的可能影响因素 B、C 等。
2. 分别研究 A 与 B、A 与 C 等间的关系
  (1) 研究 A 与 B 的关系；保持 C 等因素不变，只改变 B 因素，确定 A 变化情况。
  (2) 研究 A 与 C 的关系；保持 B 等因素不变，只改变 C 因素，确定 A 变化情况。
  ……

案例 6-18

在探究影响滑动摩擦力大小的因素的学习中，经过"猜测"环节，滑动摩擦力大小可能与正压力大小、接触面粗糙程度、接触面大小有关。

接下来面临的问题是，如何安排方案，来研究这几个量是否与滑动摩擦力大小有关？（规划方案环节）

解决方案如下：

第一组研究滑动摩擦力大小与正压力大小是否有关	此组实验中，保证其他条件不变，只改变正压力大小，测量滑动摩擦力大小是否改变
第二组研究滑动摩擦力大小与接触面粗糙程度是否有关	此组实验中，保证其他条件不变，只改变接触面粗糙程度，测量滑动摩擦力大小是否改变
第三组研究滑动摩擦力大小与接触面大小是否有关	此组实验中，保证其他条件不变，只改变接触面大小，测量滑动摩擦力大小是否改变

显然，上述研究方案的规划运用了控制变量法。

2. 归纳法(求同、差异)等规划方案

如果定性关系是通过归纳法建立的,那么在规划方案环节,就可以遵循相应的逻辑方法规划方案。

> **案例 6-19**
>
> 经过猜测环节,猜测"物体做曲线运动,与其受力的特征有关"。如何规划研究方案呢?
>
> 问题:如何研究曲线运动条件呢?
>
> 解决:应设置情景,有一次物体做曲线运动;还要有一次不做曲线运动,也就是做直线运动。
>
> 提供分析两种情况下,物体受力的不同特点;最好应保持只改变一种受力的条件。
>
> 显然如上安排研究的方向,遵循了差异法的结构。

> **案例 6-20**
>
> 合力与分力关系的研究,猜测可知"合力与分力的大小有关、与分力的方向有关",但每一分力大小改变会影响被研究的合力的大小和方向,每一分力方向改变也会影响合力的大小和方向,所以不能用控制变量法来分别研究合力与分力大小的关系、与分力方向的关系;再如研究杠杆平衡条件时,杠杆平衡与力的大小有关、与力臂有关,显然不能做出研究规划:分别研究杠杆平衡与力的大小的关系、与力臂的关系。
>
> 以上两例均可通过求同法获得结论,因此可以通过求同法来规划方案。

如果研究现象的影响因素只有一个,通常可用差异或求同法获得,因此可按此归纳法规划方案。如果被研究现象的影响因素有多个,且每一个影响因素对研究现象是独立的,可分别研究被研究现象与因素间的关系,此种情况下,可运用控制变量法来规划相应的研究方案。(例如滑动摩擦力影响因素的研究、向心力影响因素的研究、安培力影响因素的研究等)

如果被研究现象的影响因素有多个,但相互之间并不独立,就不能分别研究被研究现象与它们之间的关系,也就不能用控制变量法来规划研究方案了。通常可采用求同法规划研究方案。

3. 演绎法(或理论分析途径)规划方案

> **案例 6-21**
>
> ### 研究自由落体运动规律的方案规划
>
> 经过猜测环节,学生根据自由落体运动物体速度越来越快的事实,猜测"可能做匀变速直线运动"。
>
> 问题:如何规划方案来研究?
>
> 解决:以匀变速直线运动的性质为依据,进行演绎推理。
>
> 如果物体做初速为零的匀变速直线运动,则有规律……(如连续相等时间间隔的相邻位移差为恒定)
>
> 若自由落体满足上述规律……(如满足连续相等时间间隔的相邻位移差为恒定)
>
> ───────────────────────────────
>
> 则,自由落体运动是初速为零的匀加速直线运动
>
> 制定研究方案:研究自由落体运动物体的运动学特征是否符合匀变速直线运动的规律。

案例 6-22

理论分析途径规划方案

如前案例 6-11 所示,在猜测"闭合回路内电压和外电压之和为定值"后,如何进行研究,就是运用间接证明方式,规划研究方案:研究 $U_{外}$ 与电路中电流 I 是否满足 $U_{外}=$ 定值 $-Ir$ 的线性关系。

(四) 设计实验

目标:设计出可用于研究特定物理量关系的实验装置。

已知条件:学习者应了解测量各量的原理、测量各量的仪器,具备各仪器使用技能等;(物理概念和规律课的教学,一般都会提供基本的实验仪器。)

在此环节解决中,可遵循通用的设计实验策略,同时在其中一些子环节的问题解决中还会应用到转化法、等效替代法等策略。

● 设计物理实验的通用策略

①确定实验目的;②确定实验中的研究对象;③确定实验中研究物体的状态及过程;④确定需要测量的物理量以及各物理量测量的原理;⑤选择测量各物理量的实验仪器;⑥确定每次实验中物理量的变化方式;⑦确定实验仪器连接方式。

此策略可以在物理设计实验环节采用,可引导学习者一步一步地完成实验设计任务。

在学习者运用通用策略设计实验过程中,在步骤③、④等子环节仍会遭遇到问题。

在步骤③"确定研究对象在实验中的状态或过程"时,就具体研究课题来说也可能对学习者构成问题。当有些需要的状态或过程难以实现时,可能需要运用"等效替代法"来加以解决。

● 等效替代法:在实验归纳学习途径中的设计实验环节,当实验装置提供的状态或过程不满足测量要求时,常采用等效替代法,其基本步骤为:

(1) 确定实验中需要出现的物理过程或状态;

(2) 确定由实验装置所能产生的过程或状态,以及不满足实验测量的要求;

(3) 分析其他可以出现研究所需物理过程或状态的方案;

(4) 确定该方案是否可以满足实验测量要求;

(5) 若可以实现,则用新方案替代原有方案。

在步骤④中"如何确定测量物理量的原理",对具体研究课题来说又是一个问题解决,在解决此类问题时,特别是物理量难以测量或无法直接测量时,需要间接地测量,其时所用的方法,主要是转化法。

● 转化法:在实验归纳学习途径中的设计实验环节,当所需研究的物理量(或物理对象)无法直接获得时,常采用转化法,其基本步骤为:

(1) 确定待测量;

(2) 分析与待测量相关的其他物理量以及满足的规律;

(3) 分析与待测量相关的其他物理量是否可以测量;

(4) 若可以测量,则依据两者间满足的规律,将待测量转化为对该相关物理量的测量。

等效替代法

案例 6-23

在"平面镜成像"一节教学中,设计实验环节,遵循设计实验通用策略。

① 定实验目的	研究平面镜成像时,物、像距离间的关系	
② 定实验中的研究对象	发光 LED 灯或蜡烛等发光体(成像更清楚)以及物体经平面镜所成像	
③ 确定实验中研究物体的状态、过程	发光体放置在平面镜前,可观察到其所成的像。(位置适中,并能确定像的位置)若使用普通平面镜,无法确定并控制像的位置,由此构成一个子问题	用"等效替代法"解决
④ 确定要测量的物理量;确定各物理量测量的原理	测量物体到平面镜的距离,测量像到平面镜的距离。基本物理量长度的直接测量。物到平面镜的距离可测量	
⑤ 选择测量各物理量的实验仪器	测量位移——刻度尺(或位移传感器)	
⑥ 确定每次实验中的条件(如物理量的变化方式)	可移动发光体,依次到近、较近、较远等位置	
⑦ 确定实验仪器连接方式	略	

在步骤③中,研究中需要"能够测量像到镜面距离"的状态,而普通平面镜无法实现,构成一个问题。而解决该子问题,就是运用等效法。

子问题:如何显示(可测)像的位置?

障碍:普通的平面镜无法确定位置。

解决:用透明玻璃代替平面镜。(必要技能)

解决思路:用透明玻璃代替平面镜,其中成像的效果相同,但透明,可以确定所成像的位置。

即在成像效果相同的条件下,将原先无法显示的属性呈现出来。

该解决思路运用的也就是"等效替代法"。

转化法

案例 6-24

在研究静摩擦力大小与正压力大小的关系一节中,提供如下方案[①]:

[①] 人民教育出版社编写组.普通高中课程标准实验教科书 物理 必修1[M].北京:人民教育出版社,2004:77.

> 遵循设计实验通用策略,到第 4 步"确定测量的物理量以及测量原理"时,本例需要测量正压力大小、静摩擦力的大小,物体对水平接触面的正压力大小等于其所受重力,此时,静摩擦力大小如何测量呢?又构成一个问题。
>
> 问题:测量物体所受静摩擦力大小。
>
> 存在障碍:不能直接测量静摩擦力大小。
>
> 解决方案:通过物体受两力状态不变时,两力平衡的规律,将静摩擦力的测量转化为对受水平拉力,仍保持静止时拉力大小的测量。
>
> 显然,解决这一子问题,运用的就是"转化法"。
>
> 转化法:如果要测的物理量无法直接测量或测量较复杂,可通过适当的物理规律,将待求量的测量转化为易测物理量测量来解决。

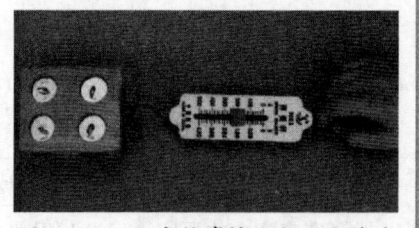

图 6-13 研究静摩擦力与压力关系

所以,转化法通常用在"设计实验"环节中的"确定物理量测量原理"子环节;而等效替代法通常用在"设计实验"环节中的"确定实验中对象的状态和过程"子环节。

(五) 处理数据,获得结论

在获得结论前,需要对已有数据进行整理,整理数据的方法(根据数据的性质选择):列表、直方图(饼图)、图象法。

图象法。作图法使用条件和步骤,如下:

适用条件:研究满足特定数学关系的物理量之间的关系。

基本步骤:

(1) 在方格纸上(如条件允许)画出一条水平线(x 轴)和一条垂直线(y 轴)。

(2) 给 x 轴标上自变量名称,给 y 轴标上应变量名称,并标明单位。

(3) 在两条轴上分别标上刻度,注意单位数值的间距要相同,数值范围要能包含所有实验数据。

(4) 把每一个数据在图中所对应的点标出来。

(5) 用实线连接各个数据点。在某些情况下,可能需要画一条能反映数据的总趋势的直线,这条线应处于所有点的中间,使线两侧分布的点大致相同。

(6) 如果是曲线,那么可以设法对其中一个物理量做变换(如将 m 变换为 $1/m$),然后通过变换后的物理量与另一个待研究物理量来作图看是否是直线来确定两个物理量间的关系。

如果曲线近似双曲线,那选择一个量的变化方式取倒数,图象是直线,说明是与倒数成正比;如果曲线近似抛物线,那选择一个量的变化方式取平方、开方、立方等,若图象是直线,则与那个量的平方、开方成正比。

由整理好的数据,进而获得结论,所用的方法就是形成概念间联系的方法:探究因果联系的归纳法、演绎推理等,见第一节讨论。

(六) 验证环节

对物理规律正确性的验证本质上属于间接证明。在物理研究中,验证可这样进行:

(1) 假设待研究物理性质为真;

(2) 运用已有原理、经验事实,通过逻辑推理,合理演绎出可以被经验或实验事实证实的、新的物理事实和性质;(即间接证明)

(3) 通过经验或实验证实上述推出的事实或性质是否真实存在。

案例 6-25

在采取理论分析获得 $F_{浮} = F_{向上} - F_{向下}$ 后,可遵循验证的方法对该结论的正确性进行验证。

① 根据已有 $F_{浮} = F_{向上} - F_{向下}$ 推出:如果物体浸没在液体中,没有受到液体向上的压力,也就没有对物体向上的浮力。

② 如图 6-14,将一端开口的瓶中,放置一个乒乓球,堵住瓶口,将水倒入瓶中。

假设 $F_{浮} = F_{向上} - F_{向下}$ 正确;

则,由于乒乓球下面没有液体,所以此种情况下,乒乓球不受浮力,故,即使是乒乓球完全浸没在水中,它也不会浮起。

③ 完成实验,乒乓球确实没有浮起。

证实浮力产生原因:$F_{浮} = F_{向上} - F_{向下}$。

也可以继续设问:"如果在此实验中,通过某种方式,将乒乓球下表面也处于液体中,那么会出现什么现象呢?"

生:乒乓球会浮起。

教师将瓶盖盖上,下表面处于液体中。

实验结果:乒乓球浮起。

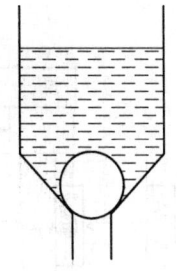

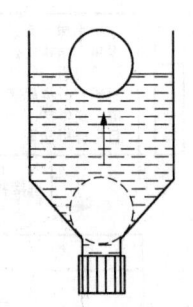

图 6-14 验证浮力的产生原因

由以上分析可知,实验归纳学习途径各子环节问题解决所用策略概述如下表所示。

子 环 节		所 用 方 法
提出问题		模型法等
猜想与假设		归纳法中的穆勒五法、类比法、演绎法等
制定探究方案	规划方案	控制变量法、演绎法、归纳法中的穆勒五法等
	设计实验	设计实验通用策略、转化法、等效替代法等
获取事实与证据	整理数据	列表法、图象法等
	获得结论	归纳法、演绎法、理想实验法等
验证		验证方法

在第一章第三节有关核心素养讨论中指出,"科学思维"素养指的是学习者运用科学

思维解决适当科学问题的能力;"科学探究"素养指的是学习者遵循科学探究方法解决适当科学问题的能力。由第五章讨论可知,问题解决就是解决者在一定认知策略引导下选择、组合解决问题所需必要技能的过程,因此,科学思维能力可解构为科学论证方法以及科学知识,科学探究能力可以解构为科学探究方法以及科学知识,其中科学论证方法和科学探究方法又因为涉及多个相关的子领域,也存在适用于子领域问题解决的不同方法,上述各类科学方法在解决问题中运用的具体阶段,可用下图表示:

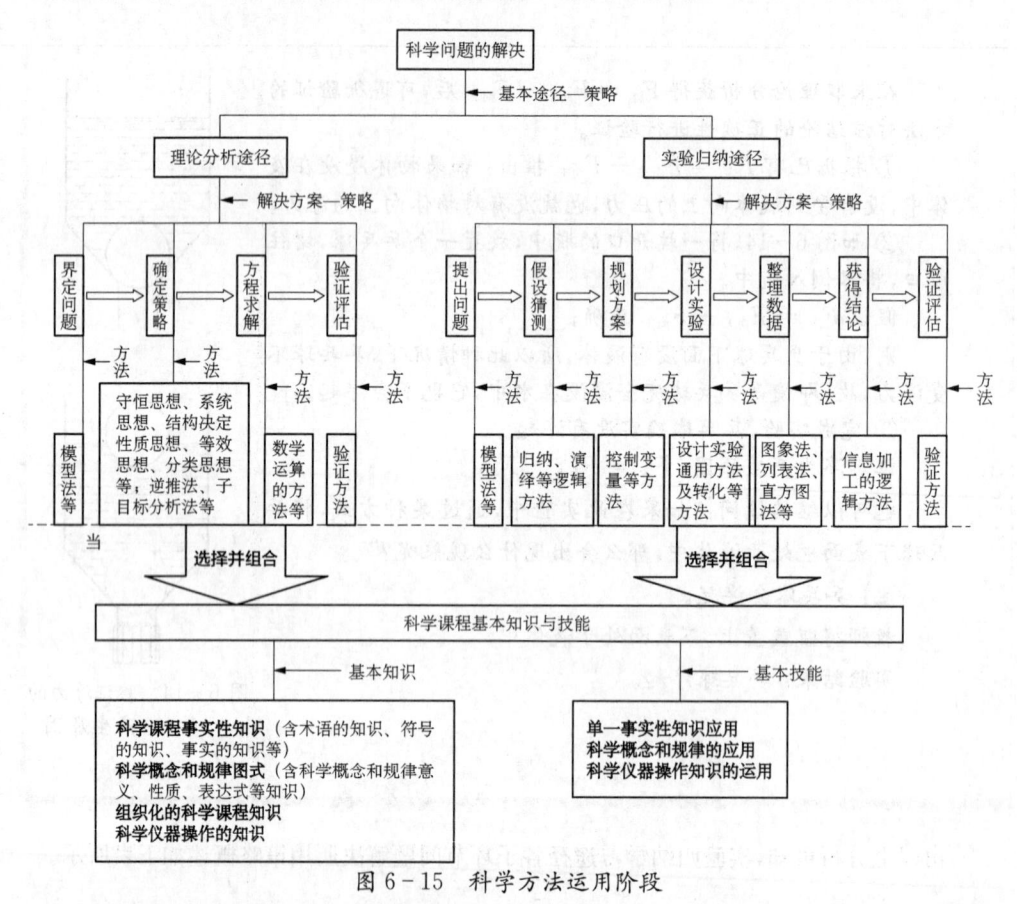

图 6-15 科学方法运用阶段

科学方法并不直接指向解决问题所需的必要技能,所以是弱方法。个体面对待要解决的新问题时,弱方法的运用可以引导我们搜寻解决问题所需技能的思考方向,但不能保证我们一定能找到所需的必要技能,如模型法并不能保证我们能正确识别出影响研究对象的可能因素,也不能保证我们一定分析出可能因素中的不可缺少的因素(主要因素)以及次要因素。认知心理学研究表明,弱方法在特定领域中运用的有效性取决于"人是否已经具备了特定领域的相应知识","像一般推理方法这样的思维技能,即使经过有系统的传授与学习,也很难迁移到其他领域。人的思维技能的发挥更多地取决于人在特定领域的知识"。[1] 如果没有在特定领域知识的积累,解决问题的弱方法就成了无源之水。所以,科学教育实践中,教师应重视科学方法在教学中的正确运用,对于具体学习每一阶段遇到问

---

[1] R. J. Sternberg. 认知心理学(第三版)[M]. 杨炳钧等,译. 北京:中国轻工业出版社,2006,349.

题的解决中,都能遵循解决问题的科学方法的引导,帮助学习者选择出解决问题所需的必要技能,在学习者积累了一定科学方法的运用经验后,以适当的方式显性化具体科学方法的适用条件以及操作的步骤,以期学习者踏上工作岗位,在努力学习并掌握工作领域中大量的知识后,通过有效地运用科学方法,提高解决自己工作领域问题的效率。在教学实践中,一般不应将弱方法(如科学方法)视为较之学科知识更为重要的学习目标。

第三节　物理概念和规律意义学习的教学

一、物理概念和规律教学的基本方法

学习是学生运用一定策略解决各环节子问题、习得相应学习结果的过程,学校环境下的学习,需要教师规划教学事件,引导和帮助学生的学习过程,也就是与学习过程对应的教学过程,教学任务分析已揭示出学生习得该学习结果经历的途径和各子环节问题解决的策略,那么教学就是教师遵循各环节中相应策略的引导,帮助学生选择解决子问题的技能,从而解决问题、习得所学知识的过程。教学方式主要有三种:

(1) 传授式教学:教师遵循相应方法的结构,自己选择解决问题所需知识和技能,并解决问题;

(2) 启发式教学:教师遵循相应方法的结构,引导学生获取解决问题所需知识和技能,逐步有序地解决问题;

(3) 探究式教学:教师提供问题情景,由学生自己遵循相应方法的结构,解决相应问题。

由于教学方法的选择主要依据各子问题解决的策略,这也就是在任务分析中,必须将各子环节问题解决的策略分析清楚的原因。

二、教学案例分析

案例 6-26

单摆模型教学的启发式教学设计

- 教学内容:单摆概念。
- 学习类型:物理概念和规律意义的学习。
- 教学任务分析:

在"单摆"一节教学中,需要从日常生活的摆动现象中抽象出单摆模型。

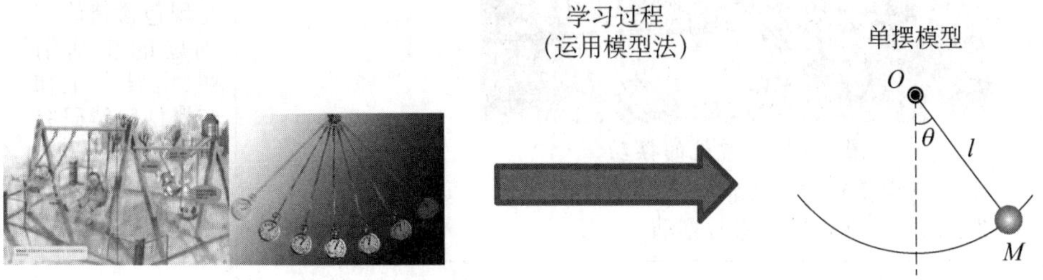

图 6-16　从摆动现象中抽象出单摆模型

所谓物理模型,是人们为了研究物理问题的方便和探讨物理事物的本质而对研究对象所作的一种简化描述,是以观察和实验为基础,采用理想化的办法所创造的,能再现事物本质和内在特性的一种简化模型。

从真实情景中抽象出物理模型也是解决问题的过程,同样需要运用一定的方法,通常称为模型法(模型法的界定见前节所述)。

在步骤2中,通常采用求同法,概括出其待研究的对象及核心属性。

在步骤3中,通常采用差异法等确定其必要条件,如"单摆模型与绳不具有弹性有关系"。

	结　果	条件
1	重物在绳牵引下围绕最低点往复运动(待研究现象出现)	绳子无弹性
2	重物在绳牵引下做无固定点的往复运动(待研究现象不出现)	绳子有弹性
重物在绳牵引下围绕最低点往复运动需要绳子没有弹性		

在步骤4中,要排除研究对象或属性的无关属性,主要运用排除因果联系的演绎逻辑方法(参见本章第一节案例6-7及6-8),此处,要研究对象及属性与形状无关,其推理过程如下:

如果A和B存在因果联系,则A变化了,B也应变化
物体形状发生改变(怀表、小砝码等),但重物围绕最低点的往复运动不变
_____
故,重物围绕最低点做往复运动与重物形状无关

● 教学方法选择:启发式教学。

教师遵循模型法的步骤,逐一经历模型化的每一子过程,并在每一子环节中引导学生识别相应结论获得的有效信息(根据结论获得逻辑结构),并最终概括出单摆模型的基本属性。

● 教学流程:

教学活动	教学活动说明
呈现情景:秋千的摆动、(用于催眠)怀表的摆动、钟摆。 图6-17　常见的摆动 师1:这种运动有何特征? 生:物体在绳牵引下,往复摆动。	呈现包含待研究问题的生活情景,引导学生初步概括出待研究的对象
师2:研究的是哪个对象运动?这种运动有什么特点? 生:研究重物的运动。重物栓结在绳的一端,绳的另一端固定。重物在绳的牵引下,在竖直平面,围绕一个最低点做往复运动	引导学生确定待研究对象的核心属性

(续表)

教学活动	教学活动说明
接下来研究,待研究的运动需要满足哪些条件。 师3:(情形1)如果绳有弹性,比如用橡皮筋悬挂重物的运动,此运动是否属于我们要研究的运动? 生:不属于,因为物体的运动虽是往复摆动,但没有围绕固定的最低点。 师4:(情形2)如果悬挂的物体比较轻,像小纸团等,摆动时是否属于我们要研究的运动? 生:不属于,往往摆动不了一个完整的往复运动。 师5:(情形3)如果一个很粗的绳,悬挂一个较轻小球,摆动时是否属于我们要研究的运动? 生:绳受阻力和重力,其运动对小球摆动影响可能很大,小球摆动可能规律性不明显。 概括:待研究的运动,需要绳不计弹性、且重物质量要大(或重物质量远大于绳的质量)	引导学生分析核心属性产生需要的条件,即分析主要因素
师6:要悬挂重物,重物是什么形状,比如绳下作怀表、砝码,或者小钢球等,对我们需要研究的运动有影响吗? 生:应该对运动影响不大。 师7:悬挂的重物,是什么材质的,对需要研究的运动有影响吗? 生:应该影响不大。 概括:所以,只要是重物,形状、材质对研究对象来说是次要因素	引导学生分析核心属性的次要因素
师8:依据前面的分析,我们可以抽象出待研究的运动,应满足什么条件? 生:不计质量的轻绳,一端固定,另一端悬挂重物; 绳不具有弹性。 重物在此绳牵引下,在竖直平面,围绕固定最低点做往复运动。 此种运动形式,即为单摆	根据以上分析出:待研究的运动;影响待研究运动的主要因素;影响待研究运动的次要因素,引导学生概括出待研究的物理模型

经过此段教学,学生抽象出单摆模型,学习过程显然遵循了模型法的引导,但学生不会自动概括出模型法运用的条件以及步骤,只是增加一次运用模型法抽象物理问题的经历,所以,这一教学过程中,对于模型法而言,学生只是处于隐性学习的阶段。

如果经历了多次模型法抽象物理问题的过程,可在适当教学中,以模型法为教学目标,即显性化其适用条件以及步骤,由学生自己找出模型法运用的实例,从而达到理解"模型法"的层次。

① 选择运用模型法解决问题的实例,教师实际组织教学,完成物理模型的概括;

② 教师引导学生反省模型法运用的多个场合,帮助学生从模型法运用的过程中概括模型法运用需要的条件以及步骤;

③ 让学生举出生活和学习中运用模型法的实例,目的是让学生练习,进一步熟悉所教策略的使用场合以及条件。

因为模型法是弱方法,对于抽象物理模型的领域,无法确定其解决问题所需技能,所以,不可能存在抽象物理模型的强方法,即运用该方法,都能抽象出正确的物理模型。

案例 6-27

平面镜成像理论分析途径教学

- 教学内容:平面镜成像规律。
- 学习类型:物理概念和规律意义的学习。
- 教学任务分析:

由案例 6-13 知道,平面镜成像可遵循理论分析途径完成,其中在"确定研究的物理情景"时,依据科学性、可行性的原则,采用模型法;在"确定选定情景问题解决过程"时,采用逆推法完成。

- 教学方法:启发式教学。
- 教学流程:

1. 平面镜成像的研究情景

师:前面我们讨论了许多平面镜成像的场合,接下来我们要研究物体经平面镜成像要满足的规律。总要选择一个研究的情景,如果我们选择姑娘化妆、湖边物体在湖面成像来研究平面镜成像规律,方便吗?

生:那可有些难,成像的点多,形状也难以呈现。

师:我们在选择研究情景时,一般需要满足什么原则?

生:简单、科学、可行的原则。

师:那么可以选择什么样的物体成像,比较简单、可行呢?

生:用一根直线作为成像物体,两点决定一个直线,它是最简单的物体。

师:为了显示清楚,最好两端应做个区分。

生:那就用一段箭头作为成像物体。

"选定一段箭头经平面镜成像"为研究情景。

2. 平面镜成像规律的教学

师:请同学们在纸上画出平面镜以及平面镜前的一段箭头。

师:我们要研究物体在平面镜中所成像与物、平面镜间的距离关系。不管是物还是像都需要人眼来观察,物体和像如何被观察到?

生:发光体或经物体反射后的光线通过人眼成像系统成像,所以,要有光线进入人眼系统。

师:物体是如何被观察到的?

生:物体发出的光或反射的光,经人眼系统,被人眼观察到。

师:物体经平面镜后的像被观察到的成因是什么?

生:应该是物体发出的光经平面镜反射后,反射的光线通过人眼被观察到。

师:物体发出光线经平面镜后应满足什么规律?

生:光的反射定律。

师:要确定物体经平面镜后所成像位置,一条反射光线可以吗?

生:一条光线不能确定一个物(或像)点,需要两条以上光线,所以应画出两条经平面镜反射的光线。

请同学们画出箭头发出的两条光线以及相应的反射光线。

师:两条反射光线交汇吗?

生:没有交汇。

师:反射光线要进入人眼,需要人眼是迎向还是顺向反射光线?

生:人眼需要迎向反射光线。

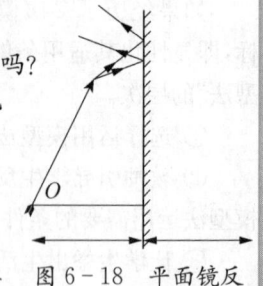

图 6-18 平面镜反射光线

师：如果人眼迎着这两条反射光线，这两条反射光线有没有交点？
生：应该可以有交点。
师：此时将两条反射光线反向延长后的交点，也就是箭头的像点。

两条经平面镜反射的光线不交汇，不能成一个实际的光点，但人眼迎着两条光线，仿佛有一个光线的发出点，即虚像位置。

请同学们画出箭头的像点。

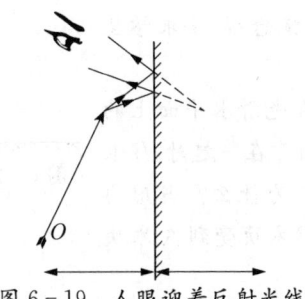

图 6-19 人眼迎着反射光线

师：同理，可不可以作出箭尾的像点？
请同学们画出箭尾的像点。
师：将箭头和箭尾的像点连接直线，就是该箭经平面镜所成的像。
请同学们画出该箭所成像。

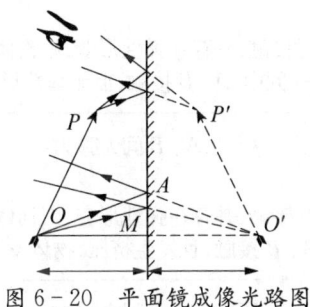

图 6-20 平面镜成像光路图

师：观察一支箭经平面镜所成像，可以看到有什么规律？
生：关于镜面对称。
师：请同学们将作图沿镜面对折，发现了什么？
生：像和物重合。
师：那么，物体经平面镜成像满足什么规律？
（1）像的大小与物的大小相等；
（2）像到镜面的距离等于物到镜面的距离。

第四节　物理概念和规律的运用

一、物理概念和规律的运用

实际教学中，在概念和规律的意义学习后，教师会选择几道较为简单的习题，供学生练习，这些习题主要通过运用所学的概念、定理（律）就可以解决，这一教学环节，称为概念、定理(律)的"运用"。

物理学科中概念和规律等的"运用"是一种什么过程呢？下面结合教学实例来进行讨论。

(一) 物理概念和规律"运用"的实质

案例 6-28

<u>弹力概念的运用</u>

在学生学习了"弹力"概念后，要求学生回答问题：

"如图所示是两块放在光滑水平面上的正方体木块，它们的一个面靠在一起时，B木块受到A木块的弹力吗？为什么？当用力把A木块推向B木块时，B木块受到A木块的弹力作用吗？为什么？"

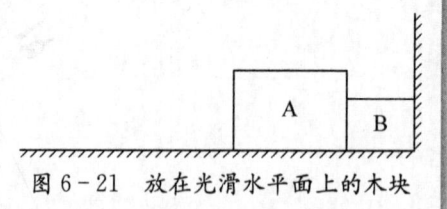

图6-21 放在光滑水平面上的木块

● **分析**

要正确回答上述问题，应采用演绎推理，其结构如下：

如果两个物体相互接触，并存在弹性形变，则物体间存在弹力作用
第一问中，A、B接触，但无弹性形变

所以，A、B间无弹力

如果两个物体相互接触，并存在弹性形变，则物体间存在弹力作用
第二问中，A、B接触，且发生挤压，物体发生弹性形变

所以，A、B间有弹力

也就是说，弹力概念的"运用"是通过新情景下解决问题体现的，而解决的过程主要是以概念的本质属性作为推理的大前提的演绎推理过程，并且问题的解决主要应用所学的概念就可以实现。

案例 6-29

<u>盖-吕萨克定律的运用</u>

2 一定质量的空气，20 ℃时的体积为 1.0×10^{-2} m³。在压强不变的情况下，当温度升高到80 ℃时的体积为____。

3 一定质量的空气，27 ℃时的体积为 1.0×10^{-2} m³。在压强不变的情况下，当体积为 1.3×10^{-2} m³ 时，其温度约为____℃或____K。

9 一定质量的理想气体在等压过程中，温度从 $t_1 = 15$ ℃升高到 $t_2 = 30$ ℃，体积相应地从 V_1 变到 V_2，这时 V_2 和 V_1 的比值 (　　)
A. 等于2　　B. 大于2　　C. 小于1　　D. 大于1,小于2

● 分析

求解上述习题的过程可简述如下：

一定质量的气体，如果压强不变，则它的体积跟热力学温度成正比
上面例题中，质量一定，且压强不变

所以，其体积与温度关系满足盖-吕萨克定律
它的体积跟热力学温度成正比

首先判断出需要解决的习题可以用盖-吕萨克定律解决，所用推理为演绎推理，随后代入公式计算，同样是演绎推理，只不过所需的前提是数学运算知识了。

由此可以看出，物理概念和规律在新情景下"运用"实际就是解决问题过程，并且该问题是主要运用所学的特定概念和定理就可以解决的，运用的心理过程主要是演绎推理过程。

（二）物理概念和规律运用的方法

在"运用"物理概念和规律解决问题时，即便是问题的解决主要用所学概念和规律来解决，但有时也需要结合其他知识一起完成，那么，在解决过程中，具体先做什么、然后做什么，就需要做个排列，也就是"运用"特定概念和规律解决问题时的强方法。

案例 6-30

惯性概念运用的方法

用惯性概念解释日常生活的现象，其一般步骤为：
① 明确研究对象；
② 确定研究对象原先处于什么状态；
③ 突然发生什么情况；
④ 由于存在惯性，研究对象要保持什么状态；
⑤ 出现什么现象。

上述一般步骤，有助于学习者解决"惯性运用类"问题，且每一步基本都聚焦到所需必要技能，所以，这就是"惯性运用类"问题解决的强方法。

案例 6-31

楞次定律运用的方法

运用楞次定律解决习题的方法：
1. 确定要研究的闭合回路；
2. 判定穿过所研究闭合回路的原磁场方向；
3. 分析原磁场变化方式，穿过闭合回路的磁通量增大还是减小；
4. 确定感生电流产生磁场的方向；
5. 确定闭合线圈中感生电流的方向。

二、影响知识应用的因素

(一)"运用"适用的条件要明确

个体能够运用具体的物理概念和规律,首先需要能够识别出符合物理概念和规律运用的条件。教学活动中可以通过变式练习来帮助学生形成物理概念和规律与其运用条件间的联系。用学习心理学的语言解释是:学生经过变式练习,概括性知识由其陈述性知识表征方式转变为程序性知识——产生式表征,并随着运用次数增加,技能逐渐自动化。

所谓变式练习,就是在其他有效学习条件不变的情况下,概念和规则例证的变化。在案例 6-29 中,三个问题均满足盖-吕萨克定律的条件,可运用盖-吕萨克定律来解决,同时一些无关属性如已知温度变化求体积或已知体积的变化求温度,题型也有变化,因此这几个例子在定律"运用"阶段选用还是比较合适的。

(二)"运用"的步骤应清晰

有些物理概念和规律在运用时,需要结合其他知识完成,通常存在提高此类知识运用的有效性的强方法,如第五章第二节所述,强方法不仅给出具体问题解决的步骤,且每一步都聚焦于解决问题的必要技能,因此,能否梳理出概念和规律运用中的强方法,并遵循方法教学方式教授给学习者,这是影响此类概念和规律运用效果的因素。

三、物理概念和规律"运用"的教学

物理概念和规律"运用"的学习后,学习者应该表现出执行概念和规律所蕴含的规则解决特定的问题,即单一规则的应用能力。从心理过程上看,概念和规律的应用主要是依据概念和规律的特征和内涵做演绎推理的过程。

由于物理概念和规律的内涵特征往往并不单一(比如,牛顿第二定律中涉及有大小和方向两个方面;"惯性"运用时涉及物体原有状态、受力条件的变化、发生何种现象等),所以其运用时也需要结合多个已学知识、多个知识的选择排列,就会存在针对物理概念和规律运用的方法,因为是针对问题领域明确,所以物理概念和规律运用中所涉及的方法多数是强方法。

"运用"促使概念、定理等从其陈述性知识表征转化为产生式表征,产生式是所谓"如果条件成立则行动"的规则。根据产生式的结构,显然学生能否正确"运用"的条件之一是学生是否建立正确的条件、行动间清晰的联系;其二是学生是否能遵循正确的行为步骤。

如果"运用"概念和规律适用的条件不易把握,教师应通过丰富的变式练习帮助学生理解条件的确切含义,如教学样例一所示。

如果"运用"时涉及其他物理知识,其解决需要多个物理概念和规律实现,则存在解决此类问题的强方法,教师需要提炼出其中的强方法,并帮助学生形成"运用"概念定理等的正确步骤,并指导学生依照行动步骤进行操练。如案例 6-32 所示。

案例 6-32

楞次定律应用的教学

● 教学目标:掌握运用楞次定律解决问题的方法;能用自己的语言正确陈述方法适用的条件和步骤;在被提示可用方法的条件后,能执行方法的步骤解决习题。

● 教学任务分析：

运用楞次定律解决习题的方法：

1. 确定要研究的闭合回路；
2. 判定穿过所研究闭合回路的原磁场方向；
3. 分析原磁场变化方式，穿过闭合回路的磁通量增大还是减小；
4. 确定感生电流产生磁场的方向；
5. 确定闭合线圈中感生电流的方向。

● 教学规划：

采用启发式教学方式

1. 教师引导学生依据物理概念和规律的内涵特征，解决主要运用所学概念和规律即可解决的习题1～2道(解决问题弱方法的运用)。

(本教学中就是，教师引导学生分析楞次定律的内涵特征，运用逆推法逐一选择解决此类问题所需的技能)(环节一)

2. 引导学生反思解决过程中共性的方面，提炼解决过程中所用方法的步骤和条件。(方法意义的学习，此处的方法适用于解决特定类型的习题，是相对强的方法)(环节二)

3. 引导学生遵循方法的步骤，解决类似的习题。(方法的运用)(环节三)

● 教学流程：

环节一：

师：前面我们学习了楞次定律：感应电流具有这样的方向，即感应电流的磁场总要阻碍引起感应电流的磁通量的变化。

对楞次定律的理解重要的是要理解楞次定律中的"阻碍"？

师：谁起阻碍作用？

生：是感应电流产生的磁场。

师：阻碍的是什么？

生：感应电流的磁场阻碍的是"引起感应电流的磁通量的变化"，而不是阻碍原磁场，也不是阻碍原磁通量。

师：怎样阻碍？

生：当引起感应电流的磁通量(原磁通量)增加时，感应电流的磁场就与原磁场的方向相反，感应电流的磁场"反抗"原磁通量的增加。当引起感应电流的磁通量(原磁通量)减少时，感应电流的磁场就与原磁场的方向相同，感应电流的磁场"补偿"原磁通量的减少。所以"阻碍"不仅有"反抗"原磁通量增加的含义，同时也有"补偿"原磁通量减少的含义。

师：接下来，我们通过两道习题，来学习如何应用楞次定律判定感生电流的方向。

例1 法拉第最初发现电磁感应现象的实验如图6-22所示。软铁环上绕有M、N两个线圈，当M线圈电路中的开关断开的瞬间，线圈N中的感应电流沿什么方向？

师：如果要判断闭合线圈N中感生电流的方向，需要知道……

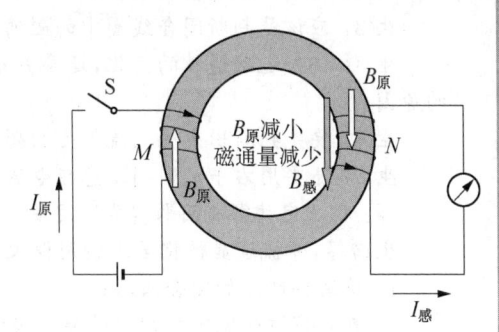

图6-22 电磁感应现象

生：感生电流产生磁场的方向。

师：如何判断感生电流磁场的方向呢？

生：这要根据楞次定律，需要依据原磁场磁通量的变化是增加还是减少来判断。

如果原磁场穿过闭合回路磁通量增加，那感生电流产生的磁场就与原磁场方向相反，阻碍其"增加"；如果原磁场穿过闭合回路磁通量减少，那么感生电流产生的磁场就与原磁场方向相同，阻碍其"减少"。

师：那么如何判断穿过闭合线圈 N 中原磁场的通量的变化呢？

生：需要知道原磁场的方向，以及引起原磁场变化的原因。

师：那么本题中原磁场方向如何呢？

生：M 线圈中电流方向如图中所示，根据右手定则，判断出 M 线圈产生的磁场方向向上，则在 N 线圈处向下。

（略说明，铁磁材料磁导率很大，磁感应通量集中于材料内部，如图6-23所示）

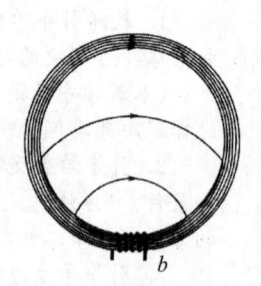

图6-23 磁感应通量集中在铁芯中

师：原磁场如何变化呢？

生：题中给出的条件是断开开关，那么 M 线圈中电流减少，所以磁场减小，穿过 N 回路面积未变，所以穿过 N 线圈的磁通量减少。

师：那么，N 线圈感应电流产生的磁场是什么方向？

生：根据楞次定律，也是向下。

师：那么，N 线圈感应电流的方向呢？

生：依据右手定则，判断感生电流的方向如图中箭头所示。

以上述方式引导学生解决例2。

例2 如图6-24所示光滑导轨 AB、CD 水平放置，两根导体棒 PQ、MN 平放于互相平行的固定导轨上形成一个闭合回路，接触良好。当一条形磁铁从上方下落而未到达导轨平面的过程中，MNPQ 回路中电流的方向为何？

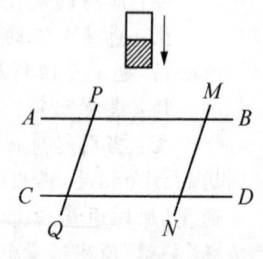

图6-24 条形磁铁落向闭合回路

环节二（楞次定律应用方法的意义学习，显性化阶段）：

师：结合以上习题的求解过程，请同学们思考，在运用楞次定律解决问题时，一般需要怎样做？

生1：要判断磁通量的变化。

生2：应该是判断闭合线圈中的磁通量变化。

生3：要知道磁通量的变化，还要知道原磁场的方向，以及导致原磁场变化的原因。

生4：要先判断出感生电流产生的磁场。

生5：还要用右手定则判断感应电流。

师：楞次定律解决问题需要运用多个已学知识，这些知识运用时先后次序如何？

生回答，师梳理显性化呈现运用楞次定律解决习题的方法：

1. 确定要研究的闭合回路；
2. 判定穿过研究闭合回路的原磁场方向；

3. 分析原磁场变化方式,穿过闭合回路的磁通量是增大还是减小;
4. 确定感生电流产生磁场的方向;(楞次定律)
5. 确定闭合线圈中感生电流的方向。(右手定则)

以上是已知原磁通量变化求闭合线圈中的感应电流,也会有习题已知闭合线圈中感应电流,来求原磁场的变化或变化原因,对后一种习题,可先由感生电流方向判断出感生电流磁场方向,再分析判断原磁场的变化方式,进而求解,如下例4。

环节三:
请同学们完成如下习题。

例3 如图6-25所示,在下列情况下,是否有电流流过电阻R,若有,电流方向如何?
1. 开关接通瞬间;
2. 开关接通一段时间;
3. 开关断开瞬间。

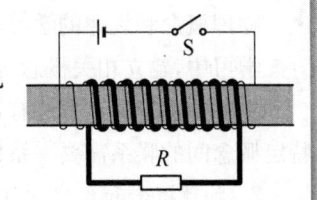

图6-25 例3题图

例4 如图6-26所示,线圈与螺线管共轴,要想在环中得到如图中所示方向的感应电流,以下方法中可行的是( )。

A. S闭合瞬间
C. S闭合后,滑片P向右移动
B. S断开瞬间
D. S闭合后,滑片P向左移动

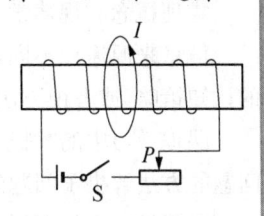

图6-26 例4题图

【拓展讨论】

一、方法教学的核心

方法教学的核心是教师要梳理出方法的适用条件和步骤,对于一类习题,应尽可能梳理出每一步骤所需的必要技能。

二、物理概念和规律应用的方法

由于所学物理概念和规律(主要是单一规律)的应用,涉及的必要知识和技能相对明确,也比较少,因此概括出的方法应是强方法。

三、物理概念和规律应用方法的教学

要帮助学生理解物理概念和规律的本质特征,依据本质特征,可结合具体习题的求解,运用逆推等方法选择出所需的知识和技能。

教师引导学生或自己概括出解决过程中的共性步骤以及必要技能,显性化呈现方法。

"运用"是促使概念、定理等从陈述性表征转化为产生式表征,并逐渐自动化的过程;其教学形式是在概念定理等的意义习得后,安排一定量的习题(这些习题主要运用所学的概念、定理即可解决)供学生练习;影响"运用"有两种可能情况,其一是学生没有真正理解概念或规律的运用的条件,对此,教师应首先安排正反例提供学生练习判断,帮助学生形成正确的理解;其二是所需解决的问题步骤较繁杂,学生知道要用特定概念、定理解决,但步骤掌握不好,因而完成不了任务,对此,教师应帮助学生建立规范的解决步骤,然后提供练习,帮助学生熟悉步骤。

【本章小结】

1. 物理概念和规律意义形成的信息加工方式

物理概念和规律都是通过与其他概念之间的关系界定的。

物理概念和规律的学习就是在学习者内部建立相关概念之间的关系。

学习中,建立相关概念之间关系的内部机制是逻辑加工。

主要的逻辑加工方法有:探究因果联系的归纳法、演绎法,类比法等。很多时候建立特定概念间的联系需要一系列的逻辑加工过程构成逻辑链。

2. 物理概念和规律学习中的信息来源途径

物理概念和规律学习中,信息来源途径主要有实验归纳途径、理论演绎途径。

信息来源途径不同,学习过程中经历的子过程和子问题存在不同,解决各子问题所需的认知策略(或者说方法)就不同。

课程学习中的"科学探究"本质上就是学习者经历实验归纳途径,运用各子环节解决问题的方法解决子问题的过程。

课程学习中的"科学思维"本质上就是学习者经历理论分析途径,运用合理有据的论证方法解决物理学习问题的过程。

3. 物理概念和规律意义学习的教学

物理概念和规律意义学习的教学应遵循各子环节策略的结构,引导学习者解决各子环节问题,帮助学生习得物理概念和规律。根据有效信息在师生间传递方式的不同,可采用启发式、传授式教学方法。

4. 物理概念和规律的运用

物理概念和规律应用的实质是以概念和规律为大前提的演绎推理过程。

影响物理概念和规律应用的因素:物理概念和规律应用的条件难以准确理解,物理概念和规律应用的步骤比较复杂。

可以通过有针对性的教学处理来合理应对。

【拓展阅读】

1. 查有梁等. 物理教学论[M]. 南宁:广西教育出版社,1996.

第七章,从概念形成的认识论、科学方法论、心理学的角度概述物理概念形成的教学程序,并以"能"、"功"、"机械能"为例呈现教学程序的运用。

2. 李新乡等. 物理教学论(第二版)[M]. 北京:科学出版社,2009.

本书第六章、第七章分别讨论物理概念和规律的教学,并以"密度"、"摩擦力"、"楞次定律"为例展示教学设计的工作。

3. 封小超等. 物理教学论[M]. 北京:科学出版社,2005.

本书第四章从学习者形成概念的途径视角,讨论物理概念和规律的教学。

4. 王较过等. 物理教学论[M]. 西安:陕西师范大学出版社,2009.

本书第八章第一节、第二节分别介绍物理概念、规律的教学。

【思考与练习】

1. 由下面一个实验得出:密闭气体的压强与体积有关。

将打气筒出口的橡皮管夹住,用力推下活塞,放手后活塞会向上弹起。

(第1题图)

试分析这一结论是运用哪一种逻辑方法获得的。

2. 通过下面三个例子,获得"力的作用是相互的"结论。

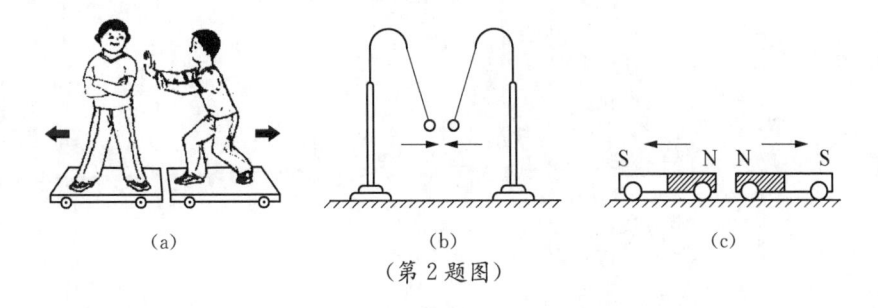

(a)　　(b)　　(c)

(第2题图)

试分析获得上述结论的逻辑过程?

3. 阅读下面呈现的材料,分析从中获得几个结论。分别运用哪一种逻辑策略?

[实验]

图中所示的右侧是一块接有电池、电键和灯泡的电路板,a、b两接线柱上各连接一根导线。左侧有A、B、C、D四根金属丝。A、B、C三根都是镍铬丝,A与B横截面积相同,长度不同,A比B长;B与C长度相同,横截面积不同,C比B横截面积大;D是铜丝,它的长度和横截面积都跟C相同。实验时,将这四根金属丝分别接入电路的a、b两接线柱之间后发现:

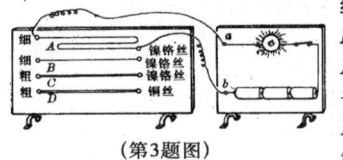

(第3题图)

接入A时比接入B时灯泡暗,说明金属线越长电阻越大;接入B时比接入C时灯泡暗,说明金属线横截面积越小电阻越大;接入C时比接入D时灯泡暗,说明材料种类不同电阻不同。

大量实验表明,**导电物体的电阻大小跟导线的长度、横截面积和材料种类有关**。电阻是导电物体本身的一种性质。

4. 以牛顿第一定律为例,阐述教学中获得的主要结论为何？各结论获得的逻辑过程为何？学习的途径以及途径中各子环节的子问题及解决策略为何？

选取其中一个子环节,分别用启发式和传授式教学,写出详案。

第七章 物理系统化知识的学习与教学

通过本章的学习,你能够
- 理解个体组织知识的特征和意义;能解释组织知识的机制和常用策略。
- 理解物理系统化知识常用策略;能举例解释列表、层级图、逻辑关系图等物理系统化知识常用方法。
- 掌握物理系统化知识教学设计;能解释物理系统化知识的目标、学习机制,能遵循其学习机制的要求,规划教学活动。

系统化知识对应的内部表征是命题网络或图式,也就是说系统化的知识是一类可以习得的学习结果,同时研究表明,系统化知识是影响问题解决的一个重要因素,因此在教学中应将系统化知识学习视为独立的学习类型。本章从心理学对命题网络以及图式研究出发,分析获得知识系统化的必要特征,接下来讨论物理教学中,知识系统化的主要策略(方法),最后结合教学实例讨论合理的知识系统化的教学方式。

第一节 系统化知识的学习

一、系统化知识的研究
(一) 组织知识是人类学习的一种机制

研究表明,学习者在理解文字材料时会对其中的信息作出精深的处理,即他们会想到一些与新的信息有关的信息,如有关的观念、例证、表象或细节。认知心理学将凡是与现在所学信息建立起更多联系的这种增加和扩充的过程,称之为精致或精深。还有一种对新的信息作出精深的加工方式是组织。

E·加涅称"组织是一种将信息分成若干子集并标明各子集之间关系的过程"[1]。而安德森则指出:"精深的另一种重要作用在于对记忆赋予一种有层次的组织。这种有层次的组织将能够使人对记忆的搜索表现出结构化,并使人能够更有效地提取到信息。"[2]

---

[1] Gagné, E.. The Cognitive Psychology of school learning [M]. Allyn & Bacon, 1993:135.
[2] Anderson, J.R.. Cognitive Psychology and Its Implications [M]. Worth Publishers, 2009:199.

对使用组织这种精深加工作出有力证明的是鲍尔(Gordon H. Bower, 1932—)等人于1969年所做的一项实验。

实验中提供给一部分学生4张如图7-1所示层级树状图,提供给另一部分学生4张树状图,在椭圆框内随机填上其他范畴的词,学习每张图的时间是1分钟,然后让学生回忆所学单词,重复4次,实验结果如表7-1所示。

从表7-1可知,有组织条件的这一组表现出极大的优势。对于这一结果做出记忆网络的解释是最明白不过了,在有组织的条件下,学生在学习期间编织着如图7-1所示的这种记忆网络,为此学生必须对自己记忆中这些词的已有联系作出精深的处理。

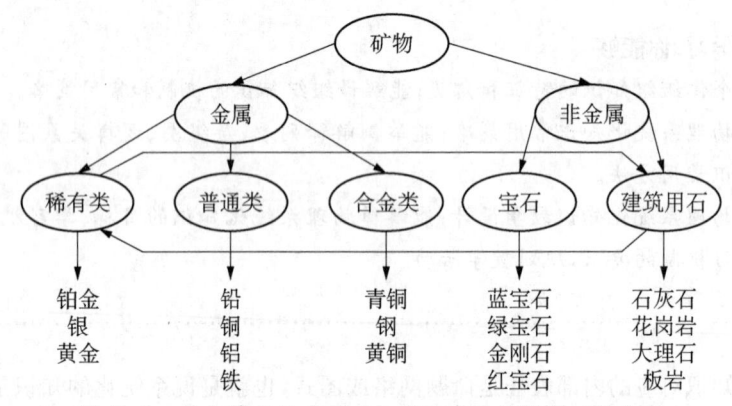

图7-1 鲍尔等人的自由回忆实验中使用的层级树状图

表7-1 经4次尝试后回忆词的平均数为组织的函数

条件	回忆次数			
	1	2	3	4
有组织的	73.0	106.1	112.0	112.0
随机的	20.6	38.9	52.8	70.1

(二) 不同个体组织的知识存在差异

尽管每个人对相同学习内容都会做一定的组织,但组织存在的差异是很显然的,专家—新手研究表明,专家与新手在组织知识的质量上存在较大差异。

20世纪80年代处、齐等人(Chi, Felotovich & Glaser, 1981)曾调查分析过已取得物理学博士学位的专家与刚读完大学物理一年级课程的新手在知识结构上的差异。研究者给专家和新手提供了20个描述物理学问题的称谓,这些称谓都是专家和新手在对问题分类时使用的,图7-2、7-3所示分别为新手与专家由"斜面"这一称谓所引发的记忆结构。

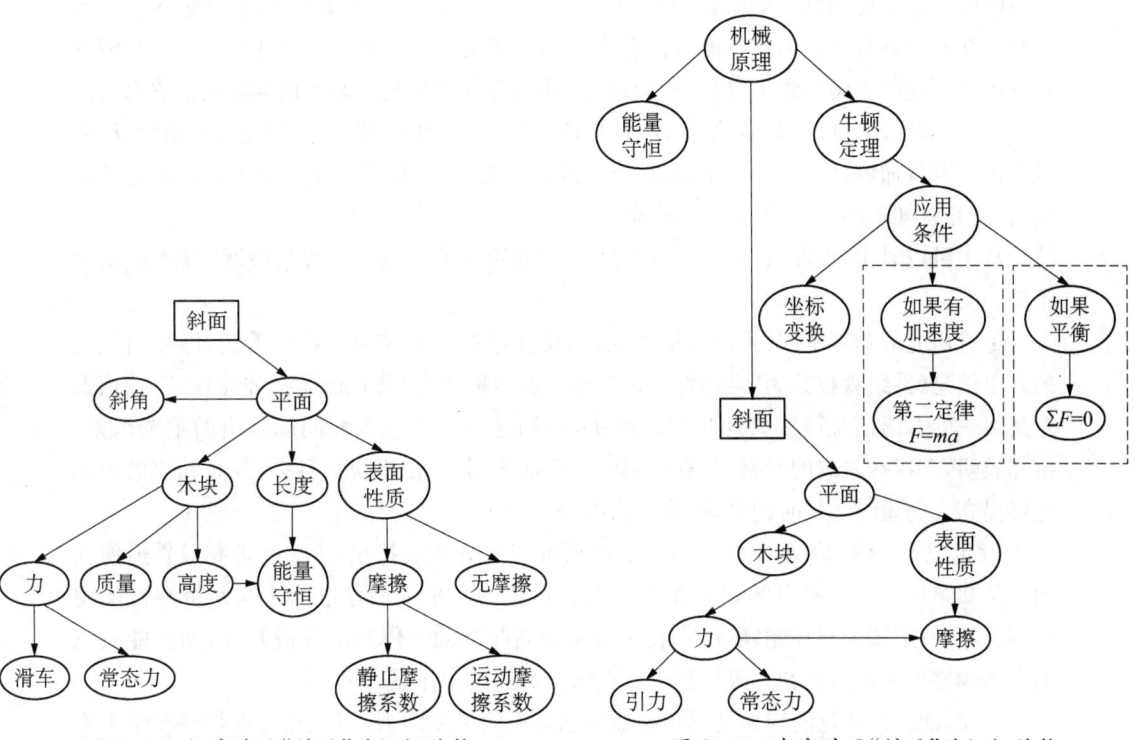

图 7-2　新手关于"斜面"的记忆结构　　　　　图 7-3　专家关于"斜面"的记忆结构

从上面的结构可以看出：

新手记忆结构中的结点要么是描述性的，如"静摩擦系数"、"夹角"等，要么是跟具体对象有关，如木块的"质量"、"高度"等，虽然有结点涉及"能量守恒"这一高级原理，但却是从属于某些表面性结点。

而在专家记忆结构中，其结点大多数属于一些基本物理原理，也就是说专家是以本学科的基本原理来组织自己的知识的。

（三）系统化的知识是影响专门领域问题解决的主要因素

不同的学习心理学家在研究问题解决时，尽管所用术语不同，多将系统化的知识视为影响问题解决的重要因素。

加涅认为，影响问题解决的因素有[①]：

(1) 智慧技能：那些为使问题得以解决而必须知道的规则、原理和概念。

(2) 组织化的言语信息，以图式为形式，使对问题的理解和对答案的评估成为可能。

(3) 认知策略：使学习者能够选择合适的信息和技能，并决定何时及如何运用它们以解决问题。

奥苏贝尔提出问题解决的模式（以几何问题的解决为例）包括四个步骤[②]：(1) 呈现问题情境命题。(2) 明确问题的目标与已知条件。如果学生具备有关的背景知识（起固定作

[①] 加涅.学习的条件和教学论[M].皮连生等，译.上海：华东师范大学出版社，1999：213.
[②] 邵瑞珍.教育心理学[M].上海：上海教育出版社，1988：375.

用的观念),就能使问题情境命题与他的认知结构联系起来,从而理解面临问题的性质与条件。在某领域有经验的学生能直接看出命题的意义。(3) 填补空隙过程。填补空隙的过程涉及下述的概念与加工过程:背景命题:指学生认知结构中与当前问题的解答有关的事实、概念和原理;推理规则:作出合理的结论的逻辑规则;策略:通常指选择、组合、改变或者操作背景命题的一系列规则,以填补问题的故有空隙(用于控制自己解决的问题的规则,也就是认知策略)。(4) 解答后的检验。

从中可以看出,奥苏贝尔认为影响问题解决的有关因素有:背景命题、推理规则和策略。

尽管研究的角度不同,采用术语不同,但研究存在一些较为一致的看法,即将组织化的言语信息(乔纳森称其为"结构性知识"、奥苏贝尔称其为"背景命题"、加涅称其为"依据意义组织的言语信息")视为影响问题解决,特别是知识丰富领域问题解决的重要因素。研究表明,在特殊领域的专家,都有独到的记忆优势,其记忆组块大且多,并且知识的组织化可提高人的短时与长时记忆,影响到人的决策行为。

20世纪80年代后期,加涅在对早先的研究成果分析后指出:"这些研究成果迫使我们从认知结构与加工能力的相互作用来考虑这些高水平的胜任能力。这些资料试图说明,在某一特定知识与技能领域中,表现出能力高与低的个体间的关键差异,即技能熟练的个体能够很快地接近和有效地利用已组织很好的观念体系……"[①]

研究表明,系统化的知识是影响领域问题解决的主要因素,因此在物理学科教学中应帮助学生习得系统化的知识。

(四) 组织知识的策略

组织化策略是指按照信息之间的层次关系或其他关系对学习材料进行一定的归类、组合,以便于学习和理解的一种学习策略。其用意是促进个体对已学知识进行有意义的编码。

教学中常用的组织化策略有[②]图表和模型图。即将大量信息组织成有意义的模型的方法。常用的有对比或比较表、维恩图(用来显示知识点间异同关系的方法)、流程图(用来显示某组事件是按何种顺序发生相互间关系的方法)、循环图(用来显示连续循环发生事件间关系的方法)等。

层级图。用来表示新信息内部,或新信息与已存储在认知结构中原有知识之间上、下位的关系。

概要。即对有关知识做概述。

二、物理学科组织系统化知识的方法

良好的系统化知识不仅要能显示相互联系的两个知识点,更重要的是能显示形成联系的关系。但这一点在实际教学中往往被教师所忽视,比如图7-4所示这样的知识结构因为没有标明联系建立的关系,因而不是良好的。

[①] 皮连生.知识分类与目标导向教学——理论与实践[M].上海:华东师范大学出版社,1998:40.
[②] 吴庆麟等.教育心理学——献给教师的书[M].上海:华东师范大学出版社,2003:180.

(1) (2)

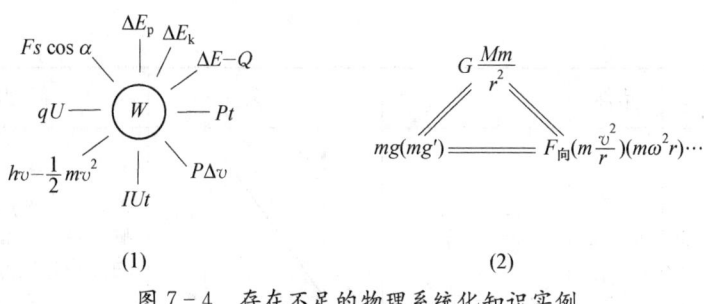

图 7-4 存在不足的物理系统化知识实例

将图 7-4(1)中的关系添加上后,如图 7-5 所示,就是比较合适的系统化知识形式。

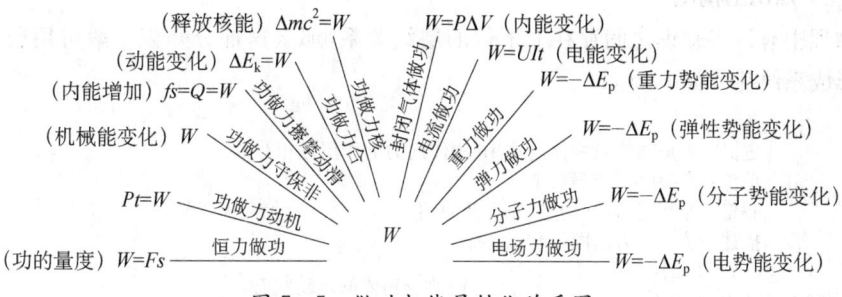

图 7-5 做功与能量转化关系图

方法或者说策略是用来提高认知活动效率的,伴随知识系统化这一认知活动也有一些方法,在组织物理知识、形成系统化知识的过程中常用的方法主要有列表、层级(树形)结构图、通过逻辑关系建立联系等。

(一) 列表法

如果不同知识具有相同的属性,并且在同一属性方面存在不同或相同之处,那么这部分知识间一般可采用列表的方式来建立它们间的联系。

如理想气体三定律,都存在物理意义、图象、数学表达式、所需条件等属性,但在同种属性中如图象等方面,存在不同,因此这部分知识就比较适合运用列表法来系统化。

表 7-2 理想气体三个实验定律的比较

名称	条件	公式	图象	微观解释
玻-马定律	T 不变	$p_1V_1 = p_2V_2$		因分子平均动能不变,体积缩小时单位体积内分子数增大,每秒钟对器壁单位面积碰撞次数增加
查理定律	V 不变	$\dfrac{p_1}{p_2} = \dfrac{T_1}{T_2}$		因单位体积内分子数不变,温度升高平均动能增加,每秒内每单位面积上碰撞次数和每次碰撞冲量都增加

(续表)

名称	条件	公式	图象	微观解释
盖-吕萨克定律	p 不变	$\dfrac{V_1}{V_2}=\dfrac{T_1}{T_2}$	V-T 图象（过原点直线）	体积增大使压强减小的影响与温度升高使压强增大的影响互相抵消

(二) 知识结构图

物理中有许多知识之间存在上下位的层级关系，那么这部分知识一般可用层级结构图来形成系统化。如下例：

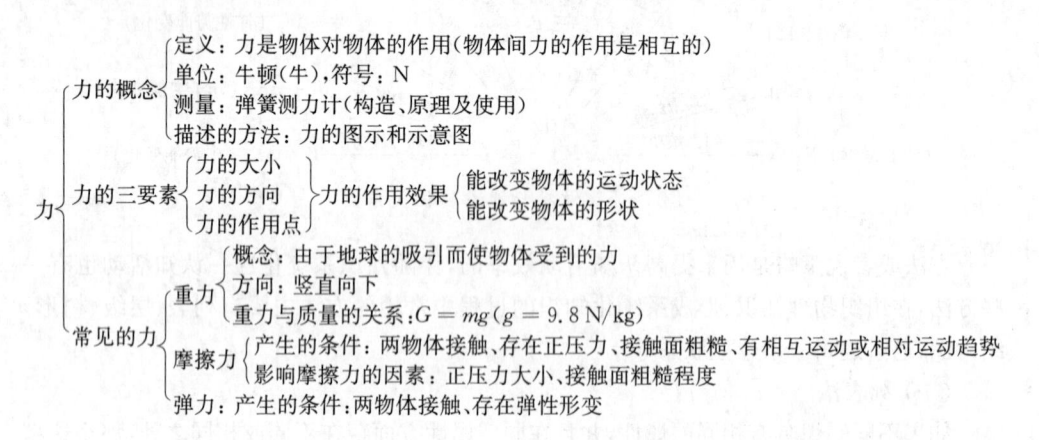

力
- 力的概念
  - 定义：力是物体对物体的作用（物体间力的作用是相互的）
  - 单位：牛顿（牛），符号：N
  - 测量：弹簧测力计（构造、原理及使用）
  - 描述的方法：力的图示和示意图
- 力的三要素
  - 力的大小
  - 力的方向
  - 力的作用点
  - 力的作用效果
    - 能改变物体的运动状态
    - 能改变物体的形状
- 常见的力
  - 重力
    - 概念：由于地球的吸引而使物体受到的力
    - 方向：竖直向下
    - 重力与质量的关系：$G=mg$（$g=9.8$ N/kg）
  - 摩擦力
    - 产生的条件：两物体接触、存在正压力、接触面粗糙、有相互运动或相对运动趋势
    - 影响摩擦力的因素：正压力大小、接触面粗糙程度
  - 弹力：产生的条件：两物体接触、存在弹性形变

图 7-6 力相关知识小结

(三) 依据逻辑关系建立联系

物理中有许多定理间存在逻辑演绎关系，可以通过逻辑关系形成相应的知识系统。

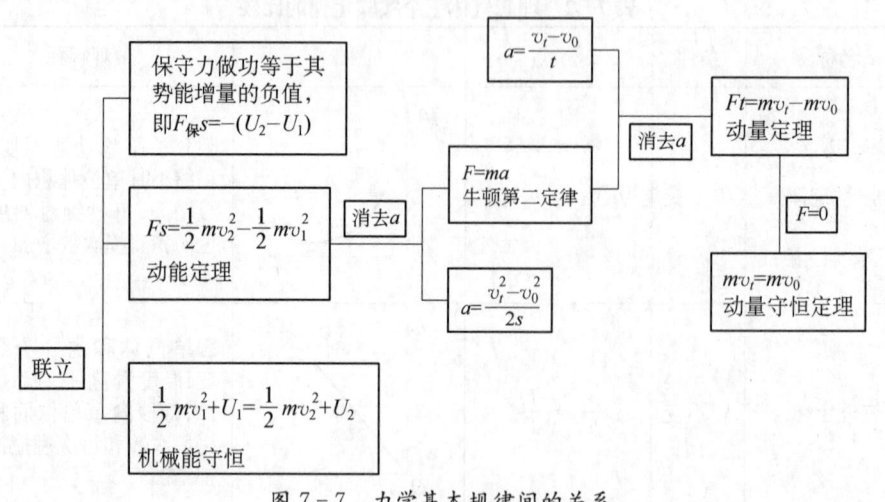

- 保守力做功等于其势能增量的负值，即 $F_{保}s=-(U_2-U_1)$
- $Fs=\dfrac{1}{2}mv_t^2-\dfrac{1}{2}mv_1^2$ 动能定理
- 联立 $\dfrac{1}{2}mv_1^2+U_1=\dfrac{1}{2}mv_2^2+U_2$ 机械能守恒
- $a=\dfrac{v_t-v_0}{t}$
- $a=\dfrac{v_t^2-v_0^2}{2s}$
- 消去 a → $F=ma$ 牛顿第二定律
- 消去 a → $Ft=mv_t-mv_0$ 动量定理
- $F=0$ → $mv_t=mv_0$ 动量守恒定理

图 7-7 力学基本规律间的关系

第二节　物理系统化知识的教学

一、物理学科系统化知识教学

（一）系统化学习后的结果

系统化的知识总是经历了一定学习过程后习得的，个体在系统化知识时，总是要使用一定的方法或者说策略，有时可能自己也没有意识到，就一次知识系统化学习来说，其学习结果主要是：形成特定陈述性知识的网络结构，即获得系统化的知识结构。

另外由于系统化知识时要运用一定的策略，学生这种运用策略的经历为策略教学提供了可能，因此教师在帮助学生习得系统化知识的同时，可采用适当的方式，如第五章讨论过的，帮助学生学习组织知识的策略方法。

因此知识系统化学习中，应该有两个学习结果：(1) 陈述性知识的网络结构，即系统化的知识；(2) 组织知识的方法。

（二）系统化知识教学目标

在知识系统化教学中一般来说有两个目标：(1) 帮助学生获得系统化的知识。此教学环节，重要的是帮助学生形成各知识点间的关系，最好的做法是教师引导学生自己来习得把握其中的关系。(2) 习得方法，方法教学的方式见第五章讨论内容。组织系统化物理知识的方法主要有列表、层级结构图以及逻辑关系图等。

课程标准也对学生学会组织知识的方法提出要求："在学习的一定阶段由学生自己进行小结，根据自己收集的材料编写自问、自答、自解题，也是使学生学会独立学习和整理的有效方式。"[①]

二、教学案例与分析

> **案例 7-1**
>
> **"磁场"一章知识系统化的教学**
>
> ● 教学内容："磁场"一章知识系统化。
> ● 教学目标：
> 目标1：理解本章知识结构；能够用自己的语言陈述相联系的知识及各知识点间存在的关系。
> 实现"知识与技能"目标。
> 目标2：理解列表、层级图等组织知识的方法。能用自己的语言陈述列表、作层级图所需的条件和基本步骤，能举例说明。
> 实现"过程与方法"目标。

---

① 中华人民共和国教育部制定. 全日制义务教育　物理课程标准(实验稿)[M]. 北京：北京师范大学出版社，2001：35.

● 教学任务分析及教学规划：

知识系统化是学习者运用特定组织知识的方法建立相关知识间关系的过程，组织知识的直接目标是系统化的知识，因此要有一个环节来实现这一目标，如本例中的环节一、环节二。

在本章知识的组织中，运用列表、作层级图的方法组织知识时，学生往往更关注系统化知识本身，没有意识到在此过程中运用的方法，更不用说会注意方法使用的条件和基本步骤。根据"方法"教学方式二，教师应引导学生将注意的焦点集中于列表、作层级图的案例上，并从中概括出方法适用的条件和步骤，如环节三。

概括出方法的使用条件和步骤后，根据"方法"教学方式二，还应提供一些场合供学生应用这些方法，如环节四。

本案例各教学环节的作用如下：

环节一，教师引导学生梳理本章知识，分析各知识点间存在的关系，学生不自觉地运用了作层级结构图的方法来组织知识。

环节二，教师自己分析带电粒子在匀强电场与磁场中受力等方面的不同点，运用了列表的方法，学生不自觉地体验了运用列表方法来组织知识。

以上两个环节，实现"知识与技能"目标。

环节三，教师引导学生反思组织知识的过程，从中意识到存在组织知识所运用的方法，在学生举出其他运用该方法的例子的基础上，分析两种组织知识方法的基本步骤及使用需要的条件。

环节四，请学生自己寻找运用上述两种方法的实例，不仅仅局限于物理学科。

环节三和环节四构成"方法"教学的完整过程，采用"方法"教学方式二。

● 教学过程：

教学环节一　本章学习知识的梳理

师：在前面的学习中，我们将磁场一章的内容全部学习完了，本节课我们是复习课，首先请同学们回忆一下，本章我们学习了哪些内容。

生：学习了磁场、磁力线、磁感应强度等概念，学习了一些相关类型磁体的磁场，还学习了磁场对通电导线和带电粒子的作用力的规律。

师：仔细分析，可以发现，本章对磁场的学习主要集中在以下三个方面：磁场的来源、磁场的描述方法以及磁场与物理客体相互作用的规律。

教师板书

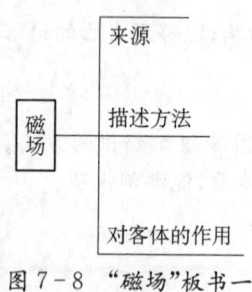

磁场 ─┬─ 来源
　　　├─ 描述方法
　　　└─ 对客体的作用

图 7-8　"磁场"板书一

师：那么磁场主要来源有哪些？

生：磁场来自磁铁和通电导线,其中磁体有蹄形和条形,而通电导线有通电直导线和环形导线。

师：磁铁具有磁性的一种解释是什么?

生：安培提出分子环流来解释磁铁的磁性,由此说明磁铁的磁场与电流的磁场一样,都是由电荷的运动产生的。

教师板书

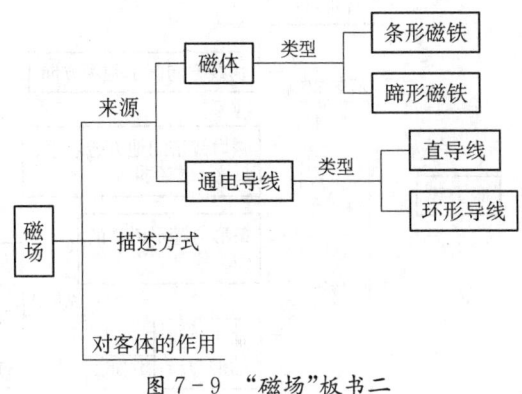

图 7-9 "磁场"板书二

师：对于磁场我们需要了解磁场的强弱以及磁场的方向,请同学们思考：我们如何描述磁场呢?

生一：可通过磁力线来描述磁场。

生二：可用磁感应强度来描述。

师：在本章学习中,确实学习了两种描述磁场的方式,定性描述方式——磁力线;定量描述方式——磁感应强度。

请同学回答用磁力线具有的性质如何描述磁场。

生：磁力线是闭合曲线,对于磁铁的磁力线,在磁体外是由 N 极到 S 极,在磁体内由 S 极到 N 极;磁力线上一点切线方向指向磁场方向;磁力线密的地方,磁场强;磁力线疏的地方,磁场弱。

师：回答得很好,前面提到用磁感应强度定量描述磁场强弱,那么磁感应强度是如何定义的?

生：在磁场中垂直磁场方向的通电导线,受到的磁场力 F 跟电流强度 I 和导线长度 L 的乘积 IL 的比值,叫做通电导线所在处的磁感应强度;磁感应强度是矢量,磁场中某点的磁感应强度方向就是该点的磁场方向。

教师整理学生的回答,并完成板书

师：在本章的学习中,除了上述内容,我们还学习了磁场与物理客体相互作用的规律,请同学们思考回答。

生：本章学习了磁场对通电导线的作用;学习了磁场对带电粒子的作用规律。

师：关于磁场对通电导线的作用,我们学习了什么?

生一：通电导线在磁场中的受力：$F = ILB\sin\theta$,其中 θ 是电流方向和磁场方向的夹角。

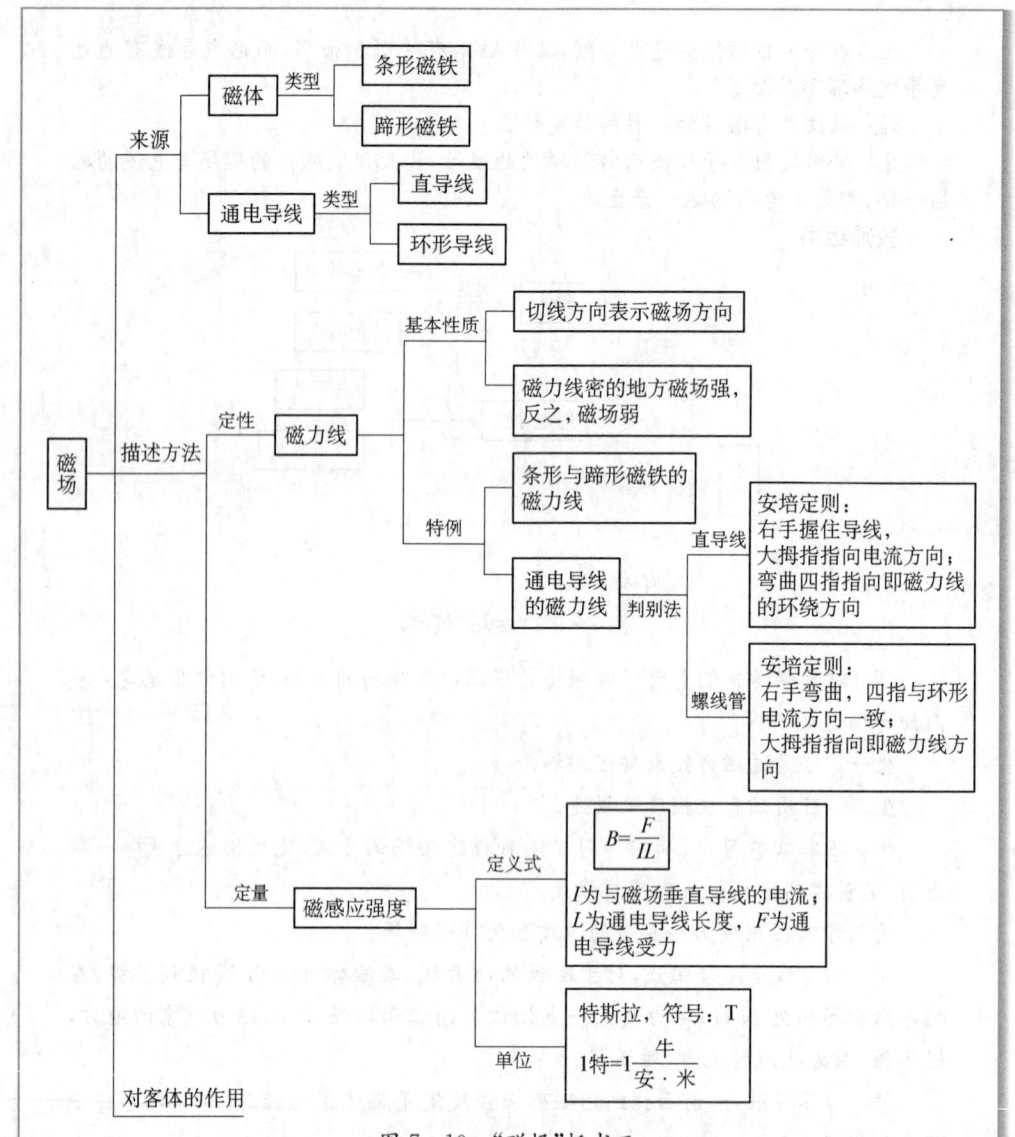

```
                            ┌─ 类型 ┬─ 条形磁铁
                    ┌─ 磁体 ─┤      └─ 蹄形磁铁
            ┌─ 来源 ─┤
            │       └─ 通电导线 ─ 类型 ┬─ 直导线
            │                          └─ 环形导线
            │
            │                ┌─ 基本性质 ┬─ 切线方向表示磁场方向
            │                │           └─ 磁力线密的地方磁场强，
            │       ┌─ 定性 ─ 磁力线 ─┤      反之，磁场弱
            │       │        │           ┌─ 条形与蹄形磁铁的
  磁场 ─┤─ 描述方法 ─┤        └─ 特例 ──┤      磁力线
            │       │                    │                    ┌─直导线  [安培定则：右手握住导线，大拇指指向电流方向；弯曲四指指向即磁力线的环绕方向]
            │       │                    └─ 通电导线 ─ 判别法 ─┤
            │       │                        的磁力线          └─螺线管 [安培定则：右手弯曲，四指与环形电流方向一致，大拇指指向即磁力线方向]
            │       │
            │       │                     ┌─ 定义式  $B=\dfrac{F}{IL}$
            │       │                     │         I为与磁场垂直导线的电流；
            │       └─ 定量 ─ 磁感应强度 ─┤         L为通电导线长度，F为通
            │                             │         电导线受力
            │                             │
            │                             └─ 单位  特斯拉，符号：T
            │                                      1特=1$\dfrac{牛}{安·米}$
            │
            └─ 对客体的作用
```

图7-10 "磁场"板书三

生二：判断安培力的方向，可运用左手定则来判定通电导线在磁场中受力的方向。让磁力线垂直穿入手心，伸开四指指向电流方向，则大拇指指向通电导线受力方向。

师：那么关于磁场与带电粒子间的规律如何呢？

生：运动的带电粒子在磁场中受到洛伦兹力，力的大小为 $f=qvB$，其中运动电荷的速度与磁场方向垂直。

师：运动电荷在磁场中受力方向，同样可以由左手定则来判定，只是对于负电荷时，应注意负电荷的速度方向是电流的反方向。

磁场

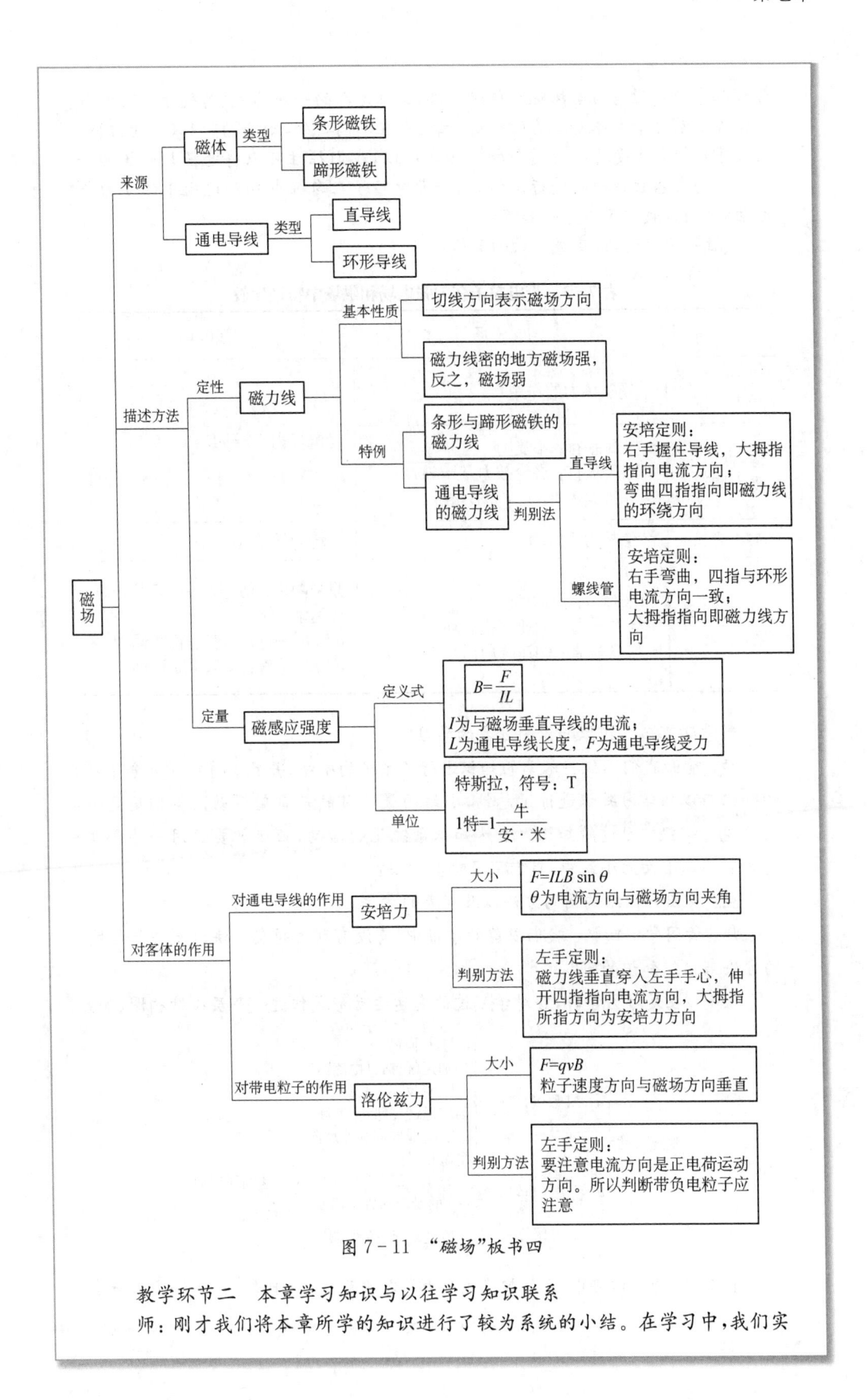

- **来源**
  - 磁体 — 类型
    - 条形磁铁
    - 蹄形磁铁
  - 通电导线 — 类型
    - 直导线
    - 环形导线

- **描述方法**
  - 定性 — 磁力线
    - 基本性质
      - 切线方向表示磁场方向
      - 磁力线密的地方磁场强，反之，磁场弱
    - 特例
      - 条形与蹄形磁铁的磁力线
      - 通电导线的磁力线 — 判别法
        - 直导线：安培定则：右手握住导线，大拇指指向电流方向；弯曲四指指向即磁力线的环绕方向
        - 螺线管：安培定则：右手弯曲，四指与环形电流方向一致；大拇指指向即磁力线方向
  - 定量 — 磁感应强度
    - 定义式 $B=\dfrac{F}{IL}$
      I 为与磁场垂直导线的电流；L 为通电导线长度，F 为通电导线受力
    - 单位：特斯拉，符号：T
      1 特 $=1\dfrac{\text{牛}}{\text{安}\cdot\text{米}}$

- **对客体的作用**
  - 对通电导线的作用 — 安培力
    - 大小：$F=ILB\sin\theta$
      θ 为电流方向与磁场方向夹角
    - 判别方法：左手定则：磁力线垂直穿入左手手心，伸开四指指向电流方向，大拇指所指方向为安培力方向
  - 对带电粒子的作用 — 洛伦兹力
    - 大小：$F=qvB$
      粒子速度方向与磁场方向垂直
    - 判别方法：左手定则：要注意电流方向是正电荷运动方向。所以判断带负电粒子应注意

图 7-11 "磁场"板书四

教学环节二　本章学习知识与以往学习知识联系

师：刚才我们将本章所学的知识进行了较为系统的小结。在学习中，我们实

际可以感受到磁场与电场既有相同点,比如都是场的一种形式、对处于其间的带电体或运动的带电体都有力的作用,但也存在不同之处,如场的特征(方向、闭合与否等)、带电体受力的性质与特征等。所以,我们往往可以将电场与磁场的一些相关的内容放在一起进行总结,比如带电粒子在匀强电场和磁场中的受力与运动的特征,我们可以总结如下:

（教师边陈述,边完成下面的表格）

表7-3 带电粒子在匀强电场和磁场中特征比较

	匀强磁场	匀强电场
静止电荷受力情况	不受磁场力的作用	受电场力 $F=qE$
运动电荷受力情况	v 与 B 平行:不受力 v 与 B 垂直:洛伦兹力 $f=qvB$ v 与 B 成 θ 角: $f=qvB\sin\theta$	
做功情况	洛伦兹力不做功	电场力做功 $W=qU$
电荷运动情况	原来静止:不运动 v 与 B 平行:匀速直线运动 v 与 B 垂直:匀速圆周运动	原来静止:初速为零的匀加速直线运动 v 与 E 平行:匀变速直线运动 v 与 E 垂直:类似平抛运动

教学环节三 组织知识的方法的学习

师:前面我们不仅将本章的知识进行了系统的小结,并且还将本章部分学习的知识与以往学习知识进行了总结,小结的最终目的是希望帮助同学们用更全面的视角审视学习过的知识。当然知识系统化的活动,必然需要运用一些合理的方法。在上面的小结中,我们用了哪些方法?

生:作出知识结构图的方法以及列表的方法。

师:请同学们回忆:我们以前的学习中,有没有利用列表方法以及作结构图的方法来组织知识的呢?

生一:在复习力学时,曾对学习过的变速运动形式作过一个层级结构图,如:

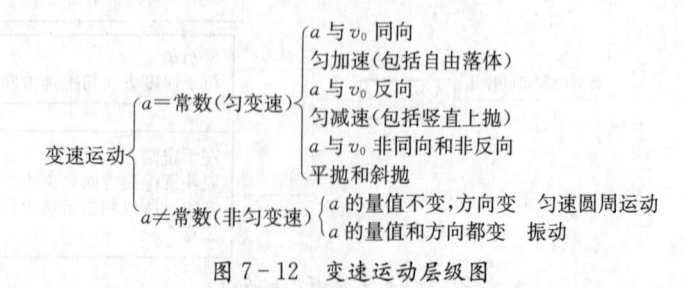

变速运动 { $a=$常数(匀变速) { a 与 v_0 同向 匀加速(包括自由落体)
a 与 v_0 反向 匀减速(包括竖直上抛)
a 与 v_0 非同向和非反向 平抛和斜抛
$a\ne$常数(非匀变速) { a 的量值不变,方向变 匀速圆周运动
a 的量值和方向都变 振动

图7-12 变速运动层级图

生二:在力学学习中,我们曾将几个力学定理做过列表比较,如表7-4所示:

表 7-4　力学基本规律比较

研究对象	研究角度	物理概念	物理规律	适用范围、条件
质点	力的瞬时效果	力(F)、质量(m)、加速度(a)	牛顿第二定律 $F=ma$	低速运动的宏观物体
质点	力作用一段时间(时间积累)的效果	动量 $p=mv$ 冲量 $I=Ft$	动量定理 $Ft=mv'-mv$	低速运动的宏观物体
系统			动量守恒定律 $m_1v_1+m_2v_2=m_1v_1'+m_2v_2'$	普遍适用；系统所受合外力为零
质点	力作用一段位移(空间积累)的效果	功 $W=Fs\cos\alpha$ 功率 $P=\dfrac{W}{t}$ $P=Fv\cos\alpha$ 动能 $E_k=\dfrac{1}{2}mv^2$ 重力势能 $E_p=mgh$	动能定理 $W=E_{k2}-E_{k1}$	低速运动的宏观物体
系统			机械能守恒定律 $E_2=E_1$	低速运动的宏观物体；只有重力和弹力做功

师：回答得很好！请同学们思考：自己是如何组织知识的呢？在什么时候选用列表方法，在什么时候选用结构图方法呢？

（学生思考、讨论）

师：（教师将学生的回答做整理，并清晰地陈述）在作层级结构图时，基本步骤是：

1. 先将本章知识点一一罗列出来；
2. 回顾各知识点的内涵；
3. 将相关知识点用图线连接起来，并在连线上扼要表明形成联系的关键内容，围绕某几个重点概念可能形成一个或数个知识点子结构；
4. 依据重点知识点间的联系将它们连接起来构成整个知识网络结构图。

以后同学们在运用此方法整理知识时，应基本遵循这一思路。形成一个结构图关键之处在于应在图上标明知识间存在的关系，这是希望同学们注意的。

师：那么，满足什么条件比较适合运用层级图来组织知识呢？

（学生讨论，教师总结）

师：当知识之间存在概括性程度高低或者说知识间存在上下涵盖关系，这部分知识一般适宜用作层级结构图的方法来组织。

师：那么在什么情况下适合运用列表方法来组织知识呢？

（学生讨论）

师：（教师将学生的回答做整理，并清晰地陈述）

当知识间存在相同的属性，但同种属性上有相同与相异点，这部分知识就适宜采用列表法来组织。步骤一般可以将比较的知识点列一维，属性列一维，然后在对应的空格中填入适当内容。

> 教学环节四　方法的练习
> 在本节课学习中,我们学习了两种组织知识的方法——列表法、层级结构图法。请同学们课后自己找一些列表以及层级结构图的实例,不一定局限于物理学科,化学、数学、生物等课程的例子都可以,分析其是否合理;若不合理,提出修改建议并陈述理由。

由于组织知识的方法相对比较单一,主要就是列表等方法,所以在学生有一定组织知识的经验并对方法有一定认识时,完全可以由学生自己完成该任务。教师可以要求学生在课堂上交流,并根据组织好的知识是否满足"知识间联系真实"、"知识间联系的关系清晰"这两条标准来进行评判。

【本章小结】

1. 知识的组织

组织知识是人类的基本学习机制。

专家和新手差别之一是专家具有本领域组织良好的知识系统。

良好的专业知识系统是解决专业领域问题的重要的影响因素。

2. 物理学科系统化知识

物理学科组织知识的策略有:列表法、层级图、逻辑关系图等。

物理学科良好的系统化知识特征:能反映相关概念之间存在联系、能反映相关概念之间的关系(此更为重要)。

3. 物理系统化知识的教学

组织知识的过程就是运用特定认知策略形成相关概念间层级联系以及描述其间关系的过程。因此,系统化知识教学的目标可能有二:其一,系统化的知识体系;其二,组织知识的方法。

教师应在系统化知识的教学前,明确教学是单一知识目标,还是有方法目标的实现。

【拓展阅读】

1. 李新乡等. 物理教学论(第二版)[M]. 北京:科学出版社,2009.

该书第十章讨论复习课教学,通过案例介绍题组复习法以及试卷讲评课的设计。

2. 查有梁等. 物理教学论《教学设计》(第2版)[M]. 北京:高等教育出版社,2009.

该书第九章介绍复习方法和教学。

3. R. J. Sternberg. 认知心理学(第三版)[M]. 杨炳钧等,译. 北京:中国轻工业出版社,2006.

该书第七章介绍知识的心理表征、认知地图;第八章阐述知识的表征与组织,介绍陈述性、程序性知识的表征方式。

4. R·J·德里斯科尔.学习心理学(第三版)[M].王小明等,译.上海：华东师范大学出版社,2008.

该书第三章介绍长时记忆中信息的表征模型,如网络模型、特征比较模型、命题模型、并行分布加工模型等;第四章介绍图式的性质和加工。

【思考与练习】

1. 请结合具体的实例,陈述知识系统化学习后,可能的学习结果以及学生的外显行为。
2. 结合具体的实例,参照系统化知识教学的两个实例,设计出相应的教学。

第八章 物理学科问题解决的教学

通过本章的学习，你能够
- 理解问题解决的本质和特征；能举例解释问题解决是运用策略选择解决问题必要技能的过程。
- 理解问题解决策略特征；能解释解决问题的强方法和弱方法的差异。
- 理解结构良好问题解决的结果——问题图式；能解释问题图式的结构要素，能举例说明物理问题图式。
- 掌握结构良好物理习题的教学设计；能从学习结果的角度分类物理习题教学，结合方法教学步骤，设计复杂物理习题教学活动。
- 掌握物理新题的教学设计；能解释个体解决新问题的过程和条件，能遵循物理习题解决弱方法的结构，完成物理新题教学设计工作。

在学习了一定量的物理知识后，教师一般会安排复习课，复习课主要有两个教学任务，其一，对已学过的物理知识进行小结，帮助学生建立所学知识间的联系；其二，帮助学生解决一些复杂的物理习题。复习课中解决的习题，相比定理和概念"运用"时解决的习题，显然题型与解决难度都要复杂许多。本章重点讨论物理习题学习的条件，并结合实际案例阐述相应的教学实施。

第一节 问题及问题解决的研究

在第六章提及，概念和原理的"运用"本质上也是通过解决问题体现的，其所要解决的问题一般来说主要应用所学的、单一概念或规律就可以解决，与接下来讨论的问题解决一个显著不同是：此处讨论的问题解决是指其解决一般需要运用多个物理定理与概念来实现，也就是平常所称复杂问题解决。在中学物理教学中，复杂问题解决主要涉及领域是物理习题的解决。习题教学是中学物理教学中一个重要组成，通过习题的练习，可以帮助学生巩固、活化基础知识；可以在一定程度上帮助学生加深和扩展物理知识；可以帮助学生建立解决问题的思路，获得解决问题的正确方法；可以帮助学生将理论应用到实际，理解科学与技术的相互关系。正因为习题的练习对学生学习物理存在如上益处，同时由于习题也是对学生物理学习结果测量和评价的主要方式，所以习题教学在中学物理教学中受到学生和教师的重视。那么如何来实现物理习题的有效教学呢？学生求解较复杂的习题,本质上是解决问题的过程,本节首先讨论认知心理学对问题解决的一些基本认识,然后着重阐述物理复杂习题解决的过程以及条件,下一节提出有效物理习题解决教学的方法,并结合教学实例讨论该教学方法的运用。

一、问题及问题解决

(一) 问题

尽管对问题的表述不同,但是多数心理学家都认为,所有的问题都含有3个基本成分[①]:

第一,给定:一组已知的关于问题条件的描述,即问题的起始状态;

第二,目标:关于构成问题结论的描述,即问题要求的答案或目标状态;

第三,障碍:正确的解决方法不是直接显见的,必须间接通过一定的思维活动才能找到答案,达到目标状态。

有些问题主要通过回忆来回答,不能算作心理学上界定的问题,比如,人家问你:"你叫什么名字?"回答这一问题只需要从头脑中提取信息直接作出回答,因而这不是心理学中所说的问题。

(二) 问题的分类

问题可以从不同的角度进行划分,在心理学研究中,一般有如下两种分类:

1. 结构良好的问题与结构不良的问题

根据问题的结构特点,问题可以分为结构良好的问题与结构不良的问题。如果问题有一个明确定义的初始状态、目标状态及一系列可能被用来缩小和消除两种状态之间差异的操作过程,那么这个问题就是界定良好问题。如果问题在初始状态、目标状态和操作过程的一个方面或多个方面存在不同程度的模糊性和不确定性,这类问题就被称为界定不良的问题。

绝大多数物理习题,都给出明确的已知条件、都有确定性的单一目标,尽管有些题可以有多种解法,但每一种解法的过程也都较为固定,因此习题主要属于结构良好的物理问题。而在研究性学习中,学生需要解决的问题(各类课题),如实践类课题"水火箭的制作"、调查类课题"彭越浦河闸北区段水质调查分析"等课题,一般没有固定的解决路径,也不存在唯一的答案,并且也没有严格意义上绝对优劣的区分,所以这部分课题中所包含的问题属于结构不良的物理问题。

结构良好的物理习题还可以依据其涉及的物理原理进一步归类,如:物体平衡问题、运动的连接体问题、天体运动问题、有关守恒的问题、静电场问题、电路计算问题、磁场与电磁感应问题、透镜成像问题等。

2. 知识贫乏的问题与知识丰富的问题

根据问题解决者的特点,将问题划分为:知识贫乏问题和知识丰富问题。例如一道高中物理力学题,尽管都是第一次解,但对刚开始学习高一物理知识且没有经过多少习题训练的学生来说是知识贫乏问题,但对一位从教多年、已经解了成百上千道物理习题的物理教师来说,就是知识丰富领域的问题。目前,学习者在知识丰富领域解决问题是当前认知

---

① 王甦等著.认知心理学[M].北京:北京大学出版社,1992:276.

心理学研究的一个热点。

（三）问题解决的过程

这里说的问题解决过程指问题解决的心理过程。100多年来，心理学家和教育家都关心问题解决心理过程的研究。

1. 心理学的研究

（1）杜威的问题解决过程模式

1910年美国著名哲学家和教育家杜威提出问题解决要经历如下五步：第一，感受问题的存在，即主观上意识到面临的问题，进行初步的怀疑、推测，产生认知困惑；第二，确定和界定问题，即从问题情境中识别出问题，考虑它和其他问题的关系，明确问题的已知条件，要达到的目标；第三，形成假设，即在分析问题空间的基础上，使问题情境中的命题与认知结构联系起来，激活有关的背景观念和先前获得的解决问题方法，从而提出各种解决问题的可行方案；第四，检验假设，即对问题的各种假设进行经验的或实验的检验，推断出这些方法可能的结果，并对问题再做明确的阐述；第五，选择最佳方案，即找出经检验证明为解决某一问题的最佳途径的方法，并把这一成功的经验组合到认知结构中，以解决同类或新的问题。

（2）信息加工心理学的问题解决过程模式

现代信息加工心理学对问题解决的研究，可以把问题解决分为以下几个阶段[①]：

第一，问题表征。

在这个起始阶段，问题解决者将任务领域转化为问题空间，实现对问题的表征和理解。问题空间也就是人对问题的内部表征。应当强调指出，问题空间不是作为现成的东西随着问题而提供给人的，问题解决者要利用问题所包含的信息和已贮存的信息主动地来构建它。人的知识经验影响问题空间的构成。对同一问题，不同的人可形成不同的问题空间。问题空间是否适宜，对问题解决有直接影响。

第二，确定问题的解决策略。

算子指能够将问题空间中的一种状态转化成另一种状态的操作行动，这种操作行动既可以是内部进行的认知思维操作，也可以是具体的动作操作。问题解决需应用一系列的操作，究竟选择哪些操作，将它们组成什么样的序列，这些都依赖于人采取哪种问题解决的方案或计划。问题解决的方案、计划或办法都称作问题解决的策略。它决定着问题解决的具体步骤，选择操作与确定问题解决策略密不可分。问题解决总是由一定策略来引导搜索的，可以将选择操作阶段同时看作确定问题解决策略阶段。

第三，应用算子。

实际运用所选定的操作来改变问题的起始状态或当前的状态，使之逐渐接近并达到目标状态。这个阶段也即执行策略阶段。

第四，评价当前状态。

这里包括对算子和策略是否适宜、当前状态是否接近目标、问题是否已得到解决等作出评估。在问题获得解决以前，对算子和策略有效性的评估起着重要作用。在一些情况下，经过评估，可以更换算子和改变策略。有时甚至需要对问题的起始状态和目标状态重

---

① 皮连生等.现代教学设计[M].北京：首都师范大学出版社，2005：155.

新进行表征,使问题空间发生剧烈的变化。

从这个角度来看,问题解决可以看作问题解决者在形成的问题空间中,运用一定策略,挑选出解决问题所需基本技能的过程。问题解决者能否解决问题,取决于问题解决者是否能够形成正确的问题空间,是否能够运用正确的方式搜索问题空间。

2. 物理习题解决的基本过程

有研究者将物理习题的解决,总结如下：[①]

第一,审题。

(1) 弄懂题意,判定是属于什么范围、什么性质的问题。

(2) 找出已知量和待求量。有些已知量隐含在题目的文字叙述中或物理现象物理过程中。要注意挖掘。

(3) 明确研究对象,确定是何种理想模型。

第二,分析题。

(1) 为了便于分析,一般要画出草图。草图有示意图、矢量图、波形图、状态变化图、电路图、光路图等。草图有形象化的特点,有助于形成清晰的物理图像。

(2) 借助草图分析研究对象所处的物理状态及其条件。

(3) 借助草图分析研究对象所进行的物理过程。

(4) 在此基础上确定解题的思路和方法。

第三,建立有关方程。

(1) 根据研究对象和物理过程的特点和条件,考虑解答计算上的方便,选用它所遵循的规律和公式。

(2) 列出方程(有时需要建立坐标系、规定方向或画出有关图象)。

第四,求解。

(1) 先进行必要的代数运算。

(2) 统一单位后,代入数据进行计算,求得解答。

(3) 必要时对结果进行验证。

在上述物理习题解决的过程表述中,不仅给出一般过程,并且还给出了促进一些阶段中认知活动效率的方法,比如在审题环节中,指出"为了便于分析,一般要画出草图",画草图可以抓住习题主要因素、忽略较次要的因素,并且可以较清晰地呈现各已知量间的关系,是求解物理习题时有助于做好审题的一个重要方法,但画草图这一方法在面对习题时,其使用的条件并不清楚,如何进行的步骤(也就是算子)也不清楚,所以画草图只是物理习题审题的弱方法。

同时上述物理习题解决的过程表述中呈现的过程还具有明显的物理学科特征,有物理解题经验的人都可以理解,无论什么物理习题,就分析的内容来看主要是分析清楚习题中物理过程、物理状态,并结合正确物理模型来求解。

研究表明：研究者对新颖问题的解决过程不是直线式的,而是经历了种种曲折。问题解决者要尝试运用各种假设,再评价其结果,由此逐渐积累信息。他常常进入死胡同,再退出来,尝试其他路子。随着信息的积累,他可以进行更有效的推理。在每

---

① 阎金铎等.中学物理教学概论(第二版)[M].北京:高等教育出版社,2003:134.

一特定时刻,问题解决者有关问题的全部知识构成他此时的认识状态。他应用算子来改变此认识状态,达到另一个新的认识状态,即在问题空间进行搜索,最后达到问题的目标状态。

学生在解决一道物理新题时也不会一帆风顺,也是要经历分析——形成对问题的认识、选择实际解决的策略,并在策略指引下选择解决问题需要的定理等,在审题、分析题、选择适当方程、解方程等每个环节都可能遭遇到障碍,找不到解决问题的通路,此时学习者需要回顾梳理先前审题或分析题中是否有疏忽之处,通过对习题情景的细致分析,尝试找到解决的线索。

3. 两种解决过程的比较

我们可以将物理教学中陈述的习题解决的过程与心理学问题解决的一般描述做一个比较。尽管所用词语不同,实际上对解决问题过程的陈述还是相近的。在物理解题过程的陈述中添加了有助于物理习题解决的方法以及具有物理的特征,如下表所示。

表8-1 心理学对问题解决的描述与物理解决问题过程间的比较

心理学对解决问题过程的表述	物理学中对物理习题解决过程的表述	运用的策略或方法	布卢姆教育目标分类
问题表征,形成问题空间	审题及分析题(1)~(3)	审题及分析题的方法;分析方法:做草图、列出分析的基本出发点、分析物理过程、物理状态	"分析"
确定策略	分析题中(4)——形成思路与方法		"综合"
运用算子	建立有关方程及求解(2)	选择适当物理概念和规律的方法	
评价当前状态	求解(3)	求解方程的方法	

二、问题解决的研究

心理学家在研究专家与新手解决问题的差异时,对新手与相对的专家解决同一问题的决策行为做了对比研究,研究发现在解决问题领域专家与新手主要存在如下一些差异:

(一)专家具有与领域问题解决相适应的策略

如第五章中所讨论的,解决同一类习题存在不同的解题方法,有些方法解决此类问题有较高效率称为强方法,但有些方法则效率相对较低称为解决此类习题的弱方法。在专家—新手研究中发现专家具有解决本领域问题的强方法,而新手则不具备足够的强方法,因此在解决习题时,只能采用弱方法来解决,效率低且无法保证习题最终得到求解。

(二)专家领域知识技能化

比如刚刚学习阿基米德定律的新手在应用该定律解题时,一般会回忆出阿基米德定律的内容以及公式,并将题目中的条件与其对照,如"这道习题要运用动量守恒定律,……

动量守恒是指在两个位置,动量之差等于受到的冲量,冲量等于物体所受力和时间乘积……"。

而经过一定数量同类习题训练的教师和学生则在这一方面不会有明显的回忆阶段,说明领域中的概念和原理已转化为技能,所以用时较少,解题效率高。

(三) 专家有多而且形成大的组块的解题知识结构

对象棋大师与普通棋手在复现真实棋局的能力方面的研究发现,象棋大师在注视棋盘5秒后,在空棋盘上能准确复现20个以上的棋位,但新手在相同条件下只能复现4~5个。蔡斯和西蒙进一步研究表明[1]:象棋大师是将棋盘上棋子分成一定关联的组块来记忆的,并且大师记忆的组块较新手多,且组块中棋子的数也多得多。

此外蔡斯和西蒙研究象棋大师与新手在复现随机摆放的棋局时发现,原先存在二者间复现棋盘棋子上的差异就消失了。大师在恢复真实棋局和随机放置棋局上的差异表明:专家与新手相比,专家存储了丰富的、在本领域中实际会出现的某种关系或结构特征以及实例。个体具有的这种心理结构,在认知心理学研究中称为图式。

在此基础上,有研究者提出问题图式,问题图式是围绕原理或基本概念组织起来的,每一问题图式都包含陈述性知识、程序性知识以及典型的问题情景的特征要素。问题图式允许问题解决者根据问题解决的方式对问题进行分类,它是领域专门知识表征方式,是造成专家和新手问题解决技能差异的根本原因[2]。

所以解题方面的专家,一定存储有大量的带有本领域特征的问题图式,并且问题图式不仅包含一类问题的本质结构特征,还与解决问题的策略联系在一起,这样一旦专家识别出题目类型,就可较快地运用与该问题解决相适应的策略。

如同第五章专家—新手研究中解决的一类物理习题,我们可以推测存在如下图式。

本质结构特征	所需知识与技能	策略(强方法)
物体做直线运动、受恒定力的作用、已知部分运动学量求受力,或者已知受力求运动学量(速度、位移、时间等)	理解各种力的概念并会据此正确分析受力; 理解并会运用匀变速直线运动的各种规律; 理解并会运用牛顿定律等	以加速度为突破。通过加速度将运动学规律与牛顿第二定律等联系起来求解

由于专家已形成该类习题的图式,依据题目呈现的特征很快识别出题目属于运动学与动力学结合类的问题,又由于问题图式中有解决此类问题的特定策略,专家就可启动针对此类习题的策略——强方法来解,外显上可以表现出向前推理的解决问题方式,解决这一类习题效率较高。实际问题解决,如果在问题表征中预示出可能的解题策略,个体就会直接提取该策略来解题,如果没有出现预示正确答案的方法,学生将不得不进行一般性解决问题的策略——采用一些弱方法进行搜索解决。

总之,专家型教师在寻求问题解决时,一般会力争做到:本领域概念、原理的高度技能

---

[1] 吴庆麟等.认知教学心理学[M].上海:上海科学技术出版社,2000:196.
[2] 辛自强.问题解决与知识建构[M].北京:教育科学出版社,2005:36.

化;有解决本领域问题的高效策略——强方法;有本领域丰富的图式,问题图式有此类问题呈现方面的特征、有解决此类问题所需的知识与技能,还有解决此问题的策略;有与本领域特征相适应的结构化知识。

三、解决物理习题的方法
(一) 最一般的弱方法

在解决物理习题时,解决问题最一般的方法学生也会运用,比如弱方法有:手段—目标法、逆推法、尝试错误方法(参见第五章第二节"方法的分类"部分)等等。

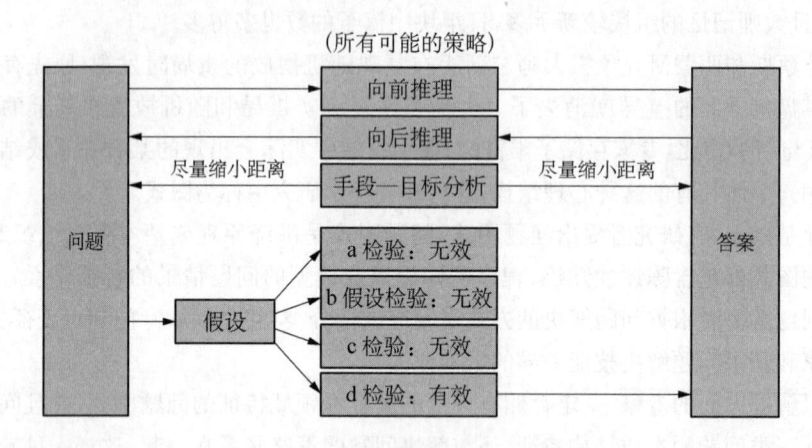

图 8-1 问题空间

此外常用的解决问题的弱方法还有类推法[1]:即在问题情境中和个体熟悉的情境之间作出类推。认知心理学研究发现:记忆的存取是由表面线索水平的相似性来引导的,表面线索呈现给解决者是问题的表面方面,它们可能包括例如问题中的人或物的名字、问题所围绕的特定活动或地点成分,或者需要解决的问题特征等。

(二) 解决物理习题的弱方法

1. 解决物理习题的通用方法。如第五章第二节案例中的策略一。
2. 解决物理某一子领域的方法。如第五章第二节案例中策略二,解决静力学习题的方法,此外还有解决运动学习题的方法、解决电磁学习题的方法等。

案例 8-1

运动学习题求解方法

运动学的基本概念(位移、速度、加速度等)和基本规律是我们解题的依据,是我们认识问题、分析问题、寻求解题途径的武器。只有深刻理解概念、规律才能灵活地求解各种问题,但解题又是深刻理解概念、规律的必需环节。

根据运动学的基本概念、规律可知求解运动学问题的基本方法、步骤为:

(1) 审题。弄清题意,画草图,明确已知量、未知量、待求量。
(2) 明确研究对象。选择参考系、坐标系。

---

[1] John B. Best.认知心理学[M].黄希庭主译.北京:中国轻工业出版社,2000:381.

(3) 分析有关的时间、位移、初末速度、加速度等。
(4) 应用运动规律、几何关系等建立解题方程。
(5) 解方程。

电磁学习题求解方法

(1) 关于研究对象。电场中的研究对象往往是电场中的某一点或某个电荷。电路的研究对象往往是某些元件(包括电源、用电器、电表等)或一段电路。

(2) 关于受力分析。由于电场的参与,要多考虑一个电场力。

(3) 关于物理过程。电场中主要研究静电平衡、带电粒子在电场中的运动(平衡、偏转、加速等);电路主要研究电路变化,如通过电键、转换开关、变阻器等变换电路的组成并引起电路中各个量的变化,为了便于认识电路,常常要先画出简化的等效电路。

(4) 关于状态参量的分析。表征电场的状态量主要有场强、电势、电势能等,引起电路状态量变化的是电阻等。要抓住关键的物理量,如并联电路中电压相等、串联电路中电流相等、变化电路中电源的电动势和内阻不变、在全电路中能量守恒。

● **分析**

上述方法,其适用范围较通用方法小,但每一步还不可能聚焦必要技能,因此应用时还有分析-选择、判断等思维过程,无法保证物理习题一定得到解决,所以还是弱方法。

3. 解决物理习题的一般方法。

(1) 守恒法:守恒法就是利用物理变化过程中存在的一些守恒关系来解物理习题的方法。

守恒总是针对某一系统而言的,因此在应用守恒定律解题时,首先要确定研究对象——系统;中学涉及的守恒有:质量守恒、电荷守恒、动量守恒、机械能守恒和能量守恒。

(2) 几何法:几何法就是利用几何知识解决物理问题的方法。

任何物质的运动、一切物理过程的进行和物理规律,都可以用一定的几何图形简洁、形象地来表示。几何中有点的概念,物理中有质点、点电荷、点光源;几何中有线的概念,物理中有电场线、磁感线、光线;几何中有面的概念,物理中有面电荷、等势面;几何中有球体概念,物理中有分子球状模型、地球模型。

(3) 整体法:在研究物理问题时,把所研究的对象作为一个整体来处理的方法称为整体法。

在采用整体法时,不仅可以把几个物体作为整体,也可以把几个过程作为整体,在解答物理习题时,有时也可以把所求的几个未知量作为整体。

(4) 隔离法:把所研究的事物从整体或系统中隔离出来进行研究,最终得出结论的方法称为隔离法。

在采用隔离法解物理习题时,可以把整个物体隔离成几个部分分别处理,也可以把整个过程隔离成几个阶段分别处理,还可以对同一物体、同一过程中不同物理量的变化进行分别处理。

案例 8-2

> (5) 图象法：利用平面直角坐标系中的物理图象解题的方法叫做图象法。
> 　　图象法解题中两个重要手段是识图和作图；识图包括：图象表示哪两个物理量关系、图象的形状（直线、正弦、余弦、抛物线、双曲线）、把握图象的性质（起点、极值、斜率、交点等）、找出图象中所隐藏的其他物理量及变化。
> 　　作图包括：利用物理公式与图象的对应关系、描点并连成曲线。
> 　　(6) 等效替代法：就是在保证某种效果（特性或关系）相同的前提下，将一种事物转化为另一种事物，把原先陌生、复杂的事物转化为熟悉、简单的事物，通过对研究对象的等效替代物来认识研究对象的一种方法。
> 　　(7) 对称法：利用事物的对称特性来分析问题和处理问题的方法称为对称法。事物的对称性表现为结构对称、物理量对称、物理过程对称、运动轨迹对称等。

● **分析**

此类方法其应用的条件难以清晰，如在何种条件下可以用对称法、在何种条件下可以用等效替代法等，因此此类方法仅仅为学习者解决物理习题提供了可以尝试的途径，无法保证学习者解决特定的物理习题，所以也是弱方法。

（三）解决问题的强方法

如第五章第二节（案例中策略三）所述，强方法已经聚焦于解决一类问题所必须的技能以及先后间的序列，此类习题题型特征应该也很清楚，根据本节讨论，通常情况下强方法与其题型特征一同构成此类问题解决的图式。

个体在面临问题时，通常是先选择用其认为有效的强方法解决，如果无法解决他就会退而选用本领域解决的相对强的方法，如果还是无法解决，个体可能就会采用最一般的弱方法，如手段—目标法、逆推法、尝试错误法等。

第二节　物理复杂习题解决的教学

一、习题教学的目标

（一）问题解决的研究对习题教学的启示

复杂习题需要运用多个物理规律来解决，习题本质上属于结构良好的问题。

在前一节中指出专家拥有自己专长领域丰富的问题解决图式，因为具有大量的图式，在面对新问题时如果能抽象出结构特征符合特定模型，专家就可以启动强方法解决，从而能够高效地解决本领域的常规新问题。

当专家面对无法归类的问题时，也需要运用弱方法来解决，常用的解决问题的弱方法有解决本领域问题的弱方法，若领域弱方法的运用亦无法解决问题，专家同样需要采用解决问题最一般的方法，如手段—目标法、逆推法、尝试错误方法等，还有类推法来解决。

由此，为了帮助学生解决物理复杂习题，可以从下面几个方面入手：

第一，通过练习帮助学生对概念和定理的理解。

第二，结合新问题的解决，引导学生经历物理习题解决领域的弱方法运用，体会并熟悉领域弱方法的适用条件以及相应的步骤。如下面的样例一所示。

第三，精选物理习题领域具有典型特征的习题，帮助学生对情景的把握，并逐步与解决问题的强方法联系起来，构成特定问题解决的图式。如下面的样例二所示。

第四，按照某一主题组织习题，目的是帮助学生形成与该主题相关的、可解决问题的全面表征。当学生在面对新物理问题时，能够根据其某方面特征线索，运用类推法，与以往解决问题经验相联系，启发解决者的思路。如果解决问题的经验是零散存储的，将不利于学生进行有效的提取。如有教师依据航天飞行这一特征将相关问题汇总为"宇宙航行中的动量问题"进行呈现，综合介绍火箭推进器、光帆推进器、粒子推进器、弹弓效应等宇宙飞行器的动力方式，同时运用动量定理、动量守恒定律、机械能守恒定律、光子动量、喷射粒子束与电流及电荷量关系等知识解决相应问题，如此有序化地将航天运动的动量问题汇总后，有助于学生形成围绕该主题的整体表征，当学生遇到新的航天飞行问题，就可能激活该主题，一旦匹配某种已有解决经历，问题就有可能由于获得思路而求解。类似的问题主题还有很多，比如物理学科中"物理极值问题"、"变质量气体问题"、"带电粒子在复合场中的运动问题"、"近似与估算问题"等。

（二）习题教学的目标

1. 针对学习者而言的新题，应以解决领域弱方法的经历为教学目标

学习者解决物理新习题，通常需要：

（1）运用"解决物理习题的一般方法"，最重要的是审题、分析题，其目的是形成对问题的全面认识，找出有助于解决问题的、隐含的关键信息。

（2）当审题、分析题后，尚不能看出从已知条件到达成目标的途径，可遵循逆推、向前推理、手段—目标、类推等最一般解决问题的方法，引导问题解决者进一步有序搜索可用于解决问题的、隐含的关键信息。

故针对新题的教学，教师应引导学生遵循"物理习题解决一般方法"中审题、分析题意（梳理已知、待求；确定题设情景中的隐含条件）、分析问题（分析物理过程、物理状态；结合已知或待求），运用逆推法、向前推理法、手段—目标等弱方法，来进一步搜索并找出解决习题所需的关键信息。

教学目标的陈述，建议：

经历……新题的解决，体会解决物理习题领域弱方法（审题、分析题）以及逆推等弱方法的运用。

2. 针对可以清晰归类的习题，应以问题图式为教学目标

物理习题，有一部分可以归为特定的类型，具有较为明确的物理对象、过程或状态等特征，且存在解决问题的强方法，对这类习题，教师以解题方法、问题图式教学为目标。

在此类教学中，教学目标的层次如下：

（1）学习者能够选择正确的技能、依据正确解决步骤，解决教学中的习题。（知识与技能目标）

（2）学习者理解解决一类习题的方法，并在新情景下正确运用。（过程与方法目标）

（3）学习者理解一类习题的题型特征，以及解决此类习题的方法，形成解决此类习题的图式。（"知识与技能"目标、"过程与方法"目标两者整合）

教学目标的陈述,建议:

掌握……类物理习题的问题图式;能解释此类习题的题型特征、解决此类问题的强方法;能依据题型特征识别出同类习题,并遵循解决此类问题强方法的步骤执行相应的必要技能解决同类习题。

3. 对大量不可归类的习题,应围绕某个主题来组织习题

当然对于更多的、无法一一归类的物理习题,教师应尽可能围绕某一主题组织习题,如此可以有助于学生形成与该主题相关的、可解决习题的整体表征。当学生在面对新习题时,能够根据其某方面特征,运用类推方式,与以往解题经验相联系,启发解决问题的思路。

在此类教学中,教学目标的层次如下:

(1) 学习者能够选择正确的技能、依据正确解决步骤,解决教学中的习题。(知识与技能目标)

(2) 学习者理解围绕特定特征属性的习题求解案例。

教学目标的陈述,建议:

理解……主题的物理习题;能解释此主题习题的特征以及解决过程。

二、复杂物理习题的教学样例分析

样例一:新题教学

- 教学内容:运动、力、功能关系一道综合题的解决。
- 教学目标:

经历一道运动、力和功能关系的综合题解决过程,体会解决物理习题弱方法(审题、分析题)运用形成对问题的理解,体会逆推法的运用搜索解决问题所需技能。

- 教学分析:

解决问题是学习者运用一定策略,选择、组合、排列解决问题所需技能的过程。学习者解决新问题,由于没有强方法,所以只能用弱方法来求解。

本题中,通过引导学生审题(梳理已知、待求;确定题设情景中的隐含条件)、分析题(分析物理过程、物理状态)等,形成本题的问题空间,也就是理解问题,如教学环节一。然后,结合已知或待求,运用逆推法,进一步搜索解决本题的关键点,如教学环节二。

经过这一教学过程,学习者经历运用"审题、分析题"形成对问题的理解、运用"逆推法"搜索解决问题必要技能或解决关键点的过程,体会解决物理习题领域中弱方法的运用。相信经过多次的训练,对学习者在运用弱方法解决新题方面会有潜移默化的积极影响。

- 教学过程:

例题:在光滑的水平面上有一静止的物体,现以水平恒力 F_1 推这一物体,作用一段时间后,换成相反方向的水平恒力 F_2 推这一物体。当恒力 F_2 作用时间与恒力 F_1 作用时间相同时,物体恰好回到原处,此时物体的动能为 32 J。则在整个过程中,恒力 F_1 做功等于多少 J?恒力 F_2 做功等于多少 J?

一、教学环节一(审题、分析题)

- 审题(确定问题的范围):

题目类型:物体受力运动、给出条件有能量,是力学中涉及牛顿定律以及能量变化、运

动学等综合题。

研究对象：单一对象，物块。

已知：物体先受 F_1，由静止开始运动；运动在水平面上；水平面光滑（没有摩擦力）；然后受相反力 F_2，回到原点；恒力 F_2 作用时间与恒力 F_1 作用时间相同；回到原点时物块有动能，动能 $E_k = 32$ J。

求：F_1 做功多少 J？F_2 做功多少 J？

● 分析题：

（一）分析过程、分析状态

分析过程：有几个过程？

应该有两个过程。

哪两个过程？

物体受 F_1，由静止开始运动。

物体受与 F_1 相反力 F_2 作用，运动。

第一个运动是种什么过程？

做初速为零的匀加速直线运动。

能不能画出草图？画运动草图，应如何？一般要标出何种物理量？

要确定坐标原点，正方向；通常需要标出速度、运动的距离等。

假设物体向右运动，从 A 点出发，向右为正方向。水平面光滑（题设隐含，没有摩擦力）。

（设从 A 点出发，到 B 点撤去 F_1，施加 F_2）

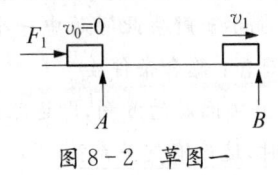

图 8-2　草图一

第二个过程是什么过程？

受与 F_1 相反力 F_2 作用，做匀减速运动。

两个过程有什么联系？

受 F_1 运动的末速度，是第二阶段受 F_2 做匀减速运动的初速度。（情景隐含：隐含条件1）

物体受 F_2 回到原点 A，此时速度方向为何？

向左。

物体回到原点，说明什么？

说明物体在 F_2 作用下，先向右做减速运动，速度减为 0，然后再向左做加速运动。（假设到 C 点速度为零）（情景隐含：隐含条件2）

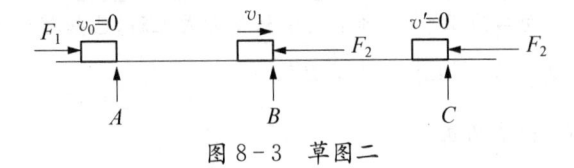

图 8-3　草图二

当物体重新回到 A 点,速度会为零吗?

不会,因为一直向左加速运动,设速度为 v_2。(情景隐含:隐含条件 3)

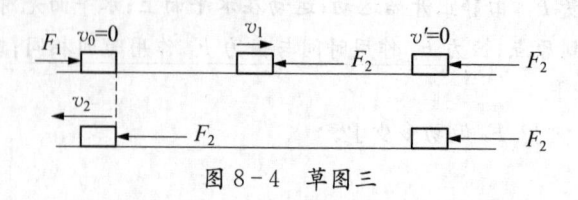

图 8-4 草图三

二、教学环节二(确定解题的思路或者策略)

经过上述审题、分析题过程,仍不能直接看出从已知条件到最终达成目标间的途径,本题可遵循逆推法进一步搜索解决此问题所需的技能或关键点。

题目所求,力 F_1 做的功。做功如何求?(由待求一路逆推进行分析,实际是逆推法)

根据动能定义:力乘以距离求。

由动能定理:$F_1 s = E_{k2} - E_{k1}$。

如果用做功的定义要求出力 F_1 做功,应如何求?

要知道运动距离和力的大小。

根据已知条件,可以求吗?

似乎两个条件都不知。

从已知条件(题设告知末动能),可能用哪个途径?

应该以动能定理来解。

如果从动能定理求该力做功可以吗?要知道动能的变化,需要求出什么量?

撤去力 F_1 时,其速度大小。揭示出解决此问题中一个关键点,就是求出当物体在 F_2 作用下回到 B 点时速度。(情景隐含:隐含条件 4)

(该子问题,采用由待求确定解决问题的方向,即逆推法)

当物体在 F_2 作用回到 B 点时,速度有何关系?

大小还是 v_1,但方向相反。(情景隐含:隐含条件 5)

完成草图

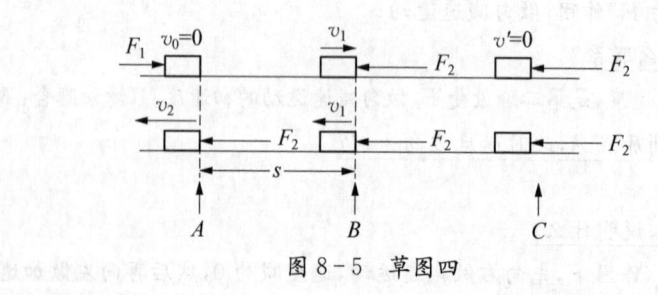

图 8-5 草图四

求出 v_1,或者 v_1 和 v_2 的关系。(搜索出解决本题的关键点)

A 点为坐标原点,向右为正。(选择运动学相关公式求解,已知移动距离、运动时间等)

第一段受 F_1 中有:$s = \dfrac{(v_1 + v_0)t}{2} = \dfrac{v_1 t}{2}$;

B 点为坐标原点,向右为正。

第二段受 F_2 中有：$-s=\dfrac{(-v_2+v_1)t}{2}\Rightarrow s=\dfrac{(v_1-v_2)t}{2}$；

所以，$v_2=2v_1$。

（此处还有根据已知条件和待求选择适当运动学公式的策略）

根据动能定理，$W_1=F_1s=mv_1^2/2$，$W_2=F_2s=mv_2^2/2-mv_1^2/2$；

解得 $W_1=8$ J，$W_2=24$ J。

● **评析**

教师遵循解决物理习题通用策略，引导学生经历"审题"、"分析题"，并有序画出运动过程草图等过程，梳理其中一些物理过程和状态中隐含的条件，然后，在逆推法等弱方法引导下，尝试搜索解决该习题的关键信息，并由此确定解决该习题所需的必要技能。

以上教学中，学生增加了一次弱方法运用的成功经历，经过一次次如此学习过程，当学生面对新题时应该会有意识运用弱方法，表现出在弱方法指引下的搜索解决新题必要技能的行为，弱方法的运用并不能保证学习者一定能搜索到解决习题的关键信息，也就是不能帮助学生解决所有的新题，所以"审题"、"分析题"的方法，以及逆推等方法都是弱方法。

若经历上述习题解决后，有学生有了一些解题的体会，如：对于多运动阶段的问题，要清楚画出各阶段的草图，并标出其受力、速度、位移，从中找出解决问题的可能方向。此种体会也会有助于该学生解决物理习题，即形成个体的解决习题的弱方法，有时也会称为个体解题经验。

样例二：物体受共点三力静平衡一类习题解决的教学

● **教学内容**：物体受共点三力静平衡一类习题的解决。

● **教学目标**：

理解共点三力静平衡一类习题的问题图式；能用自己的语言陈述问题图式的各成分；在有提示的场合，可运用该图式解决该类型习题。

● **教学任务分析**：

共点三力静平衡是静力学中一类具有典型特征的习题，具有求解的强方法，所以本案例教学目标是帮助学生习得该类习题的问题图式。

问题图式中两个基本成分是习题本质特征、解决问题的强方法，习题本质特征是隐藏在题目情景中的，方法的应用学生往往也处于不自觉状态，因此有一个环节来概括出这两个基本成分，如环节二。

强方法总是相伴特定问题解决，采用"方法"教学方式二，应有一个环节学生真正解决特定类型的问题，以此提供学生运用该方法的经历，为"方法"教学做好准备，如环节一。

关于解题方法的任务分析，可参见第十章第二节相关内容。

本教学案例中，各环节的作用如下：

环节一，教师引导学生运用解决静力学问题的弱方法解决该类习题，学生体会到用常规方法解决的困难。然后，教师引导学生分析习题的特征（受三力，三力首尾相连可构成三角形），尝试沿这一新的解决问题途径解决此习题，学生不自觉地经历了正确解决该类问题的思路和方法的过程。

环节二中，习得解决此类问题的方法，为方法意义学习的教学阶段。教师引导学生反省自己解决两道习题的过程，从中概括出解决此类习题的方法（含步骤），以及此类题型的特征，帮助学生形成解决此类习题的问题图式。

环节三，学生运用图式来解决属于同一类型但情景差异大的问题，即方法与图式的运用阶段，此环节与环节二构成完整的方法以及图式教学。

● 教学过程：

教学环节一：问题解决阶段

例1 如图 8-6 所示，绳 AB 拴结轻杆 BC，BC 通过光滑铰链固定在 C 点，其中 $AB = 2.4$ m，$AC = 1.6$ m，$BC = 3.2$ m，在 B 点挂一重物，$G = 500$ N，求绳 AB、杆 BC 所受的力。

解：

师：这是一道受力静平衡问题，要解静平衡问题，一般应……

生1：选定研究对象，并分析其所受力。

生2：将力用正交分解等适当方式分解。

生3：列出特定方向力平衡方程，并求解。

师：要求的是 AB 杆、BC 杆受到的力，选择哪个点作为研究对象？

生：选 B 点较好，因为这一点受到 AB 杆、BC 杆对它的作用力。

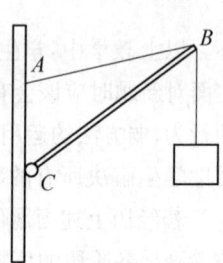

图 8-6 例1题图1

师：请分析并画出 B 点所受力。

生：受重物的拉力、CB 杆对 B 点的作用力 T_{CB}、AB 杆对 B 点的作用力 T_{AB}。方向分别如图 8-7 所示（根据作用效果作出判断）。

师：可选择什么方向将力分解？

生：可沿水平方向和竖直方向，分解如下：

$T_{BC//} = T_{BC}\cos\angle CBD$；

$T_{BC\perp} = T_{BC}\sin\angle CBD$；

$T_{AB//} = T_{AB}\cos\angle ABD$；

$T_{AB\perp} = T_{AB}\sin\angle ABD$。

师：列出平衡方程。

生：$T_{BC}\cos\angle CBD = T_{AB}\cos\angle ABD$；

$T_{BC}\sin\angle CBD = T_{AB}\sin\angle ABD + G$。

图 8-7 例1题图2

师：要解这个方程，需要知道……

生：$\angle CBD$、$\angle ABD$ 的正弦和余弦。

师：如何求？

生：因为知道三角形 ABC 的边长，可通过余弦定律求出 $\angle ABC$ 的余弦。

$$\cos\angle ABC = \frac{2.4^2 + 3.2^2 - 1.6^2}{2 \times 2.4 \times 3.2} = \frac{5.76 + 10.24 - 2.56}{2 \times 2.4 \times 3.2} = \frac{13.44}{2 \times 2.4 \times 3.2} = \frac{21 \times 0.64}{2 \times 3 \times 0.8 \times 4 \times 0.8} = \frac{7}{8};$$

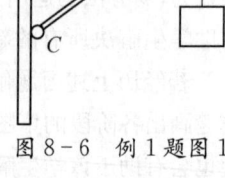

$$\sin\angle ABC = \sqrt{1-\left(\frac{7}{8}\right)^2} = \frac{\sqrt{15}}{8};$$

$$\cos\angle ACB = \frac{3.2^2+1.6^2-2.4^2}{2\times 1.6\times 3.2} = \frac{11\times 0.64}{2\times 2\times 0.8\times 4\times 0.8} = \frac{11}{16};$$

$$\sin\angle ACB = \sqrt{1-\left(\frac{11}{16}\right)^2} = \frac{\sqrt{135}}{16};$$

$$AD = BC\cos\angle ACB - 1.6 = 3.2\times\frac{11}{16}-1.6 = 0.6;$$

$$\sin\angle ABD = \frac{0.6}{2.4} = \frac{1}{4};$$

$$\cos\angle ABD = \sqrt{1-\left(\frac{1}{4}\right)^2} = \frac{\sqrt{15}}{4};$$

$$BD = 3.2\sin\angle ACB = 3.2\frac{\sqrt{135}}{16};$$

$$\sin\angle CBD = \frac{AC+AD}{BC} = \frac{1.6+0.6}{3.2} = \frac{2.2}{3.2};$$

$$\cos\angle CBD = \frac{BD}{BC} = \frac{3.2\times\frac{\sqrt{135}}{16}}{3.2} = \frac{\sqrt{135}}{16};$$

$$\cos\angle CBD = \cos(90°-\angle ACB) = \sin\angle ACB = \frac{\sqrt{135}}{16};$$

$$\sin\angle CBD = \sin(90°-\angle ACB) = \cos\angle ACB = \frac{11}{16}。$$

师：可代入求解……

$$T_{BC}\cos\angle CBD = T_{AB}\cos\angle ABD \Rightarrow T_{BC}\times\frac{\sqrt{135}}{16} = T_{AB}\times\frac{\sqrt{15}}{4};$$

$$T_{BC}\sin\angle CBD = T_{AB}\sin\angle ABD + G;$$

$$T_{AB}\frac{16\times\sqrt{15}}{4\times\sqrt{135}}\times\frac{2.2}{3.2} = T_{AB}\frac{1}{4}+G;$$

$$T_{AB}4\times\sqrt{\frac{1}{9}}\times\frac{2.2}{3.2} - T_{AB}\frac{1}{4} = G;$$

$$T_{AB}\frac{11}{12} - T_{AB}\frac{1}{4} = G;$$

$$T_{AB}\frac{8}{12} = G \Rightarrow T_{AB} = \frac{3}{2}G = 750(\text{N})。$$

同理可得，$T_{CB} = 1000(\text{N})$。

（备注：本环节目的是让学生感受用弱方法解决该类习题是有困难的，故而产生寻找解决该类习题的有效方法，即强方法的需要，上述解决过程不是唯一的，具体解决过程教师可自行确定。）

师：从前面解题过程可以看出，本题数学计算量较大，要用到余弦公式、直角三角形中边角关系。那么是否能找到相对简单的解题途径呢？

（学生思考，一般来说学生难以完成，有些见识过此类习题求解的学生可能会回答出，如果学生能回答，就可请学生相对完整地求解，如没有学生提出，教师可引导学生关注力的矢量三角形。）

师：在前面学习中，我们已经知道，如果物体受多个力，保持静止，那么这些力首尾相连，应构成……

生：闭合的多边形。

师：如果受三力而平衡，构成什么形状呢？

生：构成三角形。

师：请同学作出本题中力的矢量三角形。（亦可请一位同学上黑板画出）

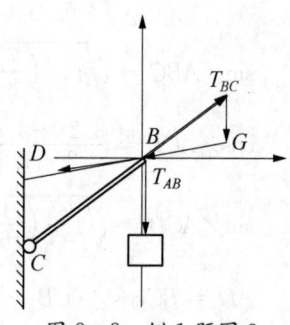

图 8-8 例 1 题图 3

师：观察力的矢量三角形形状，和图中哪个图形相像？

生：和三角形 ABC 相像。

师：它们有什么关系呢？

生：相似。

师：理由呢？

生：（陈述理由）……

师：既然两三角形相似，得出其中何种关系？

生：对应边成比例。

师：请列出方程：

$$\frac{AB}{T_{AB}} = \frac{BC}{T_{BC}} = \frac{AC}{G}$$

师：三角形 ABC 边长是否已知？

生：是的。

师：由上式可否求出 T_{AB}、T_{BC}？

生：可以。

师：比较两种解法，第二种要简单些；下面再练习一道习题。

例2 如图 8-9 所示，在半径为 R 的光滑半球面上高 h 处悬挂一定滑轮，重力为 G 的小球用绕过滑轮的绳子被站在地面上的人拉住，滑轮光滑且大小可忽略不计，人拉动绳子，在与球面相切的某点缓缓运动到接近顶点的过程中，试分析小球对半球的压力和绳子拉力如何变化。

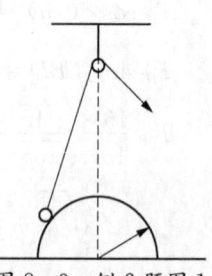

图 8-9 例 2 题图 1

学生求解（用方式一很难求解此类变化问题，可能会有学生用方式二求解）

解析：小球缓慢向球面体顶端移动时，处于动态平衡中，受力分析如图 8-10 所示，小球受重力 mg，球面对小球的支持力 F_N，绳的拉力 T，设绳长为 L，由于 $\triangle AOO' \sim \triangle ABC$，其对应边成比例。

则

$$\frac{mg}{h+R} = \frac{F_N}{R} = \frac{T}{L}$$

故

$$F_N = \frac{R}{R+h}mg$$

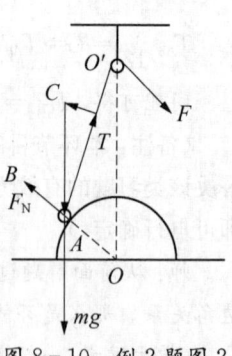

图 8-10 例 2 题图 2

由于球面体半径和高 h 不变,所以 F_N 在球移动过程中大小不变。

又因为
$$T = \frac{L}{h+R}mg$$

故当小球向上缓慢移动时,OA 段绳长 L 不断减小,因而 T 不断减小。

教学环节二:三力静平衡问题图式的学习

(一)学习解决此类问题的方法

师:刚才我们求解了两道习题,在求解中有何与前不同的解决思路?

生:通过相似三角形。

师:哪些三角形相似?

生:力的矢量三角形与杆、绳、球半径等构成几何三角形。

师:解决步骤为何?

生1:要受力分析,要画出力的示意图。

生2:作出力的矢量三角形。

生3:要寻找与力的矢量三角形相似的几何三角形。

(教师梳理)

(二)分析此类问题的本质结构特征

师:上面我们分析了解决上述两道问题的方法,那么这两道问题有何共性特征吗?

学生思考讨论、分析。

生1:都是受三个力,且平衡。

生2:受力都是弹力,且沿绳或杆或球半径等。

师:将几位同学的回答综合起来就比较全面了,前面问题确实存在上述特征。

(三)学习并形成解决"三力静平衡类习题"问题的图式

教师分析概括,并清晰板书。

问题结构特征	解题所需知识与技能	策　略
物体受三力平衡,且受力为沿绳、沿圆周半径等方向	受力分析、力的示意图 力的矢量三角形 相似三角形的关系、三角形边角关系	先分析出三力,并画出力的示意图; 画出力的矢量三角形; 运用三角形边角关系和已知条件求解、或寻找与力的矢量三角形相似的由绳、杆、球面等构成的几何三角形,运用相似三角形求解

教学环节三:图式的运用

师:请同学们完成下面两个问题。

例3 如图 8-11 所示,小圆环重 G,固定的竖直大环的半径为 R。轻弹簧原长为 L(L<2R),其倔强系数为 k,接触面光滑,求小环静止时弹簧与竖直方向的夹角 φ 是多少?

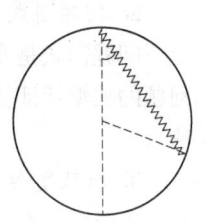

图 8-11 例 3 题图

例4 如图 8-12 所示,竖直杆 CB 顶端有光滑轻质滑轮,轻质杆 OA 自重不计,可绕 O 点自由转动,OA = OB。当绳缓慢放下,使

∠AOB 由 0°逐渐增大到 180°的过程中(不包括 0°和 180°),下列说法中正确的是 （　　）

A. 绳上的拉力先逐渐增大后逐渐减小
B. 杆上的压力先逐渐减小后逐渐增大
C. 绳上的拉力越来越大,但不超过 2G
D. 杆上的压力大小始终等于 G

习题解决教学是物理教学中的一个重要组成部分,在没有把握有效问题解决教学的本质时,教师只能求助于学生的多做多练而领悟其中的方法,但教学效率低,学生往往沉浸于题海之中。认知心理学的研究揭示出领域专家具有的心理结构上的特征,为教师培养解决物理问题能力指明了方向,具有可操作性。有效习题教学的关键在于教师能够分析出特定类型问题图示。由于并不是每一道物理问题都可以按明确的方式归为某一特定的类型,因此在问题解决教学中,教师也不应每一次都追求实现特定图式这样的目标,但一般可以帮助学生学习解决问题的策略或者说方法,这一点也是教师应该清醒认识到的。

图 8-12　例 4 题图

【本章小结】

1. 问题解决概述

问题解决是指问题解决者运用一定策略挑选、排列、组合解决问题所需技能的过程。

问题解决的策略,适用范围由广到窄,依次为:解决问题最一般策略(如逆推法、手段—目标法、爬山法等)、解决具体领域问题的一般方法(如解决物理习题领域的方法——审题、分析题、列方程、求解等)、解决具体领域的弱方法(如解决物理习题领域,求解静力学的方法、求解运动学的方法、求解电学习题的方法等,还有一类是应用条件难以明确的方法,如求解物理习题的对称法、守恒法等)、解决具体领域中特定类型问题的方法(强方法,如求解物理习题领域中共点三力静平衡一类习题、人—船模型一类习题等)。

问题解决的结果,可能为:

(1) 学习者能依次运用必要技能解决具体的问题。

(2) 满足(1),并概括或潜意识中获得解决某一类问题的关键点或称为思路(即方法)。

(3) 满足(1)、(2),并概括或潜意识中获得某类问题的典型特征,由此形成解决具体类型问题的问题图式。

2. 问题图式

问题图式是专家解决领域中特定类型问题解决后的表征方式,其中包含三成分:此类问题的典型特征描述、解决此类问题所需的必要技能、解决此类方法有效的思路(即强方法)。

3. 物理复杂习题的教学

主要有三类:以解决问题弱方法运用经历为目标的物理新题教学;以问题图式为目标的物理习题教学;以主题类为目标的物理习题教学(主题可以是题型特征相似或一类弱方法应用如对称法解题、图象法解题等)。

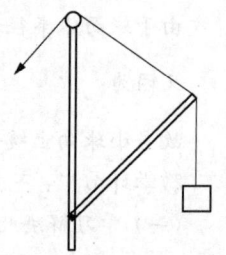

【拓展阅读】

1. 查有梁等. 物理教学论[M]. 南宁：广西教育出版社，1996.

本书第八章讨论物理问题解决的教学。分别从物理问题解决的思维模式、问题解决的策略、问题解决教学的实现等方面阐述。

2. 闫金铎等. 中学物理新课程教学概论[M]. 北京：北京师范大学出版社，2008.

本书第八章讨论习题教学问题。

3. R. J. Sternberg. 认知心理学(第三版)[M]. 杨炳钧等，译. 北京：中国轻工业出版社，2006.

本书是比较权威的认知心理学著作，其中第十一章阐述问题解决与创造性，分别讨论了问题的类型、问题解决的策略、专业领域问题的解决、创造性等。

4. 加涅. 学习的条件与教学论[M]. 皮连生等，译. 上海：华东师范大学出版社，1999.

本书第九章论述了问题解决的性质、条件，以及对教育的启示。

【思考与练习】

1. "解决问题是个体运用一定的策略或方法在认知结构中选择、排列、组合解决问题需要的技能的过程"，请以一个问题解决的过程为例，分析解决此问题的基本技能为何，选择、排列这些技能的思路或方法为何。

2. 请结合具体的习题解决，陈述学生解决后的结果及外显行为为何。

3. 请选择一类习题，并明确其中的方法，参照习题教学的案例，设计针对该类习题的教学。

4. 请选择一个主题，整理该主题的习题，并梳理出一条习题链的主线，完成一节习题课的教学设计。

第九章 科学态度的实质与培养

通过本章的学习,你能够
- 理解态度的实质;能举例解释态度的三成分、五习得阶段。
- 理解价值观的本质;能解释个体价值观与社会价值观的差异,能说明个体价值观与习得态度的关系。
- 理解态度、情感、价值观之间的关系;能解释态度是可以习得的学习结果,情感是个体需要得到满足的体验,不是习得结果。
- 理解态度习得的方式;能举例解释亲历学习和替代学习的过程和特征。
- 掌握科学精神培养的基本途径;能解释科学精神的内涵,能遵循亲历和替代学习方式,合理规划科学精神培养的活动。

······

第一节 态度的性质和学习

基础教育课程改革的重要理念是促进学生全面发展。为此,在课程目标的制定上,除了知识能力一类传统的目标外,还将情感态度与价值观作为目标的重要一维。情感、态度、价值观之间是何关系?态度学习的基本机制为何?本节依据学习心理学的理论,对此作出初步的回答。

一、情感与态度
(一) 情绪与情感
1. 情绪与情感分类[①]
情感和情绪作为人反映客观世界的一种形式,是人的心理的重要组成部分。有研究者将情绪情感分为:
(1) 基本情绪:
快乐——达到盼望目标后紧张解除时个体产生的心理上的愉快和舒适;
愤怒——愿望得不到实现而引起的紧张积累产生的情绪体验;
恐惧——个体企图摆脱、逃避某种情景时产生的情绪体验;
悲哀——个体失去某种他所重视和追求的事物时产生的情绪体验。
(2) 与接近事物有关的情绪和情感:惊奇、兴趣、厌恶。

---
① 叶奕乾等.普通心理学(修订二版)[M].上海:华东师范大学出版社,2004:248—250.

(3) 与他人有关的情感体验：爱、恨。

还有与自我评价有关的情绪和情感：害羞、骄傲和自罪。

2. 情感和情绪的两极性

情感和情绪在快感度、紧张度和强度上都表现出互相对立的两极，即每一种情感和情绪都能找到与之对立的情绪和情感。

(1) 在快感度方面，两极为愉快与不愉快，当情绪和情感由积极向消极变化时就伴随快感度对立两极的反映，如快乐和悲哀、敬仰和轻蔑等。

(2) 在紧张度方面，两极为激动与平静，激动水平在很大程度上反映个体技能状态，激动和平静两极反映过度兴奋和过度抑制。

(3) 在强度方面，两极为强与弱，如怒由弱到强可划分为：微愠、愤怒、大怒、暴怒和狂怒，喜欢从弱到强可划分为：好感、喜欢、爱慕、热爱和酷爱。

情绪伴随着个体生理变化，消极情绪通常会带来难受、疼痛、恶心、出冷汗等身体短期不适，这种不适会随着情绪强度的增高而增大甚至达到个体难以承受的程度，长期负面情绪的积累会带来胃肠、心血管、心理等疾病。个体总是趋向获得积极情绪的行为，而避免带来消极情绪的行为。

(二) 需要

人的情绪和情感不可能独立出现，总是与个人对他人、对事、对物的态度相联系而表现出来。有研究者指出：情绪和情感是人对客观事物的态度的体验，是人的需要是否获得满足的反映。

心理学家马斯洛(Abraham H. Maslow, 1908—1970)把人类需要由低到高排列为七类：

(1) 生理需要：如吃、喝、睡、性等方面的需要；

(2) 安全需要：如躲避危险、防御侵袭、排除不安定因素等方面的需要；

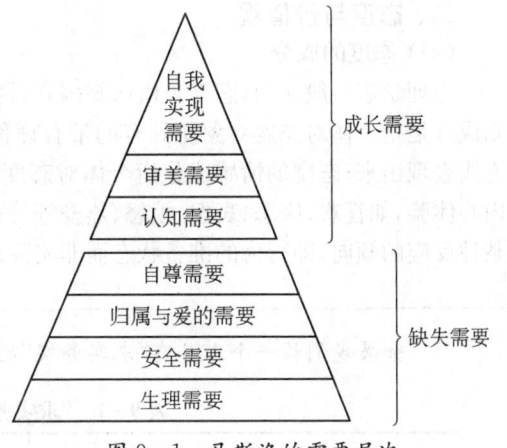

图 9-1 马斯洛的需要层次

(3) 归属与爱的需要：如交友、爱情、母爱、子恋、从属某一团体等方面的需要；

(4) 自尊需要：如希望有实力、有成就、有信心及要求独立和自由、渴望名誉、威信、赏识、重视等方面的需要；

(5) 认知需要：如知道、了解及探究事物方面的需要；

(6) 审美需要：如追求事物对称、秩序及美等方面的需要；

(7) 自我实现的需要：如充分发挥自己的潜能、发现自我满足方式等方面的需要。

个体对上述每一种需要都会有一定的期望目标，当期望目标实现，需要得到满足时，个体都会体验到快乐情绪；当上述某一种需要没有得到满足时，个体就会有愤怒的情绪体验，所以快乐、愤怒是最常体验到的基本情绪。此外当个体安全需要得不到满足，如个体身处陌生的森林深处，不知如何走出时，或个体身处一个对自己不友好的社会环境中时，就会产生恐惧的情绪体验。

情绪和情感都是对需要满足状况的心理反映，是属于同一类而不同层次的心理体验。情绪更多是与生理需要满足与否相联系的心理活动，而情感则是与社会性需要满足与否相联系的心理活动。

（三）态度

当满足个体不同需要的行为发生冲突时，个体就要作出选择；比如公交车上让座给老人——满足个体对生活环境中人际和谐关系的要求，也就是满足个体安全需要；不让座——满足个体对自己舒适生活的追求，也就是满足自己生理需要。当一个人在面对这一情景时，基本上选择让座给老人，同时自己会有平和快乐的情绪体验；而不让座，就会有不安、焦虑等负面情绪体验，我们推测个体内部存在影响其作出行为选择的内部倾向，显然这一内部倾向是个体在社会环境中与人交往过程中形成的，也就是后天习得的一类学习结果，我们称之为态度。

态度是通过学习形成的，是影响个体行为选择的内部状态[1]。这一定义表明，态度是一种内部状态，不是实际行动。有了态度，说明个体有了某种内部的预备状态，而这种内部状态的存在，在一定的条件下，可以导致某种特定行为的出现。（注意：此处所用态度一词，是指存在于个体内部，可以影响行为选择的倾向，不是指人的举止神情，如耍态度、态度蛮横、态度大方等，应注意区分。）

二、态度与价值观

（一）态度的成分

心理学家一般认为，态度是由认知因素、情感因素和行为倾向因素构成的。态度的认知成分是指个体对态度对象所具有的带有评价意义的观念，这些观念通过赞成或反对的方式表现出来；态度的情感成分指个体对态度对象认识基础上进行一定的评价而产生的内心体验，如喜欢、厌恶、哀怨、愤怒、热爱等等；行为倾向成分是个人对态度对象准备做出某种反应的倾向，即行为的准备状态而非实际的行为。

案例 9-1

如果我们称一个人具有"求实务实"的态度，就意味着他会：

表 9-1 "求实务实"态度成分

认知成分	行为倾向成分	情感成分
赞同"实践是检验真理的唯一标准"、"只有经过符合规范的科学实践检验的结论才是可以接受的"等论断；反对"只听从权威"、"只要眼见就真实可信"等论断	面对一些超出理解范围的宣传观点，有坚持发掘支持论点的证据，并判断该证据是否有经过实践有效检验的倾向；当自己在学习和做研究时，遇到与书本或预期不同的结果，有坚持通过实验或其他可确证的方法证实等倾向	当自己或他人的行为符合用科学实践检验这一要求时，个体有欢娱快乐的情感体验；当自己或他人的行为没有符合用科学实践检验这一要求时，个体有自责内疚的情感体验

---

[1] 皮连生.学与教的心理学(修订版)[M].上海：华东师范大学出版社，1997：186.

- **分析**

有求实务实态度的个体，当面对"一个人可以绝食49天，且能正常生活"的宣传，可能会表现出关注该报道中提供证据的种类或方式的行为倾向，如果宣称是"经过公证部门公证"，因为科学真实性不是由公证来检验的，鉴于此他就不会相信这样的报道，除非有进一步可信的科学证据。

（二）态度习得的阶段

1. 克拉斯沃尔和布卢姆提出的态度习得阶段

克拉斯沃尔和布卢姆在《教育目标分类学：情感的领域》中提出：态度是在一个连续体上加以安排的，而这个连续体的排列体现了态度从轻微持有到极其重视以至性格化地不断增加的内化程度，经历有五种水平：接受、反应、价值评价、组织、由价值复合体形成的性格化。

案例 9-2

"求实务实"态度的习得经历阶段：

如果向学生宣讲做科学实验应以实验事实为依据，不能为了满足其他目的而篡改数据，学生愿意听，说明学生处于该态度的"接受"阶段。

如果学生依照该态度的要求做出反应，在一次实验中表现出来，说明学生处于该态度的"反应"阶段。

如果学生观察到其他学生由于篡改数据受到处罚，并由此认为自己没有作假的行为是值得的，即赋予自己行为以一定的价值，说明该学生处于该态度的"价值评价"阶段。

在实验项目竞赛中，出现实验数据与预期不同的情况，不篡改数据将无法在规定时间内完成，个体就会面临两种不同态度——对"名誉"的态度和对"求实务实"态度之间冲突，个体将会依据不同行为对自己的价值大小作出行为选择，那么该学生将处于该态度的"组织"阶段。

如果个体在与"求实务实"态度要求冲突的任何情况下（无论后果是影响其在群体中地位、重要论文发表乃至领导关系等），都能选择"求实务实"态度要求的行为，说明他达到该态度的"性格化"阶段。

---

2. 态度与价值观

当特定态度内化达到"性格化"水平时，个体对态度认知成分的价值持有更确定和深信的判定，行动上在有其他行为选择的情况下，态度倾向性行为出现得更稳定清晰（即通常所称养成了习惯），主体没有按照态度倾向行为行动时引发的负面情感体验更深刻，也就是这种行为倾向对个体来说具有最大价值；这时所形成的稳定态度又可称为主体具有价值观。由此可见态度和价值观涉及的是同一性质的问题，所不同的只是内化的程度不同。

三、态度的习得

在目前解释态度习得的多种理论中，美国心理学家班杜拉（Albert Bandura，1925— ）

的社会学习论是最有影响的。班杜拉在其理论中,阐述了态度习得的两种基本方式:亲历学习与观察学习。

(一) 观察学习

观察学习,有时也被称为替代学习,指通过观察环境中他人的行为及其后果而发生的学习。班杜拉说:"很多社会学习都是通过观察他人的实际表现及其带来的相应后果而获得的。"

例如:在班杜拉的一个经典实验研究中,将3~6岁的儿童分成三组,先让他们观看一个成年男子(榜样人物)对一个像成人那么大小的充气娃娃做出种种侵犯行为,如大声吼叫和拳打脚踢。然后,让一组儿童看到这个"榜样人物"受到另一成年人的表扬和奖励(果汁与糖果);让另一组儿童看到这个"榜样人物"受到另一成年人的责打(打一耳光)和训斥(斥之为暴徒);第三组为控制组,让儿童只看到"榜样人物"的侵犯行为。然后把这些儿童一个个单独领到一个房间里去。房间里放着各种玩具,其中包括洋娃娃。在十分钟里,观察并记录他们的行为。结果表明,看到"榜样人物"的侵犯行为受惩罚的一组儿童,同控制组儿童相比,在他们玩洋娃娃时,侵犯行为显著减少。反之,看到"榜样人物"侵犯行为受到奖励的一组儿童,在自己玩洋娃娃时模仿侵犯行为的现象相当严重。班杜拉用替代强化来解释这一现象:观察者因看到别人(榜样)的行为受到奖励,他本人间接引起相应行为的增强;观察者看到别人的行为受到惩罚,则会产生替代性惩罚作用,抑制相应的行为。

观察学习是通过观察他人行为或其行为后果而进行的学习。根据观察的内容不同,观察学习又可分为两类:示范学习和替代学习。

1. 示范学习

示范是通过观察榜样的行为而导致观察者行为的变化。这大致相当于我们平常所理解的模仿学习。对榜样的模仿主要包括三种类型:一是直接模仿,学生依照榜样发生行为直接学到一定的态度,在学校中,教师常常是学生模仿的对象。从教师的言行方式,到其穿着打扮,到其待人接物的方式,都为学生所观察模仿;二是象征模仿,学生通过广播、电视、电影和小说等象征性媒介物所显示的榜样态度来学习;三是创造模仿,学生将各种榜样的态度和行为方式综合成全新的态度体系来模仿。

2. 替代学习

替代学习是通过观察他人的行为后果而进行的学习。他人在某一情境中表现出了一定的行为,而后因这一行为受到了相应的强化或惩罚,这时,在旁边观察的学习者也会因他人的奖惩而从中习得一些东西。在这种学习中,他人的行为受到了强化或惩罚,就相当于观察者也受到了奖惩,因而这种奖惩又叫替代性的强化或替代性的惩罚。和直接的强化惩罚一样,观察者看到他人行为受到强化与惩罚,会对自己如果采用榜样的行为所产生的后果有一思考和判断的过程,最终形成对自己行为后果的预期,这种预期(或行为的准备状态)会作为态度而影响学生的行为。如看到别人拾到失物交给老师受到了表扬,旁观的学生会从中形成预期:自己拾到东西交给老师也会受到表扬,形成这种预期后,在捡到失物时,就更有可能送交老师处理。又如一学生因作业潦草、不整洁而受到老师批评,其他同学会从中认识到,自己如若作业马虎,也同样会受到批评的。

(二) 亲历学习

班杜拉将通过反应结果获得的学习称为亲历学习,即亲历学习是指个体通过直接体验其行为后果而进行的学习。

在亲历学习中,个体要表现出一定的行为,而后个体为自己采取的行为受到相应的强化或惩罚。个体受到奖惩后,会在头脑中对自己所受到的强化与惩罚进行思考,对自己以后如采取同样行为会导致什么结果作出判断和预测,从而期望以后采取这种行为仍会受到奖励或惩罚。当以后真的遇到类似情境,个体会在这种预期或者行为的准备状态驱使下表现出具体的行为。学生所形成的这种行为的准备状态就是他们从学习中习得的态度。如上课迟到受到批评后,学生会经过思考判断,认为以后上课迟到是要受批评的,这种预期或准备行为的倾向,会使学生在临近上课而又未走进教室时,加快步伐向教室走去。当然,这种态度的形成,只经过一次亲历学习是不行的,而是多次且一致地进行亲历学习的结果。

四、态度学习的条件

根据班杜拉的社会学习理论,可以将态度学习的条件概括如下:

(一) 榜样人物及其特征

在班杜拉的社会学习理论中"modeling"是一个重要的术语,可以译为示范或模仿,有提供榜样和进行模仿之意。班杜拉把被模仿的榜样人物和事件分成两类:一类是学习者直接接触的人与事,另一类是符号化的人与事。大众媒体和电脑网络传播的人与事属于后一类。随着电视媒体和电脑网络媒体的发展,符号化(或虚拟)的榜样人物或事件对青少年态度和品德的影响越来越大。

观察学习是根据他人的展示来改变自己的行为倾向。因此榜样自身和被示范的行为活动的特征都影响观察学习的效率和水平。其中被示范活动的显著性、复杂性、情感效应等因素决定着学生观察什么,并获得什么信息。此外学生的态度不仅受被示范行为的影响,也受榜样吸引力的制约,那些缺乏吸引力的榜样即使他们能够完美地表现出所示范的行为,观察者也经常忽视该行为,学生的态度更容易受那些他们自愿崇拜的榜样的影响。

那么,哪些人会成为个体的学习榜样呢?哪些人的行为和态度会为个体所模仿呢?班杜拉认为,儿童喜欢模仿的榜样具有如下特征:

(1) 儿童心目中重要的人。如关爱自己的父母、关心自己的老师等。
(2) 同性别的人。
(3) 曾经获得重要荣誉、成就,具有重要影响的人。
(4) 成就水平高于自己的同伴。
(5) 行为受到尊敬的人。

就教师而言,学生仰慕和模仿的教师,通常是那些知识渊博、兴趣广泛、课讲得好、耐心、亲切、体谅学生的困难、乐于帮助学生的教师。

(二) 强化与惩罚

行为主义心理学家认为,个体的行为主要是由外在的强化决定的。强化被定义为伴随于行为之后并有助于新行为出现的概率增加的事件,包括精神方面的表扬和物质方面的奖励。班杜拉发展了行为主义心理学的强化概念,提出三种强化形式。

1. 直接强化

个体直接体验到自己行为后果而受到的强化。例如,在课外科技活动中,为了解决一个技术上的缺陷,学生在课余时间查找资料、请教专家、规划并尝试各种解决方案,该学生行为上符合科学求真精神要求——以追求真理为第一位,把个人享受和物质利益视为第二位。教师在课堂上对该生提出表扬,并委以课题小组长之职。学生受到奖励,认为自己的行为受到权威(老师)和同学的肯定,是值得做的,因此在今后此种情景下,也有可能出现这样的行为。

2. 替代强化

观察到榜样人物的行为受到奖励或赞扬间接受到的强化。如在上述例子中,旁观者感受到老师对该同学的赞扬,也会认为该同学的行为是值得做的,从而在今后适合的场合,就有可能表现出上述行为。替代强化也发生在学生对符号化的人物和事件的观察中。如青少年在电视里看到自己的偶像人物受到群众的拥戴,他们也替代性地受到强化,增加模仿偶像人物的行为的可能性。

3. 自我强化

个人自己控制强化事件的强化。也就是说,这种强化事件不是由外界施予的,而是个体自己给予的。例如,人们通过一段时期的努力工作以后,自己安排一段假期,外出旅游。学生通过努力学习,胜任能力提高以后,自己决定去看一次球赛。这些都是自我安排的奖励,可以起到增强期待的行为的作用。

亲历学习与观察学习是习得态度的两种方式。相比较而言,观察学习是学习态度的更常见的方法。但在实际的学习中,这两种方式也不是孤立的,而是互相联系、相互协调的。在亲历学习中形成了对行为结果的预期,如果在观察学习中能够得到证实,即他人表现出与自己相同的行为,受到了相同的强化或惩罚,则学生习得的态度就倾向于增强。在观察学习中形成的预期,如果能在亲历学习中得到验证,即学生从观察学习中习得的规范并得到预期的强化或惩罚时,则这种态度也倾向于增强。亲历学习与观察学习可用来习得同一种态度,这两种方式协同发挥作用,不能彼此矛盾,否则会削弱学习效果。

态度的研究对态度教学的启示:

其一,对态度的认识可以从成分和阶段两个方面来把握。

教师可以根据态度的三成分来全面地理解态度。对于需要培养的态度,教师应明确态度的认知内容(即可用命题清晰呈现的论断)有哪些,该态度所对应倾向性行为有哪些。避免笼统和含糊地认识态度。

教师可以根据学生出现的外显行为来确定学生处于特定态度的哪一个阶段。实事求是的态度,其行为倾向为,当面对出现的与自己预期不同的结果时,选择尊重经验事实,无论何种因素,不篡改实验数据。比如:一位学生在学习活动中,面对出现的与自己预期不同的结果时,如果有其他可选择的行为和条件(如为了准时下课、为了写作形式上的流畅等),选择与实事求是态度要求不同的行为(如修改了实验数据),十次面临选择时有半数选择与"实事求是"态度要求不同的行为。这样的学生基本处于"实事求是"态度的接受、反应等初级阶段。另一位学生在学习活动中,面对同样情况时,无论何种条件下,全部选择"实事求是"态度要求的行为,这样的学生基本处于"实事求是"态度的"组织"或"性格化"阶段,也即所谓的个体价值观。

其二,中学物理课堂教学中的态度教学的渗透不可能达到组织和性格化阶段,即课标中提倡的价值观阶段这样的高目标,一般只能达到前几级,所以教师在设置和陈述态度方面的教学目标时要适度。

第二节 科学精神的培养

科学精神是物理学科"情感态度与价值观"培养的核心目标。"科学精神"在未被个体习得之前,作为独立于个体外在的规范体系,也是社会倡导和尊崇的价值认知和行为准则,可以称为"社会价值观"。当上述价值认知和行为准则被个体习得后,即成为个体习得学习结果的一种——"态度",如果上述价值认知被个体视为对自己具有最大价值,成为个体信念,且表现出稳定一致的行为选择时,也可称上述态度达到"个体价值观"。因此,作为"社会价值观"的科学精神要被个体习得成为"个体价值观",其培养方式显然应依据态度学习的机制来实现。

一、科学精神概述

(一) 科学活动中科学家遵从的集体的价值观——科学精神

科学像所有有组织的社会活动一样,都需要文化精神的参与。科学研究活动不能仅仅被看作是一组技术性的和理论性的操作活动的集合,同时还必须被看作是一种献身于既定精神价值和受伦理标准约束的社会文化活动。这种特定的、合理的精神价值和伦理标准,常常通过科学家们在科学研究活动中的某些高尚卓越的气质、风格、意志、态度和修养体现出来。人们把它们的总和称为科学精神。科学精神是科学素养的一个重要方面,在课程标准中被称为"科学的态度、情感与价值观"。

(二) 科学精神的内涵及其外显行为

关于科学精神的内容一般认为应包括如下内容:

1. 求真精神

(1) 具有为探求规律、追求真理而学习和生活的志向,甚至具有为科学而献身,把追求真理放在第一位,把由此而带来的荣誉地位及物质待遇放在第二位的无私品格。

(2) 热爱自然,对自然现象具有强烈的好奇心,兴趣广泛、持久、深入,具有多问为什么的习惯,即具有对各种现象善于质疑和对问题敏感的素养,有强烈的求知欲。

2. 理性精神

所谓理性精神,常常表现为科学家在科学研究活动中:

(1) 具有坚持自然界的运动变化是有规律的信念。

(2) 具有坚持自然规律是可认识的信念。

(3) 能正确对待别人的研究成果,不盲从,能独立思考,具有合理的怀疑精神。

3. 求实务实精神

科学家在探究自然规律时是最讲究求实务实的。求实务实是一种重要的科学精神。所谓求实务实精神,常常表现为科学家在科学研究活动中:

(1) 具有"实事求是"的态度。

(2) 具有"实践是检验真理的最高标准"的观念。即认为评价一个理论的对错,不能以提出这个理论的人的学术威望、社会地位的高低为标准,而只能以经验事实为标准,看它是否与经验事实一致,看它是否经得起经验事实的检验。

4. 创新精神

所谓创新精神,常常表现为科学家在科学研究活动中:(1) 敢于批判,在新的经验事实面前,合理地对陈旧理论进行质疑;(2) 刻意革新,力求超越前人,独立地思考并提出自己的新见解;(3) 刻意求新,乐于研究新问题,积极地探讨新情况,乐于接受新事物和新观点。

除此之外,通过对许多著名科学家的抽样调查和统计分析,科学家的身上还会闪烁如下一些值得人们弘扬的科学精神:有事业心;甘于奉献;攀登高峰;为祖国为人民贡献一切智慧和力量;对社会、集体和他人具有责任心;勤奋、实干;知难而进;团队精神;不怕失败,具有坚韧不拔、百折不挠的意志等等。

一位具有理性精神的人:坚信客观世界是可以被人所认识的;坚信人可以通过概念、判断、推理、分析、综合、归纳、演绎等逻辑性的思维活动来认识未知世界。

面对有人宣称"在三年业余时间内完成了1 200万字的著作"时,有理性精神的人不会轻信,他可能会依据自己的理解来分析:按每天6小时休息、2小时吃饭、8小时工作,余下8小时写作来计算,每天要完成1万字左右的写作,并且每天坚持。凡是做文字工作的人都知道,这是一个天文数字。鉴于此他就不会相信这样的宣传,除非有真实可信的科学证据。

类似于各种"包治百病",或"各种正规医院无法治疗的疑难杂症"的宣传,各种"超自然现象",诸如"外星人造了埃及金字塔、百慕大之谜"等的宣传,都能够保持理性的认识,思想上不轻信,行动上不带神秘主义地传信,只待提供有科学界验证的可靠的证据。

(三) 科学精神对社会稳定的重要价值

我国正在进行的新一轮高中课程改革也明确将科学态度与科学精神列为科学教育的重要目标。其目的就是要使科学教育超越公式与符号,使学生成为真正具有科学素养的人。因此,科学精神与科学知识、科学方法一样,是构成科学素养不可缺少的要素,也是当前科学教育最缺少,而又是人们最需要的素养。

科学认识的过程和对象十分复杂,单凭直观、感觉是不能把握事物的本质和发展规律的。人们必须仰仗理性思维才能超越此岸世界并最终达到彼岸世界。提倡科学的理性,就要反对盲从和迷信。崇尚理性思考,绝非简单拒绝或否认人们的非理性的精神世界。人们具有丰富的精神世界,不仅追求理性和真理,而且追求情感、信仰,追求美和善、意义和价值。但是,如果失去了健全理性的导引或调节,人们就容易迷失方向,就会陷入迷茫,就会产生思想和行动上的盲目性、自发性。

科学精神是在科学研究活动中由科学家体现出来的,物理学长期的发展为我们提供了丰富的、闪烁着科学精神的素材,同时学生在学习,尤其在实践性活动中必然要或多或少地体验、经历科学精神的某些行为,因而中学物理教学是培养学生科学精神的重要阵地。

二、科学精神的培养

物理教学中的科学精神培养,应渗透在学习的活动中,而不是抛开学科教育的内容,游离于其外而进行纯粹的思想教育。

根据前面分析,无论亲历学习,还是替代学习,对态度的习得一般需要:面对冲突的行为情景——特定行为受到强化或惩罚——个体识别出强化或惩罚所对应行为——个体对特定行为给予价值评价(价值化阶段)或对冲突行为按对自己价值大小作出排序(组织阶段)。

所以,态度的培养,应呈现冲突的行为,通过强化或惩罚特定行为,帮助学生对特定态度价值化或不同态度间组织。

实际教学中,可从影响态度的认知因素或行为倾向因素两个方面入手,通过替代和亲历学习的方式来帮助学生形成科学精神[①]。

(一) 从影响学生态度的认知因素入手

从影响学生态度的认知因素入手,帮助学生形成自己信服的认知内容。

方式一:教师传授。结合知识内容的学习,教师选取适当的材料,通过讲授,对学生进行态度和价值观的培养。这是一种比较传统的态度与品德教育方式。

学生学习态度的方式:替代学习方式。

有效教学的条件:教师应通过呈现丰富的实例,凝练出主体身上反映所学科学精神的行为以及相应的奖惩后果,奖惩后果的呈现能够为学习者对特定行为作出"价值评价"提供可能,在此基础上教师应引导学生归纳并明确陈述所要学习的科学精神的认知内容。

案例 9-3

以居里夫人研究经历为素材培养学生科学态度,过程如下:

(1) 呈现素材[②]:

案例一:皮埃尔·居里不顾危险,用自己的手臂试验镭的作用。

案例二:在面对无条件公开她的制镭技术还是要申请商业性的专利从中牟利时,居里夫人毫不犹豫地选择了前者,她说:"物理学家总是把研究成果全部发表,不能因为我们的发现偶有商业前途而从中牟利,特别是,镭有治疗的功效……,我们不能申请专利,这是违背科学精神的。"

案例三:居里夫妇在十分艰苦的条件下进行制取镭的研究。

(2) 教师剖析案例中冲突行为,以及反映科学精神的行为。

案例一中:皮埃尔在对新元素的性质探究的行为和避免对自己身体伤害行为之间,选择了探究的行为,表明皮埃尔对未知世界具有强烈的探究愿望,体现了皮埃尔具有"求真精神"。

案例二中,居里夫人在可以为自己带来更多财富的行为和可以为更多人带来福音的行为之间,选择了后者,体现了科学家以追求真理为目标,重视科学发现对人类美好生活的价值,轻视个人享受的"求真精神"。

案例三中,显示科学研究有时不仅是智力上的困扰,同时也会是艰苦的体力劳动,而居里夫妇在探究自然真相的行为和劳累自己体力和精力的行为之间选择前者,表明居里夫妇具有极强的"求真精神"。同时表明,付出努力的动力是追寻自然界的奥秘,而之所以有探究的可能性,是因为他们坚信自然现象是有规律、可以解释的,表明居里夫妇具有"理性精神"。

(3) 对科学精神行为进行强化,以此帮助学生对科学态度行为赋予价值化。

优秀科学家的行为是诸多科学精神的体现,教师可呈现科学家体现科学精神的行为,并通过科学家自己、科学家群体、社会的评价等方式,显示该行为是值得做的,帮助学生对所学科学精神的行为"价值化"。

---

① 陈刚.物理教学设计[M].上海:华东师范大学出版社,2009:155—158.
② 艾芙·居里.居里夫人传[M].左明彻译.北京:商务印书馆,1984:267—280.

> 社会对科学家行为的评述,科学家表达崇高的敬意,对居里夫人行为的肯定:
> 爱因斯坦曾经作出评价:"她一生中最伟大的科学功绩——证明放射性元素的存在并把它们分离出来——所以能取得,不仅靠大胆的直觉,而且也靠难以想象的在极端困难情况下工作的热诚和顽强,这样的困难,在实验科学的历史上是罕见的,居里夫人的品德力量和热忱,哪怕只有一小部存在于欧洲的知识分子中间,欧洲就会面临一个比较光明的未来。""在我认识的所有著名人物里面,居里夫人是唯一不为盛名所颠倒的人。"[①]

方式二:学生自主学习。学生自己收集材料,分析榜样对特定对象的态度、把握相应态度行为以及行为引起的后果(获得的奖励或受到的惩罚)。

学生学习态度的方式:替代学习,通过学习一般可处于态度习得的接受、反应及组织等层次。

案例 9-4

> 一位教师为了培养学生"求真"的科学态度,提出一个研究性课题供学生研究。
> 教师:古希腊著名的哲学家亚里士多德曾经说过这样一句话:"吾爱吾师,但尤爱真理。"这句话反映出科学家尊重前人工作,但科学家更为重视的是科学品质——求真。请同学们自己研究论证这一态度对科学进步的意义所在。
> 在课题研究中可思考如下一些问题:
> (1)亚里士多德的科学贡献是什么?亚里士多德对科学研究方法的贡献是什么?
> (2)亚里士多德科学精神体现在哪些地方?
> (3)亚里士多德的学说为何流行很长时间?
> (4)从方法论角度来看,伽俐略为什么可以判断亚里士多德学说的合理性?
> (5)在物理学发展历史上,还有哪些理论是不盲从权威,尊重事实而建立的?
> (6)你认为有哪些因素推动科学研究的进步?这些因素中最重要的是哪些?请列出三项,并阐述理由。
> (7)"求真"对科学进步的意义是什么?

● 分析

在上面这个教学案例中,教师通过设置一个对"师长"的态度和对"科学创新"的态度之间冲突的情景,要求学生根据自己收集到的资料,对这两种态度作出自己的价值判断,并排列它们间的层次,这样可以通过替代学习的方式,帮助学生达到特定态度的"组织"或"性格化"等较高阶段。

(二)从影响学生态度的行为倾向因素入手

从影响学生态度的行动倾向因素入手,来帮助学生形成态度及行为。

在学生进行物理学科学习活动中,存在许多适合对学生进行态度方面教育的时机。教师要善于把握住这些时机,通过对学生行为的直接强化和惩罚,对行为人来说是通过亲

[①] 倪光炯.文科物理[M].北京:高等教育出版社,2005:152—153.

历学习,对其他学生则是通过观察学习来形成科学的态度与精神。

1. 在课堂学习活动中,对学生的言行直接进行强化或惩罚

> **案例 9-5**
>
> 在主题研究"蚂蚁运动速度的测定"中,当教师在巡视各小组实验时,发现很多学生对实验数据记录很马虎,他们不设计表格来记录实验数据,仅在草稿纸上,随意写上几个数据,且全班8个小组中有7个小组没有设计好记录实验数据的表格。针对这一情况,教师在学生汇报实验方案时将这一环节特别提出讨论:分析存在情况(只有一组学生设计出数据表格),对设计数据表格的这组学生提出表扬,并请其他组重新设计表格(作为一种惩罚),然后以此为载体,穿插物理学史材料对学生进行一丝不苟的科学态度的教育。

● 分析

强化和惩罚的施行一定要明确其所指的对象,以便让学生明确其行为与行为结果间的依存关系,以形成适当的预期。

2. 研究性学习是帮助学生通过亲历学习来习得态度的重要场合

在研究性学习中,尤其是在科技作品、实验研究类等具有物理研究特点的课题研究中有着更加丰富的科学精神的实践和体验,教师应通过亲历学习或替代学习方式帮助学生通过情感体验这一中介,逐渐形成科学精神。

(1) 研究性学习中,学生要经历、体验科学精神。

在研究性学习中,学生自己解决特定的问题,必然要经历一般的解决问题的过程。研究表明:研究者对新颖问题的解决过程不是直线式的,而是经历了种种曲折。问题解决者要尝试运用各种假设,再评价其结果,由此逐渐积累信息。他常常进入死胡同,再退出来,尝试其他路子。随着信息的积累,他可以进行更有效的推理。在每一特定时刻,有关问题的全部知识构成他此时的认识状态。他应用算子来改变此时认识状态,达到另一个新的认识状态,即在问题空间进行搜索,最后达到问题的目标状态。

所以,在真正解决问题过程中,学生必然需要自学一些新知识,必然会遇到一些解决不了的问题,必然会面对解决不了问题时困惑的心理体验。没有求真精神(具有为探求规律、追求真理而学习和生活的志向,对自然现象具有强烈的好奇心,对问题有强烈的求知欲),没有奉献精神(学生就不会通过牺牲自己休息时间来完成课题),学生必然无法解决课题中的问题。

在物理实验研究类课题以及科技作品类课题完成过程中,学生必然会面对与自己期望不同的结果,如果没有求实务实精神(具有"实事求是"的态度;具有"实践是检验真理的最高标准"的观念),要想合乎实际地真正完成课题,这是不可想象的。

此外真正解决了问题,探究出课题完成背后规律性的东西,学生会对自然界是存在规律的、这种规律是可以被认识的理性精神有切身体会。

同时课题的完成,即便没有真正意义上的创新,最起码对研究者个人来说都多少有所创新,学生对创新精神会有直接的体验。对于课题完成往往需要借助集体的智慧,学生也会体验合作精神。

因此经历一次课题的完成特别是理科研究类的课题完成,学生必然不同程度地体验到科学精神,为教师进行态度培养提供机会。

(2) 教师应通过适当的方式,帮助学生习得科学精神。

态度的形成需要学生将强化和惩罚与态度行为形成联系,因此为了帮助学生习得态度,需要教师:

第一,通过适当的方式,让学生意识到在研究性学习中自己能够体现科学精神的行为。

尽管学生在实践活动中会经历科学精神,但往往处于盲目状态,所以教师可以通过观察学生来把握其具有的科学精神行为,并通过平时师生交流、课题汇报点评等时机引导学生意识到自己科学精神的运用。

也可以通过设计出研究性活动的记录表,如表9-2所示,让学生反思获得符合自己科学态度的行为。要求学生认真填写课题实施记录表,帮助学生将自己不自觉地运用科学精神提到意识层面。

表9-2 研究过程记录表　　　　　　　　　　　　　　　日期：

课题名称		地点	
所用时间		活动序号	
参加人员		主持人	
研究活动过程	研究主题: 活动方式: 研究过程(包括遇到什么困难,怎么解决;提出什么新问题,解决的对策;研究取得的成果等):		
	下次活动的任务与准备:		
自我评价	(活动的收获、感受等)　　　　　　　　　　　　　　填表人		

第二,通过适当的方式,将强化和惩罚与行为建立联系。

利用师生个别交流、课题组汇报等时机帮助学生分析研究过程中科学精神对自己研究成功的贡献。

通过课题评奖或者对特别表现出科学精神的个人或小组进行设立奖项来强化;对不具科学精神的小组实行个别交流或不点名批评的形式进行惩罚。

对行为人是通过亲历学习来学习态度,对其他学生就是替代学习。

(三) 模仿学习

在观察学习中,模仿学习也是习得态度的重要方式,研究性学习中,课题组一般会配备指导教师,在课题完成过程中,指导教师将会与学生一起共同学习、面对困难并努力加以克服,学生与指导教师的关系更密切,因此指导教师行为必然对学生产生影响,教师也往往成为学生模仿的对象。

> **案例 9-6**
>
> 一位参加"霍尔效应集成电路的特性和应用"研究课题的同学在完成课题后,说过[①]:
> "曾听过大学教授给我们举办的系列讲座,那时教授远远地站在讲台上,除了知道他学识渊博外,其余便一无所知。然而在与导师的亲密接触中,我们感受到导师的另一面。平时指导大学生的导师在面对我们这样的中学生时一点也没觉得不耐烦,十分细致地为我们讲解。在做实验时几乎所有的仪器、设备都是第一次见到,大多数不会用,只有让导师一样样地教。有时我们都觉得有点不好意思再问了,导师还是主动地询问我们还有什么疑虑。整个过程使我们更多地了解了导师,他们不但有聪明的头脑,更重要的是他们有严谨的治学态度,有对教学和学生的热爱。"

● **分析**

指导教师应在工作中努力提升自己的科学素养,习得科学精神达到个体价值观的层次,以利于学生通过模仿学习习得正确的科学精神和态度。

无论从经验还是理论研究来看,态度和价值观目标具有不易达成性,因此更需要教师熟悉态度习得的方式、过程,提高识别学生特定态度所处阶段的能力,通过适当的方式促进学生形成科学态度,为学生的全面发展提供帮助。

【本章小结】

1. 态度

态度是影响个体行为选择的内部倾向。

态度有三个成分:认知成分、情感成分、行为倾向成分。

态度的习得通常经历五个阶段:接受、反应、价值化、组织、性格化。当个体对具体对象的态度达到性格化,个体对态度认知成分的价值持有更确定和深信的判定,行动上在有其他行为选择的情况下,态度倾向性行为出现得更稳定清晰,主体没有按照态度倾向行为行动时引发的负面情感体验更深刻,也就是这种行为倾向对个体来说具有最大价值,这时所形成的稳定态度又可称为主体具有价值观。

2. 情感、态度、价值观之间的关系

态度是可以习得的一类学习结果。

情感是个体需要得到满足的心理体验,是态度的一种成分,是影响态度形成的重要因素,不是学习的结果。

---

① 上海市教委教研室.高中研究型课程实施案例选编[M].上海:上海科技教育出版社,2000:73.

个体具有的价值观是个体对某事、某物的态度内化到性格化阶段的表现形式,是态度习得的一个阶段。

3. 态度的习得方式和影响因素

态度的习得方式：亲历学习、替代学习。

影响态度习得的因素主要是：榜样、强化与惩罚。

4. 科学精神的培养

可从认知因素的角度及行为倾向因素角度培养学生的科学精神,但通常可达到态度学习的价值化和组织阶段,很难达到"性格化"阶段,即价值观。

【拓展阅读】

1. 皮连生.教学设计(第2版)[M].北京：高等教育出版社,2009.

该书第十二章阐述情感领域的教学策略设计,讨论情感领域学习结果的性质、情感领域的教学设计,并通过案例解释教学设计的程序。

2. 戴尔·H·申克.学习理论——教育的视角[M].韦小满等,译.南京：江苏教育出版社,2003.

该书第三章阐述社会认知理论,阐述替代学习、亲历学习,以及榜样在学习中的作用。

3. R·M·加涅.学习的条件与教学论[M].皮连生等,译.上海：华东师范大学出版社,1999.

该书第十一章阐述态度的性质、态度的改变,以及态度习得的条件。

4. 冯忠良.教育心理学[M].北京：人民教育出版社,2000.

该书第六编中讨论社会规范的学习,分别阐述社会规范的类型和特点、社会规范的接受过程和条件、社会规范的背离及纠正。

【思考与练习】

1. 请从态度的三成分来分析一种具体的态度,并陈述态度在不同的习得阶段的行为表现。

2. 请分别陈述亲历学习和观察学习的特点,并举出适当的例子加以说明。

3. 请依据影响态度形成的方式,来规划一种科学精神的学习方案。

4. 课堂教学中,如何结合学科知识的学习对学生进行科学精神的培养？请与同学讨论,并举例说明。

第十章　中学物理教学设计

通过本章的学习，你能够
- 掌握流行的学习分类理论；能用自己的语言陈述主要学习分类的内涵和意义。
- 理解物理认知领域学习分类；能用自己语言陈述学习分类的特征；能比较与主要学习分类理论的相同和不同点。
- 理解物理教学中基本的任务分析方法；能举例说明教学任务分析要点和步骤。
- 掌握物理概念和规律意义学习的教学任务分析方法；能解释该教学任务分析的要点、步骤及由来，能遵循其步骤的引导完成具体物理概念和规律意义学习的教学任务分析。
- 掌握物理复杂习题的教学任务分析方法；能解释该教学任务分析的要点、步骤及由来，能遵循其步骤的引导完成具体复杂物理习题的教学任务分析。

第一节　物理学科学习的分类

现代教学设计理论认为，学习存在不同的类型，不同类型的学习需要不同的内部过程和条件，教学应匹配相应的内部学习过程，才能取得良好的效果。不同的学习心理学家从不同的视角，用不同的术语阐述学习的类型，造成学习者的许多困惑。在物理学科领域，对学习的分类多是基于经验的，同时也没有揭示出习得特定学习内容的内部机制、学习后的外显行为，难以有效地指导教师的教学。本文拟梳理公认的学习分类体系间异同，然后提出适合物理学科认知领域的学习分类。

一、学习分类理论概述
（一）学习的内容及过程——奥苏贝尔的有意义学习分类理论

美国心理学家戴维·奥苏贝尔提出有意义学习理论，该理论首先区分了学习材料的逻辑意义、潜在意义和学习者个体的心理意义。所谓的有逻辑意义的材料指对人类来说是有意义的材料，这种对人类的意义就是存储于学生头脑之外的"历史上人类共享的知识"；潜在意义是指个体具有适当原有知识的条件下能被个体同化的人类知识；心理意义是指个体习得的知识。

奥苏贝尔理论的基本观点是：

第一，依据习得有意义与否将学习分为：有意义学习和机械学习两类。他认为"不管某个命题本来具有多少潜在意义，如果学习者是要任意地和逐字逐句地记忆它（如一系列任意相联系的词）的话，那么学习过程和学习结果必是机械的或无意义的"[①]。即学习者如果逐字逐句陈述所学内容，其学习就是机械的。有意义学习后，学习者能"用形式不同的等值语言表达，则引起的心理内容的实质不变"，即学习者能用自己的语言正确陈述所学内容。

第二，奥苏贝尔将学习分为：符号学习、概念学习、命题学习、知识的运用、问题解决及创造。符号学习是指学习单个符号或一组符号的意义，也就是说学习符号代表什么；概念学习是指建立一类对象和其本质属性之间联系，此处主要指日常概念；命题学习是指建立若干概念之间关系，包括概念、规律、原理、模型、方法等的学习。

第三，有意义学习的实质：就是通过自己的努力，将以语言、文字为载体所承载的人类意义转化为自己心理意义的过程。

第四，有意义学习后的内部变化：就是符号代表的新知识与学习者认知结构中已有的适当观念建立非人为和实质性的联系。

第五，有意义学习的内部过程：同化，包含上位同化、下位同化、并列结合三种形式。

学习总有特定的内容，课本上的概念、原理，在未被个体习得前，是"人类的知识"，经过学习者内部的"同化"过程，在新知识和认知结构中原有知识间形成"非人为和实质性"联系，个体形成"心理意义"，外在的人类知识转化为个体的知识。如果学习人类知识表现的内容是符号，就是符号学习；如果学习内容是概念，就是概念学习；如果学习的内容是解决问题，就是解决问题学习。

也就是说，奥苏贝尔学习分类侧重从"人类知识"即学习材料的形式不同对学习进行分类。奥苏贝尔学习理论为教学研究提供了一种非常重要的思路：学习分类应将学习内容（人类知识）、学习者学习的内部过程、内部心理变化（个体心理意义）联系起来，全面地反映学习活动中涉及的各要素。

（二）学习后内部表征的类型——加涅的学习结果分类

美国心理学家罗伯特·加涅将个体的素质划分为：先天的、发展中形成的、后天习得的三种。其中前两种素质主要由遗传因素决定，教育环境对其发展影响有限。

学生后天习得的素质在加涅的学习理论中称为学习结果，它们是学校教学的目标。加涅研究提出支配人类行为表现的五种学习结果：智慧技能、认知策略、言语信息、态度和动作技能，也就是说，个体经过千差万别的学习，其后对应内部的变化类型，分门别类打成包，只有这五类。加涅所提出这一学习结果分类是得到国际公认的分类框架。

加涅认为这些习得的素质必须作为人类的行为表现被观察到，也就是说，如果学习者表现出能"说"，即习得"言语信息"这一学习结果；如果学习者表现出能"做"，即习得技能，若技能用于对内部思维过程的调节、控制，称为"认知策略"这一学习结果；除认知策略外，显示出的技能，一般针对对象都是思维活动以外的，称为"智慧技能"学习结果。

（1）智慧技能：个体运用符号对外办事的能力。智慧技能由低级到高级依次是：辨

---

① Ausubel, D.P., Novak, J.D., Hanesian, H. (1978). Educational Psychology: A Cognitive View. Holt, Rinehart and Winston, Inc. P40.

别—概念—规则—高级规则,高层级技能的获得以低一级技能的获得为基础。

比如,学生学习牛顿第二定律后,能解决如下问题,

一个放置在光滑水平桌面上质量为 2 kg 的物体,受到两个力作用,一个力大小为 10 N,方向向东,另一个力大小为 20 N,方向向西,则该物体的加速度为多大?

显示出学生出现受"规则"$F = ma$ 所支配的行为,称为习得规则。

(2) 言语信息:个体表现为能够陈述观念的能力。

(3) 认知策略:控制学习者自身内部过程的技能。

(4) 态度:影响个人对人、对事、对物选择的倾向。

(5) 动作技能:平衡而流畅、精确而适时的操作能力。

在物理课程学习中,一般没有新的动作技能学习,实验中的"动手"能力,并不是学生手的肌肉不会动或协调不好,而是因缺乏相应的智慧技能,不知道如何借"手"来完成一定的智力任务。比如要求学生正确连接电路,不能完成任务的学生,多数是不知在电路中如何正确地连接电阻、电源、电表等,即缺少电路连接的知识及相应的技能,而不是无法协调肌肉,导致无法完成连接动作,所以,在中学物理课程学习中强调的动作技能,其实质是知识和技能的学习。

加涅划分了"对外"和"对内"的技能,将认知策略作为一个独立的、可以习得的性能提出来,为教育教学中将认知策略或者说方法列为具体目标提供了学习心理学的基础。

加涅的学习分类,将学习后学习者的行为,与其内部性能变化(认知心理学称为内部表征)的类型联系起来。

(三) 学习后外显行为——布卢姆教育目标分类

布卢姆(B. Bloom)等人研究出版的《教育目标分类学》是一部公认的、有影响的著作,为观察、分析学习活动和进行评价提供了一个框架。

布卢姆将教育目标分为:认知、动作和情感三个领域,其中认知领域的教育目标分为:识记、领会、应用、分析、综合、评价六个水平层次。

当时心理学家未对知识和智慧技能的心理实质做深入系统的研究,只能根据测量学的观点,从操作上区分知识和智慧技能。凡是测验情境中的任务与教学中呈现的材料基本相同,学生只凭记忆就可以正确回答的测验题,所测量的就是"识记"层次;凡是测验任务不同于教学所呈现的材料,学生需对处理的材料进行变化、组织,这样测验题所测量的是智慧技能,由低到高能力可以分为知识领会能力、运用能力、分析能力、综合能力和评价能力。

"领会"是最简单的理解,是指把握知识意义的能力。当学生能够用与原先学习情景不同的方式或能用自己的方式呈现所学的内容,说明学生达到该内容学习的"领会"层次。领会的外显行为表现主要有:解释、转化、推断。

解释:学生能够用自己的语言来陈述概念、定理的意义,而不拘泥于原文的呈现方式。

转化:将材料从一种形式变成另一种等价的表达方式,包括将文字转化为图表、图表转化为文字、变化文字表述方式等。

推断:根据交流中描述的条件,在超出既定资料之外的情况下延伸各种趋向或趋势。

同一知识点,能够反映学生达到"领会"层次的问题形式也多样。

(1) 请陈述光的反射定律,并举出满足光反射定律的实例。(解释行为,简答题)

（2）张晓同学说：如果入射光线绕法线逆时针转动，则反射光线绕法线顺时针转动。他的说法正确吗？请陈述理由。（解释行为，辨析题）

（3）请用作图的方式演示光的反射定律。（转换行为，简答题）

（4）一束光照射到物体上，当光束靠近入射面，则反射光线将_____（填"靠近"或"远离"）入射面。（推断行为，填空题）

以上测试题，均指向定律本身，涉及对定律的适用条件、内涵的考查，测试题与原文呈现方式不同，属于"领会"同一层次。

在我国的教学论体系中一般将该层次称为"理解"，由于两者反映的是同质问题，所以在此处不做区分，但教师应明了该类学习后的外显行为以及如何进行有针对性的测量。

"应用"是指把所学知识应用于新情境的能力，它包括概念、原理、规律、方法、理论的应用。

"分析"是指把复杂的知识整体材料分解成部分，并理解各部分之间联系的能力。

"综合"与"分析"相反，是指将所学知识的各部分重新组合，形成一个知识整体的能力。

布卢姆教育目标分类依据学习者表现出的外显行为做出习得能力水平的推断。

（四）学习后内部表征方式——现代认知心理学分类

认知心理学是以信息加工观点为核心的心理学。关于习得知识和知识的表征方式，认知心理学有如下一些观点：

1. 依据学习后外显行为上的差异，推论存在两类不同的知识

陈述性知识是指个人能有意识提取线索，因而能直接陈述的知识，也就是说，学习者具备陈述性知识的外显表现是学习者能"陈述什么"。程序性知识是个人不能有意识地提取线索，因而其存在只能借助某种作业形式间接推测的知识。学习者具备程序性知识的外显表现是学习者能"做什么"。认知策略是指学习者用于支配自己的心智加工过程的内部组织起来的技能，也属于程序性知识。

2. 两类知识内部表征方式不同

（1）陈述性知识的表征方式：命题与命题网络、表象、图式等等。

命题网络：命题一般由论题和关系项组成，关系项表明这两个论题之间的联系。如果两个或两个以上的命题有共同成分或关系项，这些命题就可通过这些共同成分联系起来形成网状结构，即命题网络。如物理学科中的动量定理。

动量定理：物体在一段时间内的动量变化，等于物体受到的冲量。

上述定理可以分解为三个子命题：①物体受到冲量；②冲量等于动量的变化；③动量的变化是在一段时间内的。

其构成命题网络可用下图表示：

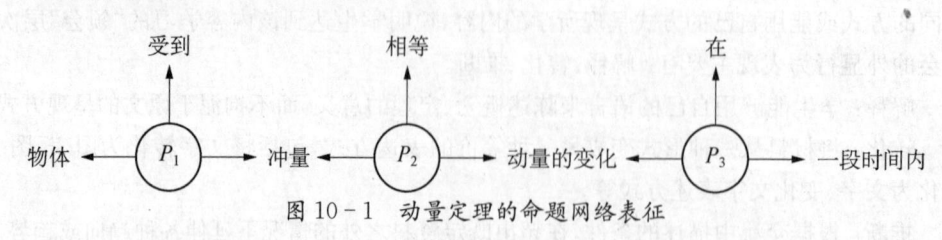

物体 ←受到— P_1 —→ 冲量 ←— P_2 —→ 动量的变化 ←— P_3 —→ 一段时间内
（P_1上方：受到；P_2上方：相等；P_3上方：在）

图 10-1 动量定理的命题网络表征

因此，当学习者内部出现命题网络表征，其外显行为就可表现为：能够以相互联系的方式逐一陈述涉及各个意义单元，即能用"与原文呈现不同"的方式陈述定理中所涉及的

各概念以及概念间存在的关系,而不是逐字逐句地背诵定理。

图式:就像是围绕某个主题组织起来的认知框架,它是一些观念及其关系的集合[1],是对一范畴中对象具有共同属性构成结构的整体编码表征方式。有学者将图式视为陈述性知识的综合表征形式[2],强调围绕某一主题的各种表征形式的综合。在物理课程的学习中,同样存在一些图式,如物理概念图式和物理规律图式。

① 物理概念图式

物理概念学习后应形成的是一个由多个子项构成的整体(也就是完整学习一个概念应从哪些方面认识),通常称为概念图式。

对于不具量化特征的属性类物理概念,可从物理意义、特征属性、定义、符号、典型实例等几方面认识。

表 10-1 杠杆概念图式

物理意义	简单机械的一种(帮助人完成肢体难以完成的工作)
物理性质(本质特征)	一根棒、绕固定点转动、不形变、受动力、有阻力
内容	一根硬棒,在力的作用下绕固定点转动,这根硬棒称为杠杆
符号或模型	图 10-2 杠杆示意图
典型实例	用起子开启瓶盖、用镊子夹起物体、用剪刀剪东西

对于具有定量性质的物理概念——物理量,可从物理意义、定义、物理性质、数学表达式、单位、量的性质、与其他物理概念间的关系等方面认识。

表 10-2 安培力的概念图式

物理意义			描述通电导线在磁场中受力的性质
定义			通电导线在磁场中受到的力
物理性质	大小	定性	安培力与磁感应强度、电流强度、导线长度有关
		定量	安培力与磁感应强度、电流强度、导线长度成正比
	方向	定性	安培力的方向与磁感应强度方向、电流方向有关
		存在关系	电流方向、磁感应强度方向、安培力方向满足右手螺旋关系

---

[1] 皮连生.学与教的心理学(第三版)[M].上海:华东师范大学出版社,2003:137.
[2] 吴庆麟.认知教学心理学[M].上海:上海科学技术出版社,2000:67.

(续表)

	性质形成的依据	DIS实验中,当磁感应强度和导线长度不变,改变电流强度,测得多组电流与导线受力数据,作图拟合为近似一直线,说明安培力与电流成正比。同理,获得安培力与导线长度的关系。实验中,分别改变电流方向、磁场方向做四次实验,画出每次电流方向、磁感应强度方向、安培力方向,发现四次实验中三者方位关系相同
数学表达式(大小)		$F = BIl$(三者相互垂直时)
方向关系的表示		左手定则
单位		牛顿(N)
量的性质		矢量,大小和方向如上
状态量/过程量		状态量
与其他物理概念间的关系		安培力是洛伦兹力的宏观表现

② 物理规律图式

物理规律是物理现象、过程在一定条件下发生、发展和变化的必然趋势及其本质联系的反映。[①] 物理规律通常分为物理定律、物理定理、物理原理等。

对物理规律的学习,可从内容、物理意义、数学表达式、适用条件、典型实例等几方面认识。

表10-3 动量定理的图式

物理意义		描述物体或物体系受外力作用一段时间积累产生效果的规律
物理性质	物理对象及过程	物体或物体系统;受外力;运动一段时间;物体动量及变化;(在一段时间外力作用物体上)冲量
	存在规律	不同时刻,物体或物体系动量变化,动量的变化等于物体所受冲量
	规律形成的依据	理论分析: 受恒定力做直线运动物体,在任一段时间内物体动量变化等于物体所受力的冲量。 实验发现:(传感器技术) 在恒定力作用下,经过时间不同,物体动量的变化等于物体所受力冲量
内容		物体在一个过程始末的动量变化等于它在这个过程中所受力的冲量
数学表达式		$mv_2 - mv_1 = Ft$
定理适用条件		普遍适用
与其他概念的关系		从牛顿运动定理和运动学规律可导出动量定理;从惯性和动量概念,可导出牛顿运动定理。
典型实例		易碎品的柔软包装、船舷和码头上挂上一排旧轮胎、火箭的运行等

[①] 许国梁.中学物理教学法[M].北京:高等教育出版社,1981:52.

物理复杂习题的问题图式见第八章第一节所示。

(2) 程序性知识的表征方式：产生式或产生式系统。

现代认知心理学提出，表征程序性知识最小的单位是产生式[①]。产生式这个术语来自计算机科学，计算机之所以能完成各种运算和解决问题，是因为它存储了一系列以"如果/则"形式编码的规则的缘故。认知心理学家认为，人经过学习同样可以在头脑中存储一系列"如果/则"形式的规则，这种规则是一个由条件和动作组成的指令(C-A规则)，其中的C不是外部刺激，而是处于短时记忆中的信息，A也不仅是外显的反应，还包括内在的心理活动。

例1 如果一个气体系统体积不变(条件)，则判定该气体的压强与温度成正比(行动)。

例2 如果一个物体受两个力且物体静止(条件)，则判定该物体所受两个力是一对平衡力(行动)。

信息加工心理学研究将人类内部的加工过程和机制、加工后内部的变化(内部表征)、及外显行为的变化联系起来，并划分为不同的知识类型。

二、学习分类理论间联系

就学校环境中的学习，一般包含学习内容(人类知识)、学习内部过程、内部表征方式外显行为等方面，以上介绍的分类理论所讨论的对象基本相同，但不同学者从不同侧面对学习进行分类，其中存在相互间联系。

案例 10-1

> 学习内容：(影响电阻大小的因素)研究表明，导体电阻的大小跟导线长度、横截面积和材料种类、温度有关。

● **分析**

1. 学生经过奥苏贝尔学习理论中的"机械学习"，一般能完成如下问题。

例 大量实验表明，导体电阻的大小主要与_____、_____、_____和_____有关。

即学生能够按原先学习的环境相同的方式复述学习内容，达到布卢姆学习分类中的"识记"层次，或者说习得了加涅分类中的学习结果——"言语信息"。

2. 学生经过奥苏贝尔学习理论中的有意义学习(命题学习)，能够完成如下问题。

例1 本节课学习后，关于影响导体电阻大小的主要因素，你认为有哪些，请写出来_____，并举出例子。

例2 张晓同学说：导体的横截面积越大，则导体电阻越大，你判断这种说法是否正确，并陈述理由_____。

例3 下列哪一个因素与导体电阻大小无关？(　　)。

A 导体的体积 　　　　　　B 导体的截面积
C 导体的表面积 　　　　　D 导体的长度

---

① 皮连生.教学设计：心理学的理论与技术[M].北京：高等教育出版社，2000：36.

即学生能够按与原先学习的环境不同的方式呈现所学内容,因问题仍然只涉及所学规律本身,所以达到了布卢姆教育目标分类中的"领会"层次,或者说习得了加涅分类中的学习结果——"言语信息",也可以说习得了以命题网络方式存储的陈述性知识。

3. 学生经过奥苏贝尔学习理论中的知识应用,能完成如下问题。

例 有一标有"2.5 V 0.3 A"的小电珠,李燕计算它的灯丝电阻是 $8.3\ \Omega$,但用欧姆表(测量电阻的仪表)测得的结果是 $2.5\ \Omega$,关于这种差异,最合理的解释是:金属的电阻随_____而改变。

问题情景涉及所学知识以外的事物,学生能解决,达到布卢姆教育目标分类中的"应用"层次,或者说个体出现受所学规则支配的行为,习得了加涅分类中的学习结果——"规则"。也就是习得以产生式方式存储的程序性知识。

4. 学生经过奥苏贝尔学习理论中的问题解决学习,能解决如下问题:

案例 10-2

例 一个塑料球浮在水面上时,有 2/5 体积露出水面,将它放入另一种液体中静止,有 3/4 的体积没入液体中,这种液体的密度有多大?

● **分析**

学习者阅读习题了解如下信息:

已知:同一个物体,一次漂浮在水面上,一次漂浮在未知液体中;

静止在水面时,露出水面的体积占总体积的 2/5;

静止在未知液体液面时,在液体内的体积占总体积的 3/4;

求:未知液体的密度。

学生要获取上述信息,需要分离出该问题情景中的物理要素及各要素间的关系,即需要运用布卢姆分类中的"分析"。

如何从自己认知结构中挑选出求解该习题所需的物理规律,并知道先用哪个物理规律、后用哪个物理规律,需要学习者具有解决的方法(认知策略)。

解决此类习题的方法:分别列出漂浮方程;然后结合阿基米德定律 $G_物 = \rho_液 g V_浸$、$V_总 = V_露 + V_浸$ 求解。

学习者将不同的物理规律结合起来解决问题,即需要运用布卢姆分类中的"综合"。从结果上看,形成了不同规律的连接,即达到加涅学习结果分类中的"高级规则"。

也就是说,在奥苏贝尔的"问题解决和创造"学习过程中,要运用学习者已有的知识背景分解问题中的各相关要素(布卢姆教育目标中的"分析"),在一定方法(加涅分类中的"认知策略")的引导下挑选必要的物理规律并有序排列(布卢姆分类中的"综合")解决问题,从学习结果上称习得高级规则(加涅分类),或习得以产生式系统存储的程序性知识。

三、物理课程认知领域的学习分类

(一)认知领域学习分类的新思路

以上讨论为认知领域学习分类提供了一些新的思路。

第一,学习分类应综合体现教学流程的各个要素。就学科知识的学习来说,有具体的学科知识内容、学习者经历内部的加工过程,也会有一定的内部表征及相应外显行为的变化等方面要素,学习分类应能综合体现以上诸要素。

第二,学习分类应从学习内容角度分类。学科教学的直接目标是学科的知识,故应从学习内容角度对学习进行分类。

第三,学习分类应将系统化学科知识作为独立的学习内容。问题解决的有关研究表明,系统化的知识对问题解决,特别是对知识丰富领域的问题解决有帮助,且系统化知识具有相对应的内部表征:命题网络、图式等。

故应将系统化的知识作为一项独立学习内容。

第四,学习分类应揭示各类学习中运用的认知策略。认知策略的运用总是伴随特定学科知识目标实现,学习分类也应揭示出不同类型学习过程中可能运用的策略。

就学校环境中的学习而言,一般包含学习内容(人类知识)、学习内部过程、内部表征方式、外显行为等方面,如果理解特定类型学习的内部过程,就可以帮助教师合理地选择教学事件,促进教学的效果。

第六章中指出,对物理概念和规律的学习,主要经历学习途径是:经验事实归纳、实验事实归纳、理论演绎等。学习途径不同,学习者经历子环节不同,解决子问题类型不同,解决策略不同。

比如实验归纳途径,一般经历"提出问题、猜想和假设、规划实验方案、设计实验、执行实验获取数据、处理数据获得结论、验证"等子环节,其中各子环节涉及的策略如下表所示:

表 10-4 实验归纳途径子环节问题解决的策略

子环节		所用策略
提出问题		模型法
猜想与假设		归纳法中的穆勒五法、类比法等
制定探究方案	规划方案	控制变量法、演绎法、归纳法中的穆勒五法
	设计实验	设计实验通用策略、转化法、等效替代法等
获取事实与证据	整理数据	列表比较法、图象法等
	获得结论	归纳法、演绎法、理想实验法等
表达与交流		合理呈现证据的方法等

(二) 物理课程认知领域学习分类

鉴于此,物理课程学习划分为如下类型:

1. 物理课程事实性知识意义的学习

此类学习内容有两个,其一是符号的学习,如学生学习力用符号"F"表示、电场强度用"E"表示等;其二是事实知识学习,如学生学习"赫兹发现了电磁波"、"爱因斯坦于1915年创立了广义相对论"、"一个标准大气压大小约为 1.013×10^5 帕斯卡"等。

此类学习主要涉及记忆知识的方法,如组块记忆法、推理记忆法、联想记忆法等。

2. 物理概念和规律意义的学习

学生学习物理概念和原理，学习后能用自己的语言解释概念和原理的实质，并举例说明，即达到"领会"层次。

此类学习过程中涉及认知策略主要有：模型法、理想实验、转化、等效替代、归纳、演绎等方法。

3. 物理概念和规律应用的学习

学生学习后，能表现出物理概念和原理中蕴含规则所支配的行为，达到"应用"层次。

此环节所需解决的问题主要是用所学物理概念和原理就可解决的，也就是单一规律的应用，所涉及的方法主要是演绎推理。

4. 物理课程系统化知识的学习

与系统化知识学习相关的策略有：列表法、层级图法、逻辑关系法等。

5. 物理课程问题解决的学习

包含解决问题的策略学习。

较为复杂的物理习题，其求解一般需要多个物理定理与概念的运用。由于物理课程习题，其解决目标、解决条件、解决途径均是明确的，因此属于结构良好的问题。结构良好的问题，一般存在针对特定类型问题有效的解决方法（强方法），如物理学科中，解决三力平衡问题的"相似三角形"法、动态电路变化问题的"并同串反"法等；习题解决领域也存在一般方法（弱方法），如适用于解决物理课程填空题的方法：直接法、赋值法、图象法、极端假设法等。

解决结构不良的学科问题，如研究性学习中的问题，主要用目标法、逆推法、子目标等弱方法以及领域中的弱方法来完成。

该分类可用表 10-5 表示。

（三）新学习分类的特点及对教学的启示

1. 该分类将学习类型与学习内容、学习内部过程、学习外显行为之间建立联系。教师可以依据学习内部过程合理安排教学事件，促进教学效果；可以依据外显行为制定测量项目，对教学目标实现与否进行检验，从而帮助教师有依据地完成教学设计工作。

2. 该分类促使认知策略与具体的学习活动之间建立联系。研究表明认知策略都是与具体认知活动相伴的，这就为结合具体学科内容学习进行策略教学提供了可能。

此处提出的学习分类，促使不同类型学习活动与其中可能运用的具体策略之间建立联系。这要求教师不仅要明了学科知识的教学目标，同时也应关注其中会运用到哪些策略或方法以及适用条件，在适当的时机帮助学生达成"过程与方法"目标，在教学中做到，既教知识，又教方法。

经过近一世纪的发展，学习心理学关于人类学习内部过程、学习后内部表征及外显行为表现等方面的研究成果，已经能够初步解释人类的学习机制，这就为教师根据学生"学"的规律来规划教学活动、真正实现将教学建立在学生学习基础之上提供了可能。本文基于学习分类理论的研究，提出科学课程认知领域学习分类，将学习内容、学习内部过程、内部表征、外显行为以及对应的教学目标等教学诸要素联系起来。新分类有助于教师依据学习过程合理安排教学事件、依据外显行为规划适当的测试项目，一定程度上减少科学课程教学盲目性。

表 10-5　物理课程学习分类（认知领域）

课型	学习内容	学习类型	学习内部过程	内部表征	外显行为	教学目标
新授课	物理课程事实性知识	事实性知识意义学习	已有意义下位同化，运用组块记忆等方法	命题、命题网络表征	能用自己的语言陈述命题的内容	知识与技能目标
	物理概念和规律	物理概念和规律意义的学习		命题、命题网络表征（物理概念、规律）	能用自己的语言陈述命题的内容，并举出符合概念规律的例子	知识与技能目标
	归纳、演绎、类比、转化、等效替代、理想实验等方法		运用归纳、演绎、类比推理等思维方法建立概念间的联系；运用转化、等效替代、理想实验等方法解决学习中各子问题	命题表征（转化等方法）	能用自己的语言适用方法的条件、应用方法步骤及应用实例	过程与方法目标
				产生式表征	在可以运用的场合正确运用方法	
应用课	定理、概念等的运用	物理知识应用的学习	主要是演绎推理运用	产生式表征	能用特定物理概念或原理解决主要运用该定理、概念即可解决的问题	知识与技能目标

(续表)

课型	学习内容	学习类型	学习内部过程	内部表征	外显行为	教学目标
复习课	组织好的物理课程知识	系统化知识的学习		命题网络或图式	学生能用自己的语言阐述网络中的联系单元及其中的关系	知识与技能目标
	列表、知识结构图、层级图以及逻辑关系图等组织知识的方法		运用列表、层级图等方式建立不同知识间的联系	命题表征(列表等方法)	能说出所用列表法适用的条件、步骤及应用实例	
				产生式	在需要的场合，能运用列表等方法形成相应知识的系统化	过程与方法目标
	物理课程问题：解决问题的强方法(针对结构良好的问题)、弱方法(适用问题结构不良问题)	问题解决的学习	运用强方法或弱方法挑选解决问题必要的技能	产生式系统	能运用所需技能正确解决特定问题	知识与技能目标
				命题表征(强、弱方法等)	能说出解决问题所用方法的适用条件、基本步骤	
				产生式	在需要运用该方法解决问题的场合能正确运用	过程与方法目标

第二节　物理教学任务分析

现代教学设计理论认为学习存在不同的类型,不同类型的学习需要不同的内部过程和条件,教学只有匹配相应的学习过程,才能取得良好的效果。教学设计要求教师主动地依据学习和教学原理选择教学材料、规划教学事件,所以教学设计的核心工作是揭示与教学目标对应的、具体学习类型的内部过程及条件,这部分工作被称为教学任务分析。

一、教学任务分析

教学任务分析关注的重点是特定类型学习的内部过程及学习条件,"在教学前,预先对教学目标中规定、需要学生习得的能力或倾向的构成成分及层次关系、各层次学习需要的内部条件进行分析,目的是为学习顺序的安排和教学条件的创设提供心理学依据"。[①] 相关研究也提出一些用于教学任务分析的具体方法,如学习层级分析方法、信息加工分析方法等。

(一) 任务描述法

早期的任务描述将重点放在可观察的行为上,任务描述详细说明当任务执行者在完成任务时的行为,描述包括条件刺激和由此激发的反应。各种实验仪器的使用(如显微镜、天平等)、实验基本操作(如电路的组装等)等都属于此类任务,可以采用上述方法分析其基本步骤以及应注意的事项。

例:托盘天平的调节:
(1) 平:把天平放在水平台面上;
(2) 移:游码移到零刻度线处;
(3) 调:调节平衡螺母,当指针偏左时,平衡螺母向右调,反之向左调。
为方便记忆,可记为"放平移零调平衡"。

(二) 学习层级分析方法

加涅将人类可以习得的学习结果分为五类:智慧技能、言语信息、认知策略、态度、动作技能,其中的智慧技能是有一定层级次序的,由低级到高级依次是:辨别、概念、规则、高级规则,高层级技能的获得以低一级技能的获得为基础。

基于此加涅提出层级分析方法。加涅指出,对于任何一个给定的智慧技能,通过提如下一个问题,"为了学习这个技能,学生应具备哪些简单技能?",就可以获知其次级技能及相互层次关系:

以物理学科中"力的图示"一节为例,学习层级分析结果如图 10-2 所示。

学习层级分析是由终点能力开始自上而下分析,对于特定的智慧技能,学习层级分析一路进行下去,其分析的终点是学生的起点能力,学习层级展现出从学习者的起点能力到终点能力间所需的各级子能力及相互间关系。

(三) 信息加工分析方法

信息加工分析方法是分析用于完成给定任务的心理步骤和操作的序列,并给予清晰描述的方法。[②] 信息加工分析的最终结果是任务完成的流程图,流程图中显示的不是操作就是决策,同时还能用分支展示出不同选择导致的不同的行为结果,通常在流程图中用菱形框表

[①] 皮连生.智育心理学[M].北京:人民教育出版社,2009:307.
[②] 盛群力.教学设计[M].北京:高等教育出版社,2005:97.

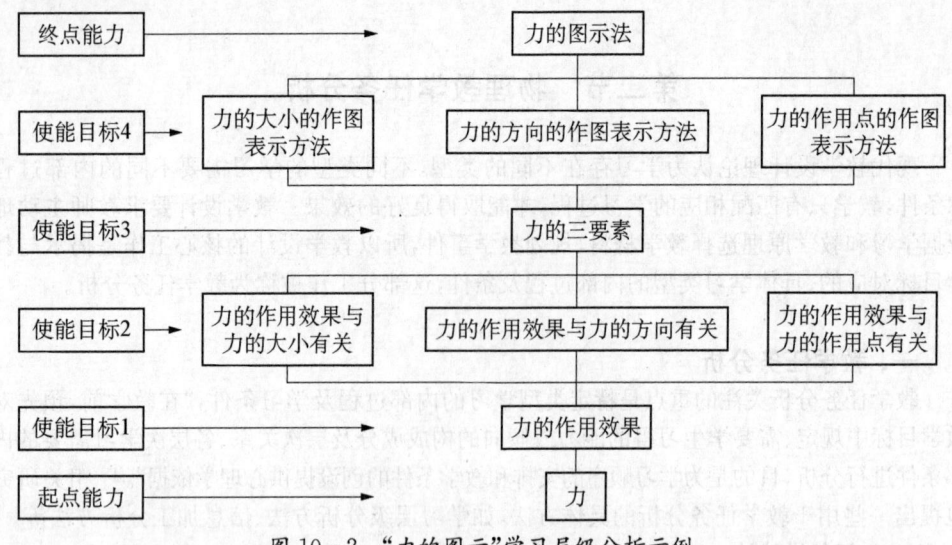

图 10-2 "力的图示"学习层级分析示例

示选择决策点，用矩形框表示行动。例：玻意耳定律运用的信息加工分析，[①]如图 10-3 所示。

信息加工分析方法，是从已知条件或起点能力出发开始分析，分析的结果能使教学设计者明确教学的"范围"和"序列"。

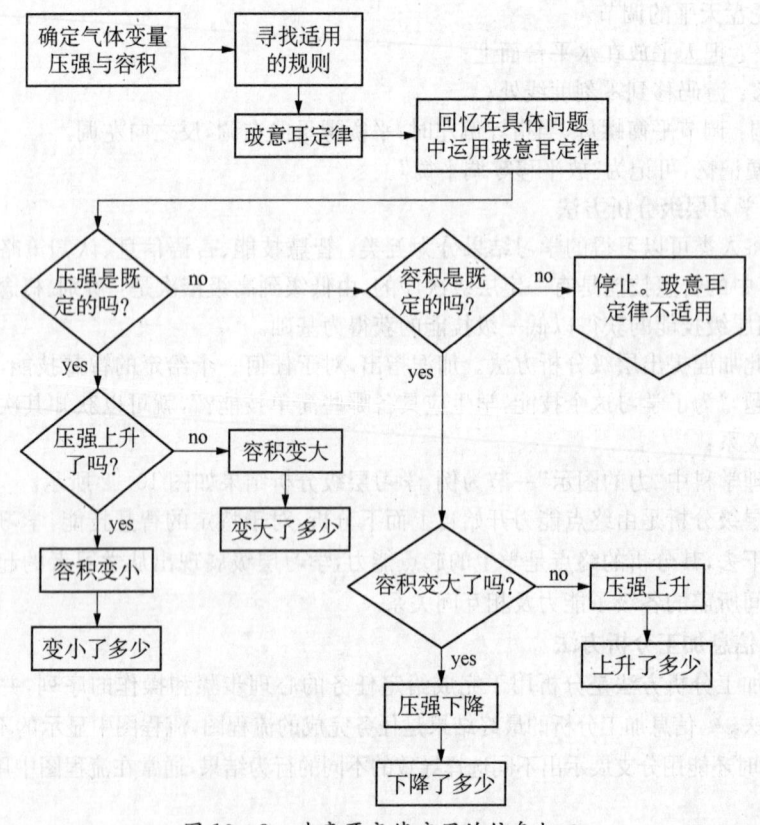

图 10-3 玻意耳定律应用的信息加工

[①] 盛群力. 教学设计[M]. 北京：高等教育出版社, 2005: 97.

(四) 逻辑分析方法

物理教学中的逻辑分析方法,即对学习者所需获得结论的逻辑过程的分析,揭示逻辑链,教学应匹配教学链。在第六章教学案例的分析中,多数都采用了逻辑分析方法。

无论从内在结构还是从执行序列对教学任务进行分析,都可以帮助教师从不同侧面认识和理解任务,从而清晰地把握任务的结构或者执行序列,教师就能够合理地安排教授任务的步骤和过程,从而促进学习者有效地学习。

二、物理概念和规律意义教学的任务分析

第六章介绍了物理概念和规律学习内部的过程和表征,指明了物理概念和规律教学任务分析的方向和内容。因为物理概念和规律的图式可全面反映其全貌,有助于教师明确其中各要素学习的先后次序以及关系,因此,教学任务分析首先应写出所教概念和规律的图式;由图式确定本节课需要教授的物理内容,即新的结论;又由于有效信息的来源有不同途径,不同的学习途径所经历的子环节是不一样的,所以应确定各子结论学习的途径;最后应具体分析学习途径上的子环节任务,及解决的策略和所需技能。

物理概念和规律意义教学的任务分析:

1. 写图式:遵循物理概念和规律的图式结构,写出所教授物理概念或规律的图式。

2. 定内容:由图式内容确定教学结论,确定其学习类型。

3. 析途径:分析各习得教学结论的途径。是经验事实归纳途径(多用于属性特征类物理概念的学习)?是实验归纳途径(多用于物理量和物理规律的学习),还是理论演绎途径?抑或是两种途径结合,如先理论演绎,然后再实验归纳等。

4. 清序列:确定各结论所需信息获得的途径,分析各途径中学生所需经历各子过程的学习过程和所用策略或者说方法。

对实验归纳途径,重点要分析出各教学结论获得的逻辑过程。其一,逻辑过程揭示学习者习得该结论所必须识别出的信息,教师有序地呈现有效信息是学生习得学习结果的最基本保证;其二,分析出新结论获得的逻辑过程,还可帮助教师理解"规划方案"环节的策略,因为一旦逻辑过程清晰,其加工信息的结构就清楚了,因此规划方案的策略也就确定了,如前面章节提到获得"曲线运动需要合力与物体运动方向不同线",该结论是通过差异法获得的,在"规划方案"环节,教师就可以提供先前运用一个差异法研究的案例,引导学生根据差异法的结构,规划当前研究的方案。通过求同法获得结论的教学与此相似。通过共变法或者图像法获得结论的学习中,"规划方案"的策略主要是控制变量法或共变法。

案例 10-3

- **案例　牛顿第二定律的教学任务分析**
- **写图式**

表 10-6　牛顿第二定律的图式

	内容	物体的加速度跟所受的作用力成正比,跟物体的质量成反比
物理意义	物理对象及过程	一定质量的物体;物体受到合外力;物体速度变化快慢

(续表)

内容		物体的加速度跟所受的作用力成正比,跟物体的质量成反比
	存在规律	在质量相同时,物体速度变化快慢(加速度)与物体所受合力成正比; 在受力相同时,物体速度变化快慢(加速度)与物体质量成反比
	规律形成的依据	实验中,质量不变,改变受力大小,测出每次加速度,作出受力和加速度关系的图象,为一条直线,故加速度与受力成正比。 受力不变,改变物体质量大小,测出每次加速度,作出加速度和质量倒数关系的图象,为一条直线,故加速度与质量倒数成正比(即与质量成反比)
	特征	矢量性、瞬时性、因果性
数学表达式		$\vec{F}=m\vec{a}$
定律适用条件		低速、宏观
与其他概念、规律的关系		力的单位、动量定理、动能定理等

● 定内容

根据图式,本节课主要学习牛顿第二定律的物理意义(命题学习)、牛顿第二定律的数学表达式(符号表征学习)。

需要学生建立新结论：

(1) 在质量相同时,物体速度变化快慢(加速度)与物体所受合力成正比；

(2) 在受力相同时,物体速度变化快慢(加速度)与物体质量成反比。

● 析途径

本节课内容学习的途径：实验归纳途径。

● 清序列

(1) 写出主要结论和建立逻辑的过程。以"加速度大小跟它受到的作用力成正比"为例,通过演绎推理获得(如下所示)：

如果是正比例函数,则其图象为通过原点的一条直线	(大前提)
加速度 a 与物体受力 F 的图象为一条通过原点的直线	(小前提)
所以,加速度 a 与物体受力 F 成正比。	(结论)

（2）获得结论的途径与子环节分析：如前所述，演绎推理中小前提是通过实验研究获得，也就是说学生学习遵循实验归纳途径，需要经历提出问题、假设猜测、规划研究方案、设计实验、执行实验、处理数据（含整理数据、处理数据得出结论）、验证等环节。

各子环节教学任务分析：

【提出问题】

本环节目的是帮助学生明确要研究的问题。

通常可通过包含研究问题的物理情景，运用模型法（忽略次要、突出主要），抽象出要研究的问题。

中学物理课程学习的每一节内容都已是清楚具体的，有时看看标题已基本知道本节要学习（或研究）的问题，所以中学物理教学中对这一环节的处理，通常的做法是呈现可以抽象出问题的情景（如果学生有经验，引导学生回忆呈现；如果学生没有经验，就由教师举例呈现）。

本节课要研究"物体加速度与受力、质量间定量关系"。

关于本研究内容学生具有较丰富的速度变化的经历，因此，教师可以呈现速度存在变化的一些场合，引导学生观察识别加速度是不同的。

由此引导学生概括出本节课要研究的问题：加速度与哪些因素有关？有何种关系？

【猜测】

本环节目的是帮助学生猜测出研究对象或属性的影响因素。

猜测不是瞎猜，是基于生活经验、实践经验或理论分析形成研究对象的相关影响因素。基于生活或实践经验，是运用归纳法（求同、差异、共变等方法、类比推理）推测相关影响因素。

通过理论分析猜测，需要学习者遵循理论分析的一些方法（如目标—手段法、逆推法、对称法、守恒法等）选择解决问题的必要技能。

本节课研究的影响因素可以由学生从其生活经验中猜测出。

根据学生具有的存在加速度的生活经验，不难猜测出：

（1）加速度可能与物体受力大小有关；

（2）加速度可能与物体质量有关。

当然学生可能会有其他一些猜测，教师可以依据归纳法的结构，对学生的猜测做出判断。

【规划研究方案】

本环节的目标：帮助学生形成研究的方案。

本环节主要通过归纳法（求同法、差异法）、控制变量法以及演绎法规划研究方案。

本课例运用**控制变量法**规划，如下：

第一组，研究 a 与 F 的关系，保持实验装置、m 等不变，改变 F，测出 a，研究两者关系。

第二组，研究 a 与 m 的关系，保持实验装置、F 等不变，改变 m，测出 a，研究两者关系。

可用列表方式呈现，如表 10-7 所示：

表 10-7　牛顿第二定律研究实验表格

	加速度	作用力/质量	控制因素
a 与 F 的关系	a_1 a_2 a_3 ……	F_1 F_2 F_3	实验装置、m 等不变
a 与 m 的关系	a'_1 a'_2 a'_3 ……	m_1 m_2 m_3	实验装置、F 等不变

【设计实验】

本环节的目的是帮助学生形成用于研究问题的实验。

由于课堂教学中，都提供了基本的设计实验的装置，也就是测量的技能都是确定的。

本例提供实验装置：实验小车、打点计时器、橡皮筋、一盒钩码、小车运动轨道等。

需要解决的问题：在给定仪器的条件下，设计一个测量运动物体的受力及其加速度的装置。

设计物理实验装置可按照如下的通用策略进行思考：

①确定实验目的；②确定实验中的研究对象；③确定实验中研究物体的状态、过程；④确定需要测量的物理量及各物理量测量的原理；⑤选择测量各物理量的实验仪器；⑥确定每次实验中物理量的变化方式；⑦确定实验仪器的连接方式。

在加速度测量原理子环节，人教版教材中提供两种实验方案：

直接测量：运用打点计时器测量加速度；实验仪器有一端带有定滑轮的木板、小桶、天平、砝码、钩码、小车、细线、打点计时器、纸带等。

间接测量：用**转化法**将加速度的测量转化为对一定时间内物体位移的测量。

本节教学中，确定加速度的测量原理、测量物体受力大小，以及由此选择测量仪器。其解决的途径、所用策略和所需技能分析如下：

表 10-8　牛顿第二定律"实验设计"环节分析

确定研究对象	实验小车		
确定测量物理量、可能途径、所需策略、所需技能	测量小车受力	小车受力近似于砝码的重力	
^	测量在受力条件下小车的加速度		
^	途径1（直接测量）		途径2（间接测量）
^	原理：$s_{n+1} - s_n = aT^2$	测量仪器：打点计时器、刻度尺；	原理：$\dfrac{a_1}{a_2} = \dfrac{x_1}{x_2}$	测量仪器：刻度尺、秒表；
^	具体步骤：略。所需技能： 1. 理解 $s_{n+1} - s_n = aT^2$； 2. 会测量打点纸带相邻时间之间距离； 3. 会使用打点计时器		具体步骤：略。 可用策略：转化法； 所需技能：会测量小车移动的距离； 实验条件：控制小车运动的时间

学习许多物理概念和规律，可采用多种实验方案，可遵循上述分析的思路将各方案实施过程中学生经历内部过程所需的技能和策略揭示出来，分析出各途径学习过程中学生的难点，结合学生学习的现状，选择适合当前学生学习的实验途径和方案。

【处理数据】

整理数据的方法主要有列表比较法、作图法、柱形图或扇形图法等，处理信息获得结论的方法主要有归纳法、演绎法、理想实验法等。

本课例采用图象法整理数据，并运用演绎推理获得结论（如前分析）需要学生具备大前提，即正比例函数的性质，应适当复习或在处理获得结论时复习大前提。

整理数据方法：作图法。

如果一个物理量随另一物理量连续变化，可用作图法来整理数据。

基本步骤：

（1）在方格纸（如条件允许）画出一条水平线（x 轴）和一条垂直线（y 轴）。

（2）给 x 轴标上自变量名称，给 y 轴标上应变量名称，并标明单位。

（3）在两条轴上分别标上刻度，注意单位数值的间距要相同，数值范围要能包含所有实验数据。

（4）把每一个数据在图中对应点标出。

（5）用实线连接各个数据点。在某些情况下，可能需要画一条能反映数据总趋势的直线，这条线应处于所有点的中间，使线两侧点的数量大致相同。

三、复杂习题的任务分析

复杂习题的学习结果是问题图式,问题图式的结构有助于教师明了复杂习题任务分析的对象,结合"任务描述方法"、"学习层级分析"方法的运用可以揭示特定类型习题解决所需的必要技能以及相互间的序列(即解决的策略),教师可以根据学生的实际情况,判断哪些学习结果需要学生习得,以及各学习结果学习的先后次序,从而有依据地安排教学活动,可以一定程度上减少习题教学的盲目性。

结构良好的物理习题的任务分析应包含以下几个方面:

(1) 显过程。运用类似"任务描述法"清晰地描述习题解决的完整过程。

(2) 清技能。运用类似"层级分析法"分析习题解决的每一步所需必要技能,确定该技能是物理学科的基本概念和规律,还是用于解决此类习题相对特有的技能;如果是后者,应进一步清晰地分析该技能获得所需的技能和策略。

(3) 析策略。从过程中,概括解决习题所需技能以及应用的序列,即形成解决此类习题的思考方向,也就是解决此类习题的有效方法。

第三节 物理概念和规律的教学设计

一、传统教学设计的要求和不足

经验性的教学论在教学前通常也要求教师做学情分析和教材分析,写出教学目标等工作,由于没有依据学习者学习的机制,所以存在一些不足。

案例 10 - 4

一份传统教学设计分析如下:
一、学习任务分析
1. 教材的地位和作用

牛顿第二定律是在实验基础上建立起来的重要规律,它是动力学的核心规律,也是学习其他动力学规律的基础。在《普通高中物理课程标准》共同必修模块"物理1"中涉及本节的内容有:"通过实验,探究加速度与物体质量、物体受力的关系,理解牛顿第二定律。"本条目要求学生通过实验,探究加速度、质量、力三者之间的关系,强调让学生经历实验探究过程。

2. 学习的主要任务

本节的学习任务类型是综合型。在知识上要求知道决定加速度的因素,理解加速度、质量、力三者关系;在技能上要求能设计和操作实验,会测定相关物理量;在体验性上要求经历探究活动、尝试解决问题方法、体验发现规律过程,体会科学研究方法——控制变量法、图象法的应用。

3. 教学重点和难点

重点:(1) 知道决定物体加速度的因素;
(2) 加速度与力和质量的关系的探究过程。

难点：引导学生在猜想的基础上进行实验设计，提出可行的实验方案，完成实验并得出实验结果。

二、学习者情况分析

在学习这一内容之前，所教的学生已经掌握了力、质量、加速度、惯性等概念；知道质量是惯性的量度、力是改变物体运动状态的原因；会分析物体的受力。已具备一定的实验操作技能，会用气垫导轨与光电测时系统或打点计时器研究匀变速直线运动；具备一定的计算机操作能力，会应用 CAI 课件处理实验数据。学生对物理学的研究方法已有一定的了解，在自主学习、合作探究等方面的能力有了一定提高。

在非智力因素方面，学生学习积极主动，对学习物理有较浓厚兴趣；有较强的好奇心和求知欲，乐于探究自然界的奥秘；敢于坚持正确观点，勇于修正错误；喜欢和同龄人一起学习，有将自己的见解与他人交流的愿望，具有团队精神。

三、教学目标分析

根据上述对学习任务和学习者情况的分析，确定本节课教学目标如下：

1. 知识与技能目标

(1) 让学生明确物体的加速度只与力和质量有关，并通过实验探究它们之间的定量关系；

(2) 培养学生获取知识和设计实验的能力。

2. 过程与方法目标

在探究过程中，渗透科学研究方法（控制变量法、实验归纳法、图象法等）。

3. 情感态度与价值观目标

(1) 通过学生之间的讨论、交流与协作探究，培养团队合作精神；

(2) 让学生在探究过程中体验解决问题的成功喜悦，增进学习物理的情感。

● **分析**

传统教学论指导下教案编写存在一些问题：

1. 教学目标陈述方面

知识目标未揭示出学生学习后应表现出的行为。设计实验能力是综合能力，是学习者运用设计实验的策略，选择适当设计实验所需技能，完成具体实验设计的过程。在本节课中，究竟要帮助学生习得哪些设计实验的策略，还是习得设计实验所需技能，目标描述不具体。

过程与方法目标、情感态度价值观目标描述笼统，没有针对本节课的教学，放在多数物理课中均可以。

2. 学情分析和教材分析

教材分析分析了牛顿第二定律在物理理论体系中的位置以及与其他物理概念之间的联系；学情分析也仅仅说明在学习本节课内容前学生已学习了哪些概念，没有回答通过教材分析和学情分析的这些结果如何合理有据地安排教学活动，也无法回答教学难点是出现在哪个子环节，如何突破。

存在上述问题的根本原因在于以上分析未能揭示学习经历的内部过程，也就只能对外部的联系进行分析。学习者经历的内部过程取决于选择的学习材料和组织，学习材料不同、组织不同,学习经过的过程就不同,学习需要的前提知识和技能、需要的解决子问题的策略就不同,应做具体分析。

二、物理概念和规律教学设计
(一) 物理概念和规律教学设计的主要工作

由于学科知识学习是最直接的结果,在学习过程中可能会运用特定的方法,而具体运用哪些方法,需要对学习途径每一子环节需要解决的子问题和相应的策略做出分析,也就是说"方法"目标需要在教学任务分析之后才能确定,所以建议物理教学设计遵循以下步骤:

第一,教学任务分析。通过任务分析,揭示出习得该学习结果的内部过程及条件,这部分工作主要运用学习心理学理论完成,见前一节所述。

第二,确定学习内容对应的学习结果类型,陈述教学目标。要求用可观察、可测量的术语精确表达学习目标,这是教学设计的一项基本要求。

第三,规划教学活动。依据分析出的过程与条件,合理规划教学事件,选择教学媒体和方法。

第四,制定测评项目。依据学习结果类型及相应学习者外显行为,制定测评项目。

(二) 教学规划简述

在教学规划时,有两方面的工作,其一是教学重点和难点的确定;其二是选择教学的策略。

1. 教学重难点确定

教学重点:一般来讲,重点知识不仅在物理学习中占有重要地位,而且对学生科学素养的发展具有重要的作用,因此是常规的教学重点。此外,在每节课所涉及的内容中,属于关键性的或者掌握后续知识所必须具备的基础知识,对掌握重点知识起重要作用的知识,对于培养学生的能力以及情感态度与价值观有重要作用的知识,都可作为这节课的教学重点。

因此教学重点通常是指本节课学生应习得的学习结果,含学科知识目标、显性化的方法目标。

教学难点:教学难点是知识要求与学生原有的知识基础和认知能力存在较大差异的、学生难以理解和掌握,以及教师采用常规方法难以处理的部分内容,它主要是由教学内容的要求和学生学习的基础这一矛盾决定的。

从学习机制角度看,教学难点通常是指:

其一,需要学生具有较多前提技能、经历较复杂的思维过程的才能习得的学习结果。

其二,有些问题解决,所需策略学生缺乏应用的经验,不太容易启动,表现为没有思路解决,也会成为难点。

2. 教学策略和方法的选择

教学策略是促进学习的内部过程的外部事件。

学习是学生运用一定策略解决各环节子问题、习得相应学习结果的过程,学校环境下的学习,需要教师规划教学事件,引导和帮助学生的学习过程,也就是与学习过程对应的教学过程。教学任务分析已揭示出学生习得该学习结果经历的途径和各子环节问题解决的策略,那么教学就是**教师遵循各环节中相应策略的引导,帮助学生选择解决子问题的技能,从而解决问题**、习得所学知识的过程。教学方式主要有三种:

(1) 传授式教学:教师遵循相应方法的结构,自己选择解决问题所需知识和技能,并解决问题;

(2) 启发式教学:教师遵循相应方法的结构,引导学生获取解决问题所需知识和技能,逐步有序地解决问题;

(3) 探究式教学:教师提供问题情景,由学生自己遵循相应方法的结构,解决相应问题;

显然,在一个知识点或教学结论获得的过程中,教师可以在各子环节选择不同的教学方法组合(如下表中▲、★分别表示一种教学方法的组合),当然还可以有更多样的选择,表现出多样性的教学处理方式。

表10-9　实验归纳途径中各子环节教学方法选择示例

	提出问题	假设猜测	规划方案	设计实验	执行实验获得数据	处理数据获得结论
传授式	▲★	★			▲	▲
启发式		▲	▲	★	★	★
探究式			★	▲		

三、物理概念和规律意义学习的教学设计

案例 10-5

牛顿第二定律教学设计

【教学任务分析】

见前一节所示。

【陈述教学目标】

教学目标(知识)。

理解牛顿第二定律;能用自己的语言陈述定律的内容及习得过程。

教学目标(方法):理解物理学习中处理一定函数关系数据一般方法。能陈述该方法的运用的条件和步骤,并举例说明。

教学目标(态度):经历牛顿第二定律实验研究中分析论证的行为,感受严谨求实的科学态度。

【教学规划】

1. 教学难点

根据教学任务分析,在设计实验环节小车受力方式及测量方式在加速度一节教学中学生已接触过;加速度测量途径,教材中用黑板擦来控制小车运动的时间,如图所示,所需经验单一,也不可能有方法可以有效引导,无法探究,可直接给出。

```
              黑板擦
         ┌──┐ ┌──┐
         │小车│ │  │
  ←运动方向└──┘ │  │
         ┌──┐ │  │
         │小车│ │  │
         └──┘ └──┘
```

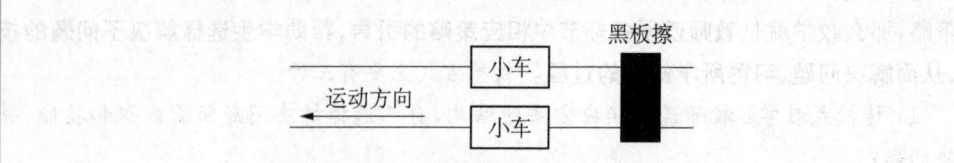

图 10-4 用黑板擦控制小车的动与停

因此,如果设计实验环节,要求学生完成。学生可能存在以下学习障碍(或学习难点):

(1) 学生不具备设计实验的通用策略。当教师布置"设计实验装置"任务后,学生缺乏设计实验通用策略的引导,表现为行为上的无序化。

(2) 学生未掌握直接测量加速度的原理和技能。选择直接测量加速度时,由于打点计时器操作步骤相对较复杂,测量数据较多,计算量较大,学生未掌握。

(3) 学生不了解间接测量加速度。学生往往不会想到这种测量方案,即没有策略——转化法,因此可能会无从下手。

此外,整理数据的方法。用作图法处理数据,学生经历不多,可能出现学生难以遵循作图法的基本规范整理本节课的数据的情况。

2. 教学方法选择与规划

本节课拟将"设计实验"环节设计为探究式教学,将"处理数据"环节设计为启发式教学,并将"处理数据方法"教学采用启发式教学。

(1) 设计实验环节采用探究式教学。

探究式教学:教师提供问题情景,由学生自己遵循相应方法的结构,选择解决问题所需技能并解决相应问题(详细讨论参见第十三章第二节);

学生问题解决中遇到的障碍,主要有两种:其一,学生没有或没有提取出必要的前提技能;其二,学生没有思路或策略。当学生遭遇困难时,如果教师直接呈现给学生解决问题所需的知识和技能,学生的思维活动将不会有搜索和选择过程,也就不是什么探究了!当学生解决问题遇到困难时,如果缺少的是必要技能,教师不应直接呈现,可以引导学生反省以往学习经验来获得;当学生没有思路时,教师可以通过提示解决此问题所需的策略来引导学生解决,即教师的工作应保证问题最终的解决依然依赖于学习者通过自己的思维活动来完成,体现出学习者一定的"探究"性。

目前一种提示方式是采用教师课前准备的工作单来实现。工作单是一种文本形式的事先引导,是根据学生学习过程的关键点做铺垫准备。工作单是为引导学生探究而搭建的脚手架。

根据前面教学任务分析对应的节点或难点,可准备引导的工作单。

教学准备:

设计针对各节点的工作单:

工作单一:设计实验通用策略,针对节点一;

工作单二、三:途径1技能单,针对节点二;

工作单四ⓐ:途径②策略单,针对节点三。

工作单一
1. 本实验中的研究物体是_____。
2. 实验中需要测量哪些量？_____、_____、_____。
3. (1) 如果直接测量,每一个量的测量原理为何？_____；_____；_____。
(2) 加速度直接的测量相对复杂,本研究主要求比值,是否有简单的方法求出比值？[可选 3(1) 或 3(2)]
4. 每一个测量方案可选用的仪器有哪些？列出使用的基本方式。
5. 上述仪器如何组合？

工作单二
回忆或阅读课本,匀加速运动物体的加速度,满足关系：
1. _____；
2. _____；
3. _____。
根据本次实验器材,你认为选择哪一种测量原理比较好。

工作单三
1. 回忆或阅读课本中"匀变速直线运动"一节测量加速度的仪器。
2. 回忆打点计时器使用安装的基本步骤。

工作单四ⓐ
在物理研究中当面对难以测量的物理量时,常可用转化法：如果要求两个物理量之比,且测量较复杂,可通过适当的物理规律,将待求量之比转化为易测物理量之比来解决。
请思考解决的办法。

当学生面对最初任务时表现出无序行为,可提供工作单一,帮助学生有序思考；

如果学生选填 3(1) 而无法完成,说明学生不知测量原理,可提供工作单二；

如果学生选填 3(1) 到 4 无法完成,可能是学生不会使用打点计时器,可提供工作单三；

如果学生选 3(2) 而无法完成,说明学生对测量加速度比值没有思路,可提供途径工作单四ⓐ,引导学生解决。

提供策略有两种基本方式：[1]
① 以较为明确的文字形式引导学生获得解决问题的策略,如前述工作单四ⓐ所示；
② 提供以往的运用该策略解决问题的实例供学生分析类比,由学生自己领悟解决问题的策略,如下面工作单四ⓑ所示。

---

[1] 陈刚,等.新编物理教学论[M].上海：华东师范大学出版社,2006：150.

工作单四ⓑ

  教师交给小明一个问题,给他两根同材料、同粗细但长度不同的金属丝,一个学生电源,两个电压表,要求小明给出两金属丝电阻之比。

  金属丝的电阻无法用已有仪器直接测量,经过较长时间的思考,最终解决方案是:既然要求的是两电阻比值,将两根金属丝串联接入电路,用电压表测量两金属丝的电压,根据欧姆定律有:$\frac{R_1}{R_2} = \frac{U_1}{U_2}$。

  现在要测量加速度之比,你有何种思路求解?

  对比两次提示,工作单四ⓑ中学生必须从提供的材料中分析获得一种间接测量的方法——转化法,并依据该方法的引导,找出一定物理规律,将待求加速度比值转化为易测物理量之比。较工作单四ⓐ提示,工作单四ⓑ提示中学生的思维活动更丰富,自主性更强。

  (2) 将"分析数据获得结论"环节设计为启发式。

  由前述分析可知,本节教学中结论"物体加速度与受力成正比、与物体质量成反比"是运用演绎推理获得的,整理数据的方法为作图法。

  启发式教学是教师遵循本环节解决子问题所应用方法的结构,引导学生获取解决问题所需知识和技能,由学生逐步解决问题。

  对应本环节,启发式教学中教师帮助学生识别小前提,提取大前提,由学生自己获得结论;如下述"教学过程"中处理数据的步骤⑥—⑦,其中,步骤⑥引导同学根据所作图线(小前提),获得结论,步骤⑦由完成推理获得结论的同学,给出获得结论的大前提。由于所需大前提是数学中正比例函数的性质,因此教学应引导学生回顾正比例函数性质及判断依据的环节,如步骤①—②。

  本课题中对信息的处理采用图象法;启发式教学中应引导学生提取图象法处理数据的基本步骤,如步骤④。

  (3) "处理数据的基本方法"的教学,采用"方法"教学方式二,实质也是启发式教学。

  教学方式二,学习者应经历运用方法的体验,是方法学习的隐性阶段,本课题教学中在研究 a 与 F、a 与 $1/m$ 关系时,学生体验了作图法整理数据的方法。

  教师应引导学生反思自己运用方法的经历(见步骤④—⑥),概括出方法适用的条件和步骤(见步骤⑦—⑨),此为方法教学的显性化阶段;步骤⑩要求学生寻找其他处理数据的实例,实际是引导学生"理解或应用"该方法。(详见下述"教学过程"中"方法"的教学)

【教学过程】

知识目标:

(1) 提出问题环节;略。

(2) 假设猜测环节;略。

(3) 规划研究方案;略。

(4) 设计实验;见上述分析。

(5) 处理数据获得结论。

① 师：我们完成实验，并记录好必要的数据。接下来，我们需要对数据进行处理，来找出加速度和物体受力之间的关系。

请同学们回忆在数学学习中，两个量之间存在的最基本的关系有哪些。

生：正比关系、反比关系、二次方关系等。

② 师：那么如何判断两个量是否存在正比、反比关系呢？

生甲：对于有限的数据，可以用比例的方法来判断，如果 $\frac{x_1}{x_2}=\frac{y_1}{y_2}$、$\frac{x_1}{x_3}=\frac{y_1}{y_3}$、$\frac{x_2}{x_3}=\frac{y_2}{y_3}$……，则是正比例关系；

生乙：也可通过图象来判断，如果是正比例关系 $y=kx$，图象是过原点的一条直线；如果是反比例关系 $xy=k$，则图象是一条双曲线。

③ 师：上面两位同学的陈述，同学们认为可以吗？

生：可以。

④ 师：如果我们选择作图的方式来探究两个物理量间的关系，那应如何做？

生：以加速度和受力为变量建立直角坐标系；选择适当的标度，建立坐标轴；标出每次实验在坐标系中的对应点；连接各点，使各点的连线最接近直线。

⑤ 师：这位同学陈述得很清楚，下面，我请一位同学在黑板上作图，其他同学在下面完成。

呈现一位学生作出的图线。

⑥ 师：根据图线，我们可以获得：在质量一定时，物体的加速度与所受力有什么关系？

生：成正比。

⑦ 师：为什么？

正比例函数的图象是一条直线，现在 a 与 F 关系的图线为直线，所以两者成正比。

"方法"目标——图象法的教学

① 师：在通过实验采集必要的数据后，我们需要对数据进行整理，处理数据是研究问题的重要一环，初中在学习欧姆定律时，获得实验的数据如下表所示：

表 10-10　欧姆定律实验一组数据

	$R=5\ \Omega$			
$U(V)$	1	2	3	4
$I(A)$	0.2	0.4	0.6	0.8

分析数据发现：电压和电流成等比例变化，即当电压变为原来的两倍时，通过电阻的电流变为原来的两倍；当电压变为原来的三倍时，通过电阻的电流变为原来的三倍。由此得出结论，当导体电阻不变时，通过导体的电流强度与导体两端的电压成正比。

用这个方法，能否处理今天研究获得的如下表所示数据呢？

表 10-11　牛顿第二定律实验一组数据

$F\times 10^{-3}$/N	$a/(m/s^2)$	$F\times 10^{-3}$/N	$a/(m/s^2)$
43.12	1.35	207.7	7.39
98.00	3.38	262.6	9.53
152.8	5.53		

生：获得的结果不像上面一个例子那样明显。

②师：在高中阶段获得的数据一般不是整数,运用上述处理方式不容易得出两者间的关系。我们今天如何研究？

生：通过描点作图,观察图象的特征判断两个量之间的关系。

③师：依据为何？

生：正比例函数的性质,其图象是过原点的一条直线。

④师：我们以往有没有用过这种方法？请一位同学回答一下如何处理。

生：用过的,比如初中学习密度时,在获得同种物质,质量与体积成正比时,就是运用描点作图的方法来处理数据的。实验中给出不同质量的铝块,分别测出它们的体积与质量,然后在坐标纸上描出对应的点。

⑤师：请同学陈述本节课研究中我们是如何进行描点作图的？

生一：在研究质量一定,物体加速度与受力的关系,测出 5 次实验中的物体加速度和受力,然后在坐标纸上作出 a 与受力 F 关系图象；

生二：在研究力一定,物体的加速度与质量关系时,测出 5 次实验中物体的加速度和质量,然后在坐标纸上作出加速度 a 与质量倒数 $1/m$ 之间关系图象。

⑥师：为什么在研究加速度与质量的关系时,作出 a 与 $1/m$ 的关系图象？

生：加速度 a 与质量 m 图线是曲线,但仅从曲线的弯曲程度是无法判定两个量之间确定关系的。如果加速度 a 与质量倒数 $1/m$ 之间关系满足正比例关系,则可证明 a 与 m 间成反比关系。

⑦师：从上面的讨论中可以看出,我们在研究两个量之间关系时,处理数据时基本思路如何？

生一：如果测量获得的数据近似为整数,可通过各组数据数学运算(加、减、乘、除)等方法找寻量与量之间的关系；

生二：假如测量的数据不为整数,可用描点作图法；

如果一个物理量随另一物理量连续变化,可用作图法来处理数据。

基本步骤：

(1) 在方格纸(如条件允许)画出一条水平线(x 轴)和一条垂直线(y 轴)。

(2) 给 x 轴标上自变量名称,给 y 轴标上应变量名称,并标明单位。

(3) 在两条轴上分别标上刻度,注意单位数值的间距要相同,数值范围要能包含所有实验数据。

(4) 把每一组数据在图中所对应点标出。

(5) 用实线连接各个数据点。在某些情况下,可能需要画一条能反映数据的总趋势的直线,这条线应处于所有点的中间,使线两侧的点数大致相同。

(6) 如果是曲线,那么可以设法对其中一个物理量做变换(如上面的 $1/m$),然后把变换后的物理量与另一个待研究物理量进行比较,通过作图看是否是直线来确定两个物理量间的关系。

⑧ 师:如果曲线近似双曲线,那怎样选择一个量的变化方式?

生:取倒数,图线是直线,说明是与倒数成正比。

⑨ 师:如果曲线近似抛物线,那怎样选择一个量的变化方式?

生:取平方、开方、立方等。

(教师应板书要点)

⑩ 师:从前面讨论中我们可知,通过作图象的方式来研究两个物理量间的关系,其依据是数学知识,因此同学们应对数学中常用函数的图象有清楚的认识。课后,请同学们找一些数据处理的例子,物理的可以,其他学科的例子也可以,下节课上台交流一下。

现代认知心理学(包括信息加工心理学及多种流派的建构主义心理学)对人类内部加工过程模式、存储方式及外显行为特征等问题做出了科学和系统的回答,主张学习有不同的类型、需要不同的条件和过程、具有不同的外显行为。基于现代认知心理学基础上的教学设计,突出"为学而教",要求教师通过任务分析,揭示特定教学目标对应的学习类型、学习过程和条件,在此基础上选择适当的教学方法、安排教学活动、选择教学媒体,从而确保教师的教学设计具有坚实的理论依据,减少教学的盲目性,提高教学效果。

【本章小结】

1. 物理学科认知领域学习分类

每一次课堂教学都会有学习内容,学习者也会经历内部的过程,学习者学习后内部也会出现变化(内部表征),同时外显行为也会有相应的新变化,所以,学习的分类应将一次学习中上述要素反映出来。

2. 物理课堂教学任务分析

教学任务分析是从学习者学习内部经历的角度对课堂教学任务进行解构,分解出学生学习过程中各子环节及相互关系、各子环节解决问题所用的策略和所需的技能,由此就可以为教学合理地安排过程和时间,并判断教学中可能的难点(如所需技能学生掌握不够、解决思路学生不熟悉等)及有效应对。

不同类型学习的教学任务分析,其分析的内容和步骤是有差别的,应分别掌握。

3. 物理概念和规律意义学习的教学设计

(1) 教学任务分析:遵循写图式、定内容、析途径、清序列,逐步完成教学任务分析过程;

（2）撰写教学目标；可参见第十三章所述；

（3）教学规划；可根据学习的环节，确定教学的环节；可自主选择各子环节的教学方法；可明了教学中可能的难点并规划应对方案；

（4）制定测评项目。可参见第十六章相关内容。

【拓展阅读】

1. 皮连生.教学设计（第2版）[M].北京：高等教育出版社，2009.

该书第八章阐述概念性知识的教学，第九章介绍程序性知识的教学设计，第十章论述问题解决的教学设计。书中提出六步三段两分支的教学模式。

2. 盛群力.教学设计[M].北京：高等教育出版社，2005.

该书第五章介绍意义学习模式与建构学习模式，第七章介绍五星教学模式和自然学习模式。

3. 加涅.教学设计原理[M].王小明，等，译.上海：华东师范大学出版社，2007.

该书秉承前四版的学习分类和教以学为基础的同时，又反映了数字时代信息技术对教学设计影响。书中从系统的角度提出教学设计的若干模型，并重点介绍ADDIE模型。

【思考与练习】

1. 课堂教学设计应体现哪些先进的教学理念和思想？
2. 试举例说明加涅、奥苏贝尔、布卢姆的学习分类理论。
3. 讨论物理认知领域新分类的特点，并举例解释。
4. 任务分析的技术有哪几种？试比较它们的异同并分析各自的优缺点。
5. 试举例说明物理概念和规律意义学习的教学任务分析。
6. 试阐述物理复杂习题的教学任务分析。
7. 参考第三节教学设计过程，设计一节物理概念和规律课的教学。

第三编

物理教学技能

第十一章 物理教材分析技术

通过本章的学习,你能够
- 理解教材分析的重要意义,知道可以从哪几个角度认识物理教材分析的重要性;知道物理教材分析的主要依据有哪些;掌握分析教材的方法。
- 知道物理说课的主要环节,知道如何运用教材分析技术完成物理说课任务。

物理教材分析是指物理教师综合运用教育学、心理学、物理教学论、物理学等多方面的理论知识,并结合物理课程标准和学生的身心发展特征,对物理教材知识的系统结构、教学重点、教学难点以及教材中蕴含的教育价值因素等进行挖掘和剖析的过程[1]。本章主要讨论如何运用已有的教学理论针对具体的物理教材进行合理分析,从而挖掘出应有的教学内涵,然后结合具体案例讨论如何在说课活动中有效呈现分析教材的结果。

第一节 物理教材分析的意义与基本方法

一、物理教材分析的意义

物理教材是物理课程标准的具体表现,是物理教师进行课堂教学的直接依据。全面深入地分析物理教材,是进行教学设计,达成教学目标的重要前提,也是教师不断提高业务素质和加深对教育理论理解的过程,对提高教学质量和教师自身的素质都具有十分重要的意义。因此,分析物理教材不论对顺利完成教学任务还是对提高教师自身的素质都具有相当重要的意义。

物理教科书是在物理学科知识的基础上,为了完成物理教育的目的、任务,结合学生的年龄、生理特征、知识基础和能力水平,选择相关内容,经过学科专家和物理教育专家对物理知识的再加工,按一定的顺序编排,以有利于学生学习的适当方式呈现的物理知识体系。因此,要科学有效地使用教材,教师必须理解教材的编写意图和编写的指导思想,明确教材的风格特点,掌握教材的知识结构。

---

[1] 王较过.中学物理教材研究与教学设计(第二版)[M].西安:陕西师范大学出版总社有限公司,2014,1.

(一) 分析教材有助于明确编写者的意图和教学思想

每一种物理教材都渗透着作者的编写意图和指导思想,体现着一定的教学思想和教学方法。在教学工作中,要科学有效地使用教科书,必须研究教材,通过分析教材明确并把握教科书的编写意图、编写指导思想、编者对使用教科书的教法和学法引导等方面的特色。这就有利于从更高层次上理解教材,全盘统筹教学工作和教材的合理使用,从而最大限度地发挥教科书在教学中的作用。以"人教版"物理教材为例,这套教科书以教育科学理论为指导,努力贯彻国家课程改革的精神,落实《普通高中物理课程标准(实验)》提出的课程理念,力图遵循物理教育的规律,正确处理五个方面的关系:掌握基本知识和基本技能与培养创新精神和实践能力的关系;学科逻辑与社会进步、科技发展和学生经验的关系;接受性学习与自主、合作、探究学习的关系;学科的独立性与关联性的关系;农村地区与城市地区的关系。教材编写者的目的是使这套教材更加适应时代的发展,更加符合我国高中物理教育教学实际,更加适合学生发展的需要。

(二) 分析教材有助于掌握知识结构

教材中的知识并不是多个知识点的堆积,相反,它们是按一定体系安排,依照一定的顺序呈现和编写的,从整体上形成了一定的知识结构。在教材的整体知识结构中,每一部分知识都具有其特有的地位和作用,并且与其他部分的相关知识发生着密切的联系。教师必须从整体上把握教材的知识结构及其内容特点,才能够在备课和教学中做到心中有数。达到这种认识的有效途径就是对教材进行全面科学准确的分析。

(三) 分析教材有助于全面落实教学目标

学校是培养人的场所,教学是培养人的主要活动。现代教育思想认为,教学的目的不仅仅是让学生掌握知识,更重要的是通过教学来提高学生素质,促进学生的全面发展。目前我国基础教育阶段明确指出全面实施素质教育,其重点在于培养学生的创新精神和实践能力。在此背景下,基础教育阶段的课程标准从知识技能、过程与方法、情感态度价值观三个维度对课程做了全面表述。

教学过程中,知识既是学生学习的内容,更是师生双方展开教与学活动的主要载体。正是学生在经历学习的过程中,课程的三维目标才能得以实施并达成。因此,也可以说课程的三维目标就蕴含于知识之中。但是,教材(尤其是文本类教材)由于呈现方式的限制,往往只对显性的知识进行了静态的表征,关于知识的形成过程,其中的思想方法因素、智力价值、教育价值等多个方面很难明确展现,只能以隐性方式蕴含于教材之中。这就给教学中落实三维目标带来了一定的难度和障碍,而全面做好教材分析工作就是解决这个问题的途径。

二、教材分析的依据及分析的基本方法

(一) 物理教材分析的基本依据

1. 以物理课程标准为分析依据

物理课程标准明确给出了课程的性质、基本理念、内容标准等,这些都是具体教材编写的依据,因此在分析具体的物理教材时,应以下几方面为分析依据[①]:

---

① 王较过.中学物理教材研究与教学设计(第二版)[M].西安:陕西师范大学出版总社有限公司,2014:1.

(1) 将物理课程标准的基本理念作为分析依据；

(2) 正确理解物理课程标准的三维目标，并将其作为教材分析的依据；

(3) 将物理课程标准的内容标准作为分析依据。内容标准，不仅列出了一系列知识条目，还给出了教学目标的水平等级。

2. 以物理学的特点为分析依据

物理学是研究物质结构、物体相互作用和运动规律的一门自然科学，由物理实验和物理理论两部分组成，它具有五个特点[①]：(1)物理学是实验和科学思维相结合的科学；(2)物理学是严密的理论科学；(3)物理学是一门精密的定量科学；(4)物理学是应用广泛的基础科学；(5)物理学是一门带有方法论性质的科学。物理学的这五个特点，在中学物理教材中以不同形式，或多或少地出现或蕴含在教材各个章节中，为了充分发挥其教育教学功能，在分析物理教材时，可以以下三个方面作为教材的分析依据[②]：(1)以物理实验为分析依据；(2)以物理学知识体系为分析依据；(3)以数学在物理学中的应用为分析依据。此外，还应该以物理思想方法体系为分析依据。物理知识体系是明的，而思想方法是暗的，需要在分析教材时将其明确。

3. 以学生的心理特征为分析依据

教学的对象是学生，学生的心理状态对教学目标的达成有着极其重要的影响，因而有效把握学生的心理特征有利于顺利完成教学任务，从而实现既定教学目标。

(1) 中学生认知能力的特点

中学生的认知能力可以从观察与感知能力、记忆力、想象力和思维能力四个方面进行讨论。

从观察与感知能力来看，中学生已经有一定知识经验的积累，其观察与感知富有选择性、理解性、整体性和恒常性。但也存在观察程序不合理，观察精确性不够，容易草率下结论等不足。

从记忆力来看，中学生的意义记忆占主要地位，记忆的质量优于少年时期。

从想象力来看，中学阶段是想象力迅速发展的时期，物理学习中的想象比文学艺术中的想象更概括、更抽象，它不同于数学想象，它不仅需要抽象的空间想象，而且还需要对客观事物的状态及发展有较为形象的想象。

从思维能力来看，中学生的思维既有从一般到特殊的演绎过程，也有从特殊到一般的归纳过程，从直觉经验型向理论逻辑型转化，具体形象思维与抽象逻辑思维达到了高度统一。初中阶段学生思维一般是由经验型向理论型发展，思维处于从具体形象思维向抽象思维过渡的阶段。初中学生的逻辑思维习惯尚未形成，很容易根据事物的表面现象和日常观念去分析物理问题；高中阶段学生思维是由抽象思维向逻辑思维的过渡阶段，学生的思维已具有辩证逻辑思维的特点，他们能够从一般原理、原则出发，运用理论分析综合事实材料，从事物的对立统一中进行合乎逻辑的推理。但其发展还不完善，容易产生片面性和表面性。

---

① 王较过.中学物理教材研究与教学设计(第二版)[M].西安：陕西师范大学出版总社有限公司,2014:1.
② 同上.

(2) 中学生情感、意志和兴趣方面的特点[①]

中学生的情感是认识物理事物时对学习行为起制约作用的一种心理体验，常常表现为对物理学习活动的好恶倾向和心理情感。初中生易动感情，情绪波动较大，当其物理学习比较顺利时，积极性高，但稍遇困难便会产生消极情绪；而高中生情感逐渐趋向深刻沉稳，自我控制力有所提高，但多数情况下还比较肤浅，遇到挫折易产生消极情绪。

意志的产生与形成的过程是以认识和情感为前提的，初中生意志形成的过程中情感因素显得更为突出，高中生意志形成的过程中认识因素更为突出，它常常与克服困难相联系。学习意志对学生具有重要的维持、稳定和调节的作用。意志对物理学习尤为重要，知难而进的学习意志和刻苦顽强的毅力对物理学习具有不可低估的作用。

物理学习兴趣是学习者学习物理事物的特殊认识倾向，是学习者力求认识物理事物、获得有关物理经验的带有情绪色彩的意向活动。初中学生的物理学习兴趣是"突变式"的，高中生的物理学习兴趣是"渐变式"的，而且学生学习物理的兴趣是随着年级的升高而呈递减状态的。中学生学习物理的兴趣大致可以分为直觉兴趣、操作兴趣、因果认识兴趣和概括性认识兴趣。很多中学生往往只具有这四种兴趣中的一部分。

从上面的阐述中可以知道在进行物理教材分析时，应该以不同年龄阶段的学生的认知特点以及学生的情感与兴趣特征为分析依据，不能主观臆断。

案例 11-1   "人教版"高中物理教材必修1第三章第一节"重力　基本相互作用"教学的学生认知结构分析。

● 分析

这节课从知识技能角度来看，它涉及三个方面：一是力的概念、力的表示方法；二是重力的概念、大小、方向，以及物体的重心，确定物体重心的方法；三是四种基本相互作用。这节课的内容，高一学生并不完全陌生，很多知识已在义务教育阶段学过，已经建立起了相应的认知结构，比如义务教育阶段的"人教版"教材第七章第一节"力"和第三节"重力"就对力的概念、性质和表示方法，以及重力的大小、方向、产生的原因和物体的重心做了探讨或介绍。因此在分析"重力　基本相互作用"这节课时，要分析出本节课的内容中哪些知识是学生已经系统学习过的，在学习过程中体验了什么方法。具体讲，高一学生已经掌握了力的概念、性质和表示方法，已经掌握了重力的大小、方向，了解了重力产生的原因，知道了均匀规则物体的重心如何确定，而且在重力这节课的学习过程中，学生还体验了科学探究方法。因此，"重力　基本相互作用"这节课只有找不规则或质量分布不均匀的物体重心的方法以及四种基本相互作用才是学生没有学过的。这种分析有助于对本节课进行合理的教学设计。

[①] 王较过.中学物理教材研究与教学设计(第二版)[M].西安：陕西师范大学出版社，2014：1.

(二) 教材分析的基本方法

1. 紧扣物理课程标准和课程目标分析教材

物理课程标准包括《义务教育阶段物理课程标准(2011版)》和《高中物理课程标准(2003版)》，是编写教材和指导教学的依据，是评价教学和考试命题的依据。毫无疑问，它也是分析物理教材的直接依据。物理课程标准在教学建议部分具体提出了四点建议即"从课程目标的三个维度来设计教学过程"、"提高科学探究的质量，关注科学探究学习目标的达成"、"使物理贴近学生生活、联系社会实际"和"突出物理学科特点，发挥实验在物理教学中的重要作用"。此外，通过解读课程标准的内容标准部分，还可以知道教学目标应该达到哪一个层次，教学的重点与难点是如何分布的，该如何进行教学设计等等。

案例 11-2

课程标准中"机械能和能源"的内容标准[①]如下：

(1) 举例说明功是能量转化的量度，理解功和功率。关心生活和生产中常见机械功率的大小及其意义。

(2) 通过实验，探究恒力做功与物体动能变化的关系。理解动能和动能定理。用动能定理解释生活和生产中的现象。

(3) 理解重力势能。知道重力势能的变化与重力做功的关系。

(4) 通过实验，验证机械能守恒定律。理解机械能守恒定律。用机械能守恒定律分析生活和生产中的有关问题。

(5) 了解自然界中存在多种形式的能量。知道能量守恒是最基本、最普遍的自然规律之一。

(6) 通过能量守恒以及能量转化和转移的方向性，认识提高效率的重要性。了解能源与人类生存和社会发展的关系，知道可持续发展的重大意义。

试分析本部分内容教学的相依关系。

● **分析**

从内容标准可以看出，这一部分的教学目标共有6个层次，依次是了解(包括举例说明、知道)、认识、理解(包括解释、分析)、应用(在此内容中为验证)、经历(在此内容中为探究)、反应(在此内容中为关心)。从教学所要达到的目标层次，也可以看出动能、动能定理、重力势能、机械能守恒定律为教学重点，而难点可能是机械能守恒定律在生活和生产中的有关应用，在内容标准里，两次用到"通过实验"，为教学设计明确了方向。下面以"人教版"高中物理教材必修1第七章第10节"能量守恒定律与能源"为例进一步说明该如何依据物理课程标准的内容标准来分析一节课。

从"机械能和能源"的内容标准可以看出，其中第五条和第六条标准和"能量守恒定律与能源"这节课密切相关。此标准中给出了三个教学目标行为动词，即"了解"、"知道"和"认识"，且都处于最低层次的第一水平。从内容标准还能看出本节课所要教授内容的四个主题，即"能量的表现形式"、"能量守恒的基础性和普遍性"、"高效利用能源的重要性"

[①] 课程研究所.高中物理课程标准(2003年).

以及"能源与人类生存的关系和社会持续发展的重大意义"。虽然教材上只给出了两个标题即"能量守恒定律"、"能源和能量耗散"，但实际上本节课所表述的内容都可以分别归结为上述四个主题，比如教材中有这样的叙述"然而，煤炭和石油资源是有限的。以今天开采和消耗的速度，石油储藏将在百年内用尽，煤炭资源也不可能永续利用"等，蕴含的意思可归为"高效利用能源的重要性"这一主题。另外，本节课的教学只需达到"了解"层次，因此教师最为重要的工作就是收集整理适当的教学素材并合理地呈现给学生，让其感悟，从而真正地达到"了解"层次。因而，有的教师在本节课将物理学的"功能原理"等超出课程内容标准的物理知识作为本节课的教学目标之一就超出本节课的要求了，这样做是不正确的。

2. 根据物理学科体系的特点分析教材

可以认为物理学有两个体系，一个是知识体系，一个是思想方法体系，知识体系是明的，而思想方法体系是暗的，知识体系蕴藏着思想方法体系。就思想方法体系而言，它是在人类获得知识的过程中形成的，物理学在发展过程中一方面通过实验获得重大发现，另一方面也离不开人类思维的突破。因而，要充分发挥物理学的教育功能，就必须结合物理学科的特点对物理教材进行分析。

案例 11-3 试分析"人教版"高中物理教材必修1第四章第二节"探究加速度与力、质量的关系"一节的思想方法体系。

● **分析**

这一节课以探讨三个物理量关系为知识载体，渗透了实验思想、控制变量思想方法、利用图象处理数据的方法、简单性原则等。具体讲，本节课先以"竞赛车从静止加速"和"一般小汽车从静止加速"为对比实例，让学生感性认识加速度与力的关系，再以"一般小汽车从静止加速"和"满载的火车从静止加速"为对比实例，让学生感性认识加速度与质量的关系；接着，教材在"这些事实告诉我们"这句话之后提出了加速度与力、质量间的定性关系，然后再提出研究这三个物理量之间的定量关系。这体现了物理科学认知的基本方法即观察事实并归纳总结。在定性认识基础上进一步提出定量研究问题。这是一个多变量问题，需要采用控制变量法进行研究，但是教材并没有直接明确控制变量方法，而是直接给出两个标题"加速度与力的关系"和"加速度与质量的关系"，意在让学生迁移和领悟之前（初中阶段）所学过的控制变量方法。然后，教材对每一个研究命题只给出了研究思路，要求学生自己设计数据记录表格，自己建立坐标系，并给出了数据分析思路；而且在数据分析思路里隐含了科学研究不可缺少的环节即"假设与猜想"，还蕴含了研究策略即"最简单原则"，比如教材提示学生"我们从最简单的情况入手"。本节课的最后一部分"怎样由实验结果得出结论"蕴含了很多关于认识自然的基本思想，比如，科学的猜想源于"日常经验和观察到的事实"，猜想的技巧是从简单入手，一个普遍性的正确结论源于多次类似实验的类似结果以及由此结果推出新的结果与事实相符程度等。

上述案例不仅体现了物理学是一门以观察和实验为主的实验科学,还渗透了物理学研究的基本思想、方法,以及一些研究技巧。《高中物理课程标准》(2003年)不仅强调实验教学,而且还突出以实验为主的科学探究。教材为了尽可能体现探究的性质,对实验的具体做法、使用的器材都没有明确给出,意在注重探究过程,学习科学研究方法,培养学生的实践创新能力。

3. 从教材的整体与章节角度分析教材

目前,我国使用的物理教材具有一些共同特点,但是,这些共同点具体到各套物理教材,具体到各教材的每一章每一节时,其表现形式并不相同。这种不同通常蕴含着编者的编写意图。因此,有必要针对具体的教材,从"宏观"和"微观"两个方面,对教材进行分析。

(1) 教材的整体分析

从整体上分析教材的目的是体会教材的编写意图、编写指导思想和编写原则。整体分析教材,首先要大致了解一套完整的教材,知道其知识内容的分布,知道共同必修教材和选修教材在知识内容方面的承接关系,知道各教材对相同物理现象或问题讨论的深入程度和讨论的角度,知道教材的整体编写意图和风格等等。

> 试分析"人教版"高中物理教材必修2的内容的编写风格。　　　　案例11-4

● 分析

从物理课程标准来看,共同必修2模块给出了三个二级模块,依次为"机械能和能源"、"抛体运动与圆周运动"和"经典力学的成就与局限性","人教版"高中物理教材必修2对其做了处理,形成了三章教学内容,分别是"第五章　曲线运动"、"第六章　万有引力与航天"、"第七章　机械能守恒定律",从这三章的编排顺序来看,具有明显的递进逻辑关系,前面是后面的基础,在教学上应当做到步步为营。从每一章的内容安排来看,第五章的内容总体上属于从一般到个别,先讲"曲线运动及运动的合成与分解",这具有普遍性,再讲"平抛运动"和"圆周运动",这具有特殊性;第六章的内容总体上是从个别到一般,先讲太阳系,即太阳与其行星之间的关系,再将此规律推广到其他星系和一般物体;而第七章的内容,从总体上看是按知识间的逻辑关系来编排的,如功、功率、重力势能、弹性势能、动能等都具有普遍性,这些知识为动能定理的推导和机械能守恒定律的建立奠定了基础。关于教学的重难点,可以从共同必修2模块的内容标准中使用的"行为动词"大致把握,此处不再赘述了。

(2) 教材的章节分析

教材的整体分析只是从宏观上对教材的知识体系、思想方法、人文因素等有大致把握,但要落实到每一节课上,这远远不够,还必须从微观即对每一章每一节做深入具体的分析。可以从以下六个方面进行[1]:

---

[1] 王较过.中学物理教材研究与教学设计(第二版)[M].西安:陕西师范大学出版社,2014:1.

① 分析章节内容在教材整体中的地位及作用。

② 分析章节内容的知识结构。分析知识结构,一方面分析知识逻辑结构的展开,另一方面要分析具体知识内容的来龙去脉。

③ 分析章节内容的能力结构。要深入剖析具体知识的形成过程,分析人类探索知识的过程中应用的研究方法以及相关知识中蕴含的物理思想和科学研究方法。

④ 分析章节内容的重点和难点。教学只有突出重点、突破难点,才可能取得好的教学效果。要做到这一点就必须对教材进行科学的分析并准确地确定教材的重点和难点。

⑤ 分析章节中具体知识内容的安排及呈现方式。

⑥ 分析教学内容是如何展开的,不同知识点间的逻辑关系,教材中对实验的安排及要求,教材中的例题和习题等多个方面。

4. 从学生的认知角度分析教材

一个教学过程是由多种因素构成的,各因素密切相关。"在物理学教学过程中,存在着三个最主要的、最基本的因素,即教师、学生、物理世界及其规律(含教材、教学设备、教学环境)。这三个因素的基本关系是:学生是认识的主体,物理世界及其规律是被认识的客体,教师在引导学生完成对客体的认识过程中起指导作用"[1]。学生的学习过程,是一个心理活动过程。由此可见,教师仅仅从物理学的知识体系和思想方法体系吃透教材是不够的,还必须对所教班级的学生的心理特征、已有认知结构有充分恰当的把握,才能取得更好的教学效果。

案例 11-5   试从学生认知角度分析"人教版"八年级物理(上册)内容安排特点。

● 分析

从心理学角度看,一般认为"初中二年级是青年思维发展的关键时期,此时,青年的抽象逻辑思维开始由经验水平向理论水平转化,青年初期已经掌握了辩证思维的各种形式,但是水平较低。初中二年级是掌握概念的转折点"[2]。在这一阶段,学生心理基本处于幼稚和成熟对半开的状态,思维活动既有具体的形象成分,又有抽象的逻辑思维,而且总体上看思维仍属于经验型。再从物理教材上看,人教版八年级物理(上册)的构建体系符合八年级学生的心理特征,注重从具体到抽象,从特殊到一般的认知过程,这也正是物理学研究的基本思想与方法。比如,从总体上来看,本册教材共六章,依次是"机械运动"、"声现象"、"物态变化"、"光现象"、"透镜及其应用"和"质量与密度"。前四章的内容都是学生能直接感受到,有着丰富的经验,非常形象直观,但最后两章相对前四章抽象多了。特别是第六章中的密度,对于很多学生来说是相当抽象的,但是当学到第六章时学生已经过大半个学期的物理学习了,抽象思维能力已经有所提高了;再从章节上看,比如"第二章 声现象",一共有4节,每一节的开篇都有一段学生熟知的事件或情境描述,然后再提出问

---

[1] 张楚廷. 物理教学概论(第一版)[M]. 长沙:湖南人民出版社,1999:1.
[2] 张进辅. 现代青年心理学[M]. 重庆:重庆出版社,2005:1.

题,如第1节开篇的描述"鸟鸣清脆如玉,琴声婉转悠扬……声音对我们来说再熟悉不过了,但是你知道声音是怎么产生的,又是如何被我们听到的呢?",而在讲每一节新知识之前往往都有一个生动的实验或情境让学生感知,然后再得出结论,这体现了从个别到一般的认知思路。

由上面的案例可见,教材的顺序编排、素材选取等都考虑到了学生的认知特征。

第二节　物理教材分析技术在说课中的应用

一、说课理论概述

所谓说课,是指教师以教学理论为指导,在备课的基础上,面对同行、领导或教研人员,主要用口头语言和有关辅助手段就某一学科课程或某一具体课题的教学设计(或教学得失),与听者一起就课程目标达成、教学流程的安排、重难点的把握及教学效果与质量的评价等方面进行预测或反思,共同改进和优化教学设计的教学研究过程。说课分为课前说课、课后说课、评比型说课、主题型说课和示范型说课;说课不仅要说"教什么"、"怎样教",还要说"这样教的理论依据是什么"[①]。本节主要讨论如何将物理教材分析的基本思路与方法用于课前说课。

二、课前说课的环节

课前说课的主要环节包括说物理教材、说物理教学目标、说学生的认知特征、说教学重点与难点、说教法与学法、说教学程序等。这些环节不是孤立的,而是具有一定逻辑关系的。只有对物理教材、教学目标、学生认知特征说清楚后,才能够说到教学重点与难点。实际上,一些教师在说课(课前说课)时没有注意一些重要(或关键)环节的逻辑关系,以至于出现重要环节不全、随意组合、随意颠倒的现象。

(一) 说物理教材

说物理教材,就是在教材分析的基础上,从物理课程标准、物理学知识与思想方法体系等角度对教材从宏观或微观层面进行阐述,说出选定教学内容在教学单元或整个教材中的地位和作用,编者的编写意图,与其他学科知识的联系等等。

> 试以"人教版"高中物理教材必修1中"自由落体运动"为例说教材。　　　案例11-6

● 分析

"人教版"高中物理教材必修1第二章第五节"自由落体运动"

1. 物理教材分析——对"自由落体运动"这节内容进行分析

从物理课程标准上看,本节内容属于必修1,"是为全体学生设计的",要求学生"了解

[①] 杨九俊.说课、听课与评课[M].北京:高等教育出版社,2004:6.

物理学的思想和研究方法,理解位移、速度和加速度,了解匀变速直线运动的规律,体会实验在发现自然规律中的作用"。由此,可以看出,本节教学需要达到的教学目标水平是"了解"、"理解"和"体会"。这三个行为动词中前两个属于知识性目标动词,后一个属于体验性目标动词,其中"理解"的级别较高。另外,本节内容"自由落体运动"属于必修1的两个二级模块之一即"运动的描述",仍然属于运动描述的范畴。因此,本节课要以"自由落体运动"为载体,进一步帮助学生理解位移、速度、加速度三个概念,促使学生有意识地用这三个量来描述自由落体运动,并通过实验体会寻求三个物理量之间关系的过程,而对于自由落体运动的规律如公式,只需达到"了解"层次即可,这样利于实现"面向全体学生"的目标。

从知识与思想方法体系上看,第二章始终围绕"匀变速直线运动的研究"这条主线展开,并得到了相应的规律。不过,这些规律的支撑案例具有较多的"人为"因素即人们刻意创设了一些带有较多假想成分的物理情景,其自然属性不够。而自然界中下落现象的自然属性十足,如果本章前面部分得出的规律能圆满解决或阐明下落现象的问题,就可以断定我们得出的匀变速直线运动的规律具有重要意义,否则就不能断言。这正是伽俐略关于落体运动的基本研究思路[①]。因此,凡是认为自由落体运动仅仅是匀变速直线运动的一个特例,或自由落体运动仅仅是匀变速直线运动规律的运用,都不够准确。

下面以说物理教材的形式将分析结果表达出来。

2. 说物理教材——说"自由落体运动"这节内容

(1) 教材的地位与作用

物体下落的运动是一种常见运动,表现形式很多。这类运动有没有共同的本质,是人类需要面对的问题。本节之前研究了匀变速直线运动的规律,这种研究带有很多假设成分,其研究的思想方法和得到的规律是否合理,有待进一步证实。而"自由落体运动"是一个自然属性十足的运动,因此可以将本节课看作是本章前面的研究思想方法和结论的一种应用,但这种应用带有检验性质,这也正是伽俐略的基本研究思路。同时本节课的安排,也为本章第六节"伽俐略对自由落体运动的研究"和第五章平抛运动和一般抛体运动的学习或研究奠定了基础。

(2) "课标"在教材中的体现

本节课的教学目标行为动词是"了解"、"理解"和"体会"。在教材提出自由落体运动概念的过程中,运用了归纳推理思维方式、极限外推思想和构建理想模型思想,这些思想方法只需学生了解即可,可由教师"领着"走,对自由落体运动的规律也只需达到了解层次。教材中的两个实验叙述得不完整,第一个实验需要学生亲自观察、分析得到结论,第二个实验需要学生理清实验思路,完善实验步骤,并对实验数据进行分析,得出结论,两个实验的不完善呈现是以使学生达到"体会"为目的。对于第二个实验的思路是否理清,与学生是否有意识运用描述物体运动的三个物理量(位移、速度、加速度)来描述自由落体运动有关,这需要老师设计适当问题,予以启发,但不是直接指出,因为这里属于"理解"层次。教材设计的"做一做"栏目,意在让学生进行体会。

[①] [意]伽俐略.关于两门新科学的对话[M].武际可,译.北京:北京大学出版社,2006:6.

(3) 教材的知识与思想方法

教材涉及三部分知识,分别是自由落体运动的概念、规律及加速度,其中特别用"重力加速度"来命名自由落体运动的加速度,表明了这种运动的特殊性。教材的第一个实验(牛顿管实验)要求在观察比较的基础上通过归纳推理得出实验结论,基于极限外推和理想模型思想提出自由落体运动概念;第二个实验可以基于假设猜想和实验分析得出自由落体运动的规律。

(4) 教材的编写意图

从自由落体运动概念的提出来看,教材没有试图让学生先弄清楚导致物体下落快慢不同的原因,而是列举了一些独立下落现象,最后将第一个实验(牛顿管实验)中的这一现象,通过极限外推后的想象情形(即理想模型)定义为自由落体运动,并明确了其概念。教材中"说一说"栏目,意在通过讨论的形式来认识导致物体下落快慢不同的原因,易于面向全体学生,而且也培养了学生的质疑、探究以及表达能力。教材中第二个实验叙述很简单,意在留给教师设计探索过程的空间,也给学生留下了探索规律的空间。教材设计了两个"做一做"栏目,意在让学生以活动形式进一步感悟自由落体运动的规律,而不只是练习题,教材中的"问题与练习"多取材于现实生活,意在从物理走向生活,其中第4题意在迁移第二个实验的研究思想与方法。

从以上示例可以看出,教材分析不仅要从宏观层面把握,还要从微观层面把握;不仅要看教材的地位与作用、重点难点、知识与方法,还要逐段甚至逐句分析教材编写者的意图。实际上,很多教师对教材编写者的意图揣摩不够,甚至没有意识到应该去分析编写意图。当然,在分析编者意图时,可能会出现三种情况:一是恰当地分析出了编者的意图;二是分析出了字里行间蕴含的编者"意图";三是强加于编者的"意图"。具体地讲,对于第二种情况,很有可能编者确实没有相应的主观意图,但从其表述上来看,确实表达了某种意图;对于第三种情况,完全是错误分析。由于分析编者的意图,难免带有主观倾向,因此为了减少甚至避免这种情况发生,应该深入仔细地分析物理课程标准、物理教学参考资料,同时与同行、同事探讨。

(二) 说物理教学目标

中学物理课程标准既明确了课程总目标又给出了课程具体目标。总体目标包含四个方面:知识和技能;学习能力、思维习惯和科研方法;非智力因素;科学、技术和社会。而具体目标进一步明确了实现总体目标的方向即"知识与技能"、"过程与方法"、"情感态度与价值观"三个维度。三个维度均有更细的目标,给出了相应的目标行为动词,明确了教育所要达到的目标层次,如"知识与技能"的第一条"学习物理学的基础知识,了解物质结构、相互作用和运动的一些基本概念和规律,了解物理学的基本观点和思想",这里的目标行为动词的水平是"了解",属于最低层次。

物理教材是物理教学目标得以实现的载体,因而,需要在深入分析教材之后,才能明确教学目标具体应该说什么。具体可以这样做,即对照课程标准的各条具体目标,逐一分析教材所涉及的内容是否具有相应目标的教学内涵。说教学目标时,要依据三个维度合理归类,不要混淆;语言要准确简练,特别要准确使用目标行为动词;对于"过程与方法"和"情感态度与价值观"两个目标,要简要指出实现的具体途径。

(三) 说学情

学情，就是包括学生的年龄特征、认知规律、学习方法及已有知识和经验等在内的总和。它是教师组织教学活动、采取特定教学对策的重要依据，是学生学习新知的基础。

说学情，就是要依据学生的年龄特征和认知规律，全面客观地阐述学生已有的学业情况和已经掌握的学习方法，为优化教学设计提供参考。它既可以与教材一起作为教学资源加以分析，也可以单独阐述。一般地说，说学情应该重点阐述以下四方面的内容，但具体阐述时，可以根据实际情况，有所侧重。

1. 说心理特征与认知规律

不同年龄阶段的学生，其心理特征与认知规律往往是不同的，但同一年龄阶段的学生，在这方面是有共性的。比如，初中学生普遍能够在观察中注意到事物的细微处；能够较长时间地专注做一件事情；具备一定的逻辑推理的能力和抽象地表达事物本质特征的能力；形象思维能力强于抽象思维能力；高中学生观察事物比较精确、深刻、全面，能通过表面现象发现事物的本质；能把自己的注意力集中和稳定在毫无直接兴趣而又具有重要意义的学习任务上；能在比较复杂的学习活动中分配自己的注意力，抽象思维从"经验型"向"理论型"急剧转化[1]。准确把握学生的心理特征和认知规律是合理选择教学素材进行教学设计的重要依据，有利于解决"怎样教"的问题。因此，说课时要客观地说出学生所处年龄段具有的心理特征和认知规律是什么。这里强调"客观"，是要求说课时针对所教学生实际情况进行阐释，避免千篇一律，比如同样是初中二年级学生，但不同地区、不同学校、不同班级的初二学生可能会存在群体性差异。

2. 说已有知识与经验

一般地说，初中或高中学生在学习物理新内容之前，已经或多或少地知道一些相关知识，具备一些相关经验。这些知识与经验不仅属于物理，还可能属于其他学科（如数学、化学等）。它们都是学生学习新知识的基础。教师较为准确地把握学生已有的知识与经验，不仅有利于合理选取教学策略与教学方法，还可以避免一些不必要的重复。因此，说课时需要将学生已有的知识与经验说出来，有时还需要选择性地说出学生在什么学段已经学了什么内容以及内容的难易程度、呈现方式等，再说出打算如何利用这些知识与经验。这样有利于实现学生"旧知"向"新知"的迁移，解决"怎样教"的问题[2]。

3. 说学习方法与技能

学习方法有很多种类如合作学习法、讨论学习法、探究学习法、比较学习法等等。每个学生所采用的具体方法往往存在差异，但总体上看，还是存在一些共同方法的，特别是一些公认的且需要让学生掌握的方法如合作学习方法、探究学习方法等就具有"共有"性。学生所采用的学习方法受其年龄特征、思维能力、所学知识的特点等多种因素的制约，高效的学习方法一定与制约因素有较好的匹配度。因此，说学习方法与技能，就是要说出学生已有什么样的学习方法，学生擅长什么学习方法，或者希望学生掌握什么样的学习方法与技能。

---

[1] http://www.pep.com.cn/xgjy/xlyj/xlshuku/shuku16/zhang/201008/t20100827_815558.htm.
[2] 杨九俊.说课、听课与评课(第一版)[M].北京：高等教育出版社，2004.6.

4. 说群体与个体

虽然年龄阶段相同的学生在心理特征、认知规律等方面具有共同特点,但这些学生归属不同班级后,在班主任等的带领与影响下,还会形成班级特有的"班级文化",比如特有的班风、学风、合作精神、团队意识,甚至整体偏好(如一个班级的所有学生特别喜欢学习某一个科目)等。因此,在说学情时,需要对任教班级整体的特有情况进行全面客观的分析,说出该班的学风如何,合作精神怎样,团队意识是否强,是否特别喜好物理学科或与物理密切相关的其他学科如数学,等等。除了分析任教班级的群体特征外,还需要关注学生个体差异,特别是班里的后进生与特长生,对他们的个性特征单独分析,促使全体学生发展。

> **案例 11-7**
> 试分析"人教版"高中物理教材必修 2"探究弹性势能的表达式"[①]的学情。

● 分析

现状:通过上一节重力势能的学习,学生已初步了解了"功是能量转化的量度",在老师的启发下,他们能够用类比的方法通过研究拉动弹簧克服弹力做功去研究弹性势能的表达式。但由于在拉动弹簧的过程中,弹力是一个变力,不能像研究重力势能那样用恒力做功的表达式进行弹性势能的探究,他们的思维将会在变力做功的问题上出现障碍而无法前行。这是因为学生在思维训练方面形象思维多于抽象思维,静态思维多于动态思维。对于用微分思想和积分思想进行问题的讨论与分析,学生经历的训练还是比较少的。

对策:注意"化变为恒"的物理思想的落实,加强知识迁移能力的培养,强化物理思维的训练,引导学生思考、分析、推理、讨论和交流,逐步渗透微分和积分的方法,帮助学生掌握用图象处理问题这一重要手段。

(四) 说教学重点与难点

关于教学重点,除了物理知识需要考虑外,教学目标需要达到的目标层次及物理思想与方法也是需要考虑的,比如探究性实验蕴含的研究方法,因此教学重点既可以是知识,又可以是思想方法。与重点知识一样,思想方法在某一部分内容涉及之后,可能会贯穿以后的整个学习中。说教学重点,可以从这几个方面来说:所教内容在物理学体系中的地位;在既定教材体系中的地位;在物理课程标准中的教学水平要求等,这些方面往往不是独立的,而是相互联系的。关于物理教学难点,也可以考虑知识与思想方法两个方面。教学难点并不是对任何人都一定是难点,往往因人而异。说教学难点,可以从这几个方面进行阐述:所教内容的抽象程度;学生的知识基础与思维品质;数学工具的使用等等。

> **案例 11-8**
> 试以"人教版"高中物理教材必修 2"向心加速度"[②]这节课为例说教学重难点。

[①] "人教版"新课程名特优教师同步说课与示范[M].北京:电化教育电子音像出版社.
[②] 同上。

● 分析

该教学重点是从这几个方面来确定的：一是教学目标，"理解匀速圆周运动中加速度产生的原因"和"掌握向心加速度的计算公式"源于"知识与技能"目标，而"掌握向心加速度的确定方法"源于"过程与方法"目标；二是在教材体系中的地位，即向心加速度在"第六章 万有引力与航天"这一章起着重要作用。在说教学重点时，这位教师使用了"理解"和"掌握"两个目标行为动词，但课程标准中的内容标准只要求"知道向心加速度"，因此在这方面是值得商榷的。关于教学难点，这位老师大致是从"学生未接触过向心加速度知识"、"学生思维"和"矢量运算"这几个方面阐述的。

"人教版"高中物理教材必修2"向心加速度"的教学重点难点见如下分析。

教学重点：

理解匀速圆周运动中加速度产生的原因，掌握向心加速度的确定方法和计算公式。

教学难点：

向心加速度方向的确定过程和向心加速度的推导与应用。那么对于难点，可以这样考虑，首先从知识体系上来讲，向心加速度对于学生来说，在前面的学习过程中没有涉及过，它是一个崭新的课题；从高一学生认识事物的特点来说，高一学生从具体的形象思维向抽象的逻辑思维进行过渡，但是他们的思维还是与感性的经验有着直接的联系，所以这种理论的推导对学生来说，还是有一定难度的；从学生解决物理问题的能力来说，学生虽然说已经学习过矢量的知识，但是要理解速度变化量的概念，并且要进行矢量的运算，这一点对学生来说还是有一定难度的。

（五）说教学方法

教学方法既包含教师的"教"又包含学生的"学"。说教学方法，实际就是要解决教师的"教"如何为学生的"学"服务的问题。说教学方法，就是要说出课堂教学的具体策略，采用何种教学方法，包括教学手段、教学媒体的运用；要结合具体的教学内容、教学目标和学生实际，要着眼于学生怎样学，说出要采用怎样的教学方法才能达到课堂教学的最优化；说出教给学生哪些学习方法，培养学生哪些能力，如何调动优秀学生积极思维和激发后进生的学习兴趣；说出突出重点和突破难点所采用的手段及其理由。

案例 11-9

试以初中物理"凸透镜成像的规律"为例说教法与学法。

人教版（2011版）八年级物理上册"凸透镜成像的规律"的教法学法：

教法——科学探究法、交流讨论法。因为本节课主要要培养学生观察现象、设计实验、采集并分析处理信息、交流合作等能力，并使其综合能力得到提高，故而选用此法。

学法——"部分"自主探究法。选定这样的学法，一方面利于培养学生独立探索能力，另一方面可以引导学生领悟克服探究困难的一般策略。

● 分析

本案例指出了本节课的教法以及学法，同时主要从教学目标角度适当阐述了所选教法与学法的理由。

(六) 说教学程序

先说明一下这部分说课内容到底该冠以什么样的标题较为合理。在说课实践中,有的教师在这里以"说教学程序"为大标题,有的以"说教学过程"为大标题,还有的以"教学流程"为大标题。到底该用其中的哪个标题,似乎没有太多讲究。笔者认为这是不对的。实际上,"教学过程属于客观性要素,对它的阐述应是描述性的。有了对教学过程的客观认识,而后对教学的具体进程作出设计,这属于教学设计,是主观性要素,是人们依据客观而对实际的教学活动所作的主观设计"[1]。这些论述表明,这个板块冠以"说教学过程"的标题是不对的,因为教师所阐述的内容是依据教学过程的客观因素而设计的,具有很强的主观性。至于"教学流程",其涵盖内容的范围较窄,笔者以为不宜选用。那么,冠以"说教学程序"又如何呢?笔者以为是有道理的,虽然"程序"也有"过程"之意,但更有人为加工的内涵,具有主观性,比如人们常常将一堂课分成"引入新课"、"学习新知"等环节,这些分法就带有主观性。因此,给这个板块冠以"说教学程序"更妥。

说教学程序是说课的重要组成部分,主要包括说教具学具、说教学设计思路、说教学流程、说板书设计等四个方面的内容。

1. 说教具学具

教学的设计与实施总是受客观条件制约,脱离客观条件的教学设计难以得到有效实施,因此弄清楚与教学内容相对应的客观条件是进行教学设计的重要前提。教具学具是客观条件的具体表现形式之一,在教学设计与实施中占有非常重要的地位,它包括多媒体设备、实验仪器仪表、生活实物、实物模型、挂图等等。说教具学具就是要向听者简要阐述相应教学设计的硬件支撑条件。在阐述时,不仅要说出硬件是什么,还需要简要阐述硬件的主要教学用途,让听者大致明白这节课是在什么条件下设计的,选择相应教学硬件的意图是什么。说教具学具时,切忌面面俱到,什么都说,而是要说出能体现本节课特色的硬件条件。

2. 说教学设计思路

为了让听者易于把握说课内容,需要先用简练的语言将设计的思想、关键环节做概括性的阐述。阐述时可以纯粹用文字描述,也可以采用流程图的形式。一般地,如果说课内容较为复杂,建议采用流程图的表达方式。

3. 说教学流程

说教学流程是说教学程序的核心内容。要说好教学流程,首先应将整个流程分为若干具有一定教学意义的环节,这些环节可能在说教学设计思路里已经提出,也可能没有提及。然后,围绕一些重要环节从教学手段与方法的运用、知识点的处理、活动的开展、学法的指导或者练习的设计等角度展开阐述;阐述时,通常应该围绕"要教什么"、"怎么教"、"为什么这样教"三个方面进行;"要力争做到详略得当,重点内容重点说,难点内容详细说,理论依据(包括教法学法依据、教育学和心理学依据等)简单说"[2];切忌照教案读,也切忌完全采用课堂实录的形式"一问一答"。

---

[1] 杨九俊.说课、听课与评课(第一版)[M].北京:高等教育出版社.2004.6.
[2] 同上。

4. 说板书设计

板书是课堂教学的重要手段，也是学生获取信息的一种重要途径。好的板书，不仅高度浓缩了教学内容，还能体现内容中部分与部分之间、部分与整体之间的严密逻辑顺序和教师清晰完善的教学思路。板书的内容及板书表现形式的"显示度"要突出教学重点和难点。对于缺乏板书经验的教师，可以事先在与黑板同比例的纸上做好书写的整体规划，并写上相应的文字内容及图表（包括示意图、表简表）。书写时，要注意一节课的标题的"统领"功能，同时还要注意标号（如"一"、"二"、"（一）"、"（二）"、"1"、"2"、"Ⅰ"、"Ⅱ"……）使用的一致性和区分性。此外，还要注意文字与图分布的和谐性。在说板书设计时，可以先说板书的整体布局，再说局部；说局部时不一定面面俱到，而应着重阐述与教学重点与难点相关的部分，说出这样布局的理由。当然，说课时，是否说板书设计，要视具体情况而定。

> **案例 11-10**　试以初中物理"凸透镜成像的规律"（人教版（2012年版）八年级物理上册第五章第3节）为例说教学程序。

● **分析**

"凸透镜成像的规律"的"教学程序"[①]如下：

1. 说教学媒体

主要是三个放大镜、凸透镜成像的FLASH演示课件、探究凸透镜成像规律的实验器材如光具座等。这些媒体中前两种能使学生再次感性认识凸透镜成像特点以便提出具有可操作性的实验任务，以及突破确定分界点的难点；后一种作为进一步探究问题的实验材料，引导学生经历深层次的科学探究过程。

2. 说总体设计

以初中课程标准提出的科学探究要素为依据，设计探究凸透镜成像规律的过程，使学生成为课堂的主人，成为凸透镜成像规律的发现者。为此，结合物理实验自身的特点，我将科学探究的基本要素转化为实验的六个基本环节如实验任务的生成、实验方案的抉择、实验系统的构建等。这一转化有利于学生意识到思考问题的方向，有利于促使学生主动思考。整个教学过程的设计主要围绕这六个基本环节展开。

3. 说教学流程——说探究过程

下面，我将进一步阐述以上设计思路，并详述如何引导学生生成实验任务和实验方案这两个环节。

（1）实验任务的生成

通过放大镜，创设关于凸透镜的物理情景，引导学生对情景进行观察、描述、分析、猜想，最终提出具有可操作性的实验任务（说明：这一过程包含了科学探究要素的"提出问题"与"猜想与假设"两个基本要素）。

① 现象的呈现与描述。把三个放大镜分发给同学，让其用放大镜由近及远地观察自己选定的事物（如书上的文字），然后让他们分别描述看到的现象，之后再相对完整地描述

[①] 本例由华东师范大学物理实验教学中心提供。

该现象,即"放大镜逐渐远离被观察物体时,在不同的移动范围内依次出现了放大正立的虚像、放大倒立和缩小倒立的实像"(暂不考虑特殊位置)。这样有利于培养学生的观察能力、现象的表征能力。

② 现象分析与任务生成。依据课程标准对"提出问题"的要求即"能发现与物理学有关的问题"和"从物理学的角度较明确地表述这些问题",可以针对现象,提问:"同学们,根据刚才描述的现象,你们想研究什么样的问题?"

少数学生提不出问题,多数学生能提出问题,但其问题通常不完整或不具有可操作性,如:"用一个凸透镜观察不同的物体为什么有的大有的小,有时倒有时正呢?"这个问题就不具有可操作性,仅仅是一种疑问。为此,可以引导学生仔细分析现象,找出现象中的关键要素,并分析其属性。

通过剖析现象,学生便可知道:"放大镜"即凸透镜,且不同凸透镜的焦距也不同;可以操控放大镜与被观察物体之间的距离,即物距可长可短;"被观察物体",各种各样;"放大正立的像,放大倒立和缩小倒立的像"的差异性与物距有关。在引导学生分析了组成现象的重要成分之后,学生容易意识到这个现象中至少有3个要素,即"凸透镜"、"物"、"像",而且要素间有联系,而它们之间的关联性是通过物距和像距实现的。在此基础上,再让学生提问。在老师的引导下,学生会提出这样的问题"像的虚实、正倒、大小与物距有什么关系"(本节课较理想的任务表述)。该问题表述比较明确,具有可操作性,可以作为本节课的实验任务。当然也可以生成别的实验任务,但由于课堂教学的限制,无法完全顾及。

(2) 实验方案的生成

引导学生分析实验任务的关键要素及其属性,进而生成实验方案,并要求学生将实验方案画成示意图(即实验原理图)(说明:这一过程包含了科学探究要素中的"制定计划",还包含了"设计实验"中的部分内涵)。

① 实验任务的剖析。教学中,可以针对实验任务先提问学生:"要解决这个问题,同学们想怎么办?"如果学生没有思路,我会引导学生仔细揣摩该任务,提炼其要素。学生容易从字面上找到两个关键要素"像"和"物距";进一步分析任务,还可发现三个隐含要素:"凸透镜"、"物"、"像距"。之后,我再引导学生分析这些要素之间的关联性,让他们发现"物"、"物距"和"凸透镜"是原因,而"像"、"像距"是结果。对于原因部分,"物距"反映"凸透镜"与"物"的相对位置。

② 形成实验方案,勾勒原理图。通过分析实验任务,学生可以知道两点:一是本实验至少需要一个凸透镜、一个物、一个接像的屏;二是可以只移动"物"来改变"物距"以获得不同的"像"和"像距"。学生有了这些认识之后,我会让部分学生阐述各自的实验方案,最后引导他们生成一个相对完整的方案即"将'物'置于'凸透镜'前的不同位置,观察'像'的变化并找到'像'的位置",同时让同学画出实验示意图。当然,也可以生成别的实验方案,但由于课堂教学的限制,无法完全顾及。

不过,如果有学生迅速提出了比较合理的实验方案,我会追问他是怎么想到的,让其他学生也能明白寻找实验方案的思路,这样可以关注到全体学生。

上述过程,不仅让学生找到了实验方案,还对方案的形成过程有所体验。这样有利于培养学生解决问题的能力。

(3) 实验系统的构建

激励学生进行发散思维,让其依据实验方案想出具体器材。如果学生想不出,或想不全,我会针对实验方案逐一提问。比如"以什么作为'物'"、"结合前两节的学习,思考与'凸透镜'相关的概念有哪些"等等,最终引导学生说出一些器材:"蜡烛烛焰"、"字母F"等可以作为"物";已知焦距(如10厘米、5厘米)的凸透镜;白纸、书的封面、白板等可以作为"屏";钢尺、卷尺、光具座上的标尺等可以作为测量工具确定位置等。当学生想完必要器材后,我再将与教材上相同的实验器材呈现给学生,其实这些器材只是他们想到的所有器材的一部分。在这里,我想让学生明白一个道理即实验方案的具体实施要受客观条件的制约,不是想怎么做就一定能做到的,以此培养学生的实验科学观。(说明:这一过程包含了科学探究要素中的"设计实验"的部分内涵)

(4) 实验步骤与实验信息采集

让学生依据实验方案和实验器材的特点,拟订实验步骤,设计实验信息记录表格。(说明:这一过程等同于科学探究要素中的"进行实验与收集证据")

我会让学生说出:怎样组装实验系统,实验的主要操作(环节)有哪些,需要观察哪些现象,记录什么样的数据等等,并让学生设计信息记录表格。如果学生回答不了这些问题,我会让他们阅读教材相应部分,以此培养其阅读科学文献的能力。在完成阅读后再让其回答我提出的问题。

对于表格,我要特别提问表中各项目的来源,如果学生说不出,我会引导学生再次关注实验任务和方案。所有这些问题弄清楚后,再让学生以小组为单位动手进行实验,以此培养他们的合作能力。

(5) 实验信息处理

学生处理信息时,我会让其分组讨论,梳理关于物距和像距的数据以及像的性质,透视其内在联系;之后,进行组间交流,最终通过归纳推理这一认知手段(求同法)得出凸透镜成像的规律。(说明:这一过程等同于科学探究要素中的"分析与论证"、"评估"和"交流与合作")

处理信息时,学生不容易想到要以焦距的倍数作为分界点来归纳信息,或者即便看了教材的提示也不明白为何要以这样特殊的位置作为分界点。为了突破这个难点,我会让学生观察"凸透镜成像的FLASH动画",让其领悟如何确定分界点或为何要这样确定分界点。

总结:从整个实验探索过程的设计来看,我是课堂教学的组织者,是学生的引导者,学生是学习活动的主体。我采用的是"师生交流、共同发展"的互助教学模式。

4. 阶梯训练,发展思维

在完成凸透镜成像规律的探索总结后,我将设计两类具有一定梯度的习题,让学生运用本节课学到的知识及经历的研究方法,以此提高其知识应用能力和方法迁移能力。

(1) 身边事物的认识。选择"动手动脑学物理"(教材第99页)中的第1题作为课堂练习。让学生说出照相机、投影仪、放大镜这三个仪器各自应用了凸透镜成像的哪个规律。安排这样的习题符合"从生活走向物理,从物理走向社会"的课程基本理念及"科学·技术·社会(STS)"的观念。

(2) 研究问题的拓展。选择"动手动脑学物理"中的第4和第5题作为课堂练习,让学生回想本节课的研究方法和实验结论,并以此来分析解决新问题即第4题"换用不同焦距的凸透镜,如何保证屏上的像清晰"和第5题"用手触摸了凸透镜的一小部分,屏上会出现什么情况"。安排这两个练习可以进一步提升学生研究能力,拓展学生的方法应用范围。

5. 布置作业,开拓视野

依据本节课的教学目标,我布置了以下几方面的练习:(1)知识性巩固练习,以熟练掌握本节课的知识点为主,我选择练习册上的填空题部分;(2)方法性巩固练习,我选择教材中"动手动脑学物理"中的第6题"如何拍摄天安门的全景";(3)研究性练习,我选择"动手动脑学物理"中的第2题,要求学生课外进行实验,并将实验方法、过程、现象、结论完整记录下来,下次课进行课堂汇报;(4)知识拓展性练习,我选择"动手动脑学物理"中的第3题,要求学生查阅资料或咨询有照相经验的人了解光圈、快门、调焦操作的作用,并写成小报告与其他作业一起交给我。

【本章小结】

1. 物理教材分析的意义

本章主要从三个方面阐述了分析教材的重要意义:第一是有利于把握编写者的意图和教学思想;第二是有利于把握教材的知识结构;第三是有利于全面落实教学目标。

上述第一和第三点不易把握。作者的编写意图及其教学思想,往往蕴藏在物理教材的字里行间,需要教师进行仔细深入的分析才能把握;要全面落实物理课程的三维教学目标,也离不开分析物理教材,因为物理教材由于其呈现方式的限制,往往只对显性的知识进行了静态的表征,关于知识的形成过程,其中的思想方法因素、智力价值、教育价值等多个方面很难明确展现,只能以隐性方式蕴含于教材之中。

2. 物理教材分析的方法

教材分析要做到有理有据,要对物理课程标准、物理学的特点、学生的心理特征等有了把握之后,才能有效实施物理教材的分析。在进行教材分析时,可以从以下四方面入手:第一是紧扣物理课程标准和课程目标进行分析;第二是根据物理学科体系的特点进行分析,其中包括分析思想方法体系;第三是从教材的整体与章节角度进行分析;第四是从学生的认知角度进行分析,因为具体教材的呈现方式、教学素材的选择等都或多或少地与学生的认知特征有关联。

3. 物理教材分析方法在课前说课中的应用

说课类型有多种,本章主要讨论了课前说课。课前说课的主要环节有:说物理教材、说物理课程目标、说学情、说教学重点难点、说教学方法、说教学程序等。

说物理教材不仅要说出教材的地位与作用,还应特别关注或揣摩编者的编写意图。在分析编者的编写意图时,可能会出现分析不恰当,甚至错误的情况。为了减少甚至避免这种情况发生,教师应该仔细深入地分析物理课程标准、物理教学参考资料,并与同行、同事探讨。

说物理课程目标时要依据三个维度各自的特点,合理归类,不要混淆。语言要准确简练,要准确使用目标行为动词。对于"过程与方法"和"情感态度与价值观"两个目标,要指出实现的具体途径。

说教学重点,除了物理知识需要考虑外,教学目标需要达到的目标层次及物理思想与方法也是需要考虑的。说教学重点,可以从所教内容在物理学体系中的地位、在既定教材体系或章节中的地位、在物理课程标准的教学水平要求等方面予以阐述。说教学难点,可以从所教内容的抽象程度、学生的知识基础与思维品质、数学工具的使用等方面予以阐述。

说教学程序是课前说课的核心。它将前面各分析环节(如说物理教材)具体化,并指出了实施途径或办法。说教学程序要说教具学具、教学设计思路、教学流程等,进入"教学流程"环节时应该围绕"要教什么"、"怎么教"、"为什么这样教"三个方面进行。

【拓展阅读】

1. 王较过.中学物理教材研究与教学设计(第二版)[M].西安:陕西师范大学出版社,2014.

该书的第二章就我国内地目前使用的义务教育和高中教育阶段的各种版本物理教材作了介绍;第三章主要就不同版本的中学物理教材从教材结构、特色和难度等方面做了比较研究。

2. 朱鋐雄.物理学思想概论(第1版)[M].北京:清华大学出版社,2009.

该书论述了物理学各大板块蕴含的物理学思想,共六章,分别讨论了力学、热学、电磁学、波动与光学、相对论和量子物理中的物理学思想。

3. 杨九俊.说课、听课与评课(第一版)[M].北京:教育科学出版社,2004.

该书的第二章对说课进行了详尽阐述,并对说课、备课、上课三者的关系做了辨析;第三章和第四章分别对听课和评课做了阐述。

【思考与练习】

1. 分析物理教材的主要方法有哪些?请举例说明如何运用这些方法。

2. 任何一套物理教材,不论是其中的一章还是一节,都蕴含着编者的编写意图。请问:在分析物理教材的过程中如何才能较为准确地把握编者的编写意图?并选择一节物理教学内容进行分析。

3. 下面的文字是某位教师关于"动量守恒定律"说课稿的部分内容(人教版高中物理教材选修3-5):

……,本人将该节课的教学三维目标定位为……

(二)教学目标

1. 理解动量的概念,知道动量是矢量。

2. 理解动量守恒定律的确切含义和表达式,培养守恒思想。

3. 知道动量守恒定律成立的条件,并会用它解决问题。在讲解例题2时和学生探讨一下车辆安全问题。培养学生的安全意识。

4. 通过自主探究培养学生的自学能力、强烈的求知欲、浓厚的学习兴趣等。

本着课程标准,在吃透教材基础上,我确立了如下的教学重点,难点。……[1]

请结合本章的学习以及"普通高中物理课程标准"(2003年)和关于"动量守恒定律"的教材内容,分析该教师在阐述其"教学目标"时存在的问题。

---

[1] http://www.51edu.com/gaozhong/shuokegao/wuli2/4370291.html

第十二章 物理课堂教学规划技术(一)

通过本章的学习,你能够
- 掌握中学物理课堂教学的引入技能;能解释激发学习动机的途径和方法,能遵循激发动机的步骤,设计具体知识学习的引入。
- 掌握中学物理教学课堂的小结技能;能解释课堂小结方式及依据,能遵循概念、规律、图式等要素规划具体学科知识学习的小结。
- 理解物理教学方法;能解释常用物理教学方法的分类依据及应用的特点。
- 掌握探究式教学方法;能举例解释探究式教学的过程和策略,能遵循其策略引导规划具体学科知识学习某一环节的探究式教学。
- 理解合作学习的方法;能解释合作学习的价值和组织方式,能遵循其组织方式规划合作学习的活动。

第一节 物理课堂教学首尾环节的设计

在新课教学中,教师一般遵循如下步序:教学引入、知识教学、课堂小结。引入是课堂教学的序幕,良好的引入是教学"成功的一半";良好的小结可以为课堂教学起到画龙点睛的作用。本节对这两环节设计的学习理论依据、设计的基本思路进行梳理,并结合教学实例进行阐述。

一、课堂引入环节的设计

学生的学习动机是促使教学设计在实施过程中取得预期效果的重要支持性条件,课堂教学中的教学引入阶段的一个重要的目的就是激发学生学习本节课知识的学习动机。本节主要讨论课堂教学中激发学生学习动机的主要类型以及激发的方法。

(一) 动机及分类

在心理学中,动机是指驱使人或动物产生各种行为的原因,传统心理学把学习动机定义为激发与维持学生从事学习活动的原因。可以从不同的角度对动机进行分类。

1. 内在动机和外源性动机

内在动机即源于个体内在兴趣、好奇心或成就需要等内部原因所引发的动机;内在动机激发的学习活动的满足在于学习过程的本身,可以说是"乐在其中"。外源性动机即由外在的奖惩等活动之外的原因激起的动机。

2. 马斯洛的需要层次论

前文介绍了马斯洛提出的需要层次论,其中基本生理需要、安全需要、归属与爱需要、尊重需要属于缺失性需要,当这些需要尚未满足前,它们一直推动人们去从事满足这些需要的行为,一旦满足,行为暂时停止;而认知需要、审美需要、自我实现需要属于成长需要,它们是在适当程度的满足以后产生的,而且会暂时终止,可以在较长时间推动人从事满足这些需要的行为。

本书的目的是帮助师范生以及一线教师掌握最基本的、科学的课堂教学技能。课堂教学主要是知识学习,因此本节重点讨论在课堂教学中如何通过激发学生认知需要帮助学生形成学习动机。

(二)课堂教学中学习动机的激发

学习动机是由学习需要和学习期待共同组成的,两者相互制约共同作用形成学习动机系统。引入阶段的主要任务之一就是激发学生的学习动机。

1. 学习需要的产生对教学引入的要求

认知需要是要求知道和理解事物,要求掌握知识以及系统地阐述并解决问题的需要,它是直接指向知识本身的。一般认为,认知需要是在主体感受到认知不协调——新知识与主体原有知识不协调时产生的,主体存在认知不协调的直观表现为主体存在一些无法给予清晰解释的问题。那么在主体没有感受到认知不协调时,可以通过呈现这些问题给主体思考的方式,来使他们感受到存在的认知不协调。

所以在课堂教学引入阶段,教师首先应设法:

创设问题情景,合理地引出问题供学生思考,让学生感受到认知上的冲突,引发学生的认知需要。

面对课堂上同样的学习情景,有些学生可能会感受到其中某些经验与自己原有知识之间的不协调,从而形成认知需要;但也有很多的学生由于注意学习情景中的其他方面或别的一些原因,并没有感到认知上的不协调,这样也就不会产生认知需要。而课堂教学是面向全体学生的,需要每一位或绝大多数学生对学习活动产生学习需要,因而教师可将学习情景与全体学生原有经验间存在的不协调突显出来,即通过提出相应问题供全体学生思考,让每一位学生都能感受到认知上的不协调,形成认知需要。也就是说在引入时,为了激发学生的认知需要,教师可以创设出一种问题情景,该情景中含有学生当前无法解决的、需用即将学习的知识来加以解决的问题,并从中合理地引出这类问题,提供给学生思考,让他们感受到认知上的不协调,从而激发他们的认知需要。

案例 12 - 1

物理教学中,在学习大气压强时,教师选用马德堡半球演示实验引入新课。

器材:马德堡半球——两个没有任何外加固定的、有良好密闭性的半球。

演示过程：没有抽气时，先让一位同学上来拉这两个半球，半球很容易就被拉开了。

然后用抽气机将球中的空气抽去，再请几位同学上来拉半球，结果多位同学用了很大的气力去拉也拉不开。

● **分析**

从学生的原有经验和直觉来看，两个没有任何外加固定的半球应该很容易被拉开，但结果却与他们的看法相背，也就是说，该情景中存在学生无法解决的问题。有一些学生可能感受到这种差异，但又无法给予解释，出现认知不协调，从而形成一定认知上的需要。但也有些学生可能关注于其他学生参与活动的过程或半球的某些细节，并没有感到认知上的不协调。为了让这些学生也感到认知不协调，教师应将情景中存在、对学生而言是无法解决的问题明确予以提出："这两个半球并没有用任何方式加以固定，为什么抽去球内空气后，两个半球很难被拉开？我们如何来解释这个现象呢？"教师以此迫使每一个学生加以思考。这个问题是与学生即将学习内容有关的，但又是学生当前无法回答的，因而会使学生感受到认知上的不协调，从而激发学生的认知需要。

案例 12-2

一位教师在"力的合成与分解"一节授课时，通过如下两个实验引入[①]：

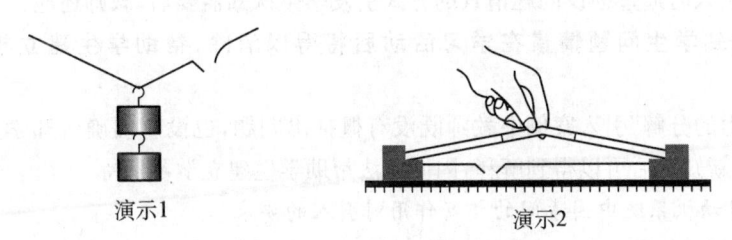

演示1　　　演示2

图 12-1　"力的合成与分解"实验

演示实验1：由学生用两只手各提一根线把一重物提起，并使两手逐渐分开，直至绳断。

演示实验2：再来做另一个实验——指断铁丝。

师："在上述两个实验中，我们发现一个力在两个方向上产生了作用效果。为了解释上述现象，为了研究一个力在某两个方向上的效果是什么效果（如形变），有多大的效果（分解的目的），这就需要我们学习新知识——力的分解。"

问题：试分析该引入的不合理之处。

---

① 广东省教育厅教研室.高中新课程物理优秀教学设计与案例[M].广州：广东教育出版社，2005：118.

● **分析**

本例两次演示实验存在学生无法解释的问题。

实验1中，同样的绳、重物，在什么条件下，两根绳所受力要大于单根绳所受力？

实验2中，用手无法拉断的铁丝，利用实验装置，用一根手指下压支架，就可使与支架相连的支撑柱产生远大于手能产生的力，将铁丝拉断？

教学中，教师并没有将两次演示实验中蕴涵的问题，清晰地概括并呈现给学生，而是直接过渡到要研究的课题——两个分力产生的效果。

学生并没有完全感受到其中的问题，没有激起认知冲突，因此两个演示实验引发的认知需要的价值没有完全体现。

2. 学习期待的建立对引入的要求

研究表明，仅有学习需要还不足以形成学习积极性，只有当能满足这种需要的目标或期待同时存在时，才能使主体把行为指向确定的方向，也就是说，要激发学生学习的动机，学生不仅应具有学习需要，还应形成学习期待。学习期待是学习动机的另一个基本构成要素，是学习者对学习活动所要达到目标的意念。

在课堂教学中，学生并不知道学习的最终目标，以及学习后可以解决的问题，因而往往不能自动形成学习期待，所以教师有责任帮助学生建立学习期待。通过创设问题情景的方式引发学生认知需要，随后告知学生学习后，问题情景将得以消除，便可以使学生建立相应的学习期待。

因此，引入时通过创设问题情景的方式引发学生认知需要后，教师还应：

明确告知学生问题情景在学习活动后将得以消除，帮助学生建立相应的学习期待。

在前"力的分解"引入案例中教师既没有概括出问题，也没有明确告知学生上述两种现象在学习新知识后可以得到解释，因而无法帮助学生建立学习期待。

3. 学习动机系统中因素间的相互作用对引入的要求

学习动机中的学习需要和学习期待是相互制约和影响的，问题情景造成学习者认知上的冲突，使学习者出现认知需要。学习期待引导主体把行为指向特定的学习活动，这时学习动机由潜在状态转为活动状态，激发了有明确指向的学习积极性。每一次具体的学习活动后，如果问题情景得到有效消除，学习期待得以实现，学习需要得到满足，主体的学习动机将会得到进一步强化，这对学生今后的学习有积极影响。

如果问题情景没有得到有效消除，学生的学习需要得不到满足，学习者感到付出和所得不一致，那么学生对后面学习活动的需要就会减少，同时学习期待也将会相应地减少，这样就会对后续的学习活动产生负面影响。

因而，为了满足学生学习需要，促进学生今后的学习，在引入所创设的问题情景时教师应：

在学习活动后，给予问题清晰的解答，帮助学生消除问题情景。

有些教师在教学引入活动中，采用创设问题情景的方式来引发学生学习动机，但在活动后，由于课时紧张或考虑不周等原因，没有帮助学生消除问题情景，依据上面的讨论，这种做法将对今后学习动机的引发有负面影响，应该予以避免。

再有,在教学引入中,通常都强调选用刺激的新异性,但是考虑到问题情景的消除对今后学习活动的影响,那么选择用于创设问题情景的刺激就不是越新、越异就越好,而是有一定制约,即由此产生的问题情景能否有效地加以消除。所以引入时,对于那些可以给学生以深刻印象的刺激,但如果利用它们所形成的问题情景不易解释清楚,那么这种引入也不宜采用。

> **案例 12-3**
> 物理教学中,在讲授"大气压强"时,教师选用如下演示实验引入新课。
> 演示过程:用易拉罐装上少许水,在电炉上加热至沸腾,然后迅速倒置在预先准备好的一只装有冷水的玻璃器皿中,刹那间易拉罐"喀嚓"一声被压瘪,显示了大气压的威力。
> 试分析该例引入中不合理之处。

● **分析**

上述实验中水沸腾,罐内气体的压强增大,体积膨胀,大部分空气被挤出易拉罐,倒置于冷水中,罐内气体遇冷收缩,压强迅速降低,罐外受到大气压和水产生的压强作用,罐内外气压差大于罐体材料所能承受的压强,因而将罐压瘪。该演示实验的解释,由于涉及上述众多的知识点且有些知识学生尚未全面习得(人教版以及其他多数教材,"压强"都是在"气体"之前学习的,且气体压强随温度的变化,初中阶段并不学习),此外易拉罐是在水中被压瘪的,为何大气压起主要作用,解释起来也需费一番口舌。这样一种引入,尽管对学生视、听感官都有刺激,效果十分强烈,能吸引学生的注意力,但由于该问题情景不易清晰地加以消除,所以并不是一种合适的引入方式。

(三)激发认知需要的一般方法

前面讨论指出在课堂教学的最初阶段,教师通过合理方式激发学生学习动机,其合理的行为应是:

第一,创设问题情景,合理地引出问题供学生思考,让学生感受到认知上的冲突,引发学生的认知需要。

第二,明确告知学生,问题情景在学习活动后将得以消除,帮助学生建立相应的学习期待。

第三,学习活动后,对问题给予清晰的解答,帮助学生消除问题情景。

由于后面几个步骤基本相同,变化主要在创设问题情景的方法上。对于不同的学科,创设问题情景的方法既取决于学生的认知特点,显然又有具体学科一些特点。在物理教学中,创设问题情境的方式主要有如下几种:

(1)借助生活实例创设问题情景,并从中引出问题。从与学生密切相关的日常生活实例中引出学生无法回答的问题来引发学生学习需求,是一种常用且有效的引入方式。此类问题可以从《生活中的物理》等一类专题资料中寻找。

案例 12-4

在教"惯性及其运动"时，教师采用如下引入方法：

①师：在正做匀速直线运动的汽车上，一个人如果竖直向上跳起，还会落回原地吗？

生：（思考片刻）可以落回原处。

学生思考，依据自己的乘车经验，大多数同学可以回答出。

②师：为什么可以落到原地，如何解释这个现象呢？再譬如说，平常如果钢笔不出墨水时，为什么往下甩一下墨水就出来了？衣服上有了灰尘，为什么仅凭拍打、抖动就能将灰尘除去？为什么从行驶的车上跳下来容易摔倒？人走路时，如果不小心踩到一块西瓜皮上，人为什么往往是向后仰而摔倒？

学生思考。

③师：上述几个问题都是生活中常见的实际例子，它们都可以用同一个物理规律加以解释，学习本节后，我们就可以解释这些现象，并且我们还能够解释另外一些生活中的现象。

● 分析

①和②中教师提出问题，供学生思考，学生无法解释，激发学生认知需要，③中教师告知学生问题学习后得到解决，帮助学生建立学习期待。

(2) 实验是物理学研究的重要手段，经过许多年的发展，在教学方面积累了大量的演示实验，这些演示实验可以鲜明、直观地反映特定的物理现象。对学生来说，这些实验基本上都是第一次见到，所以又都是新异刺激。新异刺激可以高效、暂时性地吸引学生注意，然后教师再合理地从中引出问题供学生思考，以引发学生认知不协调，形成认知需要，这也是物理教学中常用且有效的引入方法。此类问题可从《物理实验》、《趣味物理实验》等书籍、杂志中寻找。

案例 12-5

在讲述"大气压强"时，教师通过如下演示实验引入：

演示过程：拿一根两端开口的玻璃管（不要太粗），将其插入盛有着色水的杯中，在玻璃管的上端吸气，可以看到着色水被吸上来，然后用手指堵住上端管口，将管提出杯外，尽管下端是开口的，可是水并不流出，如果此时将堵住上端管口的手指放开，水就从管中流了出来。

该演示实验中，有学生当前无法解释的问题，因而对学生而言就构成了一个问题情景。但是并不是每一位学生都可以从中感受到这些问题的存在的，所以教师应将这些问题明确提出，供学生思考，以期引发学生的认知不协调，建立学生的认知需要。

①师：下面让我们来考虑这样几个问题。

在前面所做的演示实验中，为什么在玻璃管上端吸气，杯中的水就可以被吸上来？水吸上来后，我们将上端用手指堵住，下端是开口的，为什么水并不会从管中流出？手指放开后，水为什么就会流出呢？学习本节知识后，我们就可以回答上述问题了。

● **分析**

在①中,教师首先从实验中引出问题让学生感到认知不协调,从而形成学习需要,同时帮助学生建立学习期待。

(3) 通过设计出一种理想化的问题情景,让学生思考解决,在解决过程中使他们感受到困难,从而激发他们的认知需要,这也是一种适用面较广的且效果较好的引入方法。这些问题可以从《物理趣味问题集》等书籍中选取。

案例 12-6

在讲授"杠杆"这节时,教师采用下面的方法来引入课题:

① 师:在讲新课以前,请同学们先思考这样一个问题。如图 12-2 所示,一个大人和一个孩子都要过河,一个要从河的左岸到右岸,另一个则相反。两岸各有一块木板,但每块木板都略短于河的宽度,你能否帮他们想一个办法,使他们都能到达对岸?

图 12-2 怎么过河

学生思考,可能会有一些学生通过与生活中某些现象类比或其他方法,找到正确的方法,但是他们并不能清楚地了解这样做的道理所在,绝大多数学生可能无法回答。教师询问学生中的正确解法,如果没有,教师可呈现正确解法。

② 师:如何解决呢?请看下面图 12-3,用这样一种办法,他们就可以完成这个任务。为什么这样做就可以使两人都过河呢?其中道理是什么呢?等学习了"杠杆"这一节后,我们就可以回答上面这个问题了。

图 12-3 巧用杠杆

(4) 在中学阶段学习的物理知识中,有许多内容在日常生活中有着广泛的应用。对于这类知识,从平常生活中学生或多或少取得了一定的经验,其中有许多是正确的,但也有一些是片面的,甚至是错误的。譬如,通常学生会认为自由落体下落速度快慢与物体所受重力大小有关,物体越重,下落越快;冬天,放在室外的金属块比同样条件下的木块温度要低;电流经过灯泡后,电能消耗,电流强度变小;机械波在传播过程中媒介也随之迁移等等。另外,对一些不熟悉的问题,学生往往会根据直觉做出回答,这样的回答很多时候同样是不全面的。那么在讲授这类物理知识时,教师可以通过演示或陈述的方法来逐步展现事实,以揭示学生认知上的错误,使学生感受到认知上的不协调,即存在无法解释的问题,从而形成学习需要,这同样是一种有效的引入方法。

案例 12-7

在教"物体的浮沉条件"这一节时,教师可采用如下方式引入:
演示:将一木块和铁块同时投入盛有水的水槽中,让学生观察。
① 师:为什么铁块会下沉而木块会上浮呢?
生:由于铁块重,木块轻。
演示:将一木块和一枚大头针同时投入盛水的水槽中,让学生观察。
② 师:通过这个实验,同学们上面的论断是否正确呢?如何解释铁块会下沉,而木块会上浮呢?
生:因为铁的密度大。
演示:将一只铁盒和一铁块(铁盒重于铁块)同时投入水中,结果铁块仍旧沉入水中,而铁盒浮在水面上。
③ 师:同样是用铁制成的,密度一样,但铁盒浮在水面上,铁块沉入水底,说明我们上面的结论不正确,那么物体"浮"与"沉"究竟取决于哪些因素呢?学习本节后,我们就可以知道了。

● **分析**

在上面的引入中,针对学生存在的片面认识,教师通过演示的方法,一步一步地揭示出学生认知上的不协调,从而引发学生的认知需要。

综上所述,在进行引入环节的设计时,教师应——
(1) 明确本节课学习的物理概念和规律。
(2) 分析确定所学物理知识可以解决的问题,可以从"生活中的物理"、"物理实验"、"趣味物理问题"等三个方面确定问题来源,并依据问题解决是否涉及学生未习得知识,挑选适当的问题情景。
(3) 思考确定问题情景的呈现方式。

对于非实验情景的呈现,一般有三种方式:

言语陈述。对于学生有经验,能复现问题的情景,可采用言语描述。

静态媒体。对于问题情景学生不熟悉,涉及的要素及要素之间的关系不具经验,并且物理情景主要涉及物理状态,可考虑采用静态媒体,如适当板书、板画、图片资料等。

录像资料及多媒体技术。对于问题情景学生不熟悉,且情景主要涉及物理现象的过程,可用录像资料呈现或运用FLASH等多媒体技术模拟呈现,利用录像和多媒体的可控技术,调节呈现的速度、方位等,以利学生识别。

(4) 最后,在课堂教学中遵循激发动机的主要步骤。

一般情况下,对于同一个教学内容,在创设问题情景时,教师可以采用不同的问题来源和不同的呈现方式自由搭配,然后从中选出适合用于本节课的几种搭配方法。那样,对于教师在面对不同班级上同一教学内容时,可以尝试使用不同的引入方式,增加教学手段的多样性。

二、课堂教学小结设计

教师在教学的结尾一般会花费一些时间对学习内容做一个回顾。新课讲授中,主要将教学的要点、获得的主要结论、获得结论的过程和依据以及其中的难点突破等进行梳理,或以适当的方式帮助学生在新知识与已学知识间建立联系;在习题课中主要对解决问题的方法或思路进行梳理。小结通常都以板书、投影等显性化的方式有序呈现。

如何进行小结呢?什么样的小结是合理的呢?显然,与学习者内部存储方式相匹配的小结是合理的。由第十章阐述可知,对于陈述性知识,其存储方式主要有:命题网络、图式。习得特定知识间命题网络的外显行为是学生能够陈述相联系的知识点及其关系,物理学科中知识点间的关系一般有:相同、相异、层级、逻辑关系等,而列表、层级图、逻辑关系图能较好地匹配。

图式是对某一范畴的某些典型特征的信息所做的概括编码,也是对某一范畴对象的一种整体表征方式。物理学科中主要有物理概念图式、物理规律图式等。所以对物理概念、规律的小结以匹配图式的方式为宜。

(一) 新授课小结的形式

1. 基于图式结构的物理概念小结

案例 12-8

电阻小结
定义:导体两端的电压 U 与流过导体电流强度 I 的比值
表达式:$R = U/I$
单位:欧 Ω,$1\,V/1\,A = 1\,\Omega$
量性:标量
物理意义:反映导体对电流的阻碍程度
适用范围:固体,液体导电
上位概念:电抗
易混淆概念:电阻器,电阻率

电容器小结
定义:两个彼此绝缘又相互靠近的导体构成电容器
功能:存载电荷,通交流隔直流,通高频阻低频
构成:正极板、负极板、中隔绝缘介质
描述其属性的基本量:① 电量 Q ② 电压 U ③ 电容 C $C = Q/U$
表象与变式:① 可变电容,固定电容 ② 电解电容与无极性电容
　　　　　　③ 陶瓷、聚苯乙烯低质电容器(介质)
符号:⊢⊢　⊢⇢⊢　⊢⁺⊢

2. 基于图式的物理规律小结

案例 12-9

帕斯卡定律
内容：加在密闭液体上的压强，能够大小不变地由液体向各个方向传递
物理对象或过程：密闭液体；对密闭液体施加压强
存在规律：压强被密闭液体传递；传递方向为液体内各个方向；传递压强大小与施加压强等大
适用范围：密闭液体或气体
应用实例：液压千斤顶、液压机、气压式转椅、气压垫

牛顿第三定律
内容：两个物体间的相互作用力总是大小相等、方向相反、作用在同一直线上
物理对象或过程：有两个物体；两个物体间有作用力；作用力是相互的
存在规律：相互作用的两个力等大；相互作用的两个力方向相反；相互作用的两个力在一条直线上
表达式：$\vec{F}_{ab}=-\vec{F}_{ba}$，$\vec{F}_{ab}$ 表示 a 物对 b 物的作用力，$\vec{F}_{ba}$ 表示 b 物对 a 物的作用力
适用范围：普遍适用
应用实例：人推墙、人也感到墙对人有推力等

3. 基于命题网络的物理知识小结

新授课一般涉及少数联系紧密概念之间的表征。内在关联的多个物理概念、定律完整表征一般在复习课中进行。

案例 12-10

表 12-1 电阻、电压、电流概念的比较

	电阻	电压	电流强度
符号	R	U	I
意义	表示导体对电流阻碍作用大小的物理量	表示迫使电荷做定向移动作用大小的物理量	表示电流强弱的物理量
定义	导体两端的电压跟通过导体的电流强度之比	电路中两端的电势差	通过导体横截面积的电量跟通电时间之比
定义式	$R=\dfrac{U}{I}$	$U=\dfrac{W}{q}$	$I=\dfrac{Q}{t}$
单位	欧姆	伏特	安培
单位符号	Ω	V	A
单位的意义	1欧姆=1伏特/安培	1伏特=1焦耳/库仑	1安培=1库仑/秒
测量仪器	电流表、电压表	电压表	电流表

(二) 解题方法的小结

习题课小结时,教师一般会将解题方法做回顾梳理。对于解决特定类型习题的方法应突出解决问题的关键物理量及基本步骤。

案例 12-11

机车以恒定功率启动问题解题方法

$$速度\ v\uparrow \Rightarrow \downarrow a = \frac{F-F_{阻}}{m} \Rightarrow F = F_{阻}, a = 0 \Rightarrow 保持\ v_m\ 匀速$$
$$\downarrow F = \frac{P}{v} \qquad\qquad 速度最大\ v_m = \frac{P}{F_{阻}}$$

图 12-4 机车以恒定功率启动过程示意图

运动学与动力学结合习题解题方法

呈现方式一:文字呈现

该类问题有两种基本范式:

(1) 其一是给出速度、位移等运动学条件,求解物体动力学量,如受力情况;其二是给出物体受力方面的条件,求解物体位移或速度等运动学量。

(2) 解决此类习题的方法:可以由已知条件出发,通过物理量加速度将运动学规律与动力学规律——牛顿定律等联系起来求解。

呈现方式二:示意图呈现

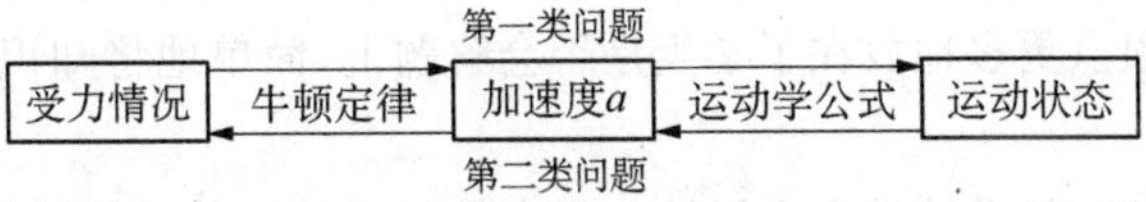

受力情况 ← 牛顿定律 ← 加速度 a → 运动学公式 → 运动状态
（第一类问题 / 第二类问题）

图 12-5 运动学与动力学结合一类习题解决示意图

上述两种方式相比,方式二比较清楚地显现:有两种类型及基本特征;解决该问题的核心,以加速度为桥梁。较方式一的文字表示,要素及相互间的关系更突出,因而更为合适。

(三) 其他功能的小结例析

结尾还可有其他目的,如以下几例[①]:

案例 12-12

1. "留有悬念",讲究思维的发散性

一位教师在讲授"欧姆表原理",小结时,出示一张测量电阻方法比较表:

表 12-2 几种测量电阻方法的比较

	伏安法	欧姆表法	电桥法
优点	原理明确	测量简便,可以直接测量	
缺点	精度不高,不能直接读	精度稍差	

---

① 唐一鸣.物理教学艺术[M].南宁:广西教育出版社,2002:190.

> 表中对电阻测量的两种主要方法：对欧姆表法和伏安法作了优缺点比较,同时为下节课将要学习的"电桥法"设置了伏笔,也给学生留下了悬念,促使学生在预习中寻找这两个问题的答案。
>
> 2. 知识的应用拓展
>
> 在"动量定理"这节课的小结时,一位教师做了一个小实验：用一根细线,悬挂一重物（一块普通的石头）,如图所示,然后问学生,当教师拉下面的细线时,是上面的线先断,还是下面的线先断？
>
> （学生热烈讨论。）
>
> 教师说"我完全可以控制,要上面的先断也行,要下面的先断也行",然后当堂做两次实验与预测结果相一致。提出问题由学生思考,"请同学结合今天所学知识加以解释,下节课做出回答"。

图 12-6 动量定理应用实例

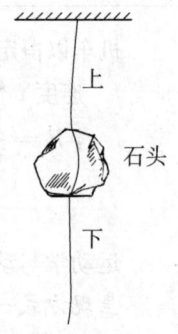

对于课堂教学结尾环节的处理,在当前的教学环境中主要存在这两种情况：其一,对小结环节的重视程度不够。很多教师认为整堂课该讲的内容已经在新课教学过程中逐一涉及了,没有必要再花时间去重复知识点。有的教师往往就习惯性地用课堂习题、课后练习加以代替,将着眼点更多地放在了学生是否会解题上,简单地将知识点的掌握和做题的准确率等同化。

其二,对小结环节的设计带有盲目性。很多教师主观上其实是重视小结环节设计的,但可能对于每节课的小结都会采用不同的方法,这样的"手段多样性"实际上也是一种盲目性的表现,即没有真正把握课堂教学小结环节设计的目的性和重要性。

第二节 物理教学方法选择技能

教学方法多种多样,但究其本质乃是组织学生进行各种认识活动的方法。由于认识活动是由学生自己完成的,所以教师教的活动只有符合学生的认知规律才能收到良好的教学效果。物理课堂教学是中学物理教学的重要方面,所以,正确地选择中学物理课堂教学方法并恰当地予以运用,对提高物理教学质量将起到举足轻重的作用。

一、中学物理教学中常用的教学方法

（一）讲授法

讲授法是教师通过口头语言系统连贯地向学生传授知识进行教学的方法,它是讲述、讲解、讲谈、讲演法的总称。其特点是主要通过教师的语言,适当地辅以其他教学手段（如：利用实物、挂图、演示实验等）,使学生掌握知识,启发学生思维,发展能力。这就要求运用此教学方法时,教师要适当地利用实物、挂图等手段,尽量多做演示实验,并以生动、形象、富有感染力、说服力的语言,清晰、明确地揭示该节课所讲内容的要点,积极地引导学生进行认知活动。

讲授法要求物理教师通过各种直观演示,或以生动形象的事例唤起学生已有的感性认识,系统地讲解物理知识,揭示事物的矛盾,讲解问题的关键、要害,教给学生处理问题的正确、有用的方法,引导他们进行积极的思考,学会掌握物理知识的特点。在中学物理教学中,采用讲授法的要求是:

(1) 讲授的内容要具有科学性和思想性,讲授要有系统性和逻辑性,条理分明,层次清晰,结构严密,突出重点,要符合学生的实际认知水平和认知规律,做到由浅入深,由易到难,由具体到抽象,使学生在接受知识的同时受到教育和启迪;

(2) 讲授要理论联系实际,善于选用材料,运用直观教具、典型案例,从分析解决实际问题中总结概念和规律,使学生意识到学习的内容与实际有着密切的关系;

(3) 语言要直观、形象、简练、准确,要有启发性,力求规范,抑扬顿挫,语速适当,富有感情;板书要有计划、有条理,既有内容又有线索,字迹工整清楚;

(4) 讲授时要注重培养学生的兴趣,调动学生的积极性、主动性,要善于提出问题,创设问题情境,启发学生的思维和想象,引导学生的求知欲,激发学生的思维能力。

利用讲授法能够充分发挥教师的主导作用,提高教学的效率,让学生在较短的时间内获得较多的系统的间接知识,而且,还能有计划、有目的地向学生进行政治思想教育,发展学生的潜力,培养能力,陶冶情感。然而,这种教学方法易使学生产生依赖思想,学生的活动较少。正确地运用讲授法需要投入巨大的创造性劳动。在实际教学中,由于师资、教材、物质条件的限制和其他因素,讲授法的质量有时并不高,或者几乎成为中学物理教学的唯一方式,并使因循守旧、照本宣科等教学陋习有藏身之所。因此在当前教学改革中要强调正确地对待和运用讲授法。

(二) 实验法

把观察、实验这种人类对客观事物的认识方法与物理学有机地结合起来,就构成了中学物理教学中常用的实验法。它是在教师指导下学生运用一定的仪器设备进行独立作业,观察事物或现象的变化,探索规律,以获取知识和技能的方法,包括边讲边实验、学生分组实验、变教师演示实验为学生动手实验、学生课外实验、探究实验等。

实验法的特点主要是靠学生亲自动手做实验,把实验感知与思维活动紧密结合来获得知识、技能,以此来发展学生的智力和提高他们的学习能力,特别是培养学生观察能力和动手操作技能,养成勤于动手、善于思考的良好学习习惯,以及严谨的科学态度和实事求是的工作作风。

教师主要是要创造实验条件和环境,指导学生动手操作,动脑发现问题、积极思考;学生在老师的指导下,亲自操作,进行观察、记录、分析、综合实验现象与结果,归纳得出结论。学生在进行实验过程中,教师不仅要在巡视中引导学生不断明确实验的目的和要求,而且要及时发现问题,防止不应有的事故。教师不仅要引导学生利用已掌握的有关知识和经验,而且要善于根据情况的变化,灵活地运用知识。实验活动本身包含着复杂的认识活动,通过观察现象、亲自安装实验设备、使用仪器等各种实际操作,以及处理数据得出结论,并写出实验报告,可以逐步培养学生掌握知识、技能和进行观察研究、探讨的能力,提高分析问题和解决问题的能力。

实验法直观性强,所观察的事物、现象会在头脑中形成生动的表象,对知识的理解和保持,起着十分重要的作用,而且能够激起学生学习物理的兴趣,形成今后的爱好和志趣。

(三) 问题讨论法

问题讨论法是由教师根据教学需要提出问题,由学生事先准备,课上进行讨论,再由教师总结的一种教学方法。这种教学方法最早是由美国教育家杜威针对当时欧美各国大多采用注入式教学法提出来的,杜威认为教育是属于经验的发展过程,在经验的发展过程中,行是首位的,因而教学应该从学生的活动开始。为了提供教学活动的机会,把学习内容加以组织,使它成为学生自己的问题,学生在解决自己的问题的过程中获得知识和技能,培养思维能力和学习方法。

在这里应当指出,中学物理教学中如果只是在课堂上提出问题,当时就叫学生打开课本进行阅读,接着就进行讨论,最后全体学生一致同意教材中所叙述的黑体字结论,这是一种形式上的问题讨论,不能叫作问题讨论教学法。问题讨论法必须要让学生在进行讨论之前做好充分的准备。学生的准备过程,就是独立地或半独立地自己学习的过程。通过讨论,学生之间可以相互交流、相互启发,集思广益、取长补短,进而达到从不同的角度来认识事物、现象,并能深入、全面地理解所学知识。这样学得的知识能够保持较深的记忆,讨论中还能增长新知识,开阔思路,活跃思想,增强学习兴趣。然而,问题讨论教学法的运用,对教师提出了更高的要求:

(1) 教师必须在熟练地把握教材内容、教学要求、学生学习容易遇到的困难和障碍的情况下,提出恰到好处的讨论问题,同时要充分估计在讨论过程中会出现的各种情况,以及准备如何完善地引导和解决问题的措施;

(2) 教师要创设条件,并引导学生事先阅读课本和其他有关的资料,引导学生做一些实验,或进行对有关自然现象的观察,最好要求预先写好发言提纲,要有观点,有材料,有分析,有结论,防止讨论过程中脱离主题,流于形式;

(3) 讨论过程中,要善于启发学生独立思考,充分发表自己的见解,并能对不同的意见展开深入的讨论,最后,教师要对讨论的问题做出明确的结论。

问题讨论法一般适用于学生接受起来不是最困难,但在理解、应用上常常容易发生错误的一些内容的学习。其优点是:在教学过程中重视启发学生思维,注重其解决问题能力的培养和提高;可以激发学生的学习兴趣和求知欲并有利于知识的深化。但这种教学方法也存在讨论问题的内容多来自于书本,学生缺少动手和实践活动的锻炼等局限性。不过,问题讨论法能充分调动学生的积极性,若运用得当,能集中学生的注意力,使课堂气氛活跃,对培养学生思维的敏捷性和灵活性以及语言表达能力都会有独特的促进发展作用,同时也是培养学生自学能力的一种较好的教学措施。

问题讨论法需要每位学生通过倾听、接受其他同学的意见,贡献自己的建议,并合理有据地参加讨论,是合作学习的一种形式。

(四) 探索发现法

探索发现法是以发展探索性思维为目标,以再发现为步骤的教学方法,是指在教师指导下学生自己去发现问题,并探索解答后掌握原理原则的教学法。

探索发现法的特点是:教师必须创设一定的实验条件,以便学生亲自进行探索,最后,学生不仅掌握物理知识本身的内容和特点,而且也掌握了获得知识的过程和方法。运用发现法教学的一般步骤是:

(1) 教师首先提出学生感兴趣的带有探索性的问题,或创设问题情境,使学生在这种

问题或情境中产生矛盾,提出要求解决或必须解决的问题,鼓励其发现的信心;

(2) 把问题分解成若干需要回答的疑问,明确要发现的目标,激起学生的求知欲,使他们产生探索问题的兴趣和好奇心;

(3) 指导学生利用教师和教材所提供的材料,对教师所提的问题提出解决问题的各种假设;

(4) 帮助学生收集和组织有关资料,尽可能提供发现的依据,从而检验自己的假设,训练学生运用知识和解决问题的能力。

探索发现法有利于激发学生的智力潜力,培养解决问题的能力和探索的技巧,在探索的过程中增强学生的责任心,有利于学生对知识记忆的保持。不过,发现教学过分强调学生解决问题的能力培养,把它定为教学的首要目标,没有能摆正传授知识和培养能力的关系,这在一定程度上淡化了知识掌握的重要性。另外,发现教学的随意性大,学习过程中诸多因素难以控制,因为发现教学反对对学生的学习加以限制,这也是探索发现教学法的局限所在。探索发现法也可称为探究式教学。

二、选择物理教学方法的客观依据

教学方法的选择和确定是有客观基础的。直接影响物理教学方法的选择和确定的因素有：培养目标、教学任务、教学内容、学生特点、教学条件、教师的素质等等。无论选择哪种具体方法,都要从实际出发,必须符合学生认知规律,决不能只是根据教师的意向来选择。所选取的教学方法都应能够促进师生间更好的交流,激发学生的学习兴趣,引起积极的思维活动,有利于全面提高学生的学习能力和科学素养。

一般来说,讲授法系统性较强,能在较短的时间内传授大量的知识,并能有力地启发学生思维,较适合于理论新授课和大班教学;问题讨论法较适合于习题课、复习课和实验课;带有实践性的、可有效训练学生领悟物理学研究方法和探究能力的教学内容,用实验法和探索发现法较适宜。为了发挥各种教学方法的优势和实现功能互补,在教学实践中应根据实际情况综合运用。

我们中学物理教师在选择教学方法时主要的依据可以从以下几个方面谈起：

(1) 教学目标和任务。教学方法的选择归根到底是为实现教学目的服务的,不同的教学目标和任务需要用不同的教学方法来实现。如掌握知识,可选讲授法;形成技能,宜选实验法;发展科学探究能力,宜选择探索教学法。为此要求教师首先要明确课堂教学总的目的与任务,其次对每个环节的教学内容是什么,要具体完成哪些任务,达到什么目的,重点是什么,造成难点的原因何在,教学的关键在哪里,都必须作出深思熟虑的分析,以便做到有针对地选取教法。

(2) 教学内容。选择教学方法时,必须考虑具体的教学内容适合用哪些教学方法。一般说来,内容特点不同,具体教法也有差异。如理论性和系统性较强、教学时间又受限制的内容,适合选用讲授法;实践性强内容适用实验法;教学中的一些疑难点问题,可采用问题讨论法或是探索发现法;与社会、生活、科技联系紧密的内容,可选择讲授、探究和讨论相结合的方法。

(3) 学生特点。学生学习的过程是教师教的过程的出发点和归宿,教师在选择教学方法时要考虑和分析学生的年龄特征、知识基础、生活经验、认知水平、生理和心理特点以及物理学习中的障碍与困难因素,乃至学习风气、课堂学习表现等等。如初中生以形象思维为主,宜更多地选用实验法、探索法等;而高中生的逻辑思维能力强,可适当地多选用讲授法。但从物理学的本质和学生学习兴趣意志方面考虑,也应尽力选择实验法和探索发现法等。

(4) 教学条件和教学时间。这是选择教学方法的物质基础,也在一定程度上限制着教学方法的选择与实施。某些教学方法的运用,需要一定的基础教学设施和环境(包括实验设备、各种教学资源等),譬如没有足够套数的仪器就不能选用"学生实验探索法"来教课。所以说教师还需要针对本校的教学条件,考虑其运用实施的可能性。另外,学校的教学时间是相对固定和有限的,需要协调好教学方法与时间要求的冲突和矛盾,力求用最少的时间获得最佳的教学效果。

(5) 教师特长与教学艺术风格。教师是教学过程的设计者,也是教学方法的编导与执行者。对教师来说,课堂教学是一种高级的个体脑力劳动。教师自身的特长与教学艺术风格特点在一定程度上影响和决定着教学方法的选择与发挥。从教学艺术水平的发挥与实际教学效果考虑,教师在方法选择与实施中要尽可能扬长避短。

值得指出的是,教师不能把自己的特点作为唯一依据去选择和实施教法,以免造成课堂教学方法的单一化模式。应努力苦练教学基本功,研究和掌握各种教法与教学技能技巧,以便在教学中全面发挥带有个性特点的教学能力。

三、探究式教学的实质与实施

在第十章第三节中指出教学就是**教师遵循各环节中相应策略的引导,帮助学生选择解决子问题的技能**,从而解决问题、习得所学知识的过程。教学方式主要有三种:传授式教学、启发式教学、探究式教学。

前两者以教师的讲授和引导为特征,为讲授式教学。在启发式教学的每一次师生互动中,学生往往经历一个简单的演绎推理,或归纳,或识别一个信息加工所需的有效信息;而传授式教学中,教师有序地呈现必要信息,合理进行加工,学生遵循教师思路,逐一确定认可。第三种探究式教学方式是在教师辅助下,通过学习者自己解决问题习得所学的知识。本节重点讨论探究式教学的条件和实施。

科学探究原指科学家们在研究自然现象过程中对研究所获得的事实证据做出解释的各种方式。探究式教学是指在教师的帮助下,学生以类似科学家做科学研究的方式去学习学科知识与技能、获得科学方法、感受科学思想的教学方式。探究式教学是当前科学课程所提倡的一种教学方法,那么探究式教学中,学生经历的内部过程有何特征?科学课程中哪些类型课题适合设计为探究式教学?教学中教师如何有效实施?本节结合学习心理学关于问题解决的研究,尝试对上述问题做出回答。

(一) 问题解决的研究

1. 问题

问题都有三个构成成分:①初始状态,表现为一组给定的信息;②目标状态,是关于构成问题结论的描述;③障碍。在问题的初始状态与目标状态间存在障碍,正确解决方法并非显而易见,必须间接地通过一定的认知操作才能改变给定状态,逐步达到目标状态。[1]

---

[1] 林崇德,等.心理学大辞典[M].上海:上海教育出版社,2003:1314.

《科学课程标准》中给出科学探究六个基本要素：提出问题、猜想和假设、制定探究方案、获取事实与证据、检验与评价、表达与交流。对一个实际的研究课题来说，在上述每一环节实现时，由于学生通常不具备直接解决的经验，都可能会遭遇障碍，即需要学生经历解决问题的过程。如学习"楞次定律"时，如果采用探究式教学，学习者必然面对如下一系列子问题的解决：

(1) 遵循何种策略或方法分析影响感生电流方向的各种因素？

(2) 在已知影响感生电流方向可能因素的条件下，遵循何种方法规划实验方案？

(3) 遵循何种方法确定实验原理，选择实验仪器并加以组合，形成可行的实验装置来研究这些因素是否与感生电流方向有关或有什么样的关系？

(4) 遵循何种方法来形成执行实验的具体步骤？

(5) 采用何种方法来对实验数据进行处理，并获得结论？

(6) 采用何种方法对所获结论的可靠性进行验证？

因此，在探究式教学中教师应首先明确学生需要解决的具体是哪个环节的问题。

2. 问题解决的过程

现代信息加工心理学把解决问题分为以下几个阶段：形成问题空间、确定问题的解决策略、应用算子、评价当前状态。[1]

问题解决者要解决问题需具备两个基本条件：其一，解决问题所需的必要技能，也就是算子，科学课程问题解决中，算子通常就是解决问题必需的科学概念、定律、原理等；其二，需要有将必要技能"挑选出来，并加以有序组合、排列"的技能，即解决问题的策略，也就是通常所称解决该问题的方法、思路等。

因此，问题解决的过程就是问题解决者在形成的问题空间中，运用一定策略，选择、排列、组合解决问题所需必要技能的过程。问题解决总是在一定策略或者说方法引导下实现的，不同个体在解决同一问题时可采用不同的策略。[2]

3. 问题解决的思维水平

布卢姆教育目标分类（修订）中，认知过程维度第 4 层次为"分析"——指把复杂的知识整体材料分解成部分，并理解各部分之间联系的能力；第 7 层次为"创造"——指将要素加以组合以形成一致的或功能性的整体；将要素重新组织成为新的模式或结构。[3]

解决问题需要个体依据已习得的知识理解问题题设条件的意义、各条件间的关系等，从而形成相应的问题空间，这需要学生具有"分析"层次的能力。

真正解决问题，又需要个体在策略的引导下从认知结构中挑选解决当前问题所需的基本知识和技能并适当排列组合才能实现，这需要学习者达到"创新"这一能力层次，尽管个体在解决不同问题中"创新"的程度可能存在较大差异。

问题解决中的思维活动应达到布卢姆教育目标分类中"分析"和"创新"层次。

---

[1] 王甦,等.认知心理学[M].北京：北京大学出版社,1992：288.
[2] 陈刚.问题图式在物理问题解决教学中的应用[J].课程·教材·教法,2009,(7)：57.
[3] 皮连生.智育心理学[M].北京：人民教育出版社,2008：85—86.

(二) 探究式课题的条件

问题解决是问题解决者运用一定策略或方法在问题空间中搜索解决问题所需必要技能的过程,因此,一个课题可否设计为探究式教学,需要两个基本条件:

第一,问题解决所需的必要技能应清晰、具体,且需要学生通过"分析"、"创新"等比较复杂的思维活动才能完成;

如果课题中的问题,只需学生从认知结构中直接提取即可回答,而没有"分析"等复杂的思维活动,那也就不是探究了。

第二,问题解决存在比较明确的解决策略或方法。

问题解决所需策略是具体明确的,那么当学生探究出现困难时,教师就可通过提供这些策略或者说方法,引导学生沿正确的方向思考,确保学生能有效地解决问题并习得学科知识。

(三) 科学探究各环节设计为探究式教学的可行性分析

1. "提出问题"环节

学生在课堂中探究解决问题,其目的是为了习得课程标准规定的学科知识,教材中每一节标题和内容往往已显现出需要研究的对象,而从问题情境中识别出待研究的对象,学生思维过程也较单一,如"猜测"环节的思维过程,一般无须经过分析、创新等复杂思维活动,所以这一环节可参与学生较多,但难以做到真正解决问题或者说探究。

2. "猜测与假设"环节

案例 12-13

● 案例

"汽化"教学中"猜想与假设"环节,教学如下:

师:汽化有两种方式,蒸发和沸腾。湿衣服晾在竹竿上变干,下雨天晴后,原先湿漉漉的操场慢慢变干了,这些都是蒸发现象。蒸发有快有慢,影响蒸发快慢的因素有哪些?请同学们提出猜想,并说明猜想的依据。

生:蒸发可能与温度有关。衣服晒在太阳下或放在火上烤,干得快;

生:蒸发可能与通风有关。没有太阳的日子,晾在室外的衣服比晾在室内的干得快;

生:蒸发可能与物体和空气接触面积的大小有关。一杯水放在面盆里就比放在杯子里蒸发得快。

● 分析

本课例中涉及的经验事实是多数学生都或多或少经历过,因此学生可以比较容易地从情景中识别出被研究现象(蒸发),同时与其可能相关的因素如温度、通风、与空气接触面积等概念意义也已习得并能从情景中直观地识别出,所以此环节活动,多数同学都可参与,从整体上显示出积极的活动,但就每一个学生个体来说,其思维活动还是比较单一,主要是能提取出存在被研究现象出现变化的情景,并从中识别出情景中其他变化因素即可。也就是说,对于学生具有较为丰富经验的学习内容,猜测时一般并不需要经过"分析"等复杂的思维活动就可完成,也不是真正地解决问题。

---

① 张民生. 名师授课录(初中物理)[M]. 上海:上海教育出版社,1996:341—342.

而课程教学中更多的学习内容,对学生来说是缺乏直接经验的,被研究现象出现的情景以及需要识别的因素及其变化也不像前例那样直观,学生很难通过自己的思维活动来有依据地进行分析,所以也无法在课堂教学有限的时间内体现出有效的探究。如,楞次定律教学中,要猜测"感生电流的方向与何种因素有关",由于学生已知产生感生电流的情景就很有限,同时情景中需要学生识别的信息,如原磁场的方向、原磁场的变化、感生电流方向、感生电流磁场等不仅多且为抽象的概念,而感生电流的磁场又与原磁场磁通的变化有关,而不是与磁场的大小、方向等因素有关,也就是说感生电流方向的影响因素,要以感生电流的磁场与原磁场磁通变化的关系为桥梁来把握,并不直观,所以学生很难像前例中那样做出合理猜测。

此外,"猜测"环节也不存在有效的方法,即只要学生遵循该方法的指引,就可比较准确地猜测出相关的影响因素。

综合上述分析,"猜测与假设"环节中存在的问题,其解决所需必要技能相对单一,也不存在有效方法,故这一环节也不宜设计为探究式教学。

如第六章第一节阐述,实验归纳学习途径各子环节问题及解决的策略如表 10-4 所示。

由上分析,科学探究中"制定探究方案"、"获取事实与证据"、"检验和评价"等环节中包含的问题具有较为明显的科学课程特征,且解决所需基本技能较多、认知策略具体清楚,适宜设计成探究式教学。

(四) 探究式教学的指导

探究式教学实施中需要教师提供有效的指导,要达到这一目标,就要求教师做好教学任务分析,清晰地认识教学中学生需要解决的问题为何、解决时必要技能为何、解决的基本思路为何。教师可以通过提示解决此问题所需的策略来引导学生解决问题。

问题解决中,当学生遭遇困难时,如果教师直接呈现给学生解决问题所需的知识和技能,学生的思维活动将不会有搜索和选择过程,也就不是什么探究了。因此,探究式教学中,当学生解决问题遇到困难时,如果缺少的是必要技能,教师不应直接呈现,可通过帮助学生回忆以往学习经验来提取;如果学生缺乏解决问题的思路时,教师可以通过一定方式呈现解决此问题所需的策略,由此引导学生有效地解决问题。

提供策略有两种基本方式:[①]

(1) 以较为明确的文字形式引导学生获得解决问题的策略,如下述工作单一所示。

(2) 提供以往的运用该策略解决问题的实例供学生分析类比,由学生自己领悟解决问题的策略,并加以运用解决问题,如下述工作单二所示。

案例 12-14

"探究滑动摩擦力"教学时,将"获取数据和事实"环节设计为探究式教学。

教学过程

师:经过前面的讨论,同学们了解了影响滑动摩擦力大小的因素,并设计出进一步研究的实验装置。在实验前,还请同学们思考这样一个问题:本次实验中研究的因素有多个,且实验次数也较多,因此实验中的数据也较多,那么同学们考虑如何记录实验数据呢?

[①] 陈刚,舒信隆.新编物理教学论[M].上海:华东师范大学出版社,2006:150.

学生讨论,教师巡视。

对于没有思路或不能很好完成的同学,教师可以提供如下工作单引导学生完成:

工作单一

列表是一种记录数据的有效方法,在列表时应确定:
(1) 本次实验研究对象、相关因素;
(2) 分别研究被研究对象和相关因素之间关系,需要分成几组实验;
(3) 每一组实验需要进行次数,实验变化条件和不变的条件;
(4) 待测物理量及实验次数放置于表格行一维或列一维。

也可以采用**类比**方式指引学生思路,如下:

工作单二

右表是"研究液体内部压强"的实验记录表格。

观察这张表格,这张表格上记录有实验次数、实验变化条件(探头的开口方向、探头深度),以及结果的情况(压强计液面高度差)。对照这张表格,思考本次实验中需要测量的物理量有哪些,如何规划实验步骤。设计本次实验的数据记录表格。

探头在液面下的深度	实验序号	探头方向	压强计液面高度差(cm)	
			水	盐水
5 cm	1	上	3	5
	2	下	3	5
	3	左	3	5
	4	右	3	5
12 cm	5	上	7	9
	6	下	7	9
	7	左	7	9
	8	右	7	9

● **分析**

对比两次提示,后一种学生必须从提供的材料中分析获得探究多变量问题的基本思路——控制变量法,并依据该方法的思路,结合本研究物理量间的关系,设计出实验方案。后一种提示方法中,学生的思维活动更丰富,自主性更强。

详细的案例讨论参见第十章第二节编写教学方案中"牛顿第二定律"教学中的"设计实验环节"设计。

四、合作学习的实施

(一) 合作学习的概念

合作学习（cooperative learning）是20世纪70年代初兴起于美国，并在70年代中期至80年代中期取得实质性进展的一种富有创意和实效的教学理论与策略。由于它在改善课堂内的社会心理气氛，大面积提高学生的学业成绩，促进学生形成良好非认知品质等方面实效显著，很快引起了世界各国的关注，并成为当代主流教学理论与策略之一，被人们誉为"近十几年来最重要和最成功的教学改革"。

1999年《国务院关于基础教育改革与发展的决定》中专门提及合作学习，指出："鼓励合作学习，促进学生之间的相互交流、共同发展，促进师生教学相长。"根据课程标准的阐述，合作学习主要是"以生生互动为特征"，是一种旨在促进学生在异质小组中互助合作，达成共同的学习目标，并以小组的总体成绩为奖励依据的教学策略体系。其主要特征包括小组目标、个人责任、成功机会均等、小组竞争、任务专门化和适应个人需要等。

(二) 合作学习的基本理念

1. 互动观

合作学习视教学动态因素之间的互动为促进学生学习的主要途径，它不再局限于师生之间的互动，而是将教学互动推延至教师与教师、学生与学生之间的互动。

合作学习认为，生生互动是教学系统中尚待进一步开发的宝贵的人力资源。合作学习开发和利用了教学中的人力资源，把教学建立在更加广阔的交流背景之上，这对于提高学生学习的参与度，具有重要的指导意义。

2. 目标观

合作学习认为，学习是满足个体内部需要的过程。从合作学习的整个过程看，其情意色彩渗透于教学过程的各个环节之中。尤其是在小组合作活动中，小组成员之间可以互相交流，彼此争论，互教互学，共同提高，既充满温情和友爱，又像课外活动那样充满互助与竞赛。同学之间通过提供帮助而满足了自己影响别人的需要，同时，又通过互相关心而满足了归属的需要。在小组中，每个人都有大量的机会发表自己的观点与看法，倾听他人的意见，使学生有机会形成良好的人际交流技能，当学生们在一起合作融洽、工作出色时，他们学到的就会更多，学得也就更加愉快，由此可以均衡实现认知、情感与技能教学目标。

3. 师生观

传统教学中教师既"导"且"演"，学生充当着配角或背景，甚至是旁观者。在这种教学情境中，学生的主体地位难以真正得到体现。合作学习认为学生的活动是教学过程中最主要的活动，提倡教师当好"导演"，学生当好"演员"，从学生主体的认识特点出发，巧妙地运用了生生之间的互动，把"导"与"演"进行了分离与分工，把大量的课堂时间留给了学生，使他们有机会进行相互切磋，共同提高。由此以来，在传统课堂上许多原先由教师完成的工作现在就可以由学生小组来完成，教师真正成了学生学习过程的促进者。教师的主要精力可以放在合理规划教学方案方面，确保"导"的质量。

4. 形式观

与传统教学不同，合作学习是以小组活动为基本形式的一种教学活动，但集体授课仍然在整个教学过程中占有相当重要的地位。合作学习中的课堂讲授过程也力求简要清晰，能为后续的小组活动留有足够的空间。每个小组都应是全班的缩影。同时，全班各合作学习小组之间又应具有同质性。组内异质、组间同质为互助合作奠定了基础,而组间同质又为保证全班各小组间展开公平竞争创造了条件。

5. 评价观

传统的教学评价关注个体在整体中的位置,它把是否"成功"作为衡量学生优劣的唯一标准。在这种评价方式下,只有少数学生能够得到高分或好名次,能够取得分数意义上的成功,而大多数学生则注定是学习的失败者,这不利于大多数学生的发展。

合作学习把"不求人人成功,但求人人进步"作为教学所追求的一种境界,一般可以引入"基础分"和"提高分";基础分是指学生以往学习成绩的平均分,而提高分则是指学生测验分数超过基础分的程度。引入基础分与提高分的目的,就是尽可能地使所有的学生都有机会为所在的小组赢得最大的分值,指导学生将着力点定位在争取不断的进步与提高上,自己与自己的过去比,只要比自己过去有进步就算达到了目标。把个人之间的竞争变为小组之间的竞争,把个人计分改为小组计分,把小组总体成绩作为奖励或认可的依据,形成了"组内成员合作,组间成员竞争"的新格局,使得整个评价的重心由鼓励个人竞争达标转向大家合作达标。

(三)合作学习中教师的作用

1. 合理分工

采用异质分组的原则,将男生和女生、成绩好的和有一定困难的、性格内向和性格外向的分在一起,且每学期调整一次。

教学的目的在于帮助每一个学生进行有效的学习,帮助学生检视和反思自我,学习任务的确立要考虑到学生的兴趣与需要,要贴近学生实际、有选择性、有一定难度、具有思考价值。各小组根据自己的兴趣、能力选择学习任务;小组成员间根据个人的特点分配任务。

2. 教师指导

(1) 启发活动。教师是学习的帮助者,在小组合作学习遇到困难时进行帮助和指导。有的小组成员对自己的想法表示怀疑,不断向老师暗示,需要老师的肯定,这时教师给予激励性的评价,肯定学生的想法,让学生对自己有信心。有些小组的学生活动开展得较好,研究出了很多种方法,有些方法还很独特,这时教师给他们再提出问题,设置困难,帮助孩子拓宽思路,鼓励他们更敢想。

(2) 组间调控和调节矛盾。任何一种学习都需要不断加强、巩固,有个别的学生在某些情况下会游离于学习小组之外,或组长没有关心到每一位组员,有的学生还不能马上调整,进入学习状态;学习任务、角色分工还不太明确,小组成员的合作氛围不太融洽等。教师在巡视、监控中发现了问题,可以及时调控学生,提示学生进入学习状态,承担小组的任务,协调矛盾,促进合作学习的进行。

(3) 参与讨论。传统教学中强调教师主导的作用,随着教育科学研究的不断推广、深入,教师的观念、角色也在发生变化。在合作学习中,教师作为学习小组的一员,参与到小组学习活动中去,分担一定的角色,以平等的姿态发表自己的意见,共同完成学习任务。

总之,合作学习以现代社会心理学、教育社会学、认知心理学、现代教育技术学等理论为基础,以研究与利用课堂教学中的人际关系为基点,以目标设计为先导,以师生、生生、师师合作为基本动力,以小组活动为基本教学形式,以团体成绩为评价标准,以标准参照评价为基本手段,以大面积提高学生的学业成绩、改善班级内的社会心理气氛、形成学生良好的心理品质和社会技能为根本目标,是一种极富创意与实效的教学理论与策略体系。合作学习作为一种新的教学方式,在理论研究与实践中尚待进一步发展。

【本章小结】

1. 中学物理课堂教学的引入技能

激发认知动机需要:教师应通过设置问题情境,激发学生的学习需要;告诉学生问题情境在学习后消除,帮助学生建立学习期待;在教学结束后,帮助学生消除问题情境。

物理问题情境可从"生活中的物理"、"趣味物理问题集"、"物理课外实验"等资料中选择。

课堂引入对教师的要求是:(1)引入所选的材料要紧扣课题;(2)从生活走向物理;(3)课堂引入要能启发学生去发现问题,引起悬念,调动学生积极主动地进行思考。在实际的中学物理教学中常用的课堂引入方法有:直接引入法、复习引入法、问题引入法、实验引入法、实例引入法、史实引入法。

2. 中学物理课堂教学的小结技能

物理课堂小结是教师在课堂教学结束时对教学内容所进行的整理、归纳和深化,是一个提炼、概括和系统整理的过程。可根据物理概念和规律图式结构完成具体概念和规律小结、可用列表等方式完成相关概念和规律的关系小结、可根据物理习题课中步骤序列图完成解题方法的小结。中学物理课堂小结主要有以下几种方式:总结概括式、预习引导式、练习巩固式、首尾呼应式、分析比较式及学生自主小结式。

3. 物理教学方法选择技能

教学方法多种多样,但究其本质乃是组织学生进行各种认知活动的方法。中学物理教学中常用的教学方法有:讲授法、实验法、问题讨论法、探索发现法。每一种方法都有自己的特点,也各有其适用条件和适用范围,也就是说,每种方法都有各自的优点和局限性。教学方法的选择和确定是有客观基础的。直接影响物理教学方法的选择和确定的因素有:培养目标、教学任务、教学内容、学生特点、教学条件、教师的素质等等。

4. 探究式教学

探究式教学中学生经历的是问题解决过程,因此需要学生解决问题,其解决问题所需技能学习者是否具备、解决问题所用策略学习者是否能提取出来,是影响探究式教学中学生能否解决问题并完成学习任务的两个因素。教师应明确探究式教学中,需要学生解决的问题为何、解决过程中还可能会遇到哪些子问题、各问题解决的策略为何、各问题解决所需技能为何。教师可事先准备相应的技能提示单、策略提示单,当学生遭遇到困难时,应呈现提示单引导学生完成问题的解决。

【拓展阅读】

1. 阎金铎,查有梁. 物理教学论[M]. 南宁:广西教育出版社,1996.

该书第四章提出教学模式,主要有"导学—讨论模式"、"指导—探索模式"、"目标—掌握模式"、"图表—竞赛模式"等,从模式溯源、操作程序到注意事项、理论依据等逐一梳理。

2. 封小超,王力邦. 物理课程与教学论[M]. 北京:科学出版社,2005.

该书第六章简单介绍物理教学常用的方法。

3. 刘炳升,仲扣庄. 中学物理教师专业技能训练[M]. 北京:高等教育出版社,2004.

该书第三编第三章阐述物理探究式教学理论,第四章通过"平面镜成像"、"黑箱功能"等案例呈现探究式教学实施。

4. 廖伯琴,张大昌. 普通高中物理课程标准(实验)解读[M]. 武汉:湖北教育出版社,2004.

该书第二编"内容解读"中第三章,从课标制定视角阐述对探究式教学实施的基本要求。

5. 李春密,王丽芳,李多. 新课程理念下中学物理教师对教学技能需求情况的调查研究[J]. 课程·教材·教法,2006,26(9):67—68.

该篇文章从物理教学设计、教学媒体的适用和制作、课堂教学、实验、学习方法指导等方面,分析物理教师所需教学技能。

【思考与练习】

1. 新课程标准规定中学物理教学目标是包含知识与技能、过程与方法、情感态度与价值观三个维度的目标体系,请谈谈你对这三维教学目标在实际的中学物理教学中具体指向的理解。例如:在"知识与技能"方面的目标中说说物理学的基本观点和思想有哪些;在"过程与方法"维度上谈谈:何谓科学探究过程?何谓科学探究方法?在"情感态度与价值观"方面试回答:何谓人文素养?何谓人文精神?为什么要把提倡科学精神与人文精神并重?

2. 结合本章所介绍的常用教学方法,请谈谈你对实际中学物理课堂教学优化组合的设想和看法。

3. 请以高中物理"自由落体运动"为例,运用一种或多种教学方法和手段,来设计一节课的教学,并说说你选择教学方法的依据。

第十三章 物理课堂教学规划技术(二)

通过本章的学习,你能够
- 掌握物理课堂教学目标的撰写技术;能举例解释物理课堂教学目标对应的学习结果类型,能遵循教学目标陈述的方法合理描写物理课堂教学目标。
- 理解物理课堂教案编写方式;能举例解释各教案编写的特点和规则。
- 掌握物理课堂教案的编写;能将具体物理教学内容的某类教案转换为其他类型的教案。

第一节 物理课堂教学目标陈述技术

教学目标是预期的学生学习的结果,加涅将人类学习结果划分为五类,分别是智慧技能、认知策略、言语信息、动作技能、态度。一次具体的学习活动,学习者这五类学习结果中的一项或多项会出现变化,因此应该通过教学后预期学生在上述学习结果方面的发展变化来界定教学目标。

课时教学都有具体的学科知识内容的学习,即"知识"目标;在学习中,学生往往会自觉或不自觉地运用一定的方法(认知策略),因此也可能会存在习得认知策略的可能性,即达成"方法"目标;同时,课时教学中,学生也可能以科学家研究行为作为学习对象,明了什么样的行为是值得做的,什么样的行为是不值得做的,也就是了解特定态度要求的行为,由此也可能需要设置"态度"目标。

三类学习结果的学习机制不同,因此在课时教学中习得的可能性存在不同,因而教学目标亦应有差异。以下分类进行阐述。

一、物理概念和规律学习的教学目标
(一)物理概念和规律学习的结果

物理概念是客观事物的物理共同属性和本质特征在人们头脑中的反映。物理概念中有特征属性不具定量性质的物理概念,如机械运动、直线运动、匀变速直线运动、自由落体运动、平抛运动等,力、弹力、摩擦力等;还有许多反映客观事物的本质属性具有定量性质物理概念,也称为物理量;

物理规律是物理现象、过程在一定条件下发生、发展和变化的必然趋势及其本质联系

的反映。[①] 物理规律通常分为物理定律、物理定理、物理原理等。

如第十章第一节所述，物理概念和规律学习的结果是物理概念图式和物理规律图式。

(二) 物理概念和规律学习后行为

1. 布卢姆教育目标界定的行为

学生学习后，能够表现出一定的外显行为，布卢姆等提出的教育目标分类体系，通过对学生学习后千差万别的行为归类，对应一定的习得水平，并以经过定义的行为动词加以描述。布卢姆将教育目标认知领域划分为：识记、领会、应用、分析、综合、评价等水平。

"**领会**"是最简单的理解，是指把握知识意义的能力。当学生能够用与原先学习情景不同的方式或能用自己的方式呈现所学的内容，说明学生达到对该内容学习的"领会"层次。"领会"的外显行为表现有：

解释——所谓解释实际是学生能够用自己的语言来陈述概念、定理的意义，而不拘泥于原文的呈现方式。

转换——将材料从一种形式变成另一种等价的表达方式，包括将文字转化为图表、将图表转化为文字、变化文字表述方式等。

推断——根据交流中描述的条件，在超出既定资料之外的情况下延伸各种趋向或趋势。

对同一知识点，能够反映学生达到"领会"层次的测试项目形式上也多样，可参见第十章第一节相关内容。

"**应用**"是指把所学知识应用于新情境的能力，它包括**概念、原理、规律、方法、理论**的应用。它与"领会"的区别在于是否涉及这一项知识以外的事物。"领会"仅限于本身条件、结论的理解。"应用"则需有背景材料，构成问题情境，正确地运算、操作、使用等。

2. 课程标准界定的水平和行为

在课程标准中，划分了教学目标的不同水平层次，并推介了对应的行为动词：

对应"了解"水平，行为动词为：了解、知道、描述、说出。

对应"认识"水平，行为动词为：认识。

对应"理解"水平，行为动词为：区别、说明、解释、估计、理解、分类、计算。

理论界对这种陈述方式有不同的看法，比如，同一个词如"认识"，既作为达到水平的描述，又作为对应行为指标的描述，可能会引起误解。对"认识"水平的描述是"位于'了解'与'理解'之间"，其对应的外显行为与其他两个水平的外显行为有何不同？课程标准亦未做出准确的描述。此外将布卢姆教育目标中的领会和应用两个层次合并为理解层次，依据为何？这种未将外显行为和达成水平关系做有效区分和清晰界定的陈述方式，在实际使用时可能会带来诸多困惑，所以目前教学目标的陈述主要还是凭借教师个体的经验和体会完成，可能达不到教学目标应起到"导学、导教、导测评"的要求。

[①] 许国梁.中学物理教学法[M].北京：高等教育出版社，1981：52.

(三) 物理概念和规律学习的教学目标陈述

1. 传统教学目标撰写及不足

> ● **案例 1**
> ① 通过演示实验使学生认识加速度与质量和合外力的定量关系；
> ② 会用准确的文字叙述牛顿第二定律并掌握其数学表达式；
> ③ 通过加速度与质量和合外力的定量关系，深刻理解力是产生加速度的原因这一规律；
> ④ 认识加速度方向与合外力方向间的矢量关系，认识加速度与合外力间的瞬时对应关系；
> ⑤ 能初步运用运动学和牛顿第二定律的知识解决有关动力学问题。
>
> ● **案例 2**
> ① 让学生明确物体的加速度只与力和质量有关，并通过实验探究它们之间的定量关系；
> ② 培养学生获取知识和设计实验的能力。

案例 13-1

● **分析**

案例 1 中，目标①对应物理意义、目标②对应数学表达式、目标③对应物理性质、目标④对应定律的特征、目标⑤对应于"应用"层次。较为完整地对牛顿第二定律图式（参见表 10-6）各子项的目标做了陈述，比较全面。

案例 2 中，目标①对应物理意义，目标②对应所谓的能力目标。该案例只将牛顿第二定律中最重要的物理意义作为目标陈述，相对较单薄。

当然，这种依据经验撰写的教学目标，在研究科学心理学的教学理论者看来，多数是不合格的，因为教学目标应可以起到"导学、导教、导测评"的作用，因此教学目标的撰写应满足：

(1) 行为主体应是学生。教学目标应陈述学生学习后在知识、技能、学习方法和态度等方面的变化，而不应描述教师应该做什么。像案例 1 中目标①、案例 2 中的目标主体都是教师，因此是不合适的。

(2) 教学目标需对应具体的学习内容。陈述的目标应有具体的内容，而不宜是综合能力的描述。像案例 2 目标②，上好这节课后，如何检测学生"设计实验的能力"是否得到提高呢？将这种无法检测的结果做为教学目标是毫无意义的。设计实验能力不是一节课的教学就可以达成的，这种综合能力的检测是需要专门设计一组测试项目来测试的。

(3) 教学目标应采用可观察、可测量的行为动词。如案例 1 中目标①"认识"、目标③"深刻理解"只是描述达到水平（或者是描述心理状态变化）的词，未采用对应此内部变化的外显行为的动词，给出相应的外显行为标准，因此是不合适的。建议用布卢姆教育目标中阐述的行为动词，因为这些行为动词都经过相对清楚的界定，有助于教师对其表现行为有相对统一的认识，这样就能够在一个语系中讨论问题，避免用同一个词，但每个人想象的行为表现不一致带来的模糊性。比如，"理解安培力"，一个人可能认为理解就是口头说出安培力的内容,另一个人可能认为是举例说明,第三个人认为是能用安培力的数学表达式求解。这样,含糊的术语很难准确地传达教学目标的内容和要求,显然会各说各话。

2. 基于学习心理学的教学目标撰写技术

在布卢姆教育目标分类体系中,"领会"是很重要的层次。"领会"一个物理规律意义,**其最基本的外显行为**是"能用自己的语言陈述规律的内容及形成过程"。既然能用自己的语言陈述规律内容,表明学习者能够依据规律反映的本质特征对该规律的不同表述作出判断,即具有"转换"行为;学习者也能够依据规律,对发展变化做出推测,也就是"推断"的行为("领会"与我国教学界常用来描述水平的"理解"一词接近),所以,"领会"水平最基本的行为是"解释"。

案例 13-2   试完整地撰写牛顿第二定律教学中对应"知识"学习的教学目标。

● 分析

如果要完整地撰写教学目标,应全面地写出牛顿第二定律图式(表 10-6 所示)中每一子项的目标,如下所述为"理解"牛顿第二定律:

(1)理解牛顿第二定律的意义;能解释牛顿第二定律所涉及的物理量间的相互关系以及关系成立的依据。

(2)理解牛顿第二定律的数学表达式;能解释表达式中各符号的表示对象及相互间的关系。

(3)理解牛顿第二定律的特征;能解释牛顿第二定律的特征(瞬时性、矢量性、因果性)。

(4)理解力的单位建立;能解释力的单位建立的依据和过程。

(5)了解牛顿第二定律的适用条件;能陈述牛顿第二定律适用的条件。(因为"解释"其适用条件,学习者要能够举出牛顿第二定律在微观、高速条件下不适用的实例,而这部分内容学生要在大学才能学习,所以这部分内容,在中学阶段,只要学习者记住即可,即达到"识记"层次)

当然今后教师都补充了学习心理学的相关知识,我们对教学目标的撰写尽可简单些。如果我们将教学中所称的"学习物理概念和规律"的学习结果视为"习得物理概念和规律的图式"的话,那么将物理概念和规律图式中最核心的内容即物理性质作为目标,撰写时可以列出解释这种体现"领会"最核心的行为。

我们可以对概念和规律教学的目标简化陈述为:

理解牛顿第二定律;能用自己的语言解释牛顿第二定律的性质及建立的依据。

鉴于以上讨论,我们提倡:对具体教学目标的陈述,采用"描述心理变化的动词(具体学习结果)+对应的最基本的外显行为"的格式。对于认知领域,描述心理变化的词语及所对应的最基本的外显行为如下表：

表 13 - 1 物理学科教学目标陈述格式

学习内容	教学目标的陈述	
	描述心理变化的词语	最基本的外显行为
物理事实性知识（含符号、物理事实等）、物理概念、物理规律、科学方法（学习物理概念和规律中所用）等	了解	能以与原呈现一致的方式，复述所学知识（物理概念、规律、方法等）的内容
	理解	能用自己的语言解释所学的知识（物理概念、规律、方法等）的内容和依据，并举出自己的实例
	应用	在提示可用物理概念和规律的条件下，能正确解决物理问题（解决单一规则的问题）
	掌握	"理解"＋"应用"的行为（主要对物理概念、规律学习）
物理系统化知识	了解	能以与原呈现一致的方式，复述物理知识间的联系以及形成联系的关系
	理解	能用自己的语言解释物理知识间的联系以及形成联系的关系
物理复杂习题	掌握（对特定物理习题的问题图式）。理解（对解决物理习题的弱方法）	能解释一类习题的特征、解决步骤；能遵循解决此类习题强方法引导，选择解决习题所需必要技能；能举例说明特定弱方法的应用步骤或场合

备注：对于教学中不做"显性化"教学的方法，其陈述可以采用格式："经历运用（方法）解决某一问题的过程，体验（方法）应用"

　　由于科学心理学的教学理论尚待发展，因此在教学目标的撰写方面，经验和科学取向将会在一个较长时间内并存，教师可根据自己的认识来完成，基本要求是要包含基本的学习内容和学习后的行为，当然亦可向课标提倡的那样加上学习的过程或目标达成的条件，如"通过……过程，理解……有关系或有何关系"、"收集资料，了解……的工作模式"等。

　　学习有具体的学习内容（教学目标），学习者需要经过内部过程、内部会出现变化（内部表征）以及对应的外显行为，基于科学心理学的教学理论努力将以上学习的要素联系在一起，这样就可以将教学目标与学习内部过程、学习后外显行为形成一个完整的结构，如此才有可能达到教学目标"导学、导教、导测评"的理想要求。

二、物理"科学方法"教学目标的撰写

　　认知策略是用于提高解决问题效率的技能，是选择、排列、组合解决问题所需必要技能的技能。认知策略或者说方法都是在解决问题过程中应用的，个体在解决问题时关注

的焦点通常是问题是否得到解决或问题距离解决的可能性,而不会关注其中运用了何种方法,也就是说方法在使用时具有潜在的特征。

因此在"方法"的教学中,应该采用适当的措施将解决问题中的方法,包括适用条件、实施步骤等显性化出来,经历这样的教学后,学生能够陈述所学方法的条件和步骤,并举出自己的实例,称为达到"方法"目标的"理解"层次。

在可以应用的场合,在已知可用"方法"情况下,能遵循方法的步骤选择解决问题必要技能,称为达到"方法"目标的"应用"层次,上述两方面都达成的话,可称为达到"方法"目标的"掌握"层次。

案例 13 - 3

请根据第十章第二节中牛顿第二定律的教学任务分析的结果,陈述本节课"方法"的目标。

● 分析

遵照第十章第二节对牛顿第二定律学习的分析,在牛顿第二定律学习中,我们运用了实验法,并且在实验法的每一子环节还运用了控制变量法(规划方案环节)、设计实验通用方法(设计实验环节)、转化法(设计实验中确定物理量测量原理环节)、图象法(处理数据环节)等。

学生在学习过程中,更多的是关注"物体加速度与受力、与质量有关吗?以及有何关系?",而不会意识到学习过程中还应用的上述这些方法。在本节课中,将处理数据的方法——图象法显性化教学,因此针对此方法的教学目标可陈述。

例 1 掌握处理数据的图象法;能解释图象法应用的条件和步骤,并举出实例;在可以运用的场合,能遵循图象法的步骤有序地处理数据。

在实际学习中,并未将实验法的步骤条件以及控制变量、设计实验方法等显性化教学,学习者只是经历了运用方法的场合,但并不会自己自动概括出所用方法的条件和步骤,因此是可以称为"体验"了的方法。此类目标可陈述为:

例 2 经历实验法获得牛顿第二定律的过程,体验控制变量法、设计实验方法、转化法的应用。

显然对"方法"目标的陈述,首先应该清晰地分析出具体知识学习过程的所用方法,教师应明了各方法适用的条件和步骤,在教学中是否对特定"方法"显性化,如果有显性化的教学,目标陈述参见例1;如果不对学习中的方法显性化教学,目标陈述可参见例2,这种目标对于以实验为载体的课程均可适用。

三、物理"问题解决"教学目标的撰写

物理习题解决本质上是多规则的应用。在解决过程中,需要学习者运用已有的知识背景分解问题中的各相关要素(布卢姆教育目标中的"分析"),在一定的方法(认知心理学或加涅分类中的"认知策略")引导下挑选必要学科知识和规律(解决问题中的算子)并有

序排列(布卢姆中的"综合"或"创新")解决问题,如第八章所述,物理习题解决后,学习者习得的学习结果是问题图式,包含解决问题的特征、解决问题的强方法、解决问题所需技能。

> 物理习题解决后对应的内部表征是问题解决的图式(参见第八章),因此目标可如下陈述:
> **例1** 掌握运动学与动力学结合一类问题图式,能识别该类型习题,并正确挑选必要的物理知识解决该类习题,正确率达80%。
> **例2** 掌握共点三力静平衡习题的图示。能识别该类型习题,并遵循解决方法的引导挑选解决此类习题的必要技能解决问题。

案例 13-4

物理复杂习题的求解,其解决所用的弱方法还有:整体法、隔离法、极端思维法、对称思维法、逆向思维方法、等效思维方法、守恒思维方法、估算法、图象法、微元法等等。

这些方法适用条件不明确,可用必要技能不具体,因此是解决物理习题的弱方法,对此类方法的教学,要学生能掌握很困难,一般可在教学中达到"理解"层次。

"理解"解决物理习题的对称法。能举出应用对称法解决的实例,能陈述对称法应用的条件以及基本步骤等。

四、物理学科"态度"教学目标的撰写

态度是个体对特定事、人的内在倾向性;由认知、情感、行为倾向三成分组成,对个体具有最大价值的态度称为价值观。由于态度的习得不是一两节课的教学可以完成的,并且态度的形成与社会环境、家庭环境和学校班级环境相互作用和关系都难以一一分离出来,一般也不可能达到价值观的程度,因此在教学中对态度学习的教学目标陈述要具体,也要适度。

一般物理教学中,学生都要从存在的问题情景入手,因此有希望了解未知现象的意愿,学生经历并表现出一定的求真精神的行为体验;在教师引导下,学生遵循研究物理问题的过程,经历了证据严密的求证而获得物理真知,学生经历并表现出一定理性精神的行为;对相互矛盾的物理理论的分析,学生经历并表现出一定求真务实精神的行为体验。

也就是说,在实际学习中,学生会出现符合特定科学精神的行为,往往是不自觉的行为,因此一般课堂教学中,如果无显性化的态度目标,如需陈述,一般可将目标陈述为:

经历研究具体物理问题时面对未知现象、面对与经验事实相冲突的情况的行为体验,感受求真务实等的科学精神。

这一目标一般来说放在任何物理课堂教学中都可以,不放亦可。但教师应明了学生出现适当的行为所对应的科学精神,可参见第九章第一节中相关内容。

显性化的态度教学目标:即有与该目标实现相对应的教学环节(呈现蕴涵特定科学精神的实例,包括行为个体体现科学精神的行为、对行为的社会或自我评价等),并概括出该科学精神的主要行为特征及基本认知内容(如第九章第二节中教学案例),但一般在课堂教学中不会要求学生明显地表现出科学精神的行为并进行检测。在陈述目标时,可按如

下格式进行:

案例 13-5

> **例1** 了解理性精神。结合伦琴 X 射线的发现和初步研究行为,陈述其中体现理性精神的行为特征和认知内容;
>
> **例2** 理解求真务实精神。结合伽俐略对亚里士多德关于运动一些观点的分析行为,能陈述求真务实精神的认知内容和行为特征,能举例说明。

第二节 物理教案编写技术

一、物理学科课时教学案例编写技术

课时教学设计方案是将教材的每一节划分成一课时或若干课时,按课时设计的教学方案,通常简称为教案。教案不是课本的简单照搬,是教师结合个人的具体情况、学生的实际、学校的条件、课时教学内容特点、教学方法和教学手段等因素进行整体的、综合性的思考,为最好地达成课时教学目标而进行创造性劳动的结晶。因此,它是教师进行课堂教学活动的重要依据,也是教师进行教学研究、总结教学经验的重要资料。

在我们物理学科课时教案的编写过程中,它所呈现的形式可以是多种多样的,总结起来一般都应包括以下几个方面:①教学内容;②教学目标(要求);③教材分析、学情分析;④教学重点、难点;⑤课型;⑥教学方法;⑦教学用品;⑧教学过程设计;⑨板书设计。有的还有教学反思一项,供课后填写。其中"教学过程设计"是教案中最重要的主体部分,应该具体清楚。

(1) 教学课题:即章节标题或核心问题,通常在其后注明授课时间。

(2) 教学目标:按照中学物理课程标准所指导的教学目标,一般包括知识与技能、过程与方法、情感态度与价值观等三个维度。

(3) 教学重点、难点:

教学重点是经过本节课教学后,学习者必须习得的学习结果,通常包含本节课物理事实性知识、物理概念或规律、特定物理学习的方法等。

教学难点是学习者因无法直接提取已有经验,需要经过相对复杂思维活动,或需具备引导有序思考的策略,或需具备解决问题所需的知识和技能等方能完成的任务。

(4) 教学媒体:包括课堂教学过程中所使用的材料、工具,以及实验仪器、器材的规格和数量等。

(5) 教学过程设计:这是教案编写的核心部分,一般包括导入、新课、小结和练习几大部分,在这些教学过程的设计中主要包含教学的主要内容(重点知识、核心公式、实验数据、典型例题、探究方法等)、过程安排、衔接语(预设师生对话)、时间分配、习题作业和实验操作步骤等。

(6) 教学评价:本节课完结后,教师及时地将自己上课时所遇到的问题、整个教授过程中的优点和不足之处记录下来,做一中肯性的评价和总结,其中主要包括:教案的执行情况;教学目标的完成情况;教学方法运用效果;学生的课堂反应;教学经验体会;本节课

存在的问题;今后的教学建议等。

第十章第三节分析指出,传统的写教案,要写教材分析和学情分析,前者主要分析新学知识在物理理论中的地位与相互关系,后者往往只分析学生已习得的概念等,学情分析及教材分析并不能揭示出学生从已有知识到新习得知识内部经历的过程,也就无法做出有针对性的教学活动安排。

基于科学心理学的教学设计,重点做好教学任务分析,教学目标设置、教学难点确定及相应的教学规划、教学方法的选择都要依据教学任务分析来完成。

在教学任务分析技术尚未运用纯熟时,采用经验性的分析也是可以的。具体可参见第十一章相关内容。

二、教学方案的撰写

(一) 教学设计案例编写的注意点

课时教学设计方案的编写还要注意以下几个方面:

1. 目的性

目的性是指一堂课要达到什么教学目的。教学目的是否明确,不在于是否将其写在教学设计方案中,而是指教师能否真正认识并贯彻到教学设计中。如果不明确教学目的,则教学内容不是面面俱到、详略不分,就是喧宾夺主、多而不当,不能很好地完成课程标准所规定的教学任务。

2. 科学性

科学性是指所编写的教案,无论是思想观点还是知识内容,都应当准确无误合乎科学。具体地说,就是教案对教材中概念和定义的表达、理论的论证、物理用语的书写以及语言文字的表达等都不应有错误;引证和补充的材料也必须查对出处准确无误。教案的语言必须简明通顺,无错别字。

3. 整体性

整体性主要指教学内容的选择、教学过程的安排、教学方法的运用以及各教学环节时间的分配等都要紧紧围绕教学重点进行整体设计。以重点带动一般,一般"烘托"出重点,使重点内容贯穿教学始终,在教学过程中不断得到深化、理解、巩固和应用。

4. 灵活性

灵活性是指编写教案时要留有余地。充分估计教学过程中可能发生的问题及其解决的办法。例如,课堂教学中出现时间不够的情况下,采取什么措施,删去哪些内容;若时间出现剩余又如何安排这些时间,教案中要留有弹性空间。

教案写好后,必须熟悉教案,在运用时不应被教案完全拘束,并在运用中不断改进。

(二) 物理教案的常用编写形式

课时教学设计方案编写没有固定的格式,一般来说有经验的教师可以写得简略些,新教师写得较为详细些。可以按教学任务和课堂结构划分为几个阶段或环节,如复习旧课、引入新课、讲授新课、布置作业等;有的则按照教学进程,依次标明教师或学生进行的活动,如[引言]、[演示]、[提问]、[讨论]、[小结]、[讲授]、[练习]、[板书]等。

1. 讲稿式教案或称为详案

以文字描述教学过程设计，内容详细，能较好地反映教师语言设计等内容，新教师采用较多。但是，这种形式的教案不便于表现针对各种可能情况所作的准备，编制时应注意分清段落并冠以适当的标题和序号，使教学步骤和过程结构比较清晰和醒目。讲稿式教案应该只包含基本的和重要、备忘的内容，不能把它写成一句不漏的"读稿"。本书第五至第十章所提供教学流程，均为详案。

2. 纲要式教案

纲要式教案以提纲和要点描述教学内容及教学过程设计，便于反映教学内容内在联系，简明、扼要，便于教师利用教案，通常跟板书设计比较接近。编制时需要教师深思熟虑，认真提炼，老教师采用较多。纲要式教案不宜过于简单，应能充分地反映教学过程特点和重要细节。

案例 13-6

试将第十章中牛顿第二定律教学的"方法"教学转写为纲要式教案。

● 分析

在牛顿第二定律等知识教学结束后，可安排一个教学环节学习整理数据的方法——图象法。

第一，引导学生回忆初中学习欧姆定律时整理数据的实例，体会列表处理数据的方法。引导学生原先列表处理数据的方法不适合本节课研究中整理数据。

第二，引导学生回顾本节课处理数据的方法，帮助学生分析处理数据的基本步骤和条件，并显性化呈现。（此处也可由教师或引导学生给出初中学习中，运用图象处理数据的案例，如密度教学中，学习同种物质，质量与体积关系等，由多个案例，引导学生概括图象法处理数据方法的步骤和条件）

第三，要求学生根据图象法的结构，寻找在学科教学中以及生活中应用图象法处理数据的其他实例，并按以上规则呈现。（图象法处理数据方法的应用阶段）

3. 图表式

利用方框图、流程图、程序框等来描述过程的基本结构比较形象、直观，便于考虑和表现针对各种可能情况进行的设计，但不便于表现细节。该形式比较适合于课时教案整体结构的呈现，编写时有时需要配以必要的说明。

案例 13-7

● 案例

试用图表呈现牛顿第二定律教学流程。

● **分析**：采用图中符号说明

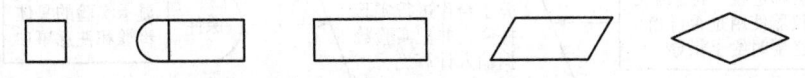

| 开始与结束 | 媒体的使用 | 教师活动与教学内容 | 学生活动 | 教师逻辑判断 |

牛顿第二定律教学流程的图表呈现如下：

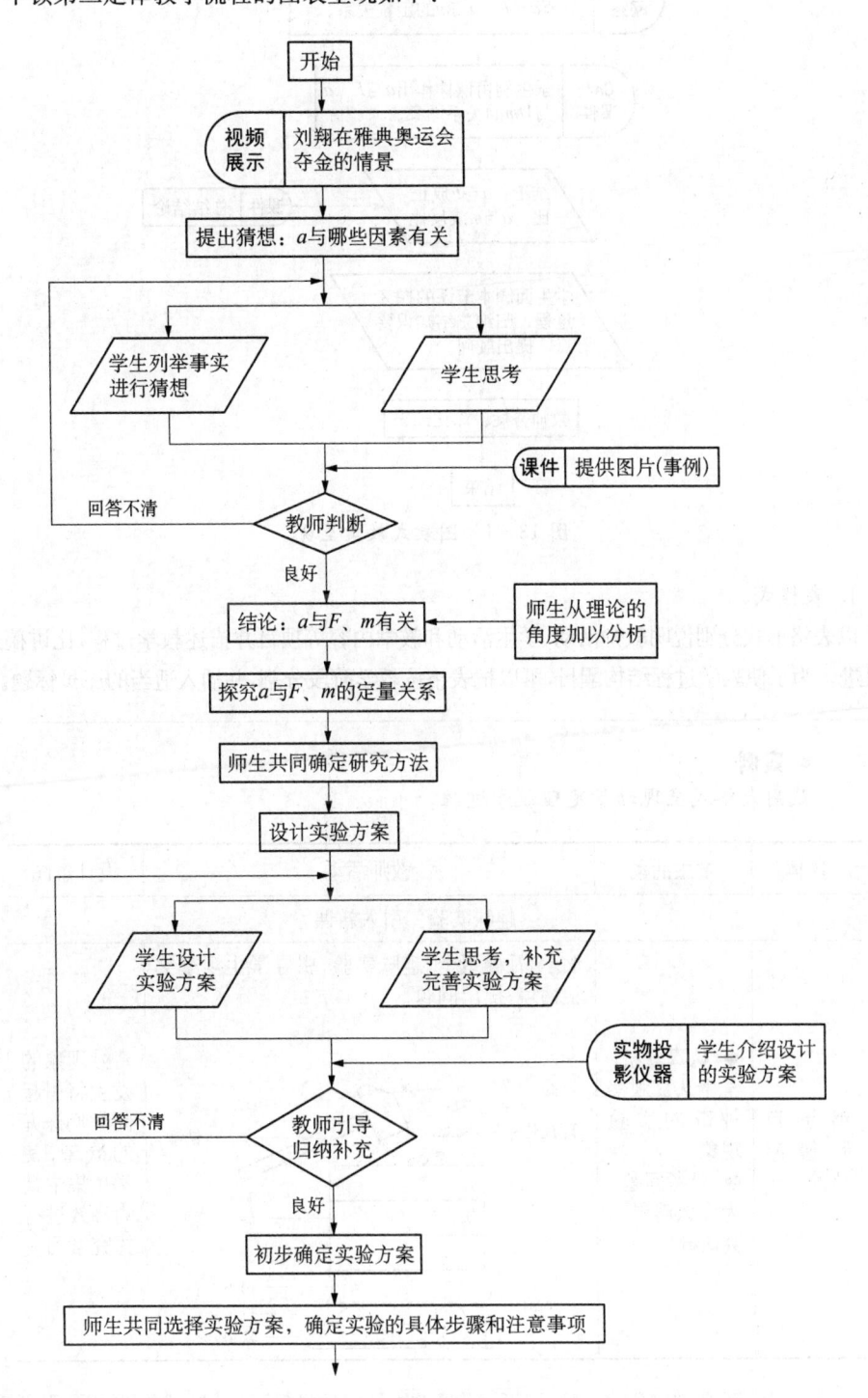

```
                          开始
                           ↓
                  [视频展示] 刘翔在雅典奥运会夺金的情景
                           ↓
                    提出猜想：a 与哪些因素有关
                           ↓
            ┌──────────────┴──────────────┐
      学生列举事实进行猜想              学生思考
            └──────────────┬──────────────┘
                           │         [课件] 提供图片(事例)
                           ↓
              回答不清 ← 教师判断
                           ↓ 良好
                  结论：a 与 F、m 有关  ← 师生从理论的角度加以分析
                           ↓
                  探究 a 与 F、m 的定量关系
                           ↓
                   师生共同确定研究方法
                           ↓
                     设计实验方案
                           ↓
            ┌──────────────┴──────────────┐
       学生设计实验方案              学生思考，补充完善实验方案
            └──────────────┬──────────────┘
                           │         [实物投影仪器] 学生介绍设计的实验方案
                           ↓
              回答不清 ← 教师引导归纳补充
                           ↓ 良好
                   初步确定实验方案
                           ↓
           师生共同选择实验方案，确定实验的具体步骤和注意事项
                           ↓
```

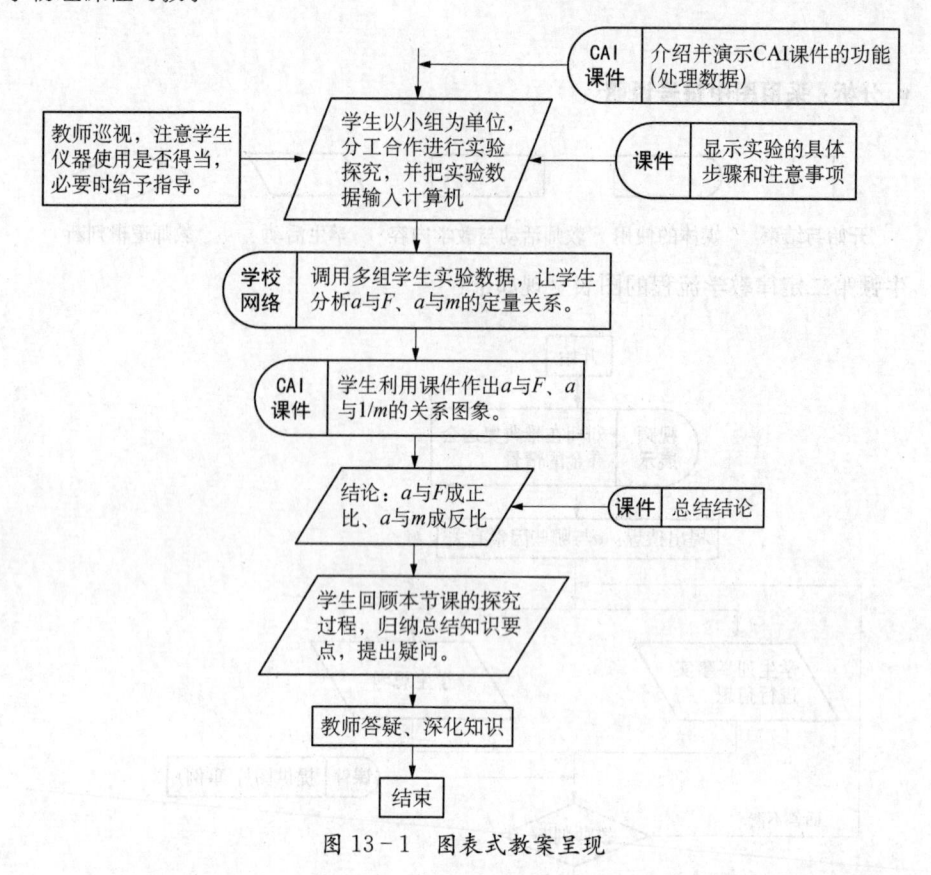

```
                                    ┌──────┐  ┌──────────────────┐
                                    │ CAI  │──│介绍并演示CAI课件的功能│
                                    │ 课件 │  │(处理数据)        │
                                    └──┬───┘  └──────────────────┘
┌──────────────┐   ┌──────────────┐   │      ┌──────┐  ┌────────────────┐
│教师巡视,注意学生│   │学生以小组为单位,│   │      │      │  │显示实验的具体  │
│仪器使用是否得当,│──│分工合作进行实验│──┤      │ 课件 │──│步骤和注意事项  │
│必要时给予指导。 │   │探究,并把实验数│   │      │      │  │                │
└──────────────┘   │据输入计算机    │   │      └──────┘  └────────────────┘
                   └──────┬───────┘   │
                          │           │
                   ┌──────┴───────┐
                   │ 学校 │ 调用多组学生实验数据,让学生
                   │ 网络 │ 分析a与F、a与m的定量关系。
                   └──────┬───────┘
                   ┌──────┴───────┐
                   │ CAI  │ 学生利用课件作出a与F、a
                   │ 课件 │ 与1/m的关系图象。
                   └──────┬───────┘
                   ┌──────┴───────┐      ┌──────┐  ┌──────────┐
                   │结论:a与F成正│      │ 课件 │──│ 总结结论 │
                   │比、a与m成反比│      └──────┘  └──────────┘
                   └──────┬───────┘
                   ┌──────┴───────┐
                   │学生回顾本节课的探究│
                   │过程,归纳总结知识要│
                   │点,提出疑问。      │
                   └──────┬───────┘
                   ┌──────┴───────┐
                   │教师答疑、深化知识│
                   └──────┬───────┘
                        ┌─┴─┐
                        │结束│
                        └───┘
```

图 13 - 1 图表式教案呈现

4. 表格式

以表格形式分别说明教师活动、学生活动和教学内容等项目并描述教学过程,比讲稿式有所改进。为了使教学过程结构醒目,可以把表格按教学阶段分割,并插入适当的序号标题。

案例 13 - 8

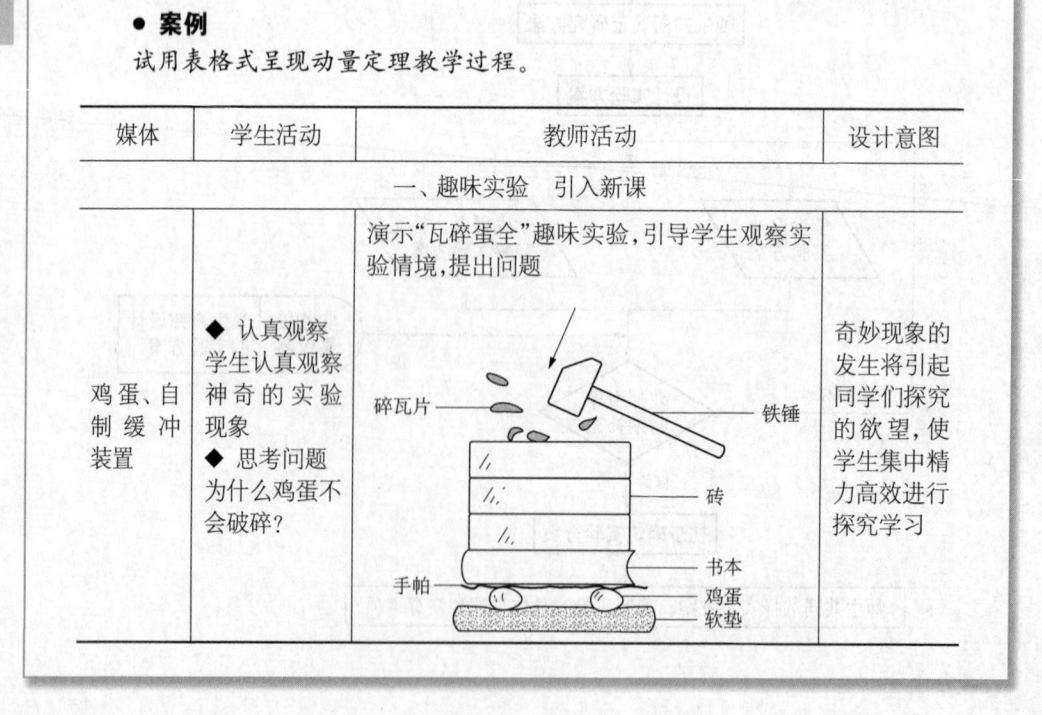

● **案例**

试用表格式呈现动量定理教学过程。

媒体	学生活动	教师活动	设计意图
一、趣味实验 引入新课			
鸡蛋、自制缓冲装置	◆ 认真观察 学生认真观察神奇的实验现象 ◆ 思考问题 为什么鸡蛋不会破碎?	演示"瓦碎蛋全"趣味实验,引导学生观察实验情境,提出问题	奇妙现象的发生将引起同学们探究的欲望,使学生集中精力高效进行探究学习

(续表)

媒体	学生活动	教师活动	设计意图
二、创设情境　科学猜想			
神舟十号软着陆模拟动画	◆ 思考问题降落伞,反向发动机的作用 ◆ 小组讨论提出影响动量改变因素的猜想	解说神舟十号软着陆的过程,引导学生思考神舟十号打开降落伞和启动反向发动机的作用 进一步引导学生思考:假如延迟了打开降落伞和启动反向发动机的时间是否还能保证返回舱安全着陆? 引导学生提出影响动量改变的因素——作用力和时间	应用多媒体展示神舟十号软着陆过程的模拟动画,创设问题情境,使同学们意识到施加反向作用力和延长作用时间是为了减小撞地动量,提出作用力和作用时间影响动量改变的猜想
三、建立模型　理论推证			
CAI 课件	恒力作用: ◆ 动手推导用运动学公式表示加速度大小 用牛顿第二定律表示所受合力大小 ◆ 得出结论 $Ft = mv_2 - mv_1$	教师提示,学生推导 设质量为 m 的物体,初速度为 v_1,在恒力 F 作用下,在时间 t 内,速度变化到 v_2 ● 等式左侧 Ft 反映了力的作用对时间的积累效应。引出冲量概念($I = Ft$) ● 等式右侧表示时间 t 内动量的增加量 ● 动量定理:物体在一个过程始末的动量变化量等于它在这个过程中所受力的冲量	作用力、作用时间和动量变化等几个物理量在学生的头脑中还需要整合,从感性认识进一步上升到理性认识。师生共同建立物理模型,使学生运用已有运动学以及牛顿运动定律的知识储备,逐步推导动量定理,培养学生的逻辑思维能力

(续表)

媒体	学生活动	教师活动	设计意图
CAI 课件	变力作用： ◆ 观察分析观察变力与平均力的 $F-t$ 图象 ◆ 深入理解把过程细分为许多短暂的过程,把应用于每一个短暂过程的动量定理关系式相加,可以得到应用于整个过程的动量定理	证明：动量定理适用于变力。如图所示：其图线与横轴所围的面积即为冲量的大小,当右图曲线面积和矩形面积相等时,即变力与平均力在该段时间内的作用效果相同 $F_1 \Delta t = mv_1 - mv_0$ $F_2 \Delta t = mv_2 - mv_1$ …… $F_n \Delta t = mv_n - mv_{n-1}$ 将变力的作用效果等效为某一个恒力的作用,即 $\overline{F} \cdot t = m \cdot \Delta v = \Delta mv$ 适用范围：恒力或变力作用	新课程标准中提倡学生体验物理规律的发现过程,掌握物理学研究方法。用微元叠加和等效思想推导变力作用下的动量定理,有助于加深对动量定理建立过程的理解
		四、设计实验　实践检验	
铁架台,自主探究学习箱(细绳,弹簧等)	◆ 分组实验学生运用所学知识,设计实验方案,分别以改变动量变化量和作用时间为实验探究的切入点,验证动量定理 步骤一：砝码质量相同,使用相同材料细绳,使砝码从不同高度下落来比较细绳是否容易被拉断 步骤二：砝码质量和下落高度相同,通过细绳和砝码之间是否拴有皮筋来比较细绳是否容易被拉断	介绍实验装置,提出实验探究问题引导学生思考如果让细绳不被拉断,需要减小砝码和细绳之间的拉力。根据动量定理,可以从减小动量的变化量和延长作用时间入手,提出解决方案教师进行现场指导,组织学生分组开展实验,控制实验变量,检验动量定理结论的正确性	通过设置问题情境及引导学生开展实验活动,培养学生观察和动手操作能力,加深学生对知识的理解,提高学生应用知识解决问题的能力,培养学生合作学习意识

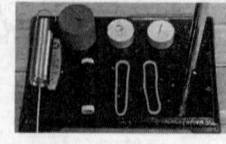

(续表)

媒体	学生活动	教师活动	设计意图
		五、渗透生活　学以致用	
蹦极模拟装置 CAI课件	◆ 回答问题 蹦极的时候为什么用弹性绳而不用普通绳?	使用蹦极模拟装置模拟蹦极过程,根据实验探究环节的切身体会,引导学生运用动量定理解释生活实际问题	从生活走向物理,从物理走向社会。鼓励学生将学到的物理知识与日常生活、生产技术联系起来,加深对物理规律的理解
	回归实验情境,应用动量定理表达式,解释的秘诀: 鸡蛋不碎有奥秘, 分析物体合外力, 看看 m 和 v、t, 科学探索有规律, 运动过程之始末, 冲量动量变化率	(瓦片、砖块、书、泡沫塑料、鸡蛋示意图)	诗歌的编写有助于学生记忆,同时感受到学习物理的乐趣,让学生在轻松愉快的氛围中学有所得
		课外学习	
	(1) 查阅资料,了解"最美妈妈"吴菊萍的感人事迹,学习她的崇高精神。 (2) 联系动量定理,分析"最美妈妈"感动事迹背后的物理规律	可持续拓展的课堂能够让学生"带着问题走进课堂,又带着问题离开课堂"。 联系最美妈妈的感动事迹,向学生传递正能量,提升学生的人文素养和道德的情操	

教学设计是教师依据学习心理学等理论,合理选择、组织教学活动事件,促进学习者习得特定的学习结果而对教学工作做出的规划安排。教学设计的核心环节是教学任务分析,教学任务分析是揭示习得特定学习结果时,学习者经历的内部过程和条件,这些揭示出的内部过程和条件为选择适当的外部教学事件提供依据。显然,教案只是教学设计的外在表现形式,只要教学任务分析得清楚,是写成详案形式、纲要形式、表格形式还是图表形式可视要求灵活选用。

【本章小结】

1. 教学目标的撰写

具体教学目标的陈述,采用"描述心理变化的动词(具体学习结果)+对应的最基本的外显行为"的格式。

描述心理变化的动词应主要采用布卢姆教育目标分类用词。

(1) 对具体的学科知识和方法:识记、领会(或理解)、应用、掌握(领会+应用)。

布卢姆教育目标分类中领会有解释、举例、说明、推断、比较、分类等七种行为,建议用最基本的行为动词"解释"或"解释与举例"描述。

(2) 对学科知识和方法的综合运用(即解决问题):综合运用。

对一个具体物理概念和规律的学习,其学习结果也应是图式,有多个子项,如果每个子项都陈述,且用词各异,写出的目标千变万化,缺乏统一的规范和交流平台,所以建议只以"物理意义和物理性质"为学习结果撰写。

2. 中学物理学科教案编写技能

无论是依据学习心理学形成的物理教学设计,还是依据经验做出的教学规划,都需要以书面的形成呈现出来,即写成教案,教案通常有详案、表格式、纲要式、图表式等形式。

依据经验制定课时教案的过程中通常要求:①明确教学目标,确定教学重点;②分析学情,确定教学难点;③处理教材,选择教法。总之,在课时教案编写的整个过程中,始终要把握和落实如下三大问题:

① 为什么要讲这一课题?目的是什么?重点、难点、关键是什么?

② 为达到教学目标,需要采用的教学手段是什么?具体的处理方法是怎样?

③ 得到什么结论?适用的条件和范围是什么?运用它能说明、解释哪些现象?能够解决哪些问题?分析和解决问题的方法又是怎样的?

依据学习心理学形成的教学设计,编写教案的规范可参见第十章第三节和本章第二节所述。

【拓展阅读】

1. 皮连生.教学设计(第2版)[M].北京:高等教育出版社,2009.

该书第三章阐述教学目标的来源、教学目标的分类理论、教学目标的陈述技术,是基于学习心理学的教学理论对教学目标的权威解析。

2. 盛群力.教学设计[M].北京:高等教育出版社,2005.

该书第二章阐述加涅学习结果分类、梅里尔的业绩—内容分类、修订的布卢姆教学目标分类,以及豪恩斯坦教学目标分类体系。

3. 封小超,等.物理教学论[M].北京:科学出版社,2005.

该书第三章介绍课程标准与物理教学目标,此处对教学目标的论述为课程教学目标,尚未细化为课时教学目标的实质与陈述。

4. 李新乡,等.物理教学论(第二版)[M].北京:科学出版社,2009.

该书第五章从单元、课时等角度论述物理教学设计,在第三节中重点介绍"参与式"教学活动设计,并通过案例展示活动设计的主要工作。

【思考与练习】

1. 关于"杠杆"一节课教学的目标,有教师撰写如下:

(1) 知道什么是杠杆,理解支点、阻力、阻力臂、动力、动力臂,能根据实物画出杠杆的示意图。

(2) 知道杠杆的平衡条件,会利用杠杆的平衡条件解决一些问题。

(3) 培养学生的实验操作能力和归纳概括能力。

(4) 利用组合媒体,创设教学情境,激发学生的学习兴趣,提高学习效率。

试依据教学目标撰写的基本要求,分析存在的不足并改写之。

2. 试将本章第二节中动量定理一节课中的"四、设计实验　实践检验"环节,改写为详案。

3. 关于教案的编写方式,有纲要式、详案式、表格式、图表式等,试以动量定理教学任务分析为例,论述教案编写方式与教学任务分析之间的关系。

第十四章　物理实验教学技术

通过本章的学习,你能够
- 理解物理实验在物理教学中所起的重要作用。
- 知道物理教学中常用的物理实验方法。
- 知道中学物理实验的分类方法以及根据不同分类方法所分的实验类型,掌握这些不同类型实验的教学特点。
- 掌握演示实验的特点、作用以及教学要求。
- 掌握学生分组实验的特点、作用以及教学过程和教学要求。

第一节　物理实验与中学物理教学

物理实验是有目的、有计划地运用仪器、设备,在人为控制的条件下,使物理现象反复再现,从而进行观测,并获取资料的一种科学研究方法。物理实验主要有两个特点:一是可控性,二是可重复性。实验是物理学产生和发展的科学基础,是检验物理理论是否正确的唯一标准,对物理学的发展具有巨大的推动作用,在物理学的发展中具有重大的意义。这主要表现在发现新事物、探索新规律、验证理论、测定常数、推广应用等几个方面。新课程注重科学探究,物理实验教学在新课程实施中占有重要地位。

一、物理实验教学的重要作用

教学实验和科学实验在本质上有许多共同之处。教学实验是有选择地把一部分研究或探索物理现象和规律的实验和事实,在集中的时间里呈现给学生、教给学生。它既是物理教学的重要基础,又是物理教学的重要内容、方法和手段,实验在物理教学中的地位和实验本身的特点,决定了它在物理教学中起着重要作用。

(一) 实验能为学生学习物理提供符合认知规律的环境

在学习物理过程中,要形成物理概念和掌握物理规律,首先要有一定的感性认识。这种感性认识可以来源于学生的生活环境,也可以来源于实验提供的物理事实。通常,生活中得到的感性材料多来自复杂的运动形式,力、热、电、光现象交织在一起,本质、非本质的因素交融在一起,因此,仅通过生活环境获取感性认识有时会遇到很大的困难,运用实验则可以提供精心选择的、简化的、纯化的素材,它能够使学生获得明确、具体的认识。

例如,讲解"大气压强"时,学生很难感受到大气压强的作用,做一个纸片托水实验或马德堡半球模拟实验,物理事实呈现在学生面前,他们对这个概念就比较容易理解和掌握。又如,学生对静摩擦力的方向常常难于理解,如果做毛刷实验,通过观察刷毛的形变方向,可以帮助学生形成表象,有助于理解,帮助学生克服学习中的难点。

(二) 实验能培养学生的学习兴趣,激发学生的学习欲望

首先,实验具有真实、形象、生动的特点,对中学生有很强的吸引力,实验时学生的注意力高度集中,新奇的实验现象常常出乎他们的意料之外,使他们兴趣盎然,容易唤起他们的好奇心,激发他们的求知欲望。

其次,实验是一种有目的的操作行为,学生在观察的基础上,很自然会产生一种自己操作的欲望。让学生自己动手实验,不但可以满足学生的操作欲望,还可以培养学生的实验技能,有利于形成主动的、正确的学习方法,培养热爱科学的素质和志向,这对学生个性的发展具有重要意义。

(三) 实验是发展学生能力和使学生得到科学方法训练的重要途径

实验能培养学生的多种能力。实验之前要阅读相关实验资料,能培养学生的阅读、自学能力;实验要组装、操作仪器,能培养学生的动手操作能力;实验过程中要通过感觉器官接受形象和数据信息,并传递到大脑,一方面进行思维加工,另一方面输出反馈信息,控制、观察和操作仪器,这个过程可以培养学生的思维能力、观察能力和手脑并用的能力;此外,实验结论要用语言和文字的形式表达出来,又能培养学生的表达能力,因此,实验过程是学生综合能力的培养过程。

(四) 实验有利于培养学生良好的道德素养和科学作风

实验过程本身是一个严格的科学过程,要想获得实验的成功,必须一丝不苟,来不得半点虚假,并且必须把各项工作安排得井井有条,这对培养学生实事求是的科学态度和严谨的科学作风十分有益,此外,实验过程也并不总是一帆风顺,这能锻炼学生的意志,实验中的辩证唯物主义素材十分丰富,能帮助学生树立科学的世界观。

二、物理实验方法

(一) 观察法

观察是物理实验中有目的、有计划且比较持久的感知活动,是学生获得感性认识的智力条件。在物理实验的观察中,学生常用的感觉是视觉和听觉,有时还可以运用触觉、嗅觉和味觉,包括耳闻、目睹、手摸、鼻嗅、舌尝等。

在中学物理实验中,教师还要注意引导学生观察实验仪器、实验设备和实验装置,注意观察物理现象以及数据、图表、图象的变化,还要注意观察老师的规范化操作等等。

(二) 控制变量法

在一些实验中,往往存在多种变化因素,为了研究这些因素之间的关系,可以先控制某些因素不变,依次研究某些因素的影响,然后分析得出总体关系,这就是控制变量法。例如牛顿第二定律实验,为了研究加速度与合外力及物体质量的关系,可以先保持物体质量不变,研究加速度与合外力的关系;再保持合外力不变,研究加速度与质量的关系,从而得出物体的加速度与合外力成正比,与物体质量成反比。又如欧姆定律实验,研究导体中的电流与导体的电阻和导体两端电压的关系,可以先保持电阻不变,研究电流强度与电压的关系;再保持电压不变,研究电流强度与电阻的关系,从而得出导体中的电流强度与导体两端的电压成正比,与导体的电阻成反比。

(三) 放大法

在物理实验中,为了更好、更方便地对实验中一些微小量进行测量与显示,有时需要对一些量进行适当的放大,有机械放大、电放大和光放大,通常运用在力学、热学、电学、光学等实验中。例如热学中固体的热膨胀可用杠杆放大;螺旋测微器通过有较大周长的可动刻度盘显示微小进退;幻灯机、投影仪都是常用的光放大仪器。

(四) 比较法

在一些物理实验中,通过观察、记录一些物理现象或物理量的变化,对变化量进行分析对比,辨异求同,同中求异,认识事物、区别事物,从而把握事物的主要特征。例如"研究液体内部压强"实验,主要通过比较 U 形管两边液面的高度差,得出同一深度处液体向各个方向压强相等、液体压强随深度增加而增大、同一深度处液体密度越大压强越大的规律。

(五) 转换、替代法

对某些不容易直接测量的物理量,实验中常借助于力、热、电、光之间的转换关系,用某些能直接测量的量来代替,传感器就是常用的转换法使用仪器,也可以根据研究对象在一定的条件下可以有相同的效果作间接的观察、测量,例如把用油膜法估测分子的直径转换为测量油膜的面积。替代包括现象替代、等效替代、等值替代。

(六) 模拟法

有时候由于物理现象比较复杂或实验技术的难度较大,一些物理现象难以直接观察或物理量难以直接测量,可改用与它有一定相似性、比较容易操作的实验,通过模拟比较、间接地去认识和研究。如静电场中的等势线,就是根据稳恒电流场与静电场的相似性,改用描绘稳恒电流场的等势线模拟静电场,加深对静电场电势分布的理解。

(七) 留迹法

利用物理原理,把瞬息即逝的现象(位置、轨迹、图象等)直接记录下来,以便能直观和长时间地保留、比较和研究。例如,在纸带上打出的小车运动过程中不同时刻的位置,用描迹法画出平抛物体的轨迹;用示波器显示变化的电流、电压等等。

(八) 理想化方法

实际物理现象中的研究对象、外部因素往往复杂多变,因此,实验时可采用忽略某些次要因素或假设一些理想条件的办法,以便能突出现象的主要因素,取得实际情况下合理的近似结果。例如单摆实验中,假设摆线不可伸长、质量远小于摆球质量(可忽略),摆球为匀质小球,悬点的摩擦和空气阻力均不计;用"油膜法估测分子直径"实验,假设形成的是单分子的油膜,分子与分子紧挨着排列;不计电源内阻,认为电动势不变;入射的是平行单色光等,都作了理想化处理。

(九) 累积法

某些微小量的测量,在现有仪器的准确度内难以测准,可以通过将这些微小量积累,然后求平均可减小误差。如要测一页书纸的厚度,可测量若干页书纸的总厚度,再除以纸张数;用单摆测定重力加速度的实验中,测定单摆的周期时用的也是累积法。

（十）外推法

中学物理常用的"外推法"是在"图象法"的基础上，将图线经过适当延长，使之与坐标轴相交，然后研究其交点所赋予的物理意义及由此说明物理原理。例如用"电流表和电压表测定电池的电动势和内阻"实验中，可从图线与电压坐标轴的交点求出电动势。

三、中学物理实验的分类

中学物理实验有不同的类别，也有不同的教育功能，根据不同的分类标准，中学物理实验教学有不同的分类。

（一）根据训练的目的和功能分类

1. 技能训练实验

技能训练实验有两种类型：一种是基本仪器使用训练性实验，主要掌握一些基本仪器如刻度尺、天平、滑动变阻器、温度计、测力计、量筒、压强计、安培表、伏特表、示波器等仪器的调整、操作、使用方法以及注意事项。做好这类实验要引导学生了解并学会使用实验器材，知道在什么条件下使用什么样的实验仪器，掌握其操作规范和要领。另一类是让学生应用所学物理知识，提高理论联系实际的能力以及训练学生的实际操作技能的实验，如安装简单的照明电路、组装显微镜、组装望远镜、安装收音机等。做好这类实验，要引导学生明确实验任务、实验的基本原理、操作的基本要领。

2. 测量性实验

测量性实验不同于技能训练性实验。虽然技能训练性实验也能直接测量物理量或直接观察物理现象，但主要功能是基本的实验技能的操练。而测量性实验是学生具备基本实验技能的条件下，对未知的物理量或物理常数进行测定。大量的测量性实验是根据已知的规律用能直接测量的物理量来求得待测的物理量，即间接测量物理量，并要进行误差分析，或进行测量方法的比较，以期用最佳的实验方法和途径精确测得物理量。如测定物质的密度、测定固体的比热、测定重力加速度、用伏安法测电动势和内电阻等。做好测量性实验的关键是教师要引导学生明确实验的任务、掌握所依据的理论，兼顾实验仪器的选择、实验组装的方便、测量精确度高等因素。

3. 验证性实验

验证性实验是在学生学习了物理规律之后做的实验，目的在于验证所学规律的正确性，如学生学习了平抛运动的规律以后做实验验证平抛运动规律的正确性，学习了动量守恒定律以后用气垫导轨做实验验证两个物体碰撞前后动量守恒，学习了机械能守恒定律以后做实验验证机械能守恒定律等。做好验证性实验的关键是教师要引导学生设计好实验的教学活动，切不能让学生照葫芦画瓢般地机械化操作，要让学生明确实验的设计思想和实验原理，自己构想实验方案，控制实验条件，排除干扰因素，在实验中准确测量数据，对数据进行有效的分析处理，归纳得出实验结论，从而验证实验规律。

4. 探索性实验

探索性实验亦称为探究性实验，这类实验一般安排在学生学习物理知识或物理规律之前，是指学生在不知道所求知识或规律的前提下，通过设计实验、进行实验操作、记录实验结果、分析实验数据，得出结论的实验形式。现行中学物理课程十分重视探究性实验的教学，例如"通过实验探究摩擦力大小与哪些因素有关"、"探究并理解透镜成像的规律"、

"通过实验探究物体加速度大小与物体质量、物体受力的关系"、"通过探究理解楞次定律"等等,这些内容都可以根据教学的实际情况,把实验安排成探究性实验来进行。

探究性实验教学的基本过程是:创设情境——提出问题——实验探究——形成结论——交流讨论,先创设问题的情境,让学生发现并提出探究的问题,通过实验探究活动,研究物理量之间的关系,总结出物理规律,从而领会科学探究的一般过程并学会科学探究的一般方法。

(二) 根据教学组织形式分类

1. 演示实验

演示实验主要是由教师在课堂上操作表演的实验,也可以由学生参与,配合教师操作。通常用物理仪器或实物进行操作演示,包括教师出示的模型演示、用投影教具和模拟教具进行的操作演示,还包括放映物理录像片、电影片、幻灯片等声像教学资料以及利用计算机进行的模拟实验等等。例如研究大气压强时教师做的"纸片托水"实验、"托里拆利"实验、研究自由落体运动时教师做的"牛顿管实验"等等。

由于演示实验一般由教师操作表演,一套装置就能满足全班同学观察的需要,对实验条件的要求也不高,即使是条件较差的学校,通过自制教具也能解决问题。因此,演示实验是深受师生欢迎的一种教学手段。

2. 学生分组实验

学生分组实验是学生在教师指导下,在实验室中利用整节课的时间,由学生独立操作或小组配合操作完成的实验。它有利于发挥学生学习的主动性,激发学生强烈的求知欲和浓厚的学习兴趣,培养学生的创造性思维能力和实验动手能力。该类实验从组织形式上可分为课内实验和课外实验;根据实验目的可分为技能训练性实验、测量性实验、验证性实验和探索性实验。

学生分组实验的要求比较高,教师应根据学生的不同情况,在分组实验的教学要求上有所差异,使每一个学生都能在分组实验中有所收获。

3. 边教边实验

边教边实验(或称为"边学边实验")是指教师一边教学一边指导学生进行实验的一种教学方式。边教边实验既非教师动手的演示实验,也不同于学生的分组实验,这类实验根据实际需要,时间可长可短,实验可大可小,不一定使用正规实验室,也不必履行"预习——实验(操作)——报告"的完整实验步骤,可以在情境创设中、科学探究中、巩固训练中使用,例如研究"通电导线在磁场中的运动"、学习"楞次定律"时研究条形磁铁插入或拔出线圈时感应电流的方向,都可以采用边教边实验的方法。这类实验可以很好地调动学生学习的积极性,相比于演示实验,学生分组实验有其独特的优点。

第二节 物理演示实验教学技能

一、演示实验的特点和作用

(一) 引入课题,激发学生的求知欲

教师可以选择一些生动、有趣、新奇和使学生感到意外的演示实验来引入课题,它能有效地激发学生的求知欲望。例如,教师在讲解动量定理之前可以先做一个演示实验,将

一个生鸡蛋从高处落下,落在垫有厚泡沫塑料的玻璃杯里,鸡蛋没有破损;再将鸡蛋在玻璃杯边缘上轻轻一磕,鸡蛋破碎,蛋清流入玻璃杯。随后教师提出问题:"为什么鸡蛋从高处落下没有破碎而在玻璃杯边缘轻轻一磕就破碎了?"教师运用这个演示实验,创造了一个愉快学习的情境,使学生的思维活动处于积极状态。

(二) 提供必要的感性素材,帮助学生建立概念和认识规律。

在课堂教学中,教师常用演示实验展示物理现象和变化过程,特别是学生日常生活中难以见到的或者是和学生的经验相违背的现象和过程,使学生获得丰富的感性知识,形成鲜明的表象,为学生建立正确的概念、认识规律创造条件。例如,物体的形变总是伴随弹力而产生的,然而,坚硬的物体形变很小,学生无法观察,因此在他们的观念中会形成坚硬的物体受力不会发生形变的错误观念,用"大玻璃瓶上插细玻璃管演示微小形变"实验,可以清楚看到大玻璃瓶受力以后,小玻璃管中液面高度发生变化,如图 14-1 所示,帮助学生建立正确的认识。

图 14-1 玻璃瓶受压形变实验

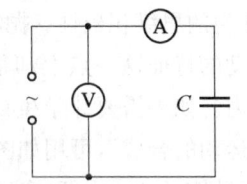

图 14-2 交流电路中电压与电流的相位关系实验

再如,在研究纯电容交流电路和纯电感交流电路中电压与电流的相位关系时,学生在日常生活中根本看不到这些相位关系,可用如图 14-2 所示的装置进行演示,图中 A 和 V 分别是演示用交流电流表和交流电压表,电容器的电容为 2 000 μF,电流表的示数表示电路中电流的大小,电压表的示数表示电容器两端电压的大小。以超低频交流信号发生器作为交流电源,把它接入电路以后,两个电表的指针就摆动起来。学生可以清楚地观察到两个电表指针的情况:电流表的指针在左边最大值时,电压表的指针在平衡位置即零点;电流表的指针回到零点时,电压表的指针在左边最大值;电流表的指针在右边最大值时,电压表的指针回到零点……这就能说明在纯电容交流电路中,电流的相位超前电压的相位 90°。

(三) 建立观察和思维训练,巩固和运用物理知识

由于演示实验由教师控制,教师能够有意识地选择和设计实验内容和程序,得心应手地把需要的现象展示出来,可以在学生运用知识的过程中发挥很好的作用。例如电学黑箱实验,通过观察电流、电压的变化,经过认真分析思考,推断电路结构;滑轮黑箱实验,通过观察力的关系,分析推断滑轮组的结构等等。

(四) 提供示范,为学生训练实验技能创造条件

在演示实验中,教师的示范作用表现在两个方面:一是通过演示实验介绍学生将要使用的仪器和进行实验的方法、步骤、技能;二是通过教师操作过程中实事求是的态度、严肃认真一丝不苟的作风,潜移默化地影响、培养学生良好的科学作风和习惯。

二、演示实验的教学要求

(一) 要有明确的教学目的

演示实验用于课堂教学的不同环节,有不同的目的,因此有不同的教学要求。有无必要演示,选择什么样的演示实验,怎样进行演示,都必须从具体的目的出发。对于引入课题的演示,其目的在于引起学生对即将研究的问题的兴趣,激发学生的求知欲望,因而应当具有引人入胜、发人深省的特点;对于建立物理概念和研究物理规律的演示,其目的在于提供感性材料,借以形成概念、建立规律,因而应当具有实验条件明确、观察对象突出、演示层次分明的特点;对于深化和巩固物理概念和规律的演示,其目的在于加深理解、强化记忆,因而其特点应当是在原有实验的基础上变换一些条件,以利于扩展和推广。

例如,我们在学习平抛运动和斜抛运动的内容时,可供选择的演示实验很多,抛出粉笔头就是最简单的演示,还有如图14-3所示的三球碰撞实验,水流喷射实验,以及闪光照相等等。显然,在运用演示实验引入课题或巩固所学知识时,教师要力图增加实验的趣味性,以更好地调动学生的思维积极性。抛粉笔头的演示虽然简单,但在引导学生通过观察定性地描述平抛运动的特征这一点上却很好,它稍纵即逝,活跃课堂气氛,并可以较好地训练学生的观察能力。如果需要让学生认识"平抛运动可以看成是水平方向匀速运动和竖直方向自由落体运动的合成",可用如图14-3所示的"三球演示器",并配合使用闪光照相,能够清晰地显示抛体运动的特征,有比较好的教学效果。

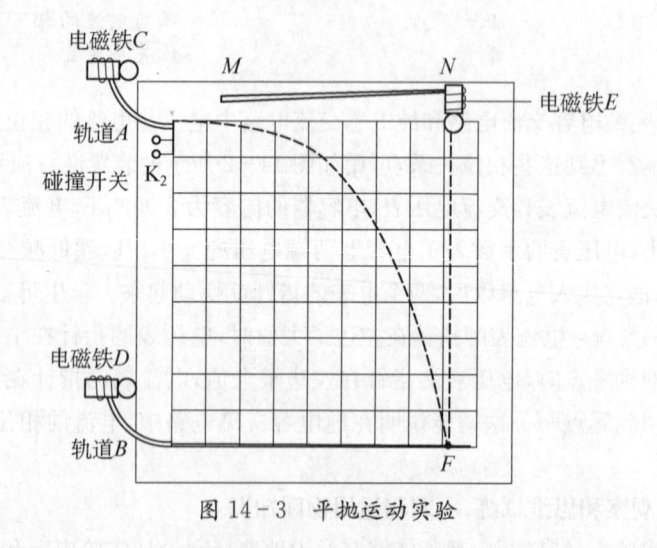

图14-3 平抛运动实验

由上可知,我们不能离开演示的具体功能来评价演示实验的好坏,演示实验只有和一定的教学过程相结合,才能发挥它的作用。

(二) 注意引导学生的观察和思维

演示实验不能成为教师单向讲授的手段和工具,演示方案确定以后,要想达到演示目的,关键是对学生的观察进行指导。同时,演示实验的观察指导是培养学生观察能力的重要途径。这里所说的观察指导包含两层含义：一是演示本身应能吸引学生的观察和注意；二是教师在演示过程中应及时指导，及时指导并不是说老师指到哪里，学生就看到哪里，而是指教给学生观察的方法。

草率从事是新教师在演示教学中常犯的毛病。学生还没有思想准备时，演示实验已经结束了，因而达不到演示的目的。在演示前，一定要让学生明确为什么要做这个实验以及打算怎样进行；出示仪器并对仪器的作用有所交待。实验前教师应提出问题或启发学生提出问题、做出猜想、预示现象的发生过程，告诉学生观察什么、怎样记录数据、怎样推理等等。例如，在演示液体内部压强规律时，应当首先使学生认识U形管压强计的构造及功能，知道液体内部压强与U形管两端液面高度差的关系。可以先用直觉的方法，如在橡皮膜上用手或重物压，使学生了解U形管两侧液面高度差越大，橡皮膜上受到的压强越大。在此基础上再做演示实验，观察同一深度处各个方向、同一液体不同深度处、同一深度处不同液体这些情况下液面的高度差，进而推断出液体内部压强的规律。

演示实验教学中，要引导学生善于观察条件的差异以及与产生结果差异之间的联系，要注意培养学生的观察思路，从局部到整体，再从整体到局部或纵、横对比，把握事物的特征。例如上述演示液体内部压强的U形管实验。教师还要注意使学生的观察活动和思维活动紧密结合，用观察促进思维活动的展开，又用思维指导观察活动的进行，使学生逐步提高观察和思维能力。一般情况下学生按照教师的演示程序思考，比较容易解决问题，而要独立地思辨物理现象的本质常常会发生困难。例如水的沸腾条件的演示实验，在一个大烧杯中放入大半杯水，再插入一个不接触杯底的试管，试管内也放入适量的水。先让学生思考：给烧杯加热，使大烧杯里的水沸腾，试管中的水是否沸腾？学生的回答可能各不相同。这时，给学生演示，结果表明大烧杯里的水沸腾了，试管里的水虽然达到100℃，但并没有沸腾。再启发学生回顾汽化的条件，指出判断失误的原因是没有确切地掌握热传递的条件和汽化的条件，让学生看到自己思维的不足。

（三）演示现象要清楚，效果要明显

演示实验往往是教师一人操作，所有学生都在观察。为了让课堂上所有学生都能看清楚演示实验的现象，效果必须明显直观。在设计演示实验时应注意以下问题：

第一，仪器的尺寸尤其是观察部分的尺寸要足够大，测量仪表的刻度线要适当粗些，灵敏度要高，必要时可采取适当放大的手段，如电放大、光放大、机械放大等，以增强演示效果。

第二，物理过程的变化要显著，被观察的主体要对比强烈，易于分辨，可采用染色、生烟、衬托背景、照明等方式来增强对比效果。

第三，注意放置仪器的位置，要有足够的高度，不要平摊在桌面上，运动体所在的平面应与黑板面平行，必要时可借助于投影仪、演示板、磁性黑板等。例如用投影仪观察发波水槽中两列波的叠加。

第四，仪器简单、过程明了。演示实验的目的在于突出要观察的物理现象和物理过程，降低无关因素的干扰，特别是在一些为建立和巩固物理概念的定性演示实验中，没有必要选择精密复杂的实验装置。例如用墨水瓶演示微小形变，其实验效果要比用复杂的光杠杆系统装置好。

(四) 演示操作要安全可靠

演示实验在课堂上进行,要确保无碍于学生的安全和身体健康;课堂上的教学时间是极其宝贵的,如果教师在演示中出现失误,不仅会贻误课堂教学时间,而且会引起学生对所得结论的怀疑,因此,教师在课堂上的演示实验必须确保成功。教师要做到以下几点:

(1) 做好充分的准备工作。这是确保演示实验成功的关键。教师在课前要选择好所需的仪器和材料,仔细地进行检查,并按照课堂上的实际程序预做几遍。熟悉仪器的使用性能,了解实验的准确程度,估计实验的时间,观察教室里即将使用的环境等等,并在教案中写明演示所需的每一件物品,以免课堂上演示失败。

(2) 课堂演示时必须确保安全。演示时,教师必须按照安全操作规程去做,认真仔细,确保人身安全和仪器设备的安全;可能存在不安全因素的实验,一定不要让学生上台操作。例如需要用到220 V或380 V电压的实验,或者用到高压感应圈、水银的实验,应当由教师自己操作,并做到万无一失。

(3) 正确对待课堂演示中的失误,切忌弄虚作假。备课中做好充分准备工作,可以提高演示的成功率,但不能保证课堂上一定不出问题。出了问题一定要镇静,切忌手忙脚乱,应认真思考和分析,尽可能及时找出原因,迅速排除故障。万一不能及时排除故障,也不可用"仪器不行"来搪塞学生,更不可编造数据,弄虚作假,应向学生如实说明实验失败的原因,并声明下节课重做。这样的负责精神和态度,将对学生产生良好的影响。

(五) 要有趣味性和启发性

演示实验的主要目的是通过观察启发思维,有助于学生认识客观规律,发展能力。因此,设计的演示实验趣味性要强,做到引人入胜,力求新奇、有趣、生动,富有启发性。例如,在学习冲量时,为了激发学生的学习兴趣,可以做如下演示实验:将四个鸡蛋放在两张海绵垫的中间,在海绵垫的上方压两块砖,再在砖上放一块瓦片,用铁锤敲击砖块上的瓦片后,在海绵垫中的鸡蛋没有碎裂,依旧完好无损。这是为什么?借以激发学生的学习兴趣。

再如,学习大气压强时,可以做以下演示实验:将两个粗细略有不同的玻璃试管装满水,细的玻璃试管放在粗玻璃试管的上方并与水面接触,然后迅速翻转,并将细玻璃试管放手,细玻璃试管没有像学生想象的那样掉落,而是上升进入粗玻璃试管内。如图14-4和图14-5所示,这个实验惊险有趣,能极大激发学生的好奇心和求知欲。

图14-4 细玻璃试管放入粗玻璃试管中 　　图14-5 细玻璃试管上升进入粗玻璃试管中

一个小小的塑料凹面盘,安在墙上,就形成了一个挂衣钩,可以承担一定的重量。如果把两个这样的凹面盘严密地对压,就形成了一个"土"马德堡半球,用来做演示实验效果也非常好。

(六) 可将多媒体手段运用到演示实验中

有些演示实验可见度非常小,无法直接让全班同学都能观察到,如游标卡尺、螺旋测微器的操作过程及读数方法,各种电学实验的操作过程及电表的读数、指针的偏转等,这时可用实物投影仪,把实物投影到大屏幕上,提高实验的可见度,增强实验效果。

有些实验所用仪器比较多,操作过程复杂,例如"电阻定律"的演示实验,实验仪器较多,实验中既要改变线路的连接方式,又要读出电流表、电压表的读数,只用实物投影仪不能将实验操作过程和电表读数全部投影到大屏幕上。这时可先采用摄像机对演示实验的操作过程进行课堂实录,再将信号送到计算机中,通过大屏幕进行播放,学生对实验线路的连接、教师的操作步骤、电表的读数都能看得一清二楚,同样能取得比较好的教学效果。

有些物理现象或物理过程,无法直接用实验演示,而学生对这些现象和过程没有感性认识,理解比较困难,这时可采用计算机模拟演示实验,增强学生的感性认识。如:分子运动特点、原子核式结构模型、玻尔模型、带点粒子在电场和磁场中的运动等,用计算机技术模拟演示,生动形象,演示效果非常好。

三、演示实验教学案例:"乐音的特性"教案

(江苏大学理学院 2011 级 顾文娟 供稿)

(一) 教学目标

1. 知识与技能目标:

(1) 能从日常生活的直接感受中知道乐音有音调、响度和音色的区别。

(2) 常识性地知道音调的高低与声源振动频率有关,响度与声源的振动幅度有关,不同的发声体发出声音的音色不同。

2. 过程与方法目标:

(1) 通过做"音调与频率有关"、"响度与振幅有关"的实验,进一步了解和学习物理学研究问题的方法。

(2) 培养科学探究的能力。

3. 情感态度和价值观目标:

(1) 体验现实世界物体的发声是丰富多彩的,从而更加热爱世界,热爱科学,热爱生活。

(2) 培养联系生活、生产和科学研究实际的意识。

(二) 教学重点和难点

1. 教学重点:(1) 让学生在探究中体会和理解音调、响度和音色的概念。

(2) 通过实验探究音调、响度与什么因素有关。

2. 教学难点:音调与响度的区分。

(三) 教学方法

探究法,演示法,讨论法。

(四) 教具学具

钢尺,鼓(纸屑,鼓锤)。

(五) 教学过程

1. 回顾知识:(师)前面我们学习了声音的产生和传播的有关概念,现在我们来一起回顾一下。(学生填写下列两个填空)

(1) 声音是由物体的振动产生的。

(2) 声音可以在固体、液体、气体中传播,不能在真空中传播。

2. 创设情境，引入新课：(师)下面我们要对声音进行更近一步的了解,首先请大家欣赏一段交响乐的片段(放音乐)。

(师)欣赏完交响乐,大家会听到许多乐器演奏的声音,会感到各种乐器的声音有所不同：小号声清脆嘹亮,小提琴声柔和纤细,大提琴声稳重舒展……它们有强有弱,有高有低,有的浑厚,有的清脆,是不是很动听呢？

(师)这些让我们感到悦耳动听的声音,就把它称作乐音。那么乐音有哪些基本特征？这些特征又与什么因素有关？这节课我们就来探究乐音的特性【板书标题】。

3. 进行新课讲授：

(1) 音调的讲解：(师)刚刚听到的交响乐中声音是不是有高有低？我们就把声音的高低称作音调。

【板书】音调：声音的高低。

男生和女生说话声音有区别,女生说话声比较尖细,男生声音则比较粗厚,这就是音调的区别,现在考大家一下：蚊子和牛的音调哪个高？

(生)蚊子。

(师)下面我们首先来探究影响音调的因素是什么。同学们手中都有钢尺,请大家把钢尺拿出来,我们来借助钢尺进行实验。请大家把钢尺的一端压在桌面上,另一端伸出桌面,轻轻拨动钢尺的一端,这时是不是可以听到钢尺由于振动产生了声音？

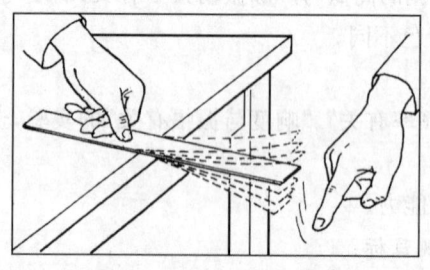

图 14-6 钢尺振动发声

若改变钢尺伸出桌面的长度,用大小大致相同的力拨动钢尺,这时声音有什么变化？请大家根据黑板上的表格两人一组进行实验探究。(请学生上来填表格)

(知识补充：振动的快慢常用每秒振动的次数——频率表示)

表格如表 14-1 所示：

表 14-1 钢尺振动发声实验数据

钢尺伸出桌面的长度	频率(振动快慢)	音调
短	最快	最高
稍长	较快	较高
长	慢	低

(师)通过这个表格,我们是不是可以看出声音的音调和钢尺的振动快慢——也就是频率有一定的关系,我们通过表格就可以得出结论。

【板书】音调与声源振动频率有关,且频率越高,音调越高。

(2) 响度的讲解:(师)刚刚的探究很成功,我们已经研究了声音的一个特性,接下来我们来探究第二个特性,之前听到的交响乐是不是除了声音的高低区别,声音的强弱也有所不同呢? 我们就把声音的强弱称作响度。

【板书】响度:声音的强弱。

(师)当我用大小不同的力敲击黑板时,声音的响度是不是就发生了变化,那牛和蚊子的叫声哪个响度比较大?

(生)牛。

(师)对,我们知道声音是由振动产生的,刚才我们用声源的振动分析影响音调的因素,响度也同样可以用声源的振动来分析,我们可以借助于鼓来进行实验(拿出鼓,一次比一次用力地敲击鼓面)。

当我用不同大小的力敲打鼓面时,声音的音调变了么?

(生)没有。

(师)那是声音的什么改变了?

(生)响度。

(师)能不能看出是什么因素引起了声音的响度变化?

(生)不能。

(师)那现在怎么办? 大家想一想……我们可以借助于纸屑,把它们撒在鼓面上,这时我们再敲击鼓面大家发现了什么。如图 14-7 所示。

图 14-7 将纸屑撒在鼓面上　　图 14-8 鼓面振幅大,响度大

(生)纸屑跳起来了。

(师)当我用大小不同的力分别敲击鼓面,大家又发现了什么?(实验重复做两次,两次都分别用大小不同的力敲击鼓面,如图 14-8 所示)

(生)用小力敲时,纸屑跳得低,响度小;用大力敲时,纸屑跳得高,有时甚至跳到鼓面外,响度大。

(师)那纸屑跳起的高低说明了什么?

(生)说明鼓面的振动幅度大小。

(师)很好,物理学中我们要经常用到这种思想方法,就是把不易观察的现象放大变得易于观察,这种方法称为转换法。

【板书】转换法。

通过这个实验我们就可以得出结论:

【板书】响度与声源振动幅度有关,且振幅越大,响度越大。

(师)声音的响度是否只与声源振幅有关? 还有什么影响因素?(拿起鼓轻敲,同时在教室里环绕走一圈)大家猜想一下。

(生)老师离我近时,响度大,距离远时,响度小,我猜想响度还与距离声源远近有关。

【板书】响度还与距离声源的距离有关,且距离越近,响度越大。

(再举生活中的例子,比如说某处放鞭炮,走近时,会觉得鞭炮声越来越响……)

(3)总结:这节课讲了声音的两个特性:音调和响度,知道了音调与声源振动频率有关,且频率越高,音调越高。响度与声源振动幅度有关,且振幅越大,响度越大。响度还与距离声源的距离有关,且距离越近,响度越大。

第三节　物理学生实验教学组织技术

一、学生分组实验的特点和作用

学生分组实验是指教师依据课程标准,有计划地设计实验内容、系统地训练学生的实验技能和习惯的教学方式。分组实验中学生在教师指导下利用整节课的时间,亲自动手使用仪器,独立完成实验操作,观察测量、获取资料数据、分析总结、获得结论。学生分组实验是培养学生实验能力和科学态度的重要环节,也是发展学生创造思维和进行科学研究启蒙教育的重要途径。

二、学生分组实验的教学目的

(一)逐步学会自学实验教材

通过自学与辅导,逐步学会自学相关的实验教材,理解其实验内容,包括实验目的和原理,知道怎样做实验,会组织实验步骤。

(二)逐步养成正确认识基本量具、仪表的习惯

要求学生拿到量具、仪表能说出它的名称,通过对外部形态、铭牌、一般构造的观察,教师的辅导及阅读说明书等材料,了解它的主要功能、使用条件、量度范围、精确度及使用规范。

(三)逐步养成良好的操作规范,正确地进行实验操作

实验操作必须按照一定的规范进行。装配仪器时要按照合理的程序操作,例如在装配天平时,应先将横梁放于止动架上,才能安放挂盘;仪器装备好以后要进行预调整,如滑动变阻器初始位置的调节,仪表档位的选择,各种测量仪表零点的调节等;进行实验时注意操作规范,例如在使用天平时要用镊子取放砝码,拿透镜时手不可触及透镜表面等等;实验结束时做好收尾工作,按一定的顺序拆除和整理仪器,检查仪器材料是否有损坏丢失,清理桌面,一切设备复原等等。

(四)学会正确读取及处理数据

不管使用何种量具,养成良好的读数习惯是非常重要的。先观看量程,再看最小分度值,然后看零点,再读数和记录,读数时视线应与表面垂直。

处理数据应体现科学的态度和方法,应在实验前设计好记录数据的表格,实验时如实记录实验数据。

处理数据常用的方法有计算法和图示法。中学物理教学中使用计算法处理数据时常用平均值法减小实验误差。图示法的优点主要有两条:一是简明、直观、便于比较;二是利用实验中的有限数据,得出相关的第三个物理量。中学物理教学中使用图示法时主要采用直角坐标系,应告诉学生横轴代表自变量,纵轴代表因变量,轴的末端应标明所代表的物理量及单位;坐标原点,不一定取为变量的零点,坐标标度应划分得当;描点和连线时,如果图上有两条图线,应采用两种不同的符号加以区别,描绘出的直线或曲线应光滑,曲线不通过全部测量点是正常现象,连线时应尽量使曲线通过或靠近大多数观测点,并使测量数据点比较均匀地分布在曲线的两侧。

(五) 学会写实验报告

实验报告一般应包括实验名称、实验目的、实验装置与器材、实验原理、实验步骤、数据记录与处理、实验结论、误差分析等部分,逐步要求学生学习自己设计实验报告。

三、学生分组实验的教学过程和教学要求

(一) 准备阶段及其要求

使学生明确实验目的、理解实验原理和方法,认识实验仪器,做好操作和记录的准备工作。如果对目的、原理不了解,依葫芦画瓢地做实验,很难取得好的实验效果。因此,教师要重视准备阶段的引导工作,如认真阅读实验教材,提出一些问题帮助学生理解和思考,也可以通过教师的引导组织学生讨论,共同设计或理解实验方案,特别是针对探索性实验,更应该注重这方面的引导。

学生理解了实验方案并不代表学生已经完成了必要的准备工作,教师必须考虑学生是否具备了相应的实验技能。例如高一学生做分组实验"研究匀变速直线运动",实验中涉及电磁打点计时器的原理和使用,纸带数据的处理方法等,学生尚未见过仪器,仅靠看书往往难于理解,教师应当抽出一定时间,让学生边看实物、边看教材,或者一边听教师讲解一边看示范操作。只有事先为学生进行实验基本铺平了道路,才能使他们在有限的课堂时间内顺利完成实验。

(二) 操作阶段及其要求

在实验操作阶段中,学生的主要任务是:安装和调试仪器,操作和控制实验条件的变化,观察测量,获取必要的数据;排除可能出现的故障是培养学生实验技能和良好习惯的关键。

教师应注意巡视,加强指导。学生在实验中遇到问题,教师应善于启发,不要包办代替,这样尽管学生获取数据并不顺利,但自己操作收获很大。教师应辩证地处理好发挥学生主动性与严格要求的关系。实验中有一定的程序规范和操作规范,应当使学生理解这些要求都是以科学理论为依据,并经过实践总结出来的,必须遵循,以提高学生执行规范的自觉性;实验步骤是根据实验原理制定的,但也不是千篇一律的,可适当鼓励学生在不违反操作规则的基础上有所创新。在实验指导过程中,教师应抓住好坏典型,不失时机地提出对全体学生有教育意义的问题。

(三) 总结阶段及其要求

实验总结阶段的任务是:处理数据、分析结果、完成实验报告。在这个阶段中,教师应发挥学生思维的主动性和积极性,学习处理数据的某些方法,了解影响实验结果的因素。对于"不满意"的结果,教师应当使学生认识到,改一改数据、凑成"好的结果"是十分错误的;简单得归结为仪器粗糙,对自己也无益处;应当仔细分析实验经过和实验条件,找出产

生问题的原因,必要时重做实验。有时看上去实验失败了,但对一个认真的实验者来说,收获不一定就小;应当教育学生获取实验数据是一件严肃的工作,任何时候都不能草率从事,更不能弄虚作假,教学中的实验只是给大家提供学习和训练的机会,科学上的发现绝不是这样轻而易举地得到的,也不是通过一、二节课的时间就能使理论得到验证和发展的,以此培养学生实事求是的态度和科学作风。

边教边实验(边学边实验)学生实验部分可参照学生分组实验教学要求。

四、学生分组实验"用电流表和电压表测定电池的电动势和内电阻"教学案例
(江苏省镇江实验高级中学　钱国庆　供稿)

(一) 教学目标

1. 知识与技能目标:

(1) 通过本实验掌握用电流表和电压表测定电源的电动势和内阻的方法。

(2) 通过原理分析进一步加深对闭合电路欧姆定律的理解。

(3) 通过学生实验进一步熟练掌握电压表和电流表的使用方法。

2. 过程与方法目标:

通过问题的讨论使学生对用电流表和电压表测定电源的电动势和内阻有较为全面的认识。

3. 情感态度与价值观目标:

通过学生实验提高学生设计实验方案和处理数据的能力。

(二) 教学重点和难度

1. 教学重点:加深对闭合电路欧姆定律的理解。

2. 教学难点:对实验图象的处理(结合函数表达式理解图象的截距及斜率的物理意义)。

(三) 实验器材

电池(被测电源)、电压表、电流表、滑动变阻器、开关、导线、坐标纸、铅笔。

(四) 课时安排及说明

两课时,第一课时检查实验预习情况、做实验并取得实验数据,第二课时处理实验数据,求出电源的电动势和内阻,在此基础上开展讨论。

(五) 教学过程

第一部分:教师检查实验预习情况。

1. 实验原理

课前要求学生阅读教材,教师提问:

(1) 提问:本实验的目的和要求是什么?

答:实验目的是测定电源的电动势和内阻。

(2) 提问:实验要求是什么?

答:实验要求是采用伏安法测量,改变外电路的电阻R,测得对应的几组U、I数据后,分别用公式法和图象法求出电池的电动势和内阻。

2. 实验电路图

让学生画出实验电路图,并选取几个有代表性的电路图,如图14-9所示(典型错误的和正确的);用实物投影仪投影,让学生检查和纠正,对主动提出问题和纠正的同学,教师

即时表扬。

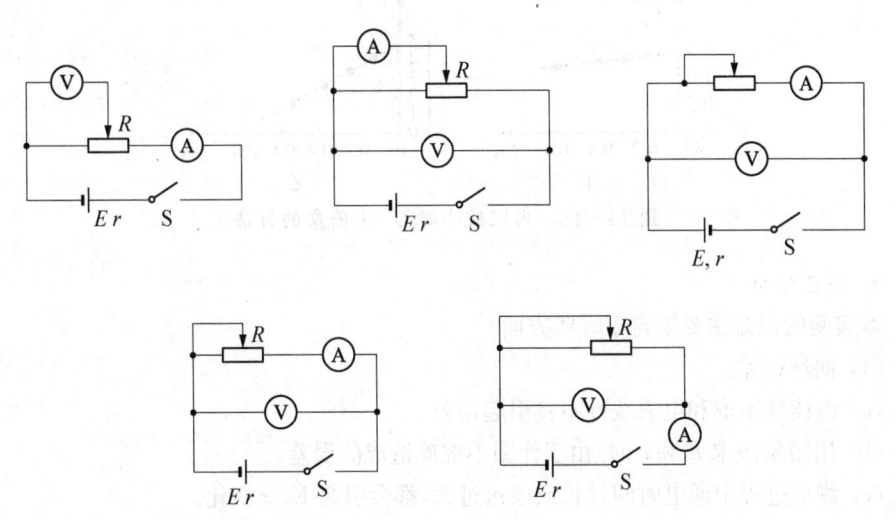

图 14-9 测电池电动势和内阻的几种电路图

3. 教师总结：滑动变阻器应用限流式，安培表用外接法。

4. 讨论：如何用图象法求电池的电动势和内电阻？

学生讨论教师总结：以路端电压 U 为纵轴、干路电流 I 为横轴建立 $U\text{-}I$ 坐标系，在坐标平面内描出各组 (I, U) 值所对应的点，然后尽量多地通过这些点作一条直线，不在直线上的点大致均匀分布在直线两侧，如图 14-10 所示，则直线与纵轴的交点即为电动势（一次函数的纵轴截距），直线的斜率大小（绝对值）即为电池的内电阻，即 $r=K$。

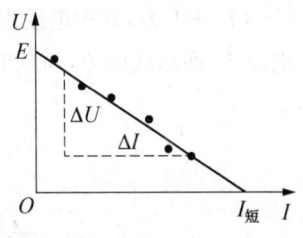

图 14-10 图象法求电池电动势和内阻

5. 注意事项：

（1）为了使电池的路端电压变化明显，电池的内阻宜大些（选用已使用过一段时间的干电池）。

（2）在实验中不要将 I 调得过大，每次读完 U 和 I 的数据后应立即断开电源，以免干电池在大电流放电时极化现象严重，使得 E 和 r 明显变化。

（3）要测出不少于 6 组的 (I, U) 数据，且变化范围要大些，然后用方程组求解，并求平均值。

（4）在画 $U\text{-}I$ 图线时，要使尽可能多的点落在这条直线上，不在直线上的点应对称分布在直线两侧，不要顾及个别离开直线较远的点，以减小偶然误差。

（5）干电池内阻较小时，U 的变化较小，此时，坐标图中数据点将呈现如图 14-11 甲所示的状况，使下部大面积空间得不到利用。为此，可使纵坐标不从零开始，而是根据测得的数据从某一恰当值开始（横坐标 I 必须从零开始），如图 14-11 乙所示，并且把纵坐标的比例放大，可使结果的误差减小。此时图线与横轴交点不表示短路电流，而图线与纵轴的截距仍为电动势。要在直线上任取两个相距较远的点，用 $r=\left|\dfrac{\Delta U}{\Delta I}\right|$，计算出电池的内阻 r。

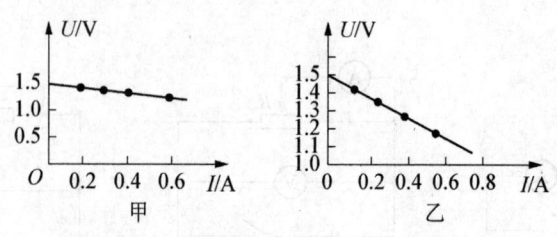

图 14-11　内阻较小时 U-I 图象的作法

6. 误差分析：

本实验的误差主要来自于哪些方面？

(1) 偶然误差：

(a) 由读数不准和电表线性不良引起误差。

(b) 用图象法求 E 和 r 时，由于作图不准确造成的误差。

(c) 测量过程中通电时间过长或电流过大，都会引起 E、r 变化。

(2) 系统误差：

由于电压表和电流表内阻影响而导致的误差。如图 14-12 甲所示，在理论上 $E = U+(I_V+I_A)r$，其中电压表示数 U 是准确的电源两端电压。而实验中忽略了通过电压表的电流 I_V 而形成误差，而且电压表示数越大，I_V 越大。

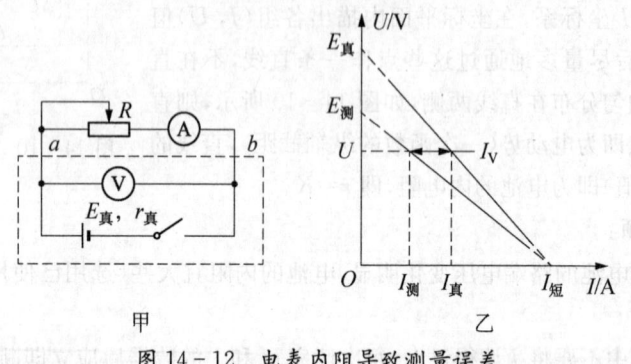

图 14-12　电表内阻导致测量误差

结论：

① 当电压表示数为零时，$I_V = 0$，$I_A = I_{短}$，短路电流测量值＝真实值。

② $E_{测} < E_{真}$。

第二部分　进行分组实验。

教师此时的任务是注意巡视并了解各个小组在实验过程中遇到的问题，并启发学生思考，协助学生找到解决问题的办法。

教师也可深入到个别小组，检查和指导学生正确进行实验，观察每一个实验环节，以培养学生严格的科学态度和正确的实验方法，当发现典型错误时提醒全体学生注意，不致重犯。

(六) 课后练习

根据闭合电路欧姆定律，用图 14-13 甲所示电路可以测定电池的电动势和内电阻。

图中 R_0 是定值电阻,通过改变 R 的阻值,测出 R_0 两端的对应电压 U_{12},对所得的实验数据进行处理,就可以实现测量目的。

根据实验数据在 $\frac{1}{U_{12}}$-R 坐标系中描出坐标点,如图 14-13 乙所示。已知 $R_0=150\ \Omega$,请完成以下数据分析和处理。

(1) 图乙中电阻为_____ Ω 的数据点应剔除;

(2) 在坐标纸上画出 $\frac{1}{U_{12}}$-R 的关系图线;

(3) 图线的斜率是_____ ($V^{-1}\cdot\Omega^{-1}$),由此可得电池电动势 $E_x=$_____ V。

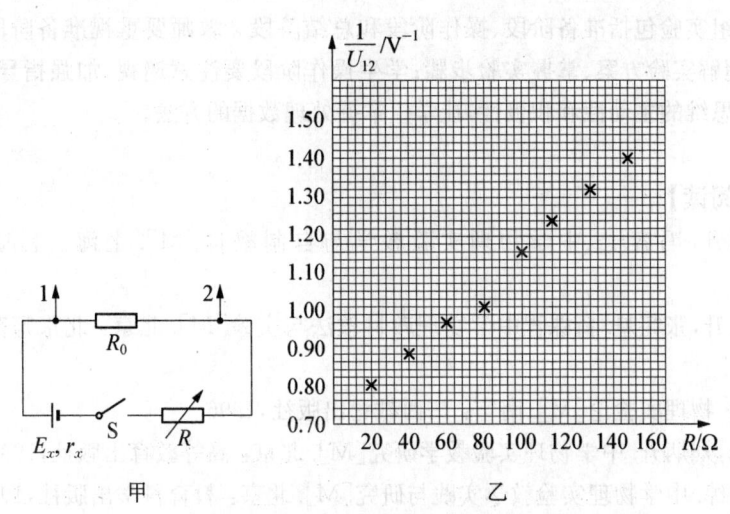

图 14-13 根据闭合电路欧姆定律测电池电动势和内阻

....

【本章小结】

1. 物理实验在物理教学中的重要作用

实验能为学生学习物理提供符合认知规律的环境,能培养学生的学习兴趣,激发学生的学习欲望,是发展学生能力和使学生得到科学方法训练的重要途径,还能培养学生良好的道德素养和科学作风。

2. 物理教学中常用的物理实验方法

中学物理教学中常用的物理实验方法有:观察法、控制变量法、放大法、转换替代法、模拟法、留迹法、累积法、理想化方法、外推法。

3. 中学物理实验的分类方法和实验类型

根据训练的目的和功能不同中学物理实验可分为技能训练实验、测量性实验、验证性实验和探索性实验;根据教学组织形式不同可分为演示实验、学生分组实验和边教边实验。

4. 演示实验的特点、作用以及教学要求

演示实验可引入课题,激发学生的求知欲;能提供必要的感性素材,帮助学生建立概念和认识规律;能对学生进行观察和思维训练,用于巩固和运用物理知识;能提供示范,为学生训练实验技能创造条件。

做演示实验要有明确的教学目的;要注意引导学生的观察和思维;演示现象要清晰、效果要明显、操作要安全可靠;注意演示实验要有趣味性和启发性;可将多媒体等现代化教学手段运用于演示实验。

5. 学生分组实验的特点、作用以及教学过程和教学要求

学生分组实验能培养学生逐步学会自学实验教材;养成正确认识基本量具、仪表的习惯,养成良好的操作规范,进行正确的实验操作,学会正确读取及处理数据;学会写实验报告。因此,学生分组实验能有效培养学生多方面的实验能力。

学生分组实验包括准备阶段、操作阶段和总结阶段。教师要重视准备阶段的引导工作,使学生理解实验方案、掌握实验步骤;学生操作阶段要注意巡视,加强指导;总结阶段应发挥学生思维的主动性和积极性,让学生掌握处理数据的方法。

【拓展阅读】

1. 刘炳升,冯容士. 中学物理实验教学与自制教具[M]. 上海:上海教育出版社,2000.
2. 魏日升,张宪魁. 新课程中学物理教材教法与实验[M]. 北京:北京师范大学出版社,2006.
3. 陶洪. 物理实验论[M]. 南宁:广西教育出版社,1996.
4. 安忠,刘炳升. 中学物理实验教学研究[M]. 北京:高等教育出版社,1986.
5. 林桐绰. 中学物理实验教学实践与研究[M]. 北京:教育科学出版社,1982.

【思考与练习】

1. 为什么中学物理教学必须以实验为基础?
2. 在演示实验教学中,如何体现以学生为主体的教学思想?
3. 根据学生分组实验的教学要求,写出"研究匀变速直线运动规律"实验的教学指导提纲。

第十五章 物理课程资源运用技术

通过本章的学习,你能够

- 理解物理课程资源运用技术的分类;理解传统教学资源运用技术和现代教学资源运用技术。
- 理解传统教学资源运用技术的主要内容;能理解板书、板画的主要作用、类型和特点;掌握板书、板画运用技术的基本要求。
- 理解幻灯、投影仪、录像机等运用技术的主要作用。
- 理解多媒体环境下物理教学资源应用技术的特点与作用;掌握多媒体技术在物理教学中的应用技能。
- 理解传感器技术的主要组成部分;理解传感器技术应用 DISLab 系统的组成、特点;掌握 DIS 系统在物理教学中的应用。

第一节 传统教学资源的运用技术

物理教学中,板书、板画是教师书写在黑板上的文字、符号、线条、表格、图形和图象的总称。教师在课堂教学中,将板书、板画与教学语言有机结合,通过视、听两种感官的刺激,向学生展现教学内容、思维方法与过程,能够很好地引导学生学习,提高教学效果。幻灯、投影仪、录像等传统教学资源可以起到很好的辅助作用。

一、板书技能运用技术
(一) 板书的作用
1. 构建知识结构,突出教学重点

教师会根据教学内容和教学过程,将涉及的教学主要内容写在黑板上。这样的板书具有提纲挈领的特点,层次清晰、逻辑性强,是对一节课内容的高度浓缩,反映知识之间的内在联系,可以起到构建知识体系的作用,有利于学生识记、分析、巩固所学知识,强化对重点知识的印象、理解,有利于学生明确教学重点、突破教学难点。

2. 扩大学生的感官刺激,激发学生学习兴趣

科学研究表明,人所获得的全部信息中的83%是来源于视觉,11%来源于听觉,而来自其他感官的刺激只占6%左右。教学过程是一个双边互动、师生不断交流的过程,不但要发挥听觉的刺激作用,让学生倾听教师的引导和讲授,而且更重要的是充分发挥视觉作

用,去感知、捕捉重要信息,通过一定的文字、符号等形式,把抽象的知识具体化、形象化,激发学生的学习兴趣和探究欲望。板书无疑是对学生调动多种器官了解一节课的知识内容和逻辑系统,使学生获得清晰的概念,并在大脑中留下深刻印象的重要途径。

3. 启发学生思维,提高逻辑推理能力

板书反映出教师对教材的理解和提炼,是教师教学思路的引导。基于物理学科的特点,物理学的概念和规律之间具有严谨的逻辑关系和理论推导,通过板书可以再现推导过程,引导启发学生积极思考,在学习过程中掌握科学探究的方法,学习归纳、总结、论证等方法,逐步培养学生进行科学思维和逻辑推理的能力,从而促进学生各方面能力的提高。

(二) 板书的类型与特点

根据所起的作用将板书分为两类:主板书和副板书。一般来说,可以将黑板等分为两部分,左侧部分为主板书,右侧部分为副板书。主板书也叫基本板书,是教师为体现教学目的和内容精心设计的板书,一般主要书写课题、概念和规律的内容、公式、例题等,它是课堂教学的逻辑关系网。副板书也叫辅助板书,一般用于书写讲解难懂内容时所作的必要说明和解释的内容,目的是补充主板书的不足。一般主板书比副板书的书写要求规范程度高,且主板书内容应尽量一课一板,贯穿始终,而副板书的内容可随用随写,用过可擦掉。

根据板书的形式可以将板书分为:提纲挈领式、层次结构式、表格呈现式、推理渐进式、图文并茂式。

1. 提纲挈领式板书

将教学内容按照教学过程的先后顺序,简明扼要地展示出来的板书。特点是形式简单,书写方便。如图 15-1 所示即为"光的传播"一节的板书。

> §4.1 光的传播
> 1. 光源:能够自行发光的物体。
>   分类:天然光源、人造光源。
> 2. 光传播的规律:光在同种均匀介质中沿直线传播。
> 例:影子、日月食、激光准直。
> 小孔成像:特点——倒立实像,与孔的形状无关。
> 光线:表示光的传播情况,用一条带箭头的直线表示光的径迹和方向。
> 3. 真空中的光速 $c = 3 \times 10^8$ m/s。

图 15-1 提纲挈领式板书

2. 层次结构式板书

将教学内容按照由大到小包含的关系,建立网络图。特点是层次分明、脉络清晰。如图 15-2 所示即为"改变物体热能的方法"的板书。

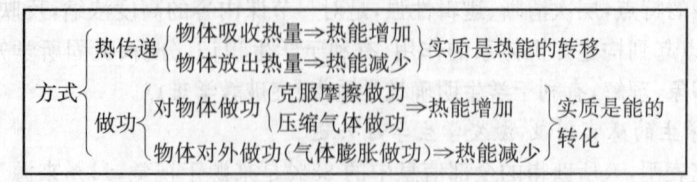

> 方式 { 热传递 { 物体吸收热量⇒热能增加; 物体放出热量⇒热能减少 } 实质是热能的转移
> 做功 { 对物体做功 { 克服摩擦做功; 压缩气体做功 } ⇒热能增加; 物体对外做功(气体膨胀做功)⇒热能减少 } 实质是能的转化

图 15-2 层次结构式板书

3. 表格呈现式板书

表格式板书主要分为对比式和归纳式两种。对比式板书主要突出两个概念或规律之间异同点及相互联系,通过表格的方式能够更好地进行比较。例如作用力与反作用力和一对平衡力的对比,加速度与速度、热能与热量、电势与电势能、时间与时刻等概念的对比。归纳式表格主要是用来引导学生根据现象来发现和总结规律。其主要特点是共性突出,个性明显,一目了然,如表15-1所示。

表15-1 作用力与反作用力和一对平衡力对比

		一对作用力与反作用力	一对平衡力
相同	大小	相等	相等
	方向	相反	相反
	是否共线	共线	共线
不同点	性质	一定相同	不一定相同
	作用时间	同时产生、同时消失	不一定同时产生、同时消失
	作用对象	不同(异体)	相同(同体)
	作用效果	两个力在不同物体上产生不同效果,不能抵消	两个力在同一物体上使物体达到平衡的效果

4. 推理渐进式板书

由于物理知识之间相互关联,当其中一个物理量发生变化时,会引起其他相关物理量的变化,用箭头将各量间的因果关系表示出来就是推理渐进式板书,其特点是简单清晰,逻辑性强,适合于讨论、推理、论证。如讨论"并联电路的一个支路的电阻增大时,总电阻将增大"这一结论时,可以采用如下的板书:

$$R_1 \uparrow \rightarrow \frac{1}{R_1} \downarrow \rightarrow \frac{1}{R} = \frac{1}{R_1} \downarrow + \frac{1}{R_2} \rightarrow R \uparrow$$

5. 思维导图式板书

首先确定重点概念和主要内容,其次抓住概念的性质和特征,然后抓住概念间的相互关系,通过带有箭头的连线把它们有层次的连接起来就形成思维导图式板书。根据概念间的连接确定概念图的类型。如图15-3所示为"电磁感应"的思维导图式板书。

(三) 板书运用技术要求

1. 书写规范,美观流畅

用粉笔书写在黑板上的文字字迹要清晰、端正,字体大小要适中,以教室中最后一排学生能够看清楚为准。教师整齐、美观的板书能对学生起到良好的示范作用,对学生会有潜移默化的影响。因此教师书写要规范、准确,注意汉字的基本笔画和笔顺,不倒下笔,不写不规范简体字或者繁体字,更不能自己造字。板书过程中要流畅、迅速,不要占用过多时间,与教学过程相结合,尽量做到一次到位,不要涂涂抹抹、频繁改动,要保持板面整洁有序。

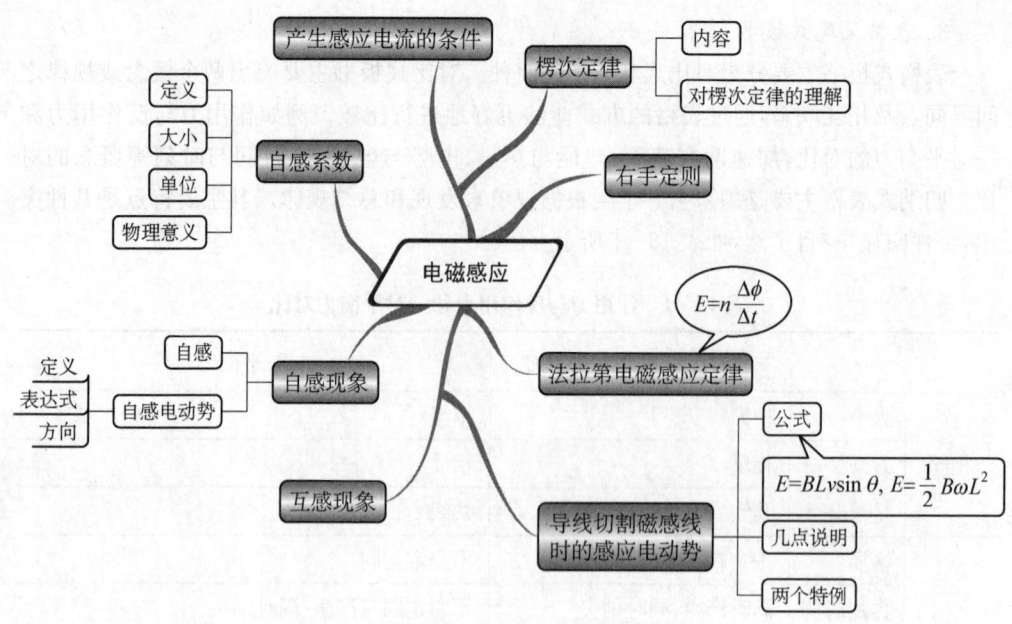

图 15-3 思维导图式板书

2. 结构简洁,布局合理

板书的类型很多,但是不管采用哪种类型,一定要注意结构布局合理。板书是教学内容提炼的精华部分,要能概括出教学主要内容、教学重点和难点。事先要有计划,确定板书的内容、格式、结构,在教学中才能有条不紊。板书的多少要适量,不必面面俱到,力求言简意赅,突出重点,有利于学生回顾和复习。

3. 脉络清晰,科学严谨

根据教学内容和教学目标来设计的教学过程,一般会有一条清晰的主线作为引导。教师的教学思路要清楚,将各个层次的内容有机地联系在一起。板书的内容要准确、科学,对相关的概念、原理的表述要用词恰当、语句通顺,公式、符号准确无误。板书中涉及到推导过程要严谨、逻辑性强。

4. 色彩对比,搭配合理

彩色可增强对人视觉的刺激,因而彩色粉笔在板书中能起到画龙点睛的作用,有利于突出重点,便于学生分清主次,加深印象,因此可使用一定量的彩笔来加强板书的效果。板书中整体色彩搭配要和谐,以白色为主体,切忌颜色过多。那种花花绿绿的板书,往往显得杂乱无章,反而不能加强板书应起的作用效果,同时也不利于学生的视觉卫生。规范的板书不应使人感到眼花缭乱,而应使人感到赏心悦目,从中得到美的享受。

二、板画技能运用技术

(一) 板画的作用

板画是为了更好配合老师的教学,比板书更直观地来展现教学内容的一种教学技能和教学手段。板画不仅可将一些无法搬到课堂上的东西直观地在课堂上呈现出来,而且可把复杂的事物,通过合理简化,将其基本结构、核心部分简单、突出地表现出来,使学生更好地了解其原理或过程。因此从某种意义上讲,板画比实物更具有直观性、生动性,能够以形象的画面激发学生的学习兴趣和求知欲望,让学生展开想象,由形象思维向抽象思维发展。同时,板画还可以配合板书,将物理量之间的关系通过数学图象的形式表达出来,帮助学生理解和掌握物理量之间的变化规律,同时也可以总结和应用物理规律。

(二)板画的类型

板画的类型一般有结构图和示意图两大类。结构图主要是为了展示实物的样子或者内部结构而画出的图形,主要包括立体图、透视图、解剖图等。立体图形象逼真,但是画起来比较费时,一般这种图多用多媒体等现代化教学手段来展示,如图15-4所示为"磁场中通电导体受安培力的作用"立体图。透视图是从某一视角观察,将不能看到而实际存在的部分用虚线表示出来,这种画比较简单适用,一般教师可以在课堂教学中直接画在黑板上,生动形象,有利于学生展开想象,如图15-5所示。对于那些不透明的物体,要了解它的内部结构时,可以假想有一个平面将它剖开,剖面的平面图即为剖面图,如图15-6所示为液压千斤顶的剖面图。

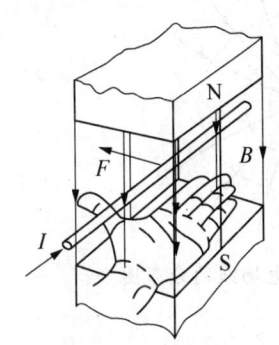

图15-4 磁场中通电导体受安培力的作用   图15-5 盛水杯的透视图

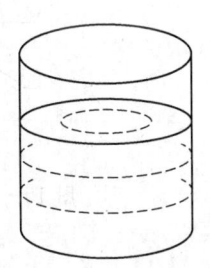

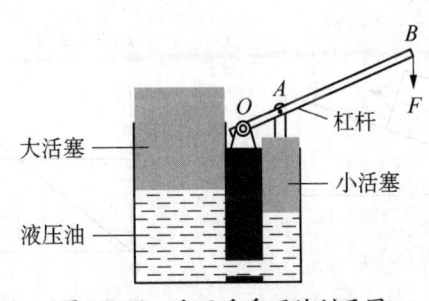

图15-6 液压千斤顶的剖面图

示意图在物理板画中应用较为普遍,它是采用抽象的方法将实物或者演示对象用简笔画的形式表现出来的简图,根据作用的不同可以分为以下几种。

用来反映物理现象和物理规律的示意图,如图15-7所示,球在力的作用下运动状态发生变化。在图中没有文字说明,但是我们看到简图就知道球的运动方向。图15-8很形象地表示出了惯性定律。

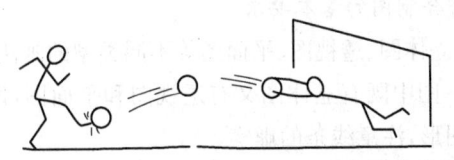

图15-7 球在力的作用下运动状态发生变化

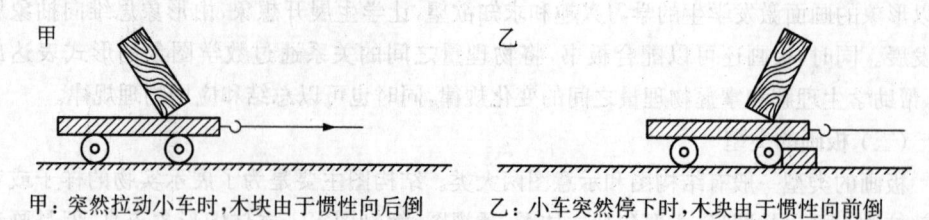

甲：突然拉动小车时，木块由于惯性向后倒　　　乙：小车突然停下时，木块由于惯性向前倒

图15-8　惯性演示实验

用理想模型来形象表示场的存在的线状示意图，如电场、磁场、重力场的分布，电势的变化等，图15-9所示为两个等量异种点电荷间电场线的分布图，图15-10表示用有向线段表示物体受力情况分析。

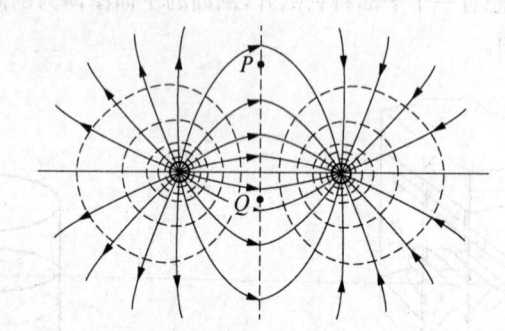

图15-9　两个等量异种点电荷间电场线的分布图

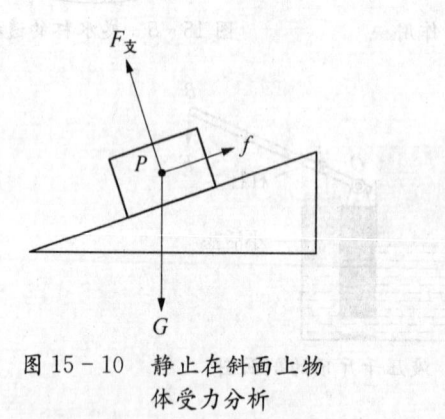

图15-10　静止在斜面上物体受力分析

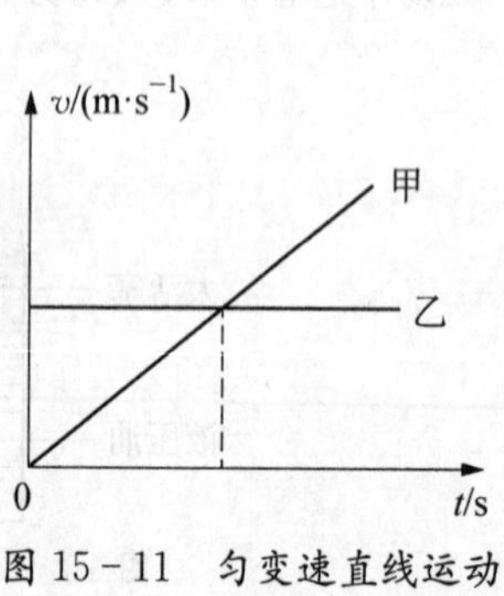

图15-11　匀变速直线运动速度与时间关系

用直角坐标图表示物理量之间的相互关系，如速度-时间关系图象，位移-时间关系图象，合外力与质量关系图象等等，图15-11所示为匀变速直线运动速度与时间关系图象，从图中可以看出甲物体做的是匀加速直线运动，乙物体做的是匀速直线运动。

（三）板画的运用技术要求

1. 板画的画法应符合制图的基本要求

在同一图上不能将立体图、透视图、平面图等不同类型的画法混在一起。如图15-12所示的情形，由于在同一图中既有立体图又有透视图和平面图，所以是不正确的，应当画成如图15-13所示的图形，注意线条的虚实。

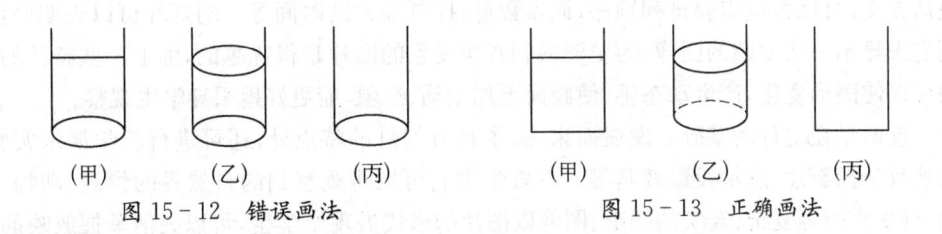

(甲)　　(乙)　　(丙)　　　　　(甲)　　(乙)　　(丙)
图 15-12　错误画法　　　　　图 15-13　正确画法

2. 板画要符合科学性规律,画图要力求准确

物理板画中包括一些推导公式、探寻规律用的函数关系图象和物理图像,若作图不准确,则会造成公式无法推导或不能总结出正确规律等问题。图 15-14 所示为光的折射现象,实际的物在观察到的像的下方,像是由折射光线的反向延长线汇聚而成的,折射光线满足折射定律,不可以随意画。

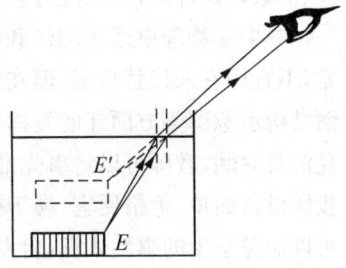

图 15-14　光的折射现象

3. 板画应笔画简洁,主体突出、直观明了

在物理学中,常用一些规定的符号表示实物,如图 15-15 所示,电源、电键、螺线管都有自己的符号,通过图可以判断螺线管中电流的环绕方向,利用右手螺旋定则判断其磁场方向。对于未作统一规定的物体,需设计出简单、形象的图形来示意。如图 15-16 所示,用简笔画的画法,勾勒出实物的物理状态。

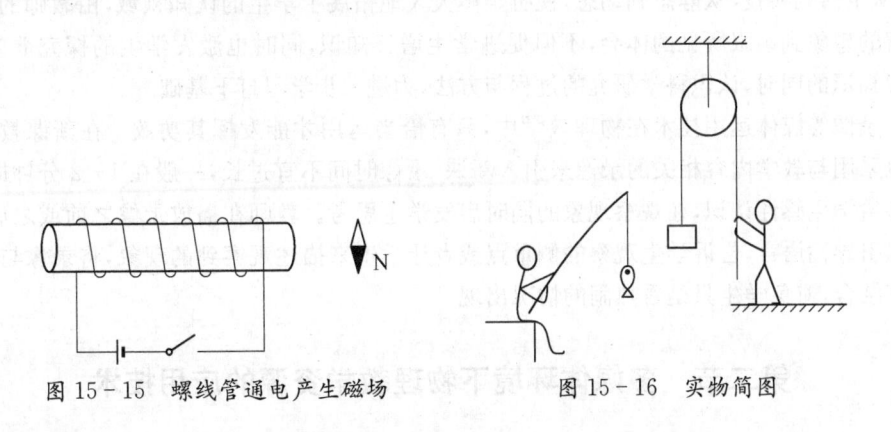

图 15-15　螺线管通电产生磁场　　　图 15-16　实物简图

4. 板画与教学相结合

教师边讲边画,以加强教学的生动性和直观性,便于学生更好地理解抽象的物理过程。如图 15-16 中对物体做受力分析,可以运用隔离法对物体逐个分析。

三、电化教学运用技术

(一) 幻灯、投影等视觉媒体运用技术

幻灯、投影是传统教学运用技术中最容易普及和广泛使用的电化教学手段。它是利用凸透镜成像的光学原理制成的一种媒体设备,可以在屏幕上得到放大又清晰的影像。它能够胜任板书、板画难于胜任的许多任务。幻灯是使用事先准备好的幻灯片,在教学过程中播放。随着摄影技术的发展,摄制出的幻灯片的画面质量越来越好,色彩逼真,使用灵活方便,可以根据需要排列顺序,调整数量,控制播放的时间等。幻灯片可以长期保存,用它来显示一些复杂的图像、历史资料和真实现象的图片是很优越的,加上一些特技的手段可以使图形变化,产生动态感,使画面更加生动、形象,能更好地引导学生观察。

投影是在幻灯的基础上发展而来,除了具有幻灯的特点外,还可进行教学演示实验,放映教学投影片,演示投影教具等。在教学中它可以将观察到的自然界的景观、动物、植物、科学实验等复杂、真实的图形、图像以图片的形式展现给学生,可以灵活掌握放映的时间、次数以及片数,可以配合教师讲解,有利于学生的学习。

在中学物理中运用幻灯和投影,应注意选择合适的内容,注意与其他手段相配合。通常,不宜用它来代替板书,但在某些场合,如表达单元系统的复习纲要,展示例题题目和分解结构示意图等方面却能发挥很好的作用。对于较为复杂的板书、板画,在课堂上为了避免浪费时间,教师可以将事先准备好的内容采用幻灯或投影的方式展示出来。由于幻灯、投影设备简单、价格便宜、易于操作,软件容易获得,教学效果好,在教学中使用非常方便,可以加深学生的感性认识,启发学生的思维,激发学生的兴趣,促进学生掌握教学重点,突破教学难点,提高教学效率和效果。

(二) 录像等视听媒体运用技术

录像具有视觉和听觉的双重特点,可以展示自然界和实验室中各种各样的物理现象及变化过程,甚至可以将实验室搬到课堂上,让学生亲眼观察到一些未知领域的现象,如大型机械的运转、天体的运行、粒子的碰撞、科学家所做的一些高端实验等,从宏观到微观,从生活到科技,从静态到动态,视听媒体大大地拓展了学生的认知领域,由教师的单纯讲解的想象到亲眼所见的体会,不但促进学生增长知识,同时也激发学生的探究欲望,在学习知识的同时,认识科学研究的过程与方法,为进一步学习打下基础。

录像等媒体运用技术在物理教学中,只有恰当运用才能发挥其功效。在新课教学中可以采用与教学内容相关的录像来引入新课,录像时间不宜过长,一般在1—2分钟即可,主要给学生感性认识,在观察现象的同时启发学生思考。教师在播放录像之前或之后,要辅以引导性语言,告诉学生观察的侧重点或者让学生来描述观察到的现象,将录像与教学紧密结合,避免学生只是看热闹的情况出现。

第二节 多媒体环境下物理教学资源的应用技术

随着科学技术的发展,传统的教学资源运用技术已经满足不了现代化教学的需要。而幻灯、投影、录像等媒体,由于承载的信息有限,并且缺乏与学生间的互动交流,因此单独运用这些技术的比较少,现在多采用计算机集成的多媒体技术。多媒体技术是一种迅速发展的综合性电子信息技术,给传统的计算机系统、音频和视频设备带来方向性的变革。教学过程中,根据教学目标与教学内容的特点,通过合理设计,整合传统教学手段选择与运用现代教学媒体,从而完成教学的全过程。多媒体教学的特点是具有集成性、可控性和交互性。运用计算机综合处理文字、语言、声音、图形、图像、视频、动画等多媒体信息,把这些信息要素根据教学要求整合起来,并通过屏幕或投影显现出来,实现人机交互式操作,以此来形成合理教学过程,并达到优化教学效果的目标。多媒体教学的应用正朝向于网络化、智能化、虚拟化和现实化的方向发展。

一、多媒体环境下物理教学资源应用技术的特点与作用

(一) 多媒体教学的多样性,有利于创设直观形象的情境,激发学生兴趣

采用多媒体技术,可以给学生提供丰富多彩的物理教学资源,图文并茂,易于吸引学生的注意力。实物图像以及运动过程的再现,能够从不同角度对学生的感官进行多种刺激,变抽象的语言文字为具体的视觉画面,从而给学生创造一种轻松活泼的教学氛围,使学生有身临其境的感觉,有利于激发学生的学习兴趣,积极参与到物理学习中来。如力学中的超重、失重现象,电学中的电磁感应现象,光学中干涉、衍射等现象,利用多媒体教学的功能,可以通过图像、动画、视频等形式将物理过程呈现出来,获得令人满意的教学效果。

(二) 多媒体教学的动态交互性,有利于实现启发式教学

多媒体教学具有的交互功能将向学生提供更加有效地控制和使用信息的手段,同时也为应用开辟了更加广阔的领域。交互可以增加对信息的注意力和理解,启发学生思维,延长信息保留的时间。在计算机辅助教学中,可利用计算机来向学生提出问题,帮助学生分析问题、解决问题,引导学生把握教学思路,掌握所学内容,通过逐步引导,形成完整的概念。教师可创设一个探究的环境,鼓励学生积极参与,在探究过程中发展学生运用知识的能力。

(三) 多媒体教学的知识容量大,有利于拓宽学生的视野

多媒体教学的课程资源来源渠道广泛,可以是书本、网络、实验、社会生活、科技前沿等等,涉及的知识内容繁杂,可以让学生在教室之中就可以观察到太空星体的运动,宇航员的超重失重,海洋中潜水艇的升降,汽车刹车之后的运动等等,这些都有利于拓宽学生的视野,把学习知识看作是一个不断探索发现的过程,不再局限于书本中的概念和公式,在对客观世界的认识中形成基本的物理概念,归纳出物理规律,有利于学生科学的抽象思维的发展和培养。

二、多媒体技术在物理教学中的应用

教育部 2001 年 6 月印发的《基础教育课程改革纲要(试行)》中明确提出:"大力推进信息技术在教学过程中的普遍应用,促进信息技术与学科课程的整合,逐步实现教学内容的呈现方式、学生的学习方式、教师的教学方式和师生互动方式的变革,充分发挥信息技术的优势,为学生的学习和发展提供丰富多彩的教育环境和有利的学习工具。"教师掌握并熟练地运用多媒体信息工具(网络、电脑)对信息资源进行有效的收集、组织、管理、运用,是时代发展的需要,是教学手段多元化的必然趋势。

(一) 运用多媒体技术采集整合物理教学资源

物理教学资源广泛地存在于文本、图形、图像、视频、动画和声音等多种形式的媒体中,针对特定的知识内容,将这些零散的教学资源整合在一起,利用一些软件经过综合处理形成完整的教学设计,应用于物理课堂教学,能够充分体现多媒体技术的信息传递快捷,知识更新便利,内容形式新颖的特性。

例1 讲解大气压强时,为了说明在生活中就可以感受到大气压强的存在,可以通过,如图 15-17 所示的生活中现象的图片来引导学生积极思考,找到引起这些现象的共同原因。

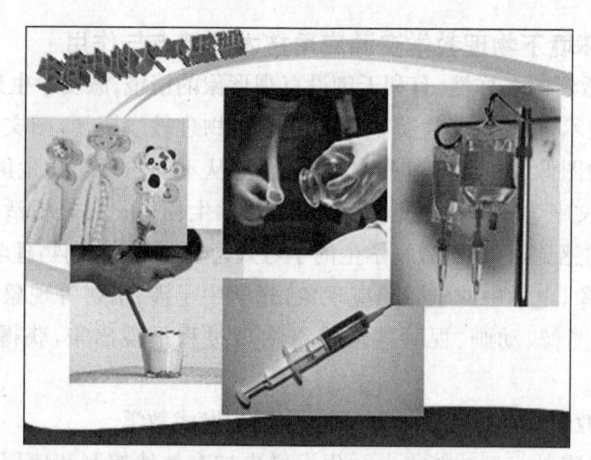

图 15-17　生活中的大气压强

(二) 运用多媒体技术制作物理 CAI 课件

计算机辅助教学系统(computer assisted instruction)简称 CAI,物理 CAI 包括 CAI 课件和它的软、硬件支持环境。CAI 课件是教师的教学理念、教学内容和教学经验的集中体现,也是教学改革宗旨的体现。CAI 课件能充分利用计算机图形显示和动画技术,实现形象描述和动态模拟,使知识表达形象生动,由单纯的知识教学上升为知识与技能,过程与方法的展示。该系统的服务对象是学生,计算机向学生提供教学资料和各种问题,给学生以直接的帮助,它可以在形象的大小、远近、虚实、动静、繁简、抽象与具体之间实现转换,突破时空限制,变抽象的语言文字为具体的视觉画面,让学生感受到物理来源于生活,服务于社会的教学理念。运用多媒体课件开展教学,是对传统教学方法的改革,是实现培养高素质人才的重要途径。

(三) 运用多媒体技术模拟物理实验,开展物理实验探究

教师在教学过程中为了激发学生的学习兴趣,会通过实验来引入新课,或者利用实验探究开展新课教学,这就需要把实验搬到课堂上来。简单的实验可以在课堂直接演示,但是有些实验不具备在课堂演示的条件,这时就可以利用多媒体技术来实现物理实验的模拟。如微观的分子原子结构、分子的热运动等现象,宏观的行星运动、万有引力,可以通过制作动画来形象展示;有些抽象的物理概念如电场、磁场,它们客观存在但是却看不见、摸不着,为了让学生理解,可以引入理想化模型电场线、磁感线,通过形象生动的图片和动画来描述,可以把抽象的物理概念形象化,使学生通过直观的图片、动画感知抽象的物理概念,促使学生逐步由形象思维向抽象思维过渡。运用多媒体技术模拟物理实验,可以直接弥补学生直观感觉不足,减少抽象思维的难度。另外,多媒体技术具有强烈的视听感官刺激,丰富多彩的图片;生动有趣的动画会激发学生强烈的好奇心和求知欲,通过多媒体来演示实验,还可弥补演示实验中实验过程中一些现象稍纵即逝、不易观察的不足,可以让学生反复观看或者将实验过程放慢,让学生观察实验的细节变化,在短时间内给学生提供一些感性资料,丰富学生的认识观念,为他们提高逻辑思维和推理能力提供帮助。

如果学生想进行更深入的研究,多媒体课程软件还可以帮助学生进行科学实验探究。我们以凸透镜成像为例,学生是可以改变物距和透镜的一些参数,来观察物体成像的情况的,以此来探究透镜成像的基本规律。这些优势使得物理多媒体课程软件在教学中更能引起学生的探究欲望,能为学生提供动态的交互式动画,改变了以前书本上只能看到静态的图片的情况。因为很多物理现象都是动态的,所以运用多媒体技术开发课程软件是非常有意义的。

(四) 利用计算机采集处理实验数据

物理实验中不仅有定性的观察实验现象,还有做定量的物理量的测量。在传统的物理实验中经常会测量一些实验数据,通过定量计算,来总结归纳物理量间的相互关系,所以在实验中经常要进行大量的实验数据的处理,不能在实验中直接看到物理量之间的关系。利用计算机多媒体技术,结合力、声、热、光、磁等各种传感器,将真实实验中的非电信号转换为电信号,再通过计算机接口变换信号经一定的程序软件处理,即可在显示屏上显示某些物理量之间的关系。由于计算机采集、运算迅速,所以能够做到实时显示。现在物理实验室常用的 DISLab 实验系统就能实现这样的功能。例如,验证牛顿第三定律中作用力与反作用力总是大小相等,方向相反,作用在一条直线上,通过力学传感器可以在计算机上直接显示两个力的大小,当其中一个力发生变化时,另一个力也随之发生变化,并且两个力大小总是相等。

三、多媒体课件的制作技术应用软件案例

多媒体教学软件是一种带有教学属性的计算机应用程序。适合广大教师使用的工具软件比较多,流行的多媒体教学课件制作软件有:文本编辑软件如 Word、WPS 等,绘画和作图软件如 CoolDraw、Designer、DeskDraw、3DS MAX、AutoCAD 等,图像编辑软件如 Photoshop、Photodraw 等,音频编辑软件如 Soundedit、Waveedit 等,动画制作软件如 Flash 等,图像模拟软件如 Mathematicà、Matlab 等,视频处理软件如 remiere 等。

多媒体集成软件主要有 PowerPoint、Authorware 等,可以将上述的各种功能的软件汇集在一起,依据教学内容和教学目标,运用视听媒体软件技术来实现教学设计。

(一) 运用动画制作软件 Flash MX 实现物体的不规则运动[①]

物体的运动有直线运动、匀速运动、匀加速运动、平抛运动等规律性十分强的运动,它们的运动轨迹都可以用方程式来表示,所以在 Flash MX 中实现起来很简单。但有时物体的运动没有规律,如图 15-18 所示,此时用以前的方法来实现有一定的难度,但是用二维数组来处理可以达到事半功倍的效果。

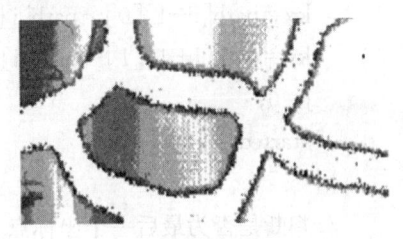

图 15-18

1. 二维数组的定义

Flash MX 中仅介绍了一维数组的定义,对二维以及更高维数组并没有加以定义,我们给出两种常见的定义方法:

(1) 定义一维数组 array1=newArray(length1),接着以不同状态使用下列 3 个语句之一将一维变成二维数组:

array[indx]=newArray();

array[indx]=newArray(length2);

[①] 刘晓华.Flash MX 中物体运动的实现[J].高师理科学刊,2005.2.

array[indx]=newArray(element0,element1,..elementN);

(2) 用 array=[[ ],[ ],　　[ ]]语句也可以这样定义。

2. 实例分析

在课件制作当中,常常会遇到一些物体做不规则运动,尽管它们的运动轨迹不能用方程式来表示,但物体的运动是从一个点到另一个点,利用微分思想在轨迹上取一系列的小点,只要实现了物体在任意两点间的运动,就可以实现物体的曲线运动,而每一个点的坐标正好可以用一个二维数组来表示。下面用具体的实例来说明这个问题。

(1) 主场景的制作。新建 Flash MX 文件,创建影片剪辑且命名为 ball,在影片剪辑的第 1 帧绘制 1 个小球并设其填充色为黑色,完成后返回到主场景。单击主场景工作区,在属性面板修改影片大小为 640×480。

(2) 编写脚本。单击"插入层"按钮出现 layer2,并把该层命名为 action,在其中输入如下的程序代码:

```
if(!started){
    i=0;
    //对象的运动路径
    path=[[257, 388],[237, 337],[206, 289],[231, 216],[247, 149],[273, 109],[283, 62],[291, 0],[291, -10]];//坐标点是图 15-18 中一条不规则曲线上所取的一系列点
    //计算路径中的坐标数量
    tp=path.length;
    //设定起始位置
    ball._x=path[0][0];
    ball._y=path[0][1];
    //计算坐标点间的偏移距离
    kx=path[i+1][0]-path[i][0];
    ky=path[i+1][1]-path[i][1];
    j=0;
    started=true;
}
//判断是否为最后一个坐标点
j=j+1;
if(j>19){
    j=1;
    i=i+1;
    kx=path[i+1][0]-path[i][0];
    ky=path[i+1][1]-path[i][1];
}
ball._x=path[i][0]+kx*j/20;
ball._y=path[i][1]+ky*j/20;
```

```
if(i>=tp-1){
  stop();
}
```

(3) 引申。只要对以上路径稍作修改就可以让小球做匀速直线运动：令 path1=[[0, 200],[50, 200],[100, 200],[150, 200],[200, 200],[250, 200],[300, 200],[350, 200],[400, 200]]；用 path1 来替代上面的 path 即可实现小球做匀速直线运动。对上面的坐标进行研究我们不难发现，只要小球的横坐标满足：$x_2-x_1=x_3-x_2=\cdots x_i-x_{i-1}$ 这样的规律，就可以实现小球做匀速直线运动，当然路径中的点越多小球运动越逼真。

同理，对于匀加速直线运动，平抛运动等有规律的运动，只要路径中的坐标满足相应的规律就可以轻松地实现。

（二）利用 Mathematica 软件模拟夫琅禾费圆孔衍射

光学实验一般对实验条件有一定要求，最好在暗室中进行，实验现象会非常明显，并且这样的实验不好在课堂上进行演示。为了让学生可以观察到实验现象，可以利用软件编程的方式进行模拟实验，夫琅禾费圆孔衍射的程序如下：

```
Date[]
λ=0.6;r=10.0;α0=β0=π/15.0;
n=50;w=50;δx=δy=2r/w;
q=2π/λ;intensity={};
u[x_,y_]:=UnitStep[r^2-x^2-y^2];
u1[t_,x_,y_]:=u[x,y]Cos[t];
u2[t_,x_,y_]:=u[x,y]Sin[t];
Do[
  Do[
    q1=qSin[α];q2=qSin[β];
    t=q1x+q2y;
    U1=Sum[u1[t,x,y],
      {x,-r,r,δx},{y,-r,r,δy}];
    U2=Sum[u2[t,x,y],
      {x,-r,r,δx},{y,-r,r,δy}];
    AppendTo[intensity,{Sin[α]/√(1-Sin[α]^2-Sin[β]^2),
      Sin[β]/√(1-Sin[α]^2-Sin[β]^2),U1^2+U2^2}],
    {α,-α0,α0,α0/n}];
  Print[Date[]],
  {β,-β0,β0,β0/n}]
Export["f:/data/yuankong.dat",intensity]
ListPlot3D[intensity]
ListDensityPlot[intensity,Mesh→False]
```

```
Clear[u,u1,u2,intensity,t,U1,U2]
Date[]
```

运行以上程序就可以得到图 15-19 所示衍射强度分布的立体图像和平面图形,当圆孔的半径发生变化时,可以在程序中修改 r 的数据,就可以得到对应变化的图像。当把圆孔的半径 r 改为 2 μm、7 μm 和 25 μm,所得的衍射图形如图 15-20 所示。

可见,随着圆孔孔径的增大,衍射的中心亮斑直径越来越小,在视场范围内将出现越来越多的光环。而在孔径很小的情况下,没有亮暗分界。

通过改变尺寸,可以得到各种衍射图形,如果要在实验室中实现,克服一些困难是能够做出来的,但成本会很高,而如果用计算的办法来获得这些衍射图形,所需的成本很低且现象明显,如果要得到更光滑的图,可以加大衍射屏上取样点的数目和接收屏上取样点的数目。

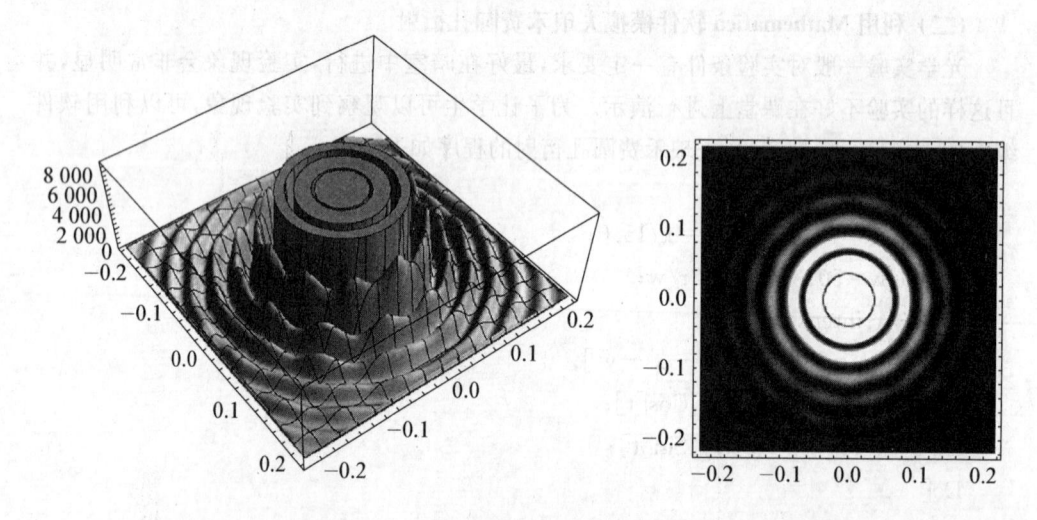

图 15-19 圆孔夫琅禾费衍射强度分布的立体图像和平面图形

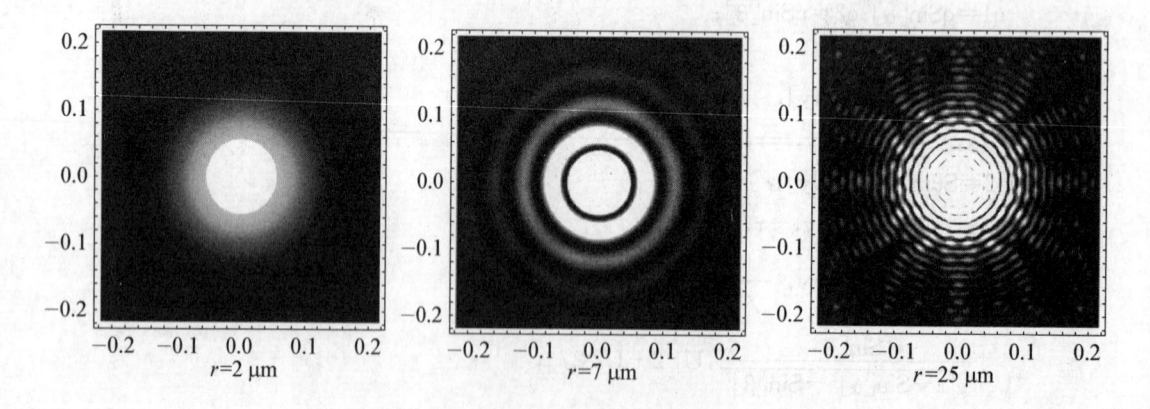

图 15-20 不同半径的圆孔衍射图样模拟

第三节 传感器技术及其应用

2003 年,教育部颁发的《普通高中物理课程标准》指出:信息技术要进入物理实验室。

在这样的环境下,数字化信息系统实验室(Digital Information System Laboratory,简称 DISLab)应运而生。它是一种将传感器、数据采集器和计算机组合起来,共同完成对物理量测量的装置。物理学作为一门实验科学,物理概念的形成、规律的发现、理论的建立,都有赖于实验。因此,在物理教学中强调重视实验、改进实验,已经成为课程改革对物理教学的一项基本要求。

一、传感器技术

传感器(英文名称:transducer/sensor)是一种检测装置,能感受到被测量的信息,并能将感受到的信息,按一定规律变换成为电信号或其他所需形式的信息输出,以满足信息的传输、处理、存储、显示、记录和控制等要求,通过数据采集器和数据处理软件,基于 PC 平台使用,构成了完善的数字化物理实验体系。

(一) DISLab 的组成[①]

DISLab 系统以传感器技术为核心、构思巧妙、使用方便,具有较高的科学价值。在使用 DISLab 系统时,先将数据采集器连接到计算机上,将所使用的传感器接到数据采集器上,用配套软件在计算机中设置想要的收集参数,再启动软件就可以开始采集数据了,并且可以将采集到的数据转化到 Excel 表格中储存,还可以以图片的形式储存起来。其主要构成如图 15-21 所示:

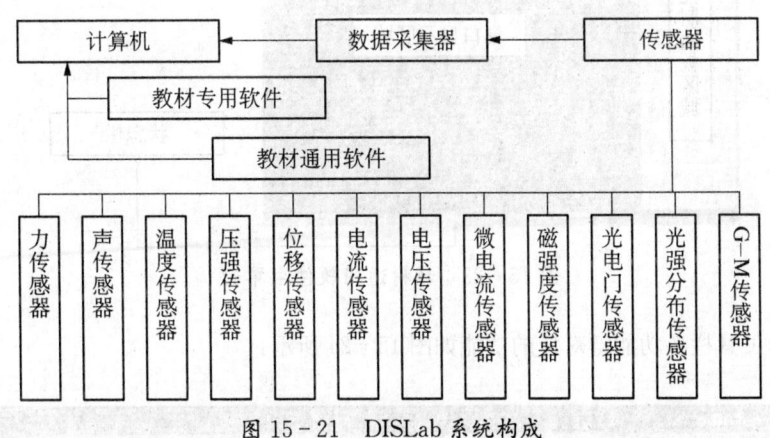

图 15-21 DISLab 系统构成

1. DISLab 系统的硬件组成

朗威 DISLab 数据采集器与计算机以串行方式通讯,采用四路并联输入,可同时接插四种传感器。朗威 DISLab 主要设备有电流传感器、微电流传感器、电压传感器、压强传感器、温度传感器、声传感器、位移传感器、力传感器、磁强度传感器、光电门传感器、光强分布传感器、G-M 传感器等多种传感器,如图 15-22 所示:

2. DISLab 系统的软件组成

DISLab 软件由"教材专用软件"和"教材通用软件"构成。教材中各种实验的分析图

---

① 朗威数字化信息系统实验室用户手册。

图 15-22 DISLab 数据采集器、部分传感器及附件

表预先集成在专用分析图表中,为课堂实验提供很大的便利性;支持用户开发的实验嵌入到专用分析图表中。打开 DISLab 通用软件,可见其标准工作窗口由下列模块构成:标题栏、主菜单栏、工具栏、控制面板区域、窗口显示区域及状态栏,如图 15-23 所示:

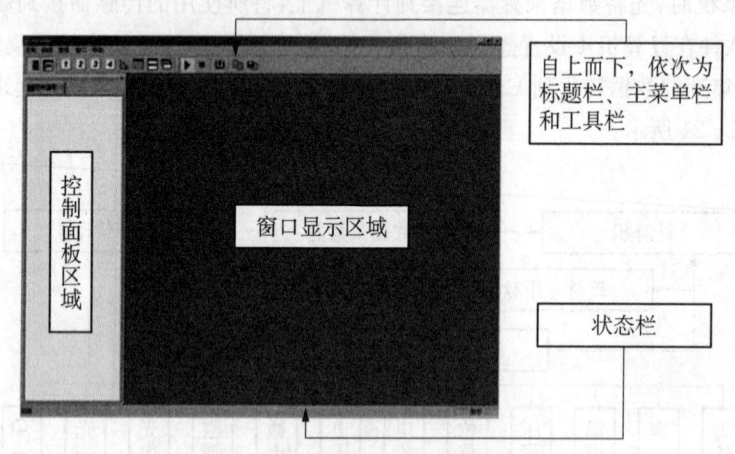

图 15-23 教材通用软件主界面

其中,工具栏各功能键对应的功能如图 15-24 所示:

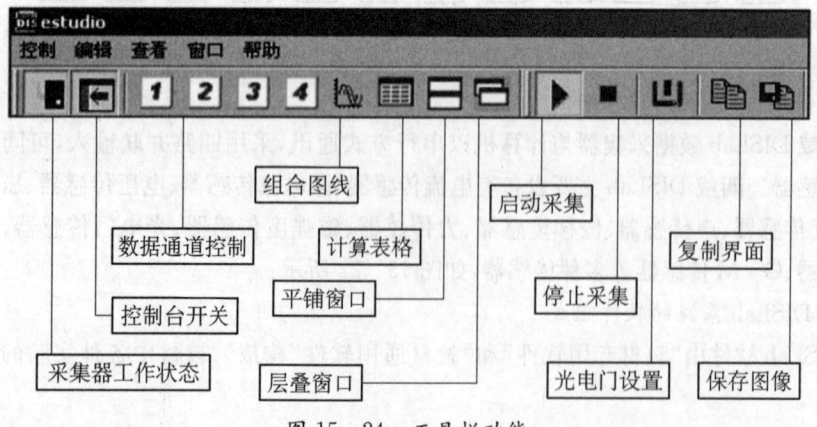

图 15-24 工具栏功能

(二) DISLab 通用软件的功能

1. 一般物理量的显示功能

接入传感器后，自动弹出该传感器对应的窗口。测量显示的方式主要有数字、示波、指针三种方式，如图 15-25 所示。多数传感器窗口默认的显示方式为数字显示，根据实验要求，点击控制面板中的图标，各种显示方式可以很方便地切换。当传感器端被测量的物理量发生变化时，窗口的显示就会随之连续变化。数据采集器可同时接入四只相同或不同类型的传感器。通用软件可并行显示各传感器的工作状态，记录和处理各传感器采集到的实验数据。

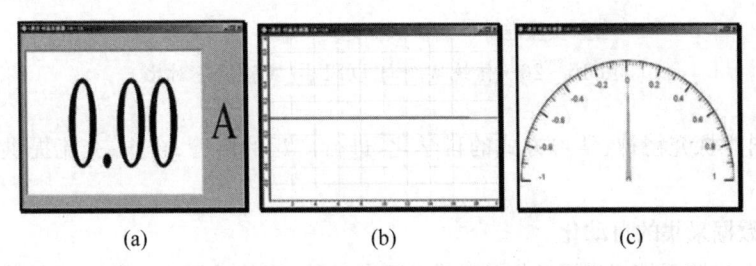

图 15-25 传感器窗口的(a)数字、(b)示波、(c)指针显示方式

2. 数据记录与计算

记录数据可通过自动和手动两种方式进行。传感器不便或不必测量的物理量，如两个光电门传感器之间的距离、气体的体积、单摆的摆长等，可以先在计算表格内将其设置为变量，再手动输入变量值。输入（或从公式库中调用）相应的计算公式，即可获得基于表格内数据的计算结果。

3. 组合图线分析

在组合图线窗口中，可绘制出基于来自传感器或来自计算表格数据的图线。坐标系 X 轴 Y 轴所代表的物理量可以随意选择，既可选取"物理量—时间"方式，亦可选取"物理量—物理量"方式。根据实验需求，可随意增加或删除曲线，也可以锁定某一曲线，作为历史记录保留在坐标系中。组合图线窗口的坐标系具有横向、纵向自由缩放功能，并支持鼠标拖动，既能展示图线的具体细节，又能把握数据变化的全过程。在选定某一曲线之后，可以对其进一步地分析和处理，如多种拟合、求导、求积分等。

二、DISLab 在中学物理实验中的作用

因为 DISLab 在实验中有实时操控性，数据的采集、处理、绘图都由计算机来完成，老师和学生在做物理实验时省去了读数据、数据运算和描绘图线的步骤，大大缩短了实验时间。

上海市第二次课程改革，对于将 DISLab 运用到中学物理实验的教学中进行了深入、全面的调研分析，对实验中的准备时间、数据处理时间和探索研究时间进行了细致的统计，统计情况如图 15-26 所示。

由图可知，传统实验与使用了 DISLab 的实验相比较，DISLab 在数据处理环节省去了很多时间，实验效率有了明显的提高。这使学生花在对实验的探索研究上的时间增多，同时对物理问题的研究也更加深入，提高了学生学习新知识的质量。因此，DISLab 为学生

图 15-26 传统实验与 DISLab 实验调查对比

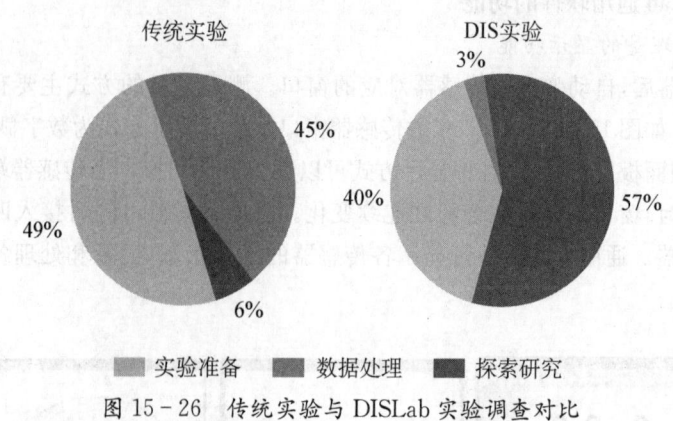

实现培养科学探究精神、学习方式的科学化,进行广泛的体验、合作、交流提供了时间和空间。

(一) 数据采集的自动化

DISLab 实验系统提供了数据的自动化采集功能,当传感器将实验装置与计算机连接后,系统将会自动地识别并在计算机屏幕上显示此传感器当时测量物理量的类型和数值。在数据的记录过程中,可以根据需要设置记录的时间间隔,简单方便地记录实验中需要的数据。同时还可以选择以手动记录方式记录数据,极大地方便了数据的测量和记录。有这样多种选择,就能够更科学合理地完成实验数据的记录。在测量的精确度上,DISLab 比传统实验也有较大的提升。

例如在测量单摆周期的实验中,传统实验的方法是利用秒表测量 50 个周期的总时间,然后总时间除以 50 得出一个单摆周期。这样的测量方法,要求测量者有耐心等到单摆来回摆动 100 次,而且在数单摆摆动次数时要求注意力集中不能多数或者少数,最后在停表时也会产生误差。由于室内温度、空气流通的影响,如果单摆多次运动,可能会对其中某次产生影响,势必也会影响测量结果。如果用 DISLab 光电门传感器进行实验,通过几次测量就可以很方便地记录下单摆的周期,去掉了枯燥的、单一的等待过程,使得学生能把更多的精力投入到研究实验本身中。

(二) 图象分析的智能化

在物理实验中获得实验数据后,一般要经过数据处理并描绘出图象,通过图象可以更直观、形象地揭示出物理规律。在做传统实验时,学生多采用数据描点法来作图,这一过程要求学生进行大量计算,往往在课堂上完成不了。如果用 DISLab 来做物理实验,记录完数据后只需点击"绘图",计算机软件就可自动生成所需要的图象,接着可以把图象保存在计算机中方便调用,还可以用计算机把两个图象放到一个坐标系内,更加方便不同数据间的对比,揭示出物理量的变化规律和影响因素的作用。

例如,在描绘小灯泡 U-I 曲线的实验中,传统实验使用电流表和电压表多次测量通过小灯泡的电流和电压,得到相应的数值,之后再在坐标纸上标点,接着连结各点描绘出 U-I 曲线。这样的实验在测量电流和电压时会有误差,在绘点时也会有误差,所以所得测量值不够准确,数据处理也较为复杂。如果用 DISLab 系统来设计这个实验,按照图

15-27所示连接实验电路后,将传感器与数据采集器、计算机连接,打开计算机软件后,点击"开始记录",把电流、电压传感器调零,闭合实验电路中的开关,点击"记录数据",将一组电流、电压值记录在软件窗口下方的表格中;调节滑线变阻器的触点,点击"记录数据",记录此刻的电压、电流值。重复上述操作可以得到多组数据;点击"绘图",软件便可自动生成U-I曲线,如图15-28所示。之后可把数据用表格形式储存,把U-I曲线以图片形式保存,也可打印出来。这样更方便、更快捷、更精确、更直观,同时也拓展了学生的思维,使物理实验得到了创新。

图15-27 实验原理图

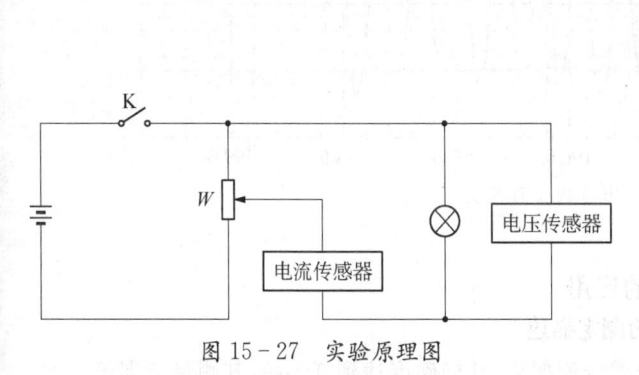

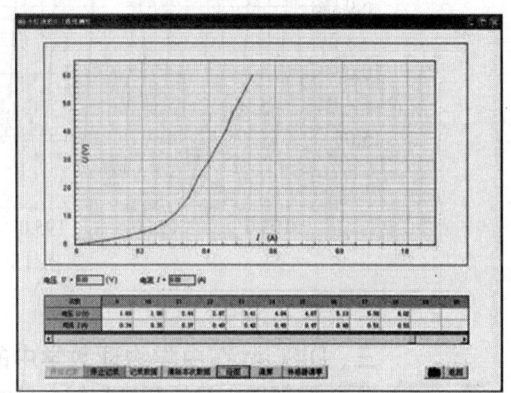

图15-28 绘出小灯泡U-I图线

(三) 模型建构的创新

在传统实验中,实验模式的一成不变、设备的陈旧化、实验步骤的一致,使得物理实验缺少了创新,学生很少能突破旧的思维模式。在DISLab实验中由于传感器的多样化,在传统实验的基础上,运用正确理论依据,学生与时俱进在构建实验模型上也同样有了创新。

例如在"相互作用力"的实验中,传统实验只能利用改变两个串联弹簧测力计两端拉力来改变两个弹簧测力计示数,之后学生仅仅是对每个状态下观察读数,使得实验单一、乏味。在利用DISLab时,如图15-29所示,在改变拉力时,软件能显示两个拉力数值对应地改变,把动态的力的变化转变成静态的图象,方便学生找出规律。图线的变化可以反映出力的大小相等、方向相反的特性。

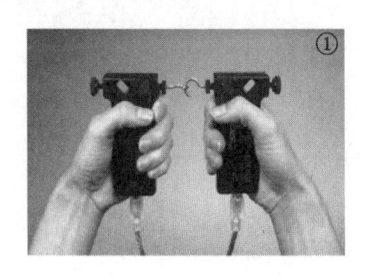

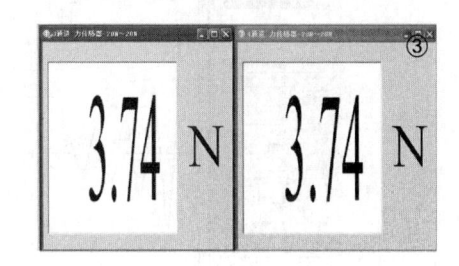

图 15-29 相互作用力

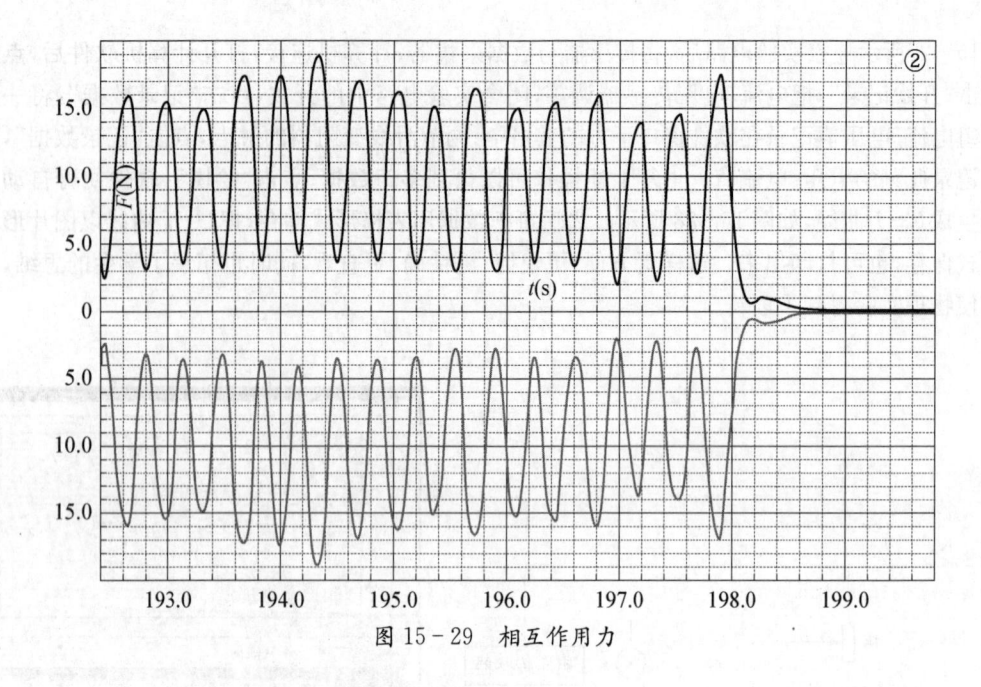

三、DISLab 在中学物理教学中的应用

(一) 实现微小量的测量与暂态量的测定描述

DISLab 实验系统为我们提供了一个微电流探头,其精确度达到 $0.1\mu A$,其测量范围可以降低到 $-1\mu A$,大大方便了我们对微小电流的测定。像水果电池的电流、玻璃导电的电流、大地的电流、人体电流等等都能通过微电流探头来测定。如为学生设计的探究性实验课题"地磁场产生感生电流的研究",利用微电流探头我们可以设计这样的实验过程来进行实验。

暂态量是指随时间变化的物理量,其变化时间非常短暂,其变化情况往往难以用肉眼捕捉,这样的物理量往往集中在电学实验中,像电容的充放电过程、自感现象、LC 电路振荡过程等等。如图 15-30 所示为 LC 电路振荡电流图线,可以通过图线直观感受到电磁振荡的变化过程。在传统实验中只能观察到结果而看不到过程,而 DISLab 实验系统能够及时捕捉物理量瞬间的细微变化,同时系统中的回放功能,为我们进行实验提供了方便。

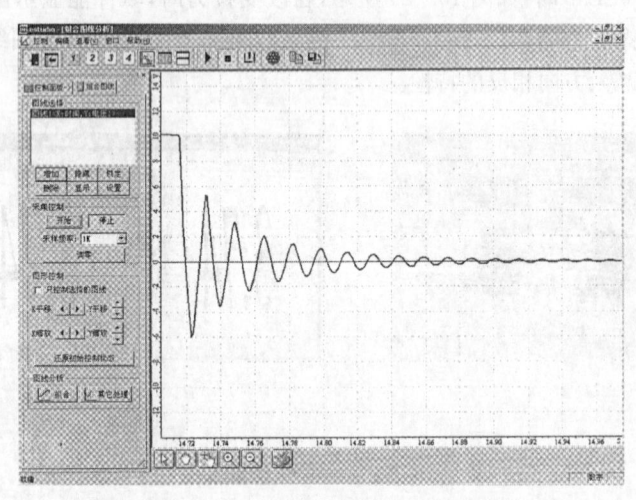

图 15-30 LC 电路振荡电流图线

(二) 自主学习,合作探究学习

现代教学中更注重学生的自主学习和合作学习,这就要求教师充分发挥学生的主体性,确保学生是主动参与、发现探究和知识建构的主体。在物理实验中,学生自己需要对实验的方案做出选择和决断,并要为解决问题采取一定的策略;学生通过个体的独立研究、小组的合作讨论,从而学会如何获取、分析、加工信息,如何运用有关的知识解决实际问题,如何在研究过程中与他人交流合作,如何表述和展示学习成果。

DISLab实验系统为探究学习提供了便利的条件。系统实现了很强的人机交互功能,对学生的实验过程进行及时的反馈,满足了学生急于了解自己实验结果的愿望,提高了学生的积极性。同时,实验过程的简化,实验效率的提高,使学生之间、学生和老师之间能有更多的机会进行相互的交流和探讨。DISLab实验系统为教师和学生提供了一个研究、探讨、互动的平台。

(三) 简化实验过程,提高实验效率

DISLab实验系统中对实验的实时控制,数据的自动化采集和智能化处理彻底改善了物理实验的环境,使学生在实验过程中能够轻松愉快地完成实验。可以说,利用DISLab实验系统进行实验,学生进行实验数据处理的时间大大缩短了,它可以将数据数字化,节省很多准备、记录、处理数据的时间,让实验变得方便快捷,而且记录准确,误差比传统实验小很多。

这种数字化实验与传统实验的侧重点有所不同,传统实验更注重培养学生动手能力和认真细致的观察习惯,而数字化实验更侧重于培养学生在观察中探究思考的能力。DISLab在中学物理教学中的广泛应用,在真实实验的基础上实现了信息技术与物理学科教学的完整整合,填补了多项实验空白,大幅度提高了实验精度和实验效率,性价比高,在培养学生使用信息技术工具进行探索研究和自主学习方面做出了突出贡献。系统可以实时动态地采集实验信息,对分析物理现象动态变化问题有着不言而喻的优势,它是实现自动检测和自动控制的首要环节。将传感器技术应用于教学是现代物理教育技术的重要体现。

开发和应用DISLab实验室,不仅是技术层面的提高,更是教育思想观念的进步。首先,传感器、计算机等信息技术设备都是物理学发展和进步的成果,将其应用到物理实验教学当中,本身就是开阔视野、与时俱进的举措;同时也为科学方法的培养和科学精神的塑造提供了鲜活的素材。其次,工具的发展是脑的扩展、手的延伸,是人类文明进步的阶梯。有了飞机,人类领略到了天空的高远;有了宇宙飞船,人类体验到了太空的深邃;有了先进的实验手段,学生们必定能够收获足以令我们意想不到的成功。

【本章小结】

1. 传统教学资源的运用技术

本书讨论的传统教学资源的运用技术主要是指板书和板画。教师在课堂教学中,将板书、板画与教学语言有机结合,通过视、听两种感官的刺激,向学生展现教学内容、思维方法与过程,能够很好地引导学生学习,提高教学效果。依据板书板画的类型和特点,结

合教学内容,按照运用技术的要求来完成板书和板画。

2. 多媒体环境下物理教学资源的应用技术

在多媒体环境下物理教学资源应用技术的特点与作用十分突出:多媒体教学的多样性,有利于创设直观形象的情境,激发学生兴趣;多媒体教学的动态交互性,有利于实现启发式教学;多媒体教学的知识容量大,有利于拓宽学生的视野。

随着科学技术的发展,多媒体技术在物理教学中的应用更加广泛:运用多媒体技术采集整合物理教学资源;运用多媒体技术制作物理 CAI 课件;运用多媒体技术模拟物理实验,开展物理实验探究;利用计算机采集处理实验数据。

3. 多媒体课件的制作技术应用软件案例

这里选取经常用到软件做了案例示范:第一,运用动画制作软件 Flash MX 实现物体的不规则运动。因为在物理学中,要经常描述物体的运动轨迹,对于规则运动可以利用数学公式来定量描述运动情况,而对于无规则的运动一般很难描述,运用 Flash MX 软件建立二维数组,就可以很轻松地实习这一目标。第二,用 Mathematica 软件模拟夫琅禾费圆孔衍射,用编程软件实现衍射现象的二维、三维图像的模拟仿真,并且可以修改衍射孔半径的参数,实现不同衍射孔的衍射图像模拟,观察衍射图像的变化规律。

4. 传感器技术应用

将传感器技术应用于中学物理实验的 DISLab 系统实验室,通过能够测量不同物理量的传感器与采集器、计算机相连,实现了将物理数据采集自动化,图象分析智能化,模型建构有创新的实验模式。将 DISLab 应用于中学物理教学,与传统教学相比有很多优越之处,实现了微小量的测量与暂态量的测定及描述,为学生开展自主学习,合作探究学习提供了良好的条件;简化实验过程,使学生更加关注物理过程的变化,实现人机交互,提高了实验的效率。

【拓展阅读】

1. 阎金铎,田世昆. 中学物理教学概论(第 2 版)[M]. 北京:高等教育出版社,2003.

该书是国内有关物理教学理论的较早的一本理论著作,分为中学物理教学的基本理论问题、中学物理教学过程的基本形式、中学物理教学技能训练三个部分,其中的中学物理教学手段与教学技能中对于板书、板画、幻灯、投影、多媒体计算机等教学手段分别进行了论述。

2. 卫建国,张海珠. 教学技能导论[M]. 北京:北京师范大学出版社,2012.

该书以教育部确定的五大教学技能为中心,深入解析和讨论了课堂教学技能、教学设计技能、课堂管理技能、教育科研技能以及多媒体教学技能,既有理论分析又有活动、案例和训练的解读,构成一个解读教学技能的完整体系。

3. 刘炳生,仲扣庄. 中学物理教师专业技能训练[M]. 北京:高等教育出版社,2004.

该书由微格教学与物理课堂教学基本技能训练、中学物理实验技能训练、物理教学设计与技能训练三部分组成,该书将先进的教学理念和实践技能训练相结合,提供了较多的**案例和训练课题**,供学习者提高自身教学水平。

4. 陈刚. 物理教学设计[M]. 上海:华东师范大学出版社,2009.

该书第九章论述了物理教学手段和技术,对传感器技术及其运用做了较为详尽的论述,并有案例分析。

5. 魏书敏.课堂教学技能训练[M].上海:华东师范大学出版社,2012.

该书第四章对于教育信息技术技能训练做了详细的论述,内容全面、具体、丰富。

【思考与练习】

1. 随着现代教育技术的发展,多媒体技术已经广泛运用于物理课堂教学中,那么传统教学资源的运用技术是不是就应该退出历史的舞台了?还有没有存在的价值?

2. 如何在物理教学中适度运用多媒体教学技术?

3. DISLab 实验与传统实验相比较有哪些优越性?

4. 在物理实验教学中,如何运用 DISLab 系统实验室开展科学探究?举例说明。

第十六章 物理教学目标测量与评价技术

通过本章的学习,你能够
- 了解物理学习结果测量的概念、特点、分类以及评价方法。
- 知道信度、效度、难度和区分度的概念以及计算方法。
- 掌握编制物理试卷的步骤和方法,知道科学地进行物理测试的要求。
- 掌握物理测量结果的分析统计方法。
- 掌握物理各类学习结果的测量方法。
- 掌握物理课堂形成性评价的方法。

第一节 物理课程学习结果的测量技术

一、测量及物理学习结果测量的概念

测量就是根据一定的法则,对事物的某种性质或程度加以确定。参照物和单位是测量的两个基本要素。参照物和单位选择不同,对同一行为和事物的量化描述也是不同的,其代表的意义也不同。

物理课程学习结果的测量是指运用各种手段和统计方法对学生学习的成就给予数量或等级的描述,做出科学的判断。它不仅具有检查学习效果、鉴定教学质量的功能,还具有调整和改进教师的教学工作、控制和激发学生学习行为的功能,对物理课程的实施起着重要的导向功能。

物理教学中对学生学习结果进行测量时根据选择的参照物的不同分为目标参照测量和常模参照测量。

目标参照测量,是以课程标准中规定的教学目标作为参照物,用以检查学生达到教学目标的程度,又称达标测量或资格测量。这种测量既能使学生体验到"成功学习"的愉悦,又能使每个学生明确自己与教学要求之间的距离,便于学生正确认识自己的实际水平。由于测量标准是以绝大多数学生的水平为依据制定的,因此分数分布曲线可以呈正态分布,也可以呈偏正态分布,即多数学生的成绩可能集中在分数高的一侧。目标参照测量不能用于群体内比较,不适用于以区分或选拔为目的的测量。

常模参照测量,主要用于测定学生在群体中的相对位置,常以所有施测学生的平均分值作为参照物,也可以以一个或几个人的分值作为参照物,所选的参照物即常模。然后将

其他评价对象与常模相比较,再推断出他们的相对等级。

常模参照测量结果只表明评价对象在群体中的相对位置,测量结果也是相对的。如果总体水平低,其中的优秀者也未必确实优秀,主要用于以区分和选拔为目的的测量。常模参照测量表现出强烈的竞争趋势。

二、物理课程学习结果测量的特点及效度和信度

(一) 物理课程学习结果测量具有不可消除的系统误差

1. 产生系统误差的原因

学习结果测量只能就有关行为取一组样本,不可能是全部行为。例如力学单元测验,测量的仅是学生力学部分知识的掌握情况而不是整个物理课程的学习情况,测量选择的也只是一部分具有代表性的习题,并不能全面反映学生的学习情况。

因此,样本的选择是否合理,是否具有代表性,代表的程度如何,这些问题都导致系统误差的出现。系统误差的大小,将直接影响测量结果的准确程度,即效度。

2. 效度

效度是反映测量准确性的一个重要指标,它说明一个测量在多大程度上达到了测量的目的,也反映了测量不受系统误差干扰的程度,测量的效度可分为三类:内容效度、目标效度和结构效度,在物理学习结果测量中,最重要的是测量内容的准确程度,即内容效度。最准确的方法是进行一次包含所有已学物理知识的测量,但这实际上是做不到的,只能选择具有代表性的内容进行测试,根据学生的得分推断出学生对物理知识的掌握情况。如果范围和内容选取得当,学生得分与学生掌握知识的情况就能符合得较好,内容效度就越高。

(二) 物理课程学习结果测量过程中存在随机误差

1. 产生随机误差的原因

我们知道,使用同一种工具,采用同一种方法对某一个量进行多次测量,其结果将不完全相同,这是由于测量中存在随机误差。但是通过多次测量取平均值的方法,可以减小随机误差。然而在学生学习结果测量中,不仅在施测和评分过程中的偶然因素必然存在,而且同一测量也不可能在同一时间连续多次进行。因而学生的学习结果测量存在着不可避免的随机误差,随机误差的大小将直接影响测量结果的可靠程度,即信度。

2. 信度

信度是反映测量可靠程度的重要指标,说明测量结果的可信程度,也表示不受偶然随机因素干扰的程度。因为测量的对象是客观的,如果几次测量的结果一致,说明测量是可靠的、可信的,测量信度就高;如果几次测量的结果不一致,说明有随机误差存在,测量的信度就低。

目前物理学习结果测量中,求信度的方法有两种:半分法和求 α 系数法。

半分法是将全部试题分成两半,这两部分试题在考查的目标、内容、形式、题数、分值、难度等方面尽可能一致,这两部分试题可以考察学生得分的一致程度。这个一致程度在统计学上称为相关系数,用 r 表示,但 r 仅是一半测量的信度系数,需用斯皮尔曼-布朗公式 $r_b = \dfrac{2r}{1+r}$ 进行校正。用斯皮尔曼-布朗公式求得的信度偏高。

如果试题难以半分时,可采用α系数法来估计信度,其公式为:

$$r_a = \frac{n}{n-1}\left[1 - \frac{\sum_{i=1}^{n} s_i^2}{s_x^2}\right]$$

n 表示试题总数,s_i^2 表示学生在各项上得分的方差,s_x^2 表示测验总分的方差。用α系数法估计的信度是信度的最低限。

一般情况下,由专家精心编制的标准化测量,其信度值在 0.9 以上,教师自编的学业测试信度值应在 0.6~0.8 之间。

效度和信度是反映测量质量高低的重要指标,高质量的学生学习结果测量应尽量减小系统误差和随机误差,提高测量的效度和信度。

三、影响测量质量的因素：难度和区分度

（一）难度

难度是指测验的难易程度,可用难度系数表示。

对于选择题或判断题,可用被测者中答对的人数与总人数的比值作为难度系数,即

$$P = \frac{R}{N}$$

式中 P 表示难度系数,R 表示答对的人数,N 表示被测的总人数。

对于其他类型的试题,可用某个题目所得的平均分数与该题满分的比值作为该题的难度系数,即

$$P = \frac{\overline{X}}{X_{man}}$$

式中 P 表示难度系数,$\overline{X}$ 表示平均分,X_{man} 表示该题满分值。

需要说明的是 P 值越大,说明得分率越高,题目越容易。一般测量,难度系数在 0.3~0.7 为宜,高于 0.7 或低于 0.3 的测试应淘汰。

（二）区分度

区分度是指一次测试能对被测者的水平或能力区分开来的程度。一般用两个极端组通过率的差异作为区分度的指标。区分能力越大,区分度越高。

首先将被测者的总成绩按高低顺序排列,取出前 27% 的试卷作为高分组（H）;再取出后 27% 的试卷作为低分组（L）,然后分析每个试题的区分度。

对于选择题或判断题,区分度的计算公式为:

$$D = \frac{R_H - R_L}{n}$$

式中 D 表示区分度,R_H 和 R_L 分别表示高分组和低分组中答对的人数,n 表示高分组或低分组的人数（$n = N \times 27\%$）。

对于其他类型的试题,区分度的计算公式为:

$$D = \frac{\overline{X}_H - \overline{X}_L}{X_{man}}$$

式中 D 表示区分度，X_H 和 X_L 分别表示高分组和低分组该题得分的平均值，X_{man} 表示该题的满分值。

一般来说，难度适中的题目，区分度越高。试题太容易，所有的被测者都能解答正确，区分度低；试题太难，被测者都不会解答，区分度也低。因此，区分度和难度系数没有正态的关系。

第二节　物理课程考试及评价技术

一、编制物理测验的步骤

(一) 确定测验的目的和目标

编制物理测验，必须明确测验的目的，是属于目标参照测量还是常模参照测量，评价目的不同，测验的编制在命题方面、试题覆盖面、难度及对结果的阐释等方面都不同。

明确测验的目的后，要确定测量的内容，并明确测量目标。确定测验目标应满足以下原则：

1. 对应性原则

测验目标应以课程标准和考试大纲为依据，与课程标准和考试大纲相对应，满足课程标准和考试大纲的规定和要求。

2. 可测性原则

各项测验目标都应当能用学生的行为予以说明或解释，并能根据它来命题。

3. 排他性原则

测验目标可以有多项，但各项之间必须有明确的界限，易于区分。

4. 可操作性原则

具体的测验目标，必须便于教师掌握，不仅要简单、切实可行，而且要满足有效性和可靠性两个基本要求。

(二) 如何确定各知识点的具体测验目标

各知识点具体的测验目标必须与课程标准或考试大纲要求一致，即根据课程标准和考试大纲确定测验内容的具体要求，不能超纲。《课程标准》对"基础知识"的要求有三个层次：了解、认识、理解；另外，还有分别比上述的三个层次各低半个层次的三种水平：初步了解、初步认识、初步理解。对"基本技能"的要求只有一种：独立操作水平。具体要求如下：

1. 了解

"初步了解"的要求是大致了解其主要特点，能判别有关概念、实例、图象和表格是否正确，对其内容一般不要求进行评价。行为动词包括"初步了解"、"大致了解"。例如"初步了解超导体的一些特点"就是只要求能对超导现象、超导体的有关说法判断对错。

"了解"的要求一般又包括如下三个具体方面：①能记住主要内容。②能列举有关的实例（包括应用和避免的例子、有关实验现象）。③能判别有关概念、实例、图象和表格是否正确。行为动词包括"了解"、"知道"、"描述"、"说出"、"举出"等。例如对"能说出生活、生产中采用简单串联或并联电路的实例"的要求是：①需知道串联电路和并联电路的结构、特点、作用、区别。（达到"了解"要求一）②能说出上述知识点在生活、生产中的常见实

例,对概念、实例、图表进行填空、判断与选择。(达到"了解"要求二、三)

2. 认识

"初步认识"要求比"了解"稍高,是粗略的认识。首先要达到"了解"的要求。在"了解"的基础上,能解释、说明直接的有关现象,能应用公式进行不变型的计算。在知识应用时仅仅限于该知识点,不与其他知识点进行综合。例如对"初步认识质量的概念"的要求是:①知道质量及单位,质量不随温度、位置、状态、形状的变化。(达到"了解"要求一)。②能列举①中各知识点的常见实例,对概念、实例、图表进行填空、判断与选择。(达到"了解"要求二、三)。③能解释、说明质量不随温度、位置、状态、形状的变化的现象。(达到"初步认识"要求)

"认识"首先要达到"了解"的要求,在"了解"的基础上,能解释、说明有关现象(可以是间接的现象),能运用公式进行简单的计算(包括原型式与变型式)。在知识应用时仅仅限于该知识点,不与其他知识点进行综合。例如对"认识力的作用效果"的要求:①知道力,力的单位,力的作用效果(改变运动状态、形变),影响力的作用效果的因素——力的三要素,力的作用是相互的。(达到"了解"要求一)。②能列举①中各知识点的常见实例,对概念、实例、图表进行填空、判断与选择。(达到"了解"要求二、三)。③能运用力的作用效果解释、说明有关的现象、问题,包括所有关于运动和力关系的实例、技术应用问题的解释说明。(达到"认识"要求)

3. 理解

"初步理解"首先要达到"了解"和"认识"的要求。在"了解"和"认识"的基础上,能解释、说明有关的现象,运用公式进行计算。在知识应用时可以与另一个同层次或较高层次的知识点("初步理解"、"理解")及"技能点"("会")进行综合,也可以利用该知识(仅限于该知识点,不综合)设计解决有关问题。行为动词包括"尝试联系"、"尝试解决"、"尝试解释"等。例如对"尝试将这些属性(密度)与日常生活中物质的用途联系起来"的要求是:①知道密度的物理意义、定义、定义式、单位及换算,知道密度是物质的一种属性,知道水的密度值。(达到"了解"要求一)。②能列举①中各知识点的常见实例,对概念、实例、图表进行填空、判断与选择。(达到"了解"要求二、三)。③能运用密度知识解释说明、进行计算(可以两个公式和知识点综合,如:和压强公式进行综合),设计解决日常有关问题(只用该知识点)。(达到"初步理解"要求)

"理解"要先达到"了解"和"认识"的要求。在"了解"、"认识"的基础上,能解释、说明、计算有关的现象,也可以利用该知识设计解决有关问题,也可以对该知识进行扩展。在知识应用时可以与其他多个"理解"、"会"的知识点进行综合。行为动词包括"区别"、"说明"、"分析"、"解释"、"理解"、"估计"、"分类"、"计算"等。例如对"理解电功率和电流、电压之间的关系,并能进行计算"的要求是:①知道电功率的意义、定义、定义式、单位,电功率和电流、电压之间的关系及公式,知道额定功率。(达到"了解"要求一)。②能列举①中各知识点的常见实例,对概念、实例、图表进行填空、判断与选择。(达到"了解"要求二、三)。③能利用电功率的定义式及电功率和电流、电压之间的关系(最终能够与欧姆定律、两个用电器的串并联电路计算和设计等问题相结合)进行计算,能解释、说明现象,设计并解决问题。(达到"理解"要求)

4. 独立操作水平

"独立操作水平"首先要达到"了解"的要求,在"了解"的基础上,能够进行实验操作、作图、实际设计等,可以和每个"会"的技能点相互自由组合,也可以与某一个"初步理解"的知识点,或与多个"理解"的知识点进行综合,还可以与自身所包含的知识点进行综合。行为动词包括:"会测量"、"会"、"学会"。例如对"会读、会画简单的电路图。能连接简单的串联电路和并联电路"的要求是:①知道串联电路和并联电路的结构、特点、作用、区别。(达到"了解"要求一)。②能列举①中知识点的常见实例,对概念、实例、图表进行填空、判断与选择。(达到"了解"要求二、三)。③会读、会画、能连接、设计含有两个用电器的串、并联电路、电路图。(达到"独立操作"水平)。④可以与研究电流、电压、电阻关系的实验相组合,也可以与自身所包含的有关电路的知识进行综合。

(三) 确定试题的形式

试题的形式一般分为两大类:客观性试题和主观性试题。

1. 客观性试题

客观性试题包括填空题、选择题、是非题。

填空题侧重于知识记忆的考查,也可以考查知识的理解和简单应用。编制填空题时,必须使学生明确和理解题意,因此,空白不宜太多,词语、符号、数字等答案应尽量简单,且符合唯一性原则。

选择题适用于考查对知识的理解和简单应用。设计选择题时,在内容方面要求备选的答案应有似真性、逻辑性,在文字叙述方面要求避免有所暗示。

客观性试题答案简单,评分客观,题量可以比较多,内容覆盖面广,但学生对选择题可以任意猜测,不能考查学生较高层次的能力,如综合运用知识的能力、独立见解能力等。

2. 主观性试题

主观性试题包括问答题、实验题(包括设计性实验题)、推理论证题、计算题(包括简单计算题和综合计算题)等。主观性试题叙述的物理过程应明确,必要时可以辅以图表,使学生清楚解答的要求。主观性试题的答案由学生提供,答案可以不唯一,学生可以充分表达自己的观点,能够考查学生较高层次的能力。但评分比较困难,往往带有主观性,从而影响测量的效度和信度。

一次完整的物理测验,应该包括以上多种形式,这样才能较全面考查学生的学习情况。

(四) 制定编题计划

根据测验的目的和目标,确定各种题型的数量、分值、难度以及答题时间。例如,选择题 10 题,每题 3 分,计 30 分;填空题 15 题,每题 2 分,计 30 分;实验题 1 题,计 10 分;计算题 3 题,每题 10 分,计 30 分;共计 100 分,答题时间是 100 分钟。各题型中简单题、中等难度题和难题的比例可以为 2∶5∶3。

(五) 编选试题,集合成卷

根据制定的编题计划编选试题。候选试题的数量应该是所需数量的 2~3 倍。编排试题时要注意顺序要合理,先客观题后主观题,一般由易到难,这样安排可以减少被测试者的压力,提高测试的信度。编制成的试卷应有正题(或 A 卷)、副题(或 B 卷)以及补考题,几份试卷应该等价。试题编制完成以后最好先试用,至少要试做,对试用或试做结果进行分析,针对出现的问题进行调整。

(六) 编制标准答案和评分标准

标准答案要求简明、准确、严谨,应包括学生各种可能解答的正确答案,同时要制定出细致、可测量的和有效的评分标准,防止评卷人主观因素的渗入,尽量减小测量误差,达到客观评分的要求。标准答案及评分标准的制定应在确定试题的同时就进行。

二、科学地进行物理测试的要求

一套好的试题只是完成一次好的测验的先决条件,并不一定是一次合格的、良好的测试。必须控制无关因素对测试的影响,测试过程要做到科学化、标准化。科学的测试过程应做到在内容上,所有对受测者施测的试题应该是等价的;施测时测试条件、物理环境相同,有统一的时间限制,无论对被测者还是监测者,要有统一的指导语,防止任何启发、提示性的语言或动作。

三、物理测试的统计分析技术

要客观地评价测验的结果,必须对测验所取得的数据进行统计分析,根据是否有量化的标准,可以分为质性评价和量化评价。质性评价即用文字语言对评价对象的价值和特点作出评判。量化评价即采用数学的方法通过定量计算给出评价结果。相对而言,量化评价是常用的比较经济而有效的评价方式。但量化评价往往重结果、轻过程,不能说明许多难以量化的内容,比如创造力、想象力等。常用的量化评价方式有以下几种:

(一) 分数分布表

通过测量得到一组数据以后,将数据分类、排列成序,绘制成数据分布表或数据分布图,如表16-1和图16-1所示。

表16-1 数据分布表

分数区域	中值 X_C	人数 f	占总人数的百分比
0—9	4.5	0	0
10—19	14.5	1	1.2%
20—29	24.5	2	2.5%
30—39	34.5	5	6.2%
40—49	44.5	8	10.0%
50—59	55.5	10	12.5%
60—69	65.5	16	20.0%
70—79	75.5	22	27.5%
80—89	85.5	12	15.0%
90—100	95.5	4	5.0%

图 16-1 数据分布图

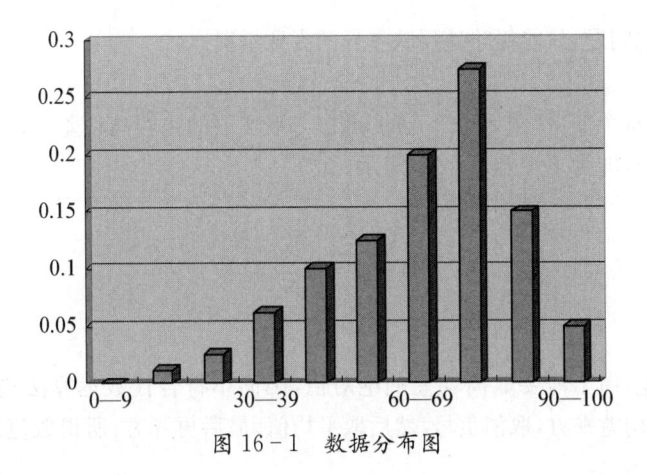

(二) 平均分

平均分是一组数据的总和除以这组数据的个数所得的商,它的计算公式是:

$$\overline{X} = \frac{\sum_{i=1}^{N} X_i}{N}$$

式中 $\overline{X}$ 代表数据的平均值,X_i 代表第 i 个数据,N 代表数据总数。

如果被测人数很多,即 N 很大($N>30$)时,用上式求平均分比较繁琐,且容易出错,可利用分数分布表中的中值 X_c 来计算平均分。计算公式如下:

$$\overline{X} = \frac{\sum f_i X_{ci}}{N}$$

式中 $\overline{X}$ 代表数据的平均值,X_{ci} 代表各分数段的中值,f_i 代表各分数段的人数,N 代表人数总和。

平均分可以用来衡量群体的学习水平,也可以用于评价对象的比较。例如,可以用来比较两个不同班级同一次物理测验成绩的差异,也可以用来比较同一个班级不同阶段物理测验成绩的差异。利用平均分还可以分析教学变量之间的关系,例如,物理教学方法与学生物理成绩之间的关系,这种关系从个别学生的成绩不容易看出来,根据全班同学的平均分则可以作出比较可靠的判断。

(三) 差异量数

测验成绩有高有低,一次测验一个群体中,每个人的得分一般是不一样的,也就是说存在差异。同一测验不同的群体,平均分有可能相同,但每组中分数的差异情况或离散程度有可能不同。用来描述各组中数据差异情况或离散程度的量数叫差异量数。常用的差异量数有以下几种:

1. 全距

全距表示一组数据中的最大值和最小值之差,用 R 表示。

$$R = X_{\max} - X_{\min}$$

用全距表示差异量数的优点是计算简便。但由于中间大量数据没有用到,因而结论不能说明太多的问题,只能粗略地反映差异的大致情况。

2. 平均差

一次测量,每个变量(例如每个人的分数)与平均值的差叫离均差,每个变量离均差的绝对值的平均值,即为平均差,用 AD 表示。

$$AD = \frac{\sum_{i=1}^{N} |X_i - \overline{X}|}{N}$$

3. 标准差

计算平均差,由于需要取离均差的绝对值,因而不符合代数运算法则。为了便于计算,先将各个离均差平方,取消负号,然后取平均值,最后再开方,所得数值即为标准差,用 S 表示。

$$S = \sqrt{\frac{\sum_{i=1}^{N} (X_i - \overline{X})^2}{N}}$$

4. 标准分数

标准分数主要用于衡量被测者在群体中的相对位置。几次不同的测验,如果一个学生在群体中的相对位置不变,即使分数提高了,标准分数依然不变。标准分数的计算公式:

$$Z = \frac{X - \overline{X}}{S}$$

标准分数可正可负,标准分数为负值表示该学生的成绩在平均成绩以下。

由于标准分数有正有负,使用起来不方便,可以将它换算成另一种标准分数,即 T 分数,T 分数与 Z 分数之间的关系是:

$$T = 10 \times Z + 50$$

(四) 相关系数

相关系数(r)表示的是两变量数据之间变化的方向和一致性程度。如果两列数据变化的方向一致,即一个变量的数据变大时另一变量的数据也变大,那么这两变量之间的关系称为正相关。如果两列数据变化的方向相反,即一个变量的数据变大时另一变量的数据变小,那么这两变量之间的关系称为负相关。如果两变量之间的变化关系无一定规律,那么这两变量之间的关系称为零相关。

相关系数 r 的取值范围是:

$$-1.00 \leqslant r \leqslant 1.00$$

在教育统计中,积差相关是应用最普遍、最基本的一种相关分析方法,尤其适合于对两个连续变量之间的相关情况进行定量分析。计算积差相关系数的基本公式是:

$$r = \frac{\sum_{i=1}^{N} (X_i - \overline{X})(Y_i - \overline{Y})}{N S_x S_y}$$

式中 X_i 和 Y_i 表示成对变量，$\overline{X}$ 和 $\overline{Y}$ 分别表示两列变量的平均值，S_x 和 S_y 分别表示两列变量的标准差，N 表示成对变量的数目。需要说明的是，相关系数的计算 N 值一般要在 30 以上才有意义。

第三节 物理各类学习结果的测量技术

教学目标是预期学生学习后在知识、解决问题能力、态度和价值观等方面的发展变化，即加涅所称的"性能"变化——学习结果。课堂教学中，学生一般会获得明确的学习结果，也就是说，学生应该出现明确的行为上的变化。目标参照评价的基础是目标分类体系，学生学习后外显行为的变化，为教学目标实现与否，提供了可靠的测量依据。

一、物理学科题型分类与比较

对学生学习结果的测试主要是通过学生完成特定的测试题实现的，测试题有不同的类型，物理学科常见测试题的题型有如下几种[①]：

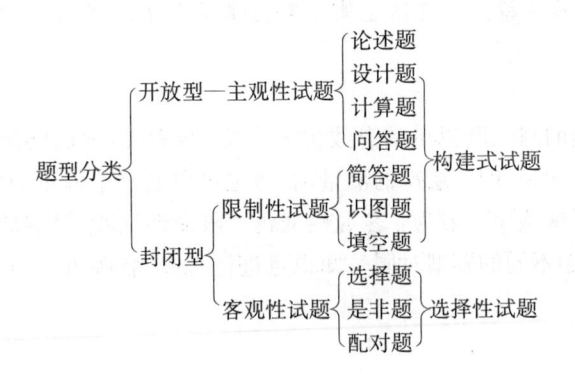

```
                    ┌ 论述题
          ┌ 开放型—主观性试题 ┤ 设计题
          │         │ 计算题
          │         └ 问答题      ┐
题型分类 ┤                         ├ 构建式试题
          │         ┌ 简答题      │
          │ 限制性试题 ┤ 识图题      │
          │         └ 填空题      ┘
          └ 封闭型                
                    ┌ 选择题      ┐
                    客观性试题 ┤ 是非题      ├ 选择性试题
                    └ 配对题      ┘
```

图 16-2 物理学科常见测试题题型

主观性试题的答案完全由答题者给出，命题者几乎不作限制，几乎没有标准答案（只有答案要点），因而评分时受评分者主观因素的影响较大，此类题型亦称为论文式试题或开放型试题；客观性试题则相反，答案的范围已被明确给出，答题者只能从中做出选择，不同的评分者可以得出完全相同的评分结果，评分极具客观性；限制性试题答案的确定性则介于前两者之间，答案虽未给出，但题目有较明确的限定，其评分的客观性依具体试题编制方法而定，但不论怎样，其评分的一致性应介于客观性试题与主观性试题之间。

从学生答题的方式来分，上述题型又可分为构建式和选择式两大类。构建式就是要求学生自己组织语言来回答问题；选择式就是学生从题目已给出的几个选择答案中选择出正确的答案。这也是一种很有意义的分类。

客观性试题的优点明显地多于主观性试题和限制性试题。客观性试题便于在较短的

[①] 郑晓蕙.生物课程与教学论[M].杭州：浙江教育出版社，2003:225.

时间内测量出较多的教学目标,取样的覆盖面广,诊断功能强,评分方便和客观公正。但这类题型也存在明显的不足,比如难以测量学生的表达能力和较复杂的认知能力,区分度比较差。为弥补这个不足,限制性试题受到重视,简答题既有较好的评分客观性,又能在一定程度上测量学生的综合、创新能力,所以,在强调评分客观性的物理学科测试中,选择题、填空题和简答题是最常用的几种题型。

对同一知识层次的考查,由于题干信息的差异,对学生来说完成也是有差异的。

案例 16-1

> **例 1** 白光从空气中进入玻璃三棱镜时会产生色散现象。_____色光向棱镜底边偏折最大。_____色光在三棱镜中传播速度最大。
>
> **例 2** 请你简述光的色散现象及规律。

● **分析**

以上两道测试题考查同一个知识要点(例 1 为一道往届高考题,两空的答案分别是"紫"和"红"),且都属于知识层次的考题(材料和答案都是教材上现成的),但前者为填空题型,后者为简答题型。填空题比简答题提供了更多的提示线索,因而难度相对小一些。

由于不同题型的测试题提供信息线索不一样,线索多,解决的难度自然就小一些。因此即便是对同一知识、同一层次的测量,教师也可以通过选择不同的题型来变化测试的难度。题型的难度顺序一般为:客观性试题＜限制性试题(填空题＜简答题)＜主观性试题。因此,可用不同的题型对同一知识点进行考查,教师可以通过题型的选择来调整测试的难度。

二、各类型学习的结果及测量方法

尽管在 20 世纪 50 年代初,布卢姆等人并不知道知识与智慧技能的本质是什么,但他们在划分认知领域时,采用了一套操作方法来区分知识与层次不同的智慧能力。他们规定,在测量时,凡是测验情境与原先的学习情境相同,或只有细微的改变,这样的测验所测量的是知识,或者说所测量的是回忆知识的能力。如果测验的情境与原先学习时的情境发生程度不同的变化,那么所测验的是高低层次不同的智慧能力。变化程度小的测验情境,所测量的是领会和运用能力;变化程度高的测验情境所测量的是分析、综合和评价能力。这样,教师和教育测量人员可以在并不知道知识与智慧能力的本质的条件下,采用上述操作方法,编制学习结果的测验题,从而测量到高层次的智慧能力。

从上面介绍可知,为了测量学生"领会"、"运用"等较高智慧技能,选择的测试情境应与学习该内容的学习情境有一定程度上的变化。

(一)物理事实性知识学习结果的测量

(1)事实性知识学习的结果

学生经过事实性知识的学习后,可以陈述事实性知识的内容或者说再现知识的内容。

(2) 测量方法

再现知识内容一般采用填空题、选择题进行测试。

案例 16-2

> **例1** 马德堡半球实验是_____国科学家_____在马德堡完成的。
> **例2** 马德堡半球实验是哪一位科学家完成的？（　）。
>   A. 伽俐略　　　B. 牛顿　　　C. 马德堡　　　D. 盖里克
> **例3** 1859年牛顿的巨著《_____》问世，提出_____定律和_____定理，该论著的出版标志经典力学体系的建立。

(二) 物理概念和规律学习结果的测量

概念、定理的学习有两种情况——机械学习、意义学习，因此对它们的测量分两种情况讨论。

1. 机械学习后，学生能够按原文呈现的方式陈述知识的内容。

测试题可以选用填空题的方式进行，呈现方式是按原文进行，留出几个关键词句供学生填写。

案例 16-3

> **例1** 垂直作用_____的力叫压力。
> **例2** 物体处于_____或者_____的状态叫做平衡状态。
> **例3** 加在_____液体上的_____能够大小不变地由液体向各个方向传递，这一规律叫帕斯卡定律。

● **分析**

上述三个测试题，基本完全依据课本上的原文呈现，只是留出一些关键词句让学生填写，学生能够完成该题测试，只能说明学生达到"识记"这一层次的要求。

2. 意义学习后，学生能够用自己的语言陈述知识的内容，并能够自己举出符合概念、定理的例证。布卢姆称此行为达到了"领会"层次，并给出三种领会的外显行为。

解释——所谓解释实际是学生能够用自己的语言来陈述概念、定理的意义，而不拘泥于原文的呈现方式。

转换——将材料从一种形式变成另一种等价的表达方式，包括将文字转化为图表、将图表转化为文字、变化文字表述方式等。

推断——根据交流中描述的条件，在超出既定资料之外的情况下延伸各种趋向或趋势。

此外，新的布卢姆教育目标分类，在理解层次的行为上，增加了比较、分类等行为。

案例 16-4

> **例1** 压力是垂直作用在物体表面并指向_____的力。
>
> **例2** 小王同学说：压力是这样一类力：产生于两个相互接触的物体之间；力作用在物体的接触面上；力指向接触面。小王同学的理解是不是正确，请说明。
>
> **例3** 请举例说明压力的特征。
>
> **例4** 下列关于压力的说法中正确的是（　　）。
> A．压力的方向总是竖直向下的
> B．压力的大小总是等于物体受到的重力
> C．只要两个物体接触就一定存在压力
> D．支持面受到的压力可以小于物体的重力
>
> **例5** 在下列空框中填上适当内容：
>
> ［□］——一类力——叫——压力
> ［力的作用点］
>
> **例6** 以下几个力中不属于压力的是（　　）。
> A．放在桌面上的苹果，对桌面的力
> B．挂在衣帽钩上的大衣对衣帽钩的力
> C．站在地面上的人对地面的力
> D．平放在手掌中的书，对手掌的力
>
> **例7** 一位重500牛顿的人站在地面上，对地面有压力，其本身也受到重力，请从施力物体、力的方向、力作用点、力的大小以及两个力之间的关系进行比较分析。

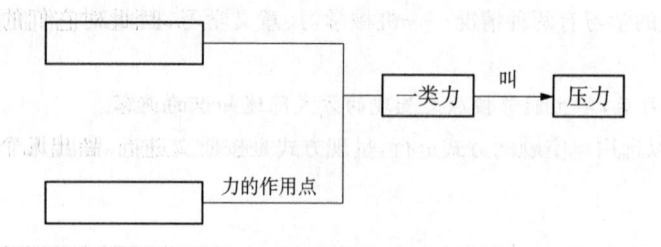

● **分析**

本例中对压力概念的测量，有简答题、填空题、辨析题，题型不同，但都聚焦于学生对压力特征的认识，且与原文呈现方式不同，需要学习者用自己的语言作出组织，例3和例4表现为解释行为（例3为举例行为、例4为辨别行为）；例5为转化的行为；例6是分类的行为；例7是比较的行为等。

在我国的教学论体系中一般将该层次称为"理解"，由于两者反映的是同质问题，所以在此处不做区分，但教师应明了该类学习后的外显行为以及如何进行有针对性的测量。

(三) 物理学科概括性知识运用的测量

1. 学习结果

该类型学习后，学生可以解决一些简单问题——该问题只要运用特定的概念、定理（律）就可以解决。

2. 测量方式

给出需要解决的问题供学生完成,可以是选择题、填空题、计算题等题型。

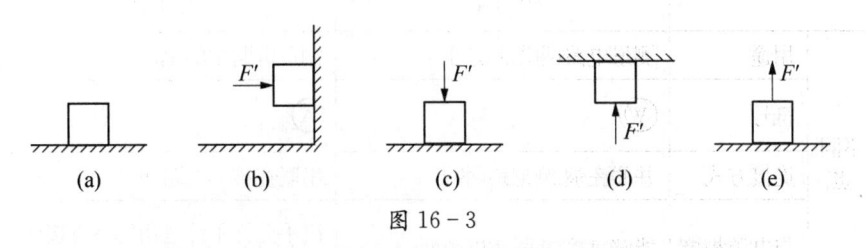

案例 16-5

例1 一个立方体重为 G,试分别画出下列情景中墙面受到的压力,并求出其大小。

(a) (b) (c) (d) (e)

图 16-3

在学习"匀速直线运动"后,完成如下测试:

例2 做匀速直线运动的物体在 10 秒内通过的路程为 50 米,则此物体的速度为_____。它在第 4 秒时速度为_____。在 4 秒内通过的路程为_____。

例3 某飞机在 5 秒内匀速飞行了 1 000 米,它的飞行速度为_____米/秒,合_____千米/小时。

● 分析

例1需要学生主要运用压力的概念以及同一直线上二力合成的知识来解决,所以是"压力"概念运用的测量。例2、例3主要运用匀速直线运动速度与路程关系求解,属于匀速直线运动速度和路程关系"运用"的测试。当然对"运用"测试,也可以采用计算题的形式进行。比如上面例2,就可以改写为如下的计算题。

做匀速直线运动的物体在 10 秒内通过的路程为 50 米,则此物体的速度为多少?在 4 秒内通过的路程为多少?

采用计算题形式,可以把握学生解决的过程,从而更好地显现学生是否真正会运用速度和路程关系解决问题;而采用填空题和选择题形式,由于提供的信息较多,因此相对来说学生容易完成,并且选择和填空时还容易有猜测的可能,因此如果是考查学生是否真正会"运用"特定概念、定理(律),采用计算题较好。

(四) 物理系统化知识学习结果的测量

1. 知识系统化学习的结果

学生习得系统化的知识系统,以图式、命题网络等形式存储。

2. 测量方式

学生习得系统化知识是以图式、命题网络等形式存储,其外显行为是学生可以回答哪些知识点间存在关系以及有什么关系。因此为了测量学生是否习得系统化知识,一种方式是用简答题等形式要求学生回答各知识点间的关系,也可以使用与学习情景有变化的同一类方式进行测试。

案例 16-6

如果学习时呈现的方式如下[①]

表 16-2 电流表与电压表的比较

		电压表	电流表
不同点	用途	测量电路两端的电压	测量电路中的电流
	符号	Ⓥ	Ⓐ
	连接方式	并联在被测电路两端	串联在被测电路中
	与电源相接	能够直接并联在电源两端	决不允许不经过用电器直接连接电源
相同点	1. 使用前要调整指针在零刻度；2. 确定电表的量程和最小刻度；3. 要使电流从正接线柱流进、负接线柱流出；4. 使用时要选定适当的量程；5. 待指针稳定后读数；		

在测试学生是否习得这部分知识时，测试题应与原先呈现方式有变化，比如可采用如下形式：

例1 请同学完成下表。

	不同点				相同点
	用途	连接方式	符号	与电源连接方式	
电压表					
电流表					

也可采用如下形式：

例2 请比较电流表和电压表在连接方式、表示方法及使用时相同和不同之处。

● **分析**

测量学生是否真正习得系统化知识，测量题应与原来的呈现不同。例1提供的信息较多，且与学生习得时情景相似，例2测试情景与学生习得情景不同，并且需要学生自己组织回答，对比可知，两种形式学生完成难度不同，教师可以依据学生习得后的外显行为，选择不同的测试题型来控制难度。

[①] 曲一线. 初中习题化知识清单(物理)[M]. 首都师范大学出版社, 2010.

(五) 物理学科问题解决的测量

物理习题需要运用多个物理规律求解,物理习题属于结构良好的问题解决。

(1) 结构良好的问题解决是指问题的解决有明确的目标、解决步骤,并且解决需要运用多个概念、定理(律),结合一定解决策略完成。

(2) 测试方法可采用综合题形式,采用填空题、选择题、计算题等均可。教师都非常熟悉这种测量形式,在此不再赘述。

(六) 物理学科方法学习结果的测量

在一次具体类型的学习活动中,或多或少都要运用认知策略(方法),学生既习得具体的学科知识,由于学习过程中又运用策略,因而自发或在教师引导下也会习得策略。就策略学习来说,一般也有三个层次结果。

(1) 学生知道并能够回答所使用的策略——"知识或言语信息";
(2) 学生理解该策略使用的条件和场合——"理解";
(3) 学生能够在解决一定问题时运用——"运用"。

案例 16-7

例1 "曹冲称象"的故事流传至今,最为人称道的是曹冲采用的方法,他把船上的大象换成石头,而其他条件保持不变,使两次的效果(船体浸入水中的深度)相同,于是得出石头的重量就等于大象的重量。人们把这种方法叫"等效替代法"。请尝试利用"等效替代法"解决下面的问题。

【探究目的】粗略测量待测电阻 R_x 的值。

【设计实验和进行实验】用如图 16-4 甲所示的电路可以测量一个未知电阻的阻值,其中 R_x 为待测电阻,R 为电阻箱(符号为 ⌿),S 为单刀双掷开关,R_0 为定值电阻。某同学用该电路进行实验,主要步骤有:

A. 把开关 S 接到 b 点,调节电阻箱,使电流表的示数为 I;
B. 读出电阻箱的示数 R;
C. 把开关 S 接 a 点,读出电流表的示数为 I;
D. 根据电路图,连接实物,将电阻箱的阻值调至最大。

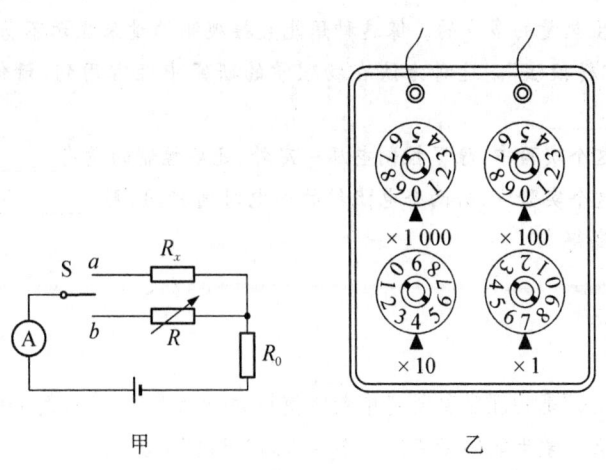

图 16-4

(1) 上述步骤的合理顺序是_____（只需填写序号）。

(2) 步骤 A 中电阻箱调节好后示数如图乙所示，则它的示数为_____Ω。若已知 R_0 的阻值为 10 Ω，则待测电阻的阻值为_____Ω。

(3) 本实验所采用的物理思想方法可称为_____（选填"控制变量法"或"等效替代法"）。

例 2 【探究目的】粗略测量待测电阻 R_x 的值。

【实验器材】待测电阻 R_x、电阻箱、定值电阻 R_0、电源、电压表、开关、导线若干。

请用等效替代法设计测量 R_x 电阻的实验电路图。（要求所设计的电路在连接好后，只能通过开关改变电路连接情况）

例 3 小明要用图 16-5 所示的实验器材探究电压一定时，电流热效应与电阻的关系。其中，瓶内电阻丝的长度、粗细都相同。

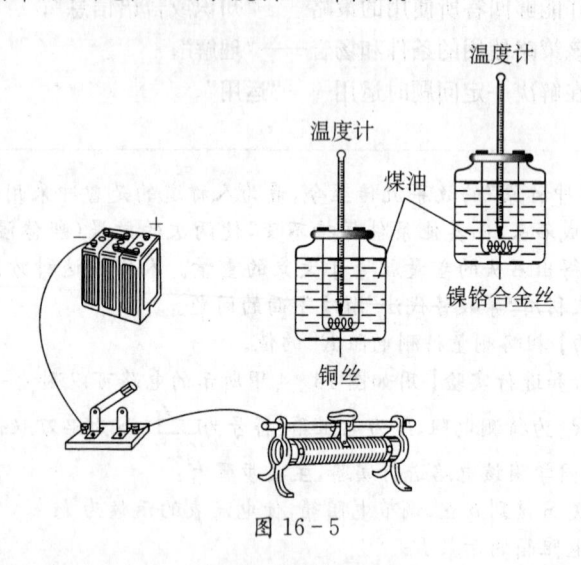

图 16-5

(1) 请你用笔画线代替导线，帮他把电路连接完整。

(2) 电流产生热量的多少不易直接测量。因此，在这个实验中是通过_____显示电流产生热量的多少的。像这种用能直接观测的量来显示不易直接观测的量的方法叫"转换法"。这种方法在物理学的研究中经常用到，请你列举一例：_____。

(3) 在这个实验中，除了控制电压一定外，还要控制的量有_____。

(4) 在这个实验中，若两个电阻丝的通电时间相同，则_____瓶内温度计中的液面升高得多。

● 分析

"等效替代方法"是物理学科研究中最常使用的研究方法之一，例1中，第3问要求学生回答方法是什么。学生能够回答说明学生达到"识记"层次；

第1问的解决，学生需要"运用"等效替代法来获得结论，由于测题中呈现的情景与学生学习这部分内容选用的材料和实验步骤略有不同，学生能够完成说明学生达到该策略

(方法)的"运用"层次。

在例2中,学生完成任务,达到该方法的"应用"层次。但学生能否真正解决该问题,还需要学生具备串并联电路连接的基本知识和技能、电压表使用的知识等。

例3主要涉及"转换法"的测量,学生能够回答第2问中的第二空,是转换法的"理解"层次;回答第3问是控制变量法的"应用"层次;回答第4问,依据焦耳定律来解答,属于焦耳定律的"应用"层次。

(七) 物理概念和规律习得过程的测量

除了对概念和规律本身意义进行考查外,还应对概念和定律习得过程进行考查。
(1) 学习后学生能陈述概念和规律习得的过程——"识记"层次;
(2) 学习后学生能用自己的语言陈述物理概念和规律习得的过程——"领会"。

案例 16-8

"影响电阻大小的因素"的考查

例1 在如图16-6所示"研究导体的电阻大小跟哪些因素有关"的实验中,如要研究电阻的大小跟横截面积有关,应取导线组( )。
A. A和B   B. A和C   C. B和C   D. C和D

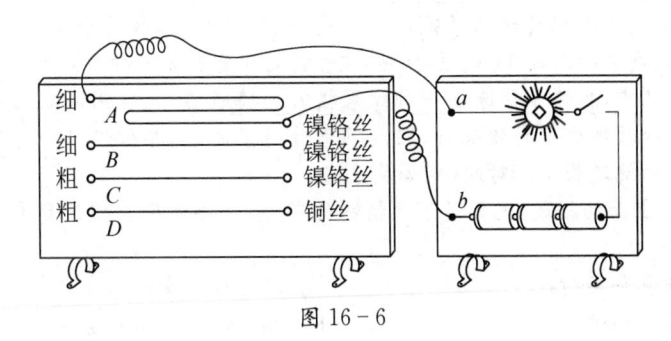

图 16-6

例2 如图16-7所示,在"研究导体电阻影响因素"的实验中,当分别将C、D接入电路中,你观察到的现象是_____、_____,从中可以得出导体电阻与导体_____有关。(A、B、C是镍铬丝,D是铜丝)

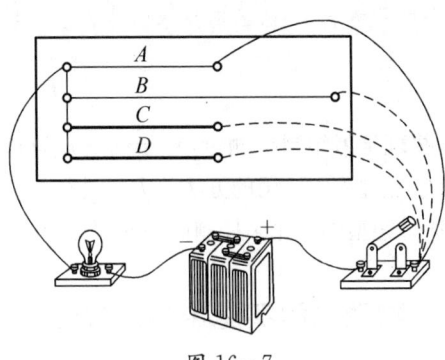

图 16-7

例3 请简述"影响电阻大小因素"一节教学中的结论以及获得各结论的依据。

● 分析

第1题与学习情景相似,学生能解决说明达到对此学习过程的识记层次;第3题中测试题的情景与学习时相差较大,需要学生对学习过程进行梳理并组织进行回答,学生能解决此问题,表明学生达到对"影响电阻大小因素"这一节学习的理解层次,即"知其所以然"。

(八) 对态度及科学精神的考察

态度有三个成分,学习者能够举例陈述态度的认知内容,或能够从自己及他人的行为中辨识出体现的科学精神,表明学习者达到态度"理解"层次;

如果学习者能够稳定地表现出特定态度或科学精神要求的行为,说明学习者达到该态度的"性格化"阶段。

案例 16-9

著名物理学家卢鹤绂在回顾自己研究经历时,曾有如下描述:一切就绪,实验开始了。我的实验室是第77号房间。操作这台质谱仪并不容易,光稳定仪器性能就得花上几天时间。然而比这更难的是究竟选择什么合理的矿物来测定。在我之前的科学家用的锂离子热源矿物质是锂辉石,它是一种透明、呈淡绿色或粉红色的含锂矿石,把它研磨成粉末,在灯丝上加热,锂离子就释放出来。大家公认锂辉石是最理想的锂离子热源。可是,我并不相信,我是个不唯书的人,我就去请教地质系的助教W先生,问他:"含锂的矿物有多少种?"他为我推荐了一大堆矿物,从中,我终于筛选出一种效果极好的磷矾石,发现用磷矾石粉末做锂离子热源,释放锂离子的效果好,温度不用升得很高,热源被烧坏的可能性就小得多,寿命也就延长了。对此,我如获至宝。

问题:上面的描述,尤其是下画横线的部分,主要体现卢鹤绂具有何种科学精神?(   )。

A. 求真务实精神　　　　　B. 理论联系实际的态度
C. 创新精神　　　　　　　D. 精益求精的工作态度
E. 充满探究的理性精神

● 分析

显然纸笔考试中,对态度的考查,一般只能要求学生回答对特定态度的认知内容和相应行为,即"理解"层次。

以上阐述每一种类型物理学习结果的测量,对于同一知识点,比如概念和规律,可以从其本身、从学习过程、从学习过程中应用的方法等方面进行考查,考查的层次可以有:识记、理解、应用等,还可以通过题型的变化来控制同一知识点考查的难度。

第四节　物理课程实施中的形成性评价技术

一、形成性评价概述

现代教育理念倡导不以甄别和选拔为目的的测量和评价,提倡通过测量评价促进学生的发展,强调发展性、过程性、多元化、全面性的测量评价体系;教师和学生都是测评的主体,终结性评价和过程性评价并重,从"知识与技能"、"过程与方法"、"情感、态度和价值观"三个方面对学生进行全面的测评,重视学生在活动、实验、制作、讨论等方面的表现并如实记录,作为测评依据。

(一) 发展性测评

发展性测评是指不仅要关注学生当前的表现,同时要参考学生以前的状况,更要注重学生未来的发展;重视学生在本人已有水平上是否有所提高;提倡建立学生"进步档案",承认学生在发展过程中存在个性差异,通过测评促进每一个学生的发展。

(二) 过程性测评

过程性测评是指既要关心测评结果,更要重视学习过程,主张关注学生学习态度的转变情况、学习过程的体验情况、学习方法和技能的掌握情况、学生之间交流与合作情况、动手实践与解决问题情况等等,重视对学生多方面综合素质的发展作出测评。

表 16-3 过程性评价与终结性评价的基本要点

	过程性评价	终结性评价
评价目的	使学生明确学习的目的、要求和学习发展的方向。确认学生的学习潜力和能力水平,激励学生养成良好的学习态度	对学生基础知识和基本技能水平作出结论与判断
关注点	学习的过程	学习结果
评价主体	教师、学生、同伴等	主要是教师
评价内容	学习能力、情感态度等	基础知识和基本技能等
评价结果	定性与定量相结合	定量(考试成绩)

过程性和终结性的评价应和谐地统一起来,在对学生的学习评价中,两者应占有合理、客观的比例,只有这样才能真实、准确地体现学生的学习能力和学业水平。

(三) 多元性测评

多元性测评是指测评主体、测评内容、测评方法应该是多元化的。对学生学习情况的测评不仅仅是指教师给出的测评结果,还应该包括学生的互评和自评;应该把定量测评与定性测评相结合;智力因素测评与非智力因素测评相结合;实物作品测评与试题考试测评相结合,而不是仅仅通过试卷对学生的学习情况进行打分。

(四) 全面性测评

全面性测评是指教师测评的渠道和方法应全面,可采用课堂观察、课后访谈、作业分析、调查问卷等方式,多渠道、多方面考查学生的学习情况,不是仅凭试卷考试就对学生的学习情况作出简单的评价。

二、形成性评价常用方法

新课程改革要求改变传统的量化评价范式,采用质性评价来全面考查学生的综合素质,对学生的学习和发展进行全面评价。质性评价的方法以全面、深入、真实再现评价对象的特点和发展趋势的优点而受到欢迎,成为课程改革倡导的评价办法。常用的质性评价方法有:成长记录袋方法、观察法、苏格拉底式方法、专题作业法、情景测验法、开放性考试等。

(一)成长记录袋方法

成长记录袋(Portfolio Assessment),也被一些学者翻译为档案袋,主要是收集、记录学生自己、教师或同伴做出评价的有关材料,学生的作品、反思还有其他相关的证据和材料等,以此来评价学生。成长记录袋是表现性评价的一种类型。

成长记录袋评定依据使用目的、提交对象以及对学生的帮助等的不同,可以有各种不同的种类。美国南卡罗来纳大学教育学院教育心理学教授格莱德勒以记录袋的不同功能为标准,把记录袋分为:理想型、展示型、文件型、评价型以及课堂型。

表 16-4 成长记录袋的类型

类型	构成	目的
理想型	作品产生和入选说明,系列作品,以及代表学生分析和评价自己作品能力的反思	提高学习质量,展现这一段时间的成长,帮助学习者成为自己学习历史的思索者和非正式的评价者
展示型	主要由学生选择出来的学生最好和最喜欢的作品集。自我反思与自我选择比标准化更重要	给由家长和其他人参加的展览会提供学生作品的范本
文件型	根据一些学生的反映以及教师的评价、观察、考查、轶事、成绩测验等而得出的学生进步的系统性、持续记录	以学生的作品、量化和质性评价的方式,提供的一种系统的记录
评价型	主要由教师、管理者、学区所建立的学生作品集。评价的标准是预定的	向家长和管理者提供学生在作品方面所取得成绩的标准报告
课堂型	由三个部分组成:1.依据课程目标描述所有学生取得的成绩的总结;2.教师的详细说明和对每一个学生的观察;3.教师的年度课程和教学计划及修订说明	在一定情境中与家长、管理者及他人,交流教师对学生成绩的判断

其中最具代表性的是理想型的成长记录袋,设计的意图在于帮助学习者成为对自己的学习历史具有思考能力和进行非正式评价能力的人。因此,它常常被作为提高学习质量的工具而使用。它的构成内容在成长记录袋评定中也具有典型意义。

成长记录袋主要由三个部分构成,分别是作品产生过程的说明、系列作品以及学生的反思。作品产生过程的说明,主要是学习计划产生和编制的文件记录,通过这部分记录袋的内容,学生选择计划的理想就能展现出来。系列作品是学生在完成某一学习计划的过程中创作的各种类型的作品集。如果说,对一项作品产生过程的记录表明了学生在物理学科领域中成就的深度,那么成长记录袋的第二个组成部分即学生的系列作品,则表明了学生取得成就的广度和范围。例如,在撰写小论文的过程中,成长记录袋可以包含论文的初稿、修改稿、完成稿等。第三部分是学生的反思记录,它对于学生在学习上的成长尤其重要。在学期的不同时间里，教师要求学生充当专门批评家或传记作家的角色，让学生描述自己作品的特征、自己在成长过程中所发生的进步、已经实现的目标等，这些都可以作为反思记录的内容。通过这种反思，一方面为学生的成长提供了重要契机，另一方面也培养了学生自我反思和自我教育的习惯。

从成长记录袋的上述组成可以看出，在班级里，理想型的成长记录袋可以作为不断发展的信息来源为教师和学生双方提供服务，让他们及时准确地掌握学习进展的实际情况，以便调整下一步的学习。此外，成长记录袋的建立，促使教师和学生经常讨论关于创造有价值作品的过程、有效批评的组成，以及对尚在发展的作品进行评论的方式等。这一切的重要性在于，它们可以帮助学生把讨论评定作为学习的机会，评定由此实现了与课程、教学的整合。

（二）专题作业方法

所谓专题作业，不是以学习和掌握系统的学科知识为目的，而是以解决实际问题为目的。专题作业包括调查报告、研究论文。用专题作业来培养、考查学生的创新精神与实践能力。我们应该相信中学生具有一定的独立研究、独立动手的能力。专题作业为学生提供了发展独立研究、独立动手能力的时间与空间。学生将他们调查、研究所得以报告、论文形式显示出来，这本身就是一项复杂的探索、学习过程：收集资料、大量阅读、寻找有关信息、确立观点、实验测量、得出结论、组织文章。学生的创新精神与实践能力，在具有创新特点的实践活动中得以培养。

实施过程：

（1）选题：物理知识源于生活，可以从社会生活实际出发，解决一些实际中的物理问题。教师可以列出一些题目，让学生自己选择感兴趣的题目，也可以让学生自己另立题目。

（2）调查研究：划定一个期限，老师可以提供一些资料，鼓励学生去图书馆或利用互联网相关网站查找资料。对于一个题目，学生可以独立完成，也可以成立小组，几个同学分工协作共同完成。

（3）书面总结：学生必须按照规定文章的形式要求撰写调查报告或研究论文。

评价方法：

（1）学生能完成作业，一律得优。因为从选定题目，查找资料到撰写论文，完全由学生独立地思考、操作、分析、研究，得出结论，因此，能完成者就应视为达到要求。

（2）对于突出的专题作业，可请专家评委对其评价，最后评出等级。

（3）建立激励机制。组织优秀作业在板报、校刊上发表，集体评议。

在物理新课程标准中，倡导研究性学习，注重科学探究。物理教师可以针对不同阶段的学习内容，提出科学探究性专题作业，给学生一定的时间，让他们独立或小组协作完成，在这个过程中，发挥教师、学生、专家的评价优势，激励学生不断进步。例如，可参考的一些课题有"估计压力锅内水的温度"、"研究弹簧振子的周期与小球质量的关系"、"研究不同材料制成的水杯的保温性能"、"家用电器的使用、保养和维修"等。

（三）观察法

在物理教学过程中，观察法是一种十分实用的考评方法。新课程标准的许多要求，如学生使用仪器的技能、动手操作的能力、在小组活动中的实际协作能力等，都有赖于教师的观察来考评。教师和学生都可以利用观察表格来记录整个学习过程中学生的特别技能、行为和进步。这些被观察的技能、行为和进步,应该和教育教学目标及课程标准要求紧密相联,应该具有可观察性。

一般观察:这种观察将学生的成就和进步记录在包括整个班级成员的表格上。表格可以与学生档案放在一起,也可以贴在教室里的墙上,让学生了解自己的进步和需要考评的内容。集中观察:这种观察集中于学生行为和结果的一些特别方面或集中于一组特别的学生,观察时让学生集中于一些特别的活动。例如让学生分组进行实验,在实验过程中,观察学生的操作技能、实验技巧、与同组学生的协作能力。教师可以在一定时间内集中地观察多个小组的情况,还可以通过对学生提问来获得更多的信息,了解学生对知识的掌握情况,有针对性地开展教学活动。

(四)研讨方法

这种评定方法,又称作苏格拉底式评定方法,是把学生在"班级参与"和"课堂讨论"中的表现作为学生学业成绩评定的一个部分。但对于班级参与和课堂讨论形式和实质,它会有一些特殊的要求,其中最根本的,就是要学生学会更有效地思考并为自己的见解提出证据。该评定方法所关注的问题是:在问题讨论中,如何才能更多地促进学生间的互动?对于学生在批判性思维和能力方面取得的进步,要怎样操作才能让其成为对学生进行可靠评定的依据。

苏式研讨法的具体实施步骤:

(1)明确教育结果。传统的做法是把目标作为评价的标准,而苏式研讨法则注重评价如何才能真正实现这些结果,这些结果可以是批评性思维,阅读理解能力、听说能力等。

(2)选定研讨采用的文本。课程知识的广泛性和课堂教学容量的有限性之间的矛盾,是传统教学疲于应付却又终难解决的。苏式研讨法试图把教学从这种困境中解脱出来。这种方法允许教师去满足"有效听说"这一目标的实现,并达到一些其他高级思维技能教育结果。

(3)教师提出一个起始问题。苏式研讨法起始于一个问题,一个好的问题会在问题研讨过程中引发对话。引起讨论者的好奇心和兴趣,没有单一的或"最合适"的答案,在开放的问题环境中,有利于发挥学生的想象力和创造力,加深学生对问题的理解,做出更好的回答。教师提出的问题会影响研讨的质量。

(4)选择记录研讨过程的方式或设计简明的记录表。客观反映研讨的过程,它是进行评价的依据,通过一系列研讨记录的分析、对比,对学生在各种教育结果上的成绩做出评定。

(5)以多种方式完成评价。该法可以把它作为毕业学业展示的一部分;或作为课堂评价的工具。作为一个反馈的工具,为学生的自我评价提供了良好的、积极的媒介,特别是通过观看问题研讨的录像带,学生可以对自己的表现进行评价。研讨法不仅可以使学生与教师明晰课程、教学和评价的关系,而且还可以作为学生学习和学校课程计划进展的标志。

可见,苏格拉底式研讨法不仅是一种评定的有效方法,更提供了一种课程和教学改革的思路。把课程、教学和评价进行统整,使他们融合为一个有机整体,这种思路,也是当前各种质性评定方式的一种共同趋势。

三、物理课程形成性评价例析

(一) 课堂教学的形成性评价案例

物理课程标准指出,在过程与方法的评价中,要特别注意形成性评价与终结性评价的结合,即不仅要注意学生通过过程与方法的学习获得了什么,更应该记录学生参加了哪些活动、投入的程度如何、在活动中有什么表现和进步等情况。

虽然课堂教学有确定的知识与技能目标,学生经历基本相同的过程,其中包含较为明确的方法成分,但就每一具体学习中,不同学生的体会以及学习经历还是存在些许不同的。如何显现这些不同,并以此为依据来落实新课程标准将评价定位于"促进学生的发展"的理念,学习档案袋等方式为我们做好此项工作提供了一定的方法。

学习档案是有目的地收集能够说明学生在某个(些)课题中的努力、想法、兴趣、进步或成就的作品而形成的一种材料。这些作品的收集必须包含学生的参与,如档案内容的选择、选择的标准、判断作品优秀的标准以及学生自我反思的证据。学习档案的魅力不在于学习档案本身,而是建立学习档案的过程。

案例 16-10

● **案例**

以下我们给出"牛顿第二运动定律"的随堂记录卡、"能量守恒与可持续发展"的复习记录卡,以及课堂探究式教学对探究活动的记录卡。

表 16-5 "牛顿第二运动定律"随堂记录卡

姓名_____ 日期_____
我将"牛顿第二运动定律"理解为:_____
关于"牛顿第二运动定律",课堂上给我印象深刻的有:_____
关于"牛顿第二运动定律",我还希望知道的有:_____
关于"牛顿第二运动定律",我认为教师要求我们掌握的有:_____
关于"牛顿第二运动定律",我不明白的有:_____

表 16-6 "能量守恒与可持续发展"复习课记录卡

1. 本章的复习你大约花费了多长时间?
2. 请你描述一下你复习的步骤、过程和方法。
3. 你是如何确证你已经成功掌握了这一章的内容的?
4. 关于"能量守恒与可持续发展"的主题,你已经掌握了哪些内容?
5. 在本章的学习和复习过程中,你仍然没有解决的问题有哪些?
6. 在本章的学习和复习过程中,你的兴趣和动力何在?
7. 你如何评价自己在本章学习和复习过程中的表现?

● **分析**

学习档案评价是一种以学习者的学习为中心的多元评价方式,除了学习者自评外,还应将教师评价、同学互评、家长评价也都包含在内,通过多种途径和不同类型的信息来展示学生真实的学习图景。

（二）课外专题研究的形成性评价

通常一些对物理学有兴趣的同学会成立兴趣小组。学生利用课余时间进行分组合作学习活动，对于这种行为教师应该给予肯定的评价。研究过程通常是教师给学生一个问题，让学生自己寻求解决方案，设计实验并独立解决任务。这个过程中教师不应该给予太多的指导，而由学生独立完成。评价时先让学生自评和互评，通过自我评价和互相评价，发现自己在解决问题中学到的知识，以及从解决问题过程中学习到的科学精神。教师根据学生对于研究活动的描述和评价，指出学生学习中使用的方法，也可以发现学生在解决问题的过程中的不足，给予相应的指导，同时还要侧重于对学生学习态度的肯定或是批评。

案例 16-11

例1 "自来水电阻率的测定"学习自评案例[1]。

课题名称	自来水电阻率的测定	课题完成者	李昱婷
同组成员	苏一民、李浩然、何雪	课题组组长	李昱婷
自我评价	一接触测定自来水的电阻率这项研究课题，我们便对其产生了浓厚的兴趣，因为它不同于平时课上的对于固体金属电阻率的测定。水，它首先是液体，没有固定的形状。我们也就无法用常规的方法进行测量，而是需要在不断的实践中去发现一种全然不同的方法。也正是在这富有挑战性的不断探索的过程中，我们学到了很多。 就我的感受而言，课题研究与一般意义上的课堂教学的最大区别就在于，当我们在学习的过程中遇到困难时，我们不是直接从老师那儿得到现成的答案，而是通过查找大量的资料、进行周密的理论分析及反复的实验得出最为正确的结论。这在很大程度上遏制了我们在学习上的依赖性，培养了一种思维的独立性。 在通过网络、书籍等媒体查找大量资料的过程中，我们就已经接触到了许多平时课堂上、书本中所没有的知识。例如：在测定电阻阻值的方法上，以往我们只会用伏安法，但通过查找资料，我们进一步学会了运用等效替代法、电桥法及电流的满偏、半偏法进行测量。这不仅是对我们知识面的拓展，更是对我们学习思路的一种开拓。 在反复实验的过程中也是如此。起初，因为水的流动性，我们不知道该如何测出它的电阻，但经过同学之间的协作、讨论之后，找到了思路。我们发现，只要将水装在玻璃管中，将它看作一根变长、变粗的固体金属导线，就可以进一步将以往学习的知识迁移到实验中来。		

---

[1] 杨宝山，等.高中物理教学评价[M].长春：东北师范大学出版社，2005.

(续表)

	当然，思维活跃的产物不止这一种方法。有的小组制成了水槽模型，也有的运用热学知识制成了量热器。这不仅是思维方式的锻炼，也是动手能力的锻炼。 从同学们测得的结果来看，水的电阻率约为 20 $\Omega \cdot m$。每个小组的实验结果并不完全相同。虽然没有得出精确答案，但是我们收获颇丰。我们得到了课堂中所没有的知识，我们学会了协作，学会了独立思考，更培养了一种潜心探究科学的不懈精神。

例2 "自来水电阻率的测定"学习互相评价案例[1]。

课题名称	自来水电阻率的测定	评价对象	李昱婷
同组成员	苏一民、李浩然	课题组组长	李昱婷
互相评价	李昱婷在这次课题研究中，承担课题组长的重任。她身体力行，带领大家查找文献资料，制定研究计划，改进实验方案，提出了许多有价值的见解。她十分注意发挥全组成员的积极性，具有很好的协调能力；研究过程中注意及时记录研究的现象、体会和感受，态度端正，记录真实，为这次课题研究的成功付出了辛勤的劳动。		

例3 "自来水电阻率的测定"学习教师评价案例。

课题名称	自来水电阻率的测定	评价对象	第一组
同组成员	苏一民、李浩然、李昱婷	课题组组长	李昱婷
教师评价	第一组同学在研究中，积极查阅资料，圆满完成了研究任务。在实验的过程中，通过积极思考和同学间的合作，在设计实验过程中使用了转换法：将水灌注到圆柱形容器中，将流动的水转换成了固定的"导线"。这一方法是整个实验设计中的闪光点，希望同学们能够总结自己的思考过程，考虑一下是因为怎样的条件使自己想到了使用转换法这一方法。 在测量过程中，每个同学都积极地参与到实验中去，希望同学们在日后的学习中也能保持着这种热情。在最后的结果处理时，虽然没有得到最精确的结果，但是坚持了自己的实验数据，没有进行篡改，这种求真务实的态度是值得肯定的。希望大家在日后的学习和生活中也能保持着这种态度。		

---

[1] 杨宝山,等.高中物理教学评价[M].长春：东北师范大学出版社,2005.

● 分析

在这一案例中,教师通过学生的自评报告可以发现除了学生已经意识到的替代法这一方法之外,学生还掌握了转换法的使用。学生将不易测量的流动的水转换成了易测量的巨大的导线,这种方法学生虽然已经使用了,但是并没有意识到它就是替代法。所以教师在评价中要重点强调这一方法,并对这一组学生的方法给予表扬。案例中的小组最后得到的实验结果并不是最精确的,但是他们坚持了自己的结果,没有捏造数据,体现了研究过程中坚持的求实精神,如果教师在评价中加以强化,会为学生日后的学习和研究打下良好的基础。

【本章小结】

1. 物理学习结果测量的概念

物理学习结果测量分为目标参照测量和常模参照测量两种类型。目标参照测量用于检查学生达到教学目标的程度;常模参照测量则常用于区分和选拔优秀学生,有强烈的竞争性。

物理课程学习结果测量作为测量的一种,在测量过程中会产生系统误差和随机误差,因而存在效度和信度问题。内容效度最重要,因此测量范围和内容的选取很重要;求信度的方法有半分法和求 α 系数法。

影响测量质量的因素还包括难度和区分度,客观性试题和主观性试题难度和区分度的计算方法不同。

2. 编制物理测验的步骤

(1)确定测验的目的和目标,是目标参照测量还是常模参照测量,确定测量的内容和范围;(2)根据课程标准或考试大纲确定各知识点的具体测验目标;(3)确定试题的形式,应包括客观性试题和主观性试题;(4)制定编题计划,根据测验的目的和目标,确定各种题型的数量、分值、难度以及答题时间;(5)编选试题,集合成卷,候选试题的数量应该是所需试题数量的2~3倍。编排试题时要注意顺序要合理,应有正题(或 A 卷)、副题(或 B 卷)以及补考题,要先试用;(6)编制标准答案和评分标准,应简明、准确、严谨。

3. 物理测试的统计分析技术

物理测试的统计分析技术主要包括以下四种(1)分数分布表或分数分布图;(2)平均分;(3)差异量数,包括全距、平均差、标准差、标准分数;(4)相关系数。

4. 物理学业水平评价

物理学业评价是目标参照测评,应依据布卢姆认知领域教育目标的行为制定相应的测评项目,其中最核心的是"理解"或称为"领会"层次的测评方式。此类层次,学习者可表现出"解释"、"转化"、"举例"、"比较"等外显行为,应注意对此层次的测评项目应针对特定知识的内涵和外延展开,基本不涉及其他知识点。

5. 物理课程形成性评价

形成性评价是对学生日常学习过程中的表现、所取得的成绩以及所反映出的情感、态度、策略等方面的发展做出的评价,是基于对学生学习全过程的持续观察、记录、反思而做出的发展性评价。

形成性评价应满足发展性、多元性、过程性、全面性的评价要求；常用的形成性评价方法有成长记录袋方法、专题作业方法、观察法、研讨方法等。

【拓展阅读】

1. 魏华忠,周仁来,马建生.教育统计与测量[M].辽宁：辽宁师范大学出版社,2003.

该书包括：数据的整理、描述统计、概率与分布、抽样分布与统计推论、假设检验、方差分析与F检验等内容。

2. 黄光扬,原霞.教育统计与测量评价新编教程[M].上海：华东师范大学出版社,2013.

该书把教育统计学、教育测量学和教育评价学这三门学科中最基本、最重要、最精华、最常用的内容进行了有机整合。

3. 崔允漷,王少非,夏雪梅.基于标准的学生学业成就评价[M].上海：华东师范大学出版社,2008.

该书借鉴国际"基于标准的评价运动"的最新研究成果,在如何根据评价标准来命题、开发评价工具和评分规则、设计和实施表现性评价、国家教育质量监测、校内考试监控等重要课题上做出了积极探索。

4. 覃兵.课堂评价策略[M].北京：北京师范大学出版社,2010.

【思考与练习】

1. 根据目标参照测量和常模参照测量的不同要求,围绕高中物理必修1"牛顿运动定律"编制两份试卷。

2. 对本班级一门专业课(力学或电磁学)成绩进行一次测量统计分析。

3. 观看一堂教学视频课,分别用"教学要素评价法"和"学生表现评价法"两种方法进行课堂教学质量评价。